中国当代青年建筑师 XII
（上下册）

上册

何建国　主编

天津大学出版社
TIANJIN UNIVERSITY PRESS

图书在版编目（CIP）数据

中国当代青年建筑师. Ⅻ. 上册 / 何建国主编. —
天津 : 天津大学出版社, 2024.2
ISBN 978-7-5618-7657-2

Ⅰ. ①中… Ⅱ. ①何… Ⅲ. ①建筑师－生平事迹－中
国－现代②建筑设计－作品集－中国－现代 Ⅳ.
①K826.16②TU206

中国国家版本馆CIP数据核字(2024)第012984号

封面：中建八局第二建设有限公司
设计研究院/作品
——吴兴区乡村振兴培训中心
（世界乡村旅游大会承办会址）
（详见上册内文P117）

中国当代青年建筑师Ⅻ（上下册）上册
ZHONGGUO DANGDAI QINGNIAN JIANZHUSHI Ⅻ（SHANGXIACE）

封底：中建八局第二建设有限公司
设计研究院/作品
——吴兴区乡村振兴培训中心
（世界乡村旅游大会承办会址）
（详见上册内文P117）

出版发行　天津大学出版社
地　　址　天津市卫津路92号天津大学内（邮编：300072）
电　　话　发行部：022-27403647　邮购部：022-27892072
网　　址　www.tjupress.com.cn
印　　刷　北京盛通印刷股份有限公司
经　　销　全国各地新华书店
开　　本　1000mm×1400mm　1/16
印　　张　36
字　　数　833千
版　　次　2024年2月第1版
印　　次　2024年2月第1次
定　　价　596.00元（上下册）

前言
PREFACE

中国当代的青年建筑师是一股不可忽视的力量，他们在建筑界声名鹊起，他们所承接项目的分量也在日渐增加，他们在中国建筑高质量发展的时代背景下，有更多的机会施展才华，有理论和实践紧密结合的成长轨迹，必将成为未来建筑设计的中坚力量！

他们作为中国建筑史发展新阶段的一个充满活力的群体，展现出了这个层面应有的风貌。面对激烈的市场竞争，在复杂的建筑行业链条中，许多青年建筑师执着追求、蓄势待发，他们也需要更多的肯定和鼓励！

今天，关注青年建筑师的发展，不仅是市场需求，更是中国设计崛起的标志！

编者

中国当代青年建筑师XII（上下册）

CHINESE CONTEMPORARY YOUNG ARCHITECTS XII (VOLUME 1 AND VOLUME 2)

上册 战略合作伙伴

中国当代青年建筑师 XII（上下册）

CHINESE CONTEMPORARY YOUNG ARCHITECTS XII (VOLUME 1 AND VOLUME 2)

上册目录

中国当代青年建筑师 XII（上下册）

CHINESE CONTEMPORARY YOUNG ARCHITECTS XII (VOLUME 1 AND VOLUME 2)

上册
目录

包峥

职务：中国联合工程有限公司
第七建筑工程设计研究院院长助理
不建建筑创始人、主持建筑师
职称：高级工程师
执业资格：国家一级注册建筑师

教育背景

2002 年—2007 年　浙江工业大学工学学士

工作经历

2007 年—2010 年　澳大利亚 PTW 建筑师事务所杭州工作室
2010 年至今　　　中国联合工程有限公司

主要设计作品

杭州下沙龙湖天街
荣获：2018 年杭州市优秀工程勘察设计二等奖
全生活社区
荣获：未来社区 BLOCK 街区创新设计竞赛二等奖
　　　2020 年度世界建筑节·中国评审团特别推荐作品奖
中国人寿大厦
荣获：2022 年浙江省优秀工程勘察设计一等奖
　　　2022 年杭州市优秀工程勘察设计一等奖
杭州市委党校余杭区分校
湘湖国际会议中心
长龙航空维保基地
华龙科技馆项目
聚光科技物联网产业化基地
杭州银行金融科技大厦

建筑思想

不建建筑致力于研究建筑和城市中不被建造的部分（时空、环境、人）和建造部分之间的关系。以“太极”作为“理想人为世界”的理念模型，以人和时空作为建筑创造的原点。不建建筑创造出了“理念一主线一情景”的设计方法，通过对具体项目的理念植入、主线布局和情景营造将人、时空和环境融会贯通，最终实现“理想人为世界”的创造。

国机集团 SINOMACH　中国联合工程有限公司 CHINA UNITED ENGINEERING CORPORATION LIMITED

中国联合工程有限公司是以原机械工业第二设计研究院为核心，联合多家国家甲级勘察设计单位组建的大型科技型工程公司，隶属于中央大型企业集团、世界 500 强企业——中国机械工业集团有限公司，总部设在杭州。

中国联合工程有限公司的专业技术人员占 95% 以上，其中有 7 位两院院士、8 位全国勘察设计大师、1 位“新世纪百千万人才工程”国家级人选、104 位享受国务院政府特殊津贴的专家，现有高级技术职称专家 1 728 人（含正高级工程师 186 人）、各类国家一级注册工程技术人员 2 190 人、美国项目管理协会 (PMI) 认证的项目管理专业人士 80 人。

在住房城乡建设部对全国 10 000 多家勘察设计单位“综合实力和营业收入排名”中，中国联合工程有限公司连年进入百强榜，最高排名为第 9 名。在美国《工程新闻纪录 (ENR)》对“中国工程设计企业 60 强”的统计排名中，中国联合工程有限公司连年榜上有名，排名在第 10 名左右。中国联合工程有限公司连年被授予“守合同重信用”企业称号，获得 AAA 企业信用评定等级。

地址：浙江省杭州市滨江区
　　　滨安路 1060 号
电话：0571-81185280
网址：www.chinacuc.com

湘湖国际会议中心

Xianghu International Conference Center

项目业主：开元旅业集团
建设地点：浙江 杭州
建筑功能：会展建筑
用地面积：8 400 平方米
建筑面积：4 800 平方米
设计时间：2019 年
项目状态：建成
设计单位：中国联合工程有限公司
本人角色：主创建筑师、项目设总

项目坐落于杭州湘湖旅游度假区开元森泊乐园内，建筑功能包括会议、宴会、展示等。设计的意图是使建筑融入自然，并且影射湖光山色。建筑取形于湘湖之山，取势于湘湖之水，取意于湘湖之林，通过连续变化的时空来营造一个“生于斯，长于斯”的场所建筑。建筑设计着重于表达延绵时空的叙事性和湘湖山水之人文理念。为了实现这一目标，设计采用折板屋面结构来回应延绵起伏的山形，同时创造出变化丰富的室内空间效果；同时采用悬臂梁吊挂式全玻璃幕墙结构模糊室内外的界限，形成建筑和环境相互映衬的空间体验。

长龙航空维保基地

Changlong Airlines Maintenance and Support Base

项目业主：长龙航空股份有限公司
建设地点：浙江 杭州
建筑功能：办公、会展建筑
用地面积：53 165 平方米
建筑面积：196 000 平方米
设计时间：2018 年
项目状态：在建
设计单位：中国联合工程有限公司
本人角色：主创建筑师、项目副设总

项目位于杭州市萧山区空港新城内，紧邻杭州萧山国际机场。项目是一个集空勤、地勤、航空指挥中心、企业展示、培训、员工活动等多种功能于一体的综合性建筑。设计以“山水长龙”为理念，整体布局以“一球山一碗水两方田”的四个特色院落为核心，各种功能围绕着“山水田园”展开布置，通过景观空间轴线形成一个以“水”为主题的综合性建筑群落。

杭州市委党校余杭区分校

Hangzhou Municipal Party School Yuhang District Branch

项目业主：中共杭州市委党校余杭区分校
建设地点：浙江 杭州
建筑功能：教育建筑
用地面积：53 487 平方米
建筑面积：77 439 平方米
设计时间：2023 年
项目状态：在建
设计单位：中国联合工程有限公司
本人角色：主创建筑师、项目设总

项目以“水玉书院”为设计理念，以水之清廉、玉之润泽为精神内涵。设计以江南书院格局为空间表达，构建一个传统与现代融合、文化与科技聚合、环境和功能复合的示范性党校标杆。

规划采用“一心两轴”的布局——以教学楼为核心，串联党校各大功能区块。南北轴线形成书院式的“前庭后院”空间序列，回应余杭整体发展规划布局；东西轴线串联瓶仓大道和大雄山，形成“左林右园”的景观层次，呼应良渚文化大走廊的发展脉络。

建筑采用古典建筑的三段式布局，以白色、青色、橙色等拼色的釉面陶土板作为主要外装饰材料，通过地域性材料的现代演绎体现余杭党校质朴无华的形象特征，彰显建筑庄重典雅的品质。

杭州银行金融科技大厦

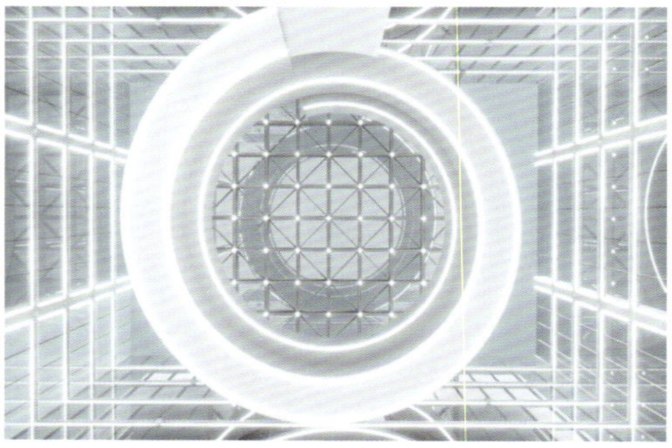

Hangzhou Bank Financial Technology Building

项目业主：杭州银行股份有限公司
建设地点：浙江 杭州
建筑功能：办公、科研建筑
用地面积：8 848 平方米
建筑面积：5 8000 平方米
设计时间：2020 年
项目状态：在建
设计单位：中国联合工程有限公司
本人角色：主创建筑师、项目副设总

项目位于杭州市拱墅区，建筑的主要功能包括营业厅、A 级金融数据中心、科技研发办公等。建筑以“杭银之芯”为设计理念，提取钻石、芯片、折扇等意象作为基本形态要素，打造对外沉稳端庄、科技时尚，对内安全可靠、高效聚合的科技“核芯”大厦形象。设计将“杭银之芯”的理念贯穿建筑、景观和室内，形成延绵变化的时空场景序列，创造形意相合的具有金融特质的科幻世界。

全生活社区

The Whole Life Community

项目业主：浙江省发展与改革委员会
建设地点：浙江 杭州
建筑功能：社区
用地面积：100 000 平方米
建筑面积：300 000 平方米
设计时间：2020 年
项目状态：竞赛方案
设计单位：中国联合工程有限公司
本人角色：主创建筑师、项目设总

全生活社区以“多朝向住宅、围合式街区、开放型社区”为设计重点，选取 150 米 x120 米的 BLOCK 街区作为基本邻里单元。全生活社区以自然为设计理念，由森林垂直生态系统发展出社区垂直社交系统，将社区在垂直方向上分为从公共到私密的四大生活层级——街区层、景观层、交往层、居住层。设计由细胞新陈代谢系统发展出社区全生活服务系统，并植入多元创新生活要素以满足未来生活的需求。全生活社区根据“小街区、密路网”的主旨思想，通过树干型垂直核心交通体系将九大生活场景连接起来，由点到面地形成三维立体的复合型空间，九大场景由静态画面变为动态影像，由单一情景变为连续意境。

陈重

职务：中国电建集团华东勘测设计研究院有限公司
建筑一所所长
浙江省未来社区专家库成员
职称：正高级工程师

教育背景

2008 年—2010 年　武汉大学建筑学硕士

工作经历

2010 年至今　中国电建集团华东勘测设计研究院有限公司

主要设计作品

宁海县档案馆新馆
荣获：2019 年杭州市优秀工程勘察设计二等奖
杭州天元公学钱学森路校区
荣获：2020 年杭州市优秀工程勘察设计三等奖
2022 年浙江省优秀工程勘察设计三等奖
杭州富阳北支江水上运动中心
荣获：2020 年杭州市建设工程“西湖杯”结构优质奖
2022 年杭州市优秀工程勘察设计一等奖
2022 年浙江省优秀工程勘察设计一等奖
国家二星级绿色建筑设计标识证书
绍兴上虞鸿雁未来社区
荣获：2021 年浙江省首批未来社区十佳实践样板案例
2021 年浙江省发改委举办的未来社区“微设计·新场景”系列竞赛——“我们的社区邻里公约“征文大赛”二等奖”和“最佳文采奖”
杭州未来科技城第三初级中学
荣获：2022 年杭州市优秀工程勘察设计三等奖

学术研究成果

1. 2021 年 10 月，与浙江大学合作发表论文《典型案例视角下的浙江省未来社区营建研究》
2. 2021 年 8 月，在浙江省发改委出版的《未来社区浙江的理论与实践探索》书籍中编写第十章“孝德邻里双创聚才，数智赋能“虞”见未来——绍兴上虞鸿雁社区的探索与实践”
3. 2021 年 12 月，与浙江大学合作申报浙江省科学技术厅、浙江省自然科学基金委员会重点项目——基于数字化生活形态解析的未来社区空间重构模型与老旧小区改造策略优化

林殿男

职务：中国电建集团华东勘测设计研究院有限公司
建筑二所副所长
职称：高级工程师
执业资格：国家一级注册建筑师

教育背景

2004 年—2009 年　浙江工业大学建筑学学士

个人荣誉

第十四届杭州市人民代表大会代表

工作经历

2013 年至今　中国电建集团华东勘测设计研究院有限公司

主要设计作品

临平老城区有机更新一期文化艺术长廊工程
荣获：2020 年杭州市优秀工程勘察设计二等奖
临平老城区有机更新一期
荣获：2022 年杭州市勘测设计行业优秀成果三等奖
闲林埠基础设施配建工程
荣获：2022 年杭州市勘测设计行业优秀成果
金华理工学院
余杭经济开发区市民广场文化中心
浙江大学紫金港校区西区文科组团四

学术研究成果

以第一作者出版图书《雕一方闲林》（浙江工商大学出版社）

中国电建 POWERCHINA　中国电建集团华东勘测设计研究院有限公司 HUADONG ENGINEERING CORPORATION LIMITED

中国电建集团华东勘测设计研究院有限公司（简称华东院）于 1954 年建院，是中国电建集团的特级企业。华东院为中国勘察设计综合实力百强单位、中国工程设计企业 60 强单位、中国承包商 80 强单位、中国监理行业十大品牌企业。华东院是国家高新技术企业、国家级工业化与信息化深度融合示范单位、中国对外承包工程业务新签合同额百强企业、住房城乡建设部首批全过程工程咨询试点企业、全国实施卓越绩效模式先进企业、电力行业首批卓越绩效标杆 AAAAA 企业、浙江省工程总承包试点企业、浙江省“一带一路”建设示范企业和浙江省规模最大的勘测设计研究单位。华东院 2017 年荣获第五届“全国文明单位”称号，2019 年荣获“全国五一劳动奖状”。

地址：浙江省杭州市余杭区
高教路 201 号
电话：0571-56626241
传真：0571-88392805
网址：www.hdec.com
电子邮箱：wang_j3@hdec.com

杭州富阳北支江水上运动中心

Hangzhou Fuyang North Branch River Water Sports Center

项目业主：中电建北亚（杭州）投资有限责任公司
建设地点：浙江 杭州
建筑功能：体育建筑
用地面积：80 757 平方米
建筑面积：64 012 平方米
设计时间：2018 年—2019 年
项目状态：建成
设计单位：中国电建集团华东勘测设计研究院有限公司
设计团队：吴登国、杨剑、吕宜荣、陈重、汪洋、陈连贵、李帆、杨臻、魏笑天等

项目位于富春江东洲岛畔，是第 19 届杭州亚运会赛艇、皮划艇的比赛场地，可容纳观众 3 000 人。水上运动中心具备 2 150 米长的赛道、终点塔、上下水码头、看台、艇库等配套设施。

基于杭州亚运会的“绿色、节俭、智能、文明”的办赛理念，贯彻“双碳”战略，设计借助富春山景色，使用浑然天成的起伏姿态与富春山遥相呼应。地景设计结合减碳减排、海绵城市、空调智控、三银 Low-E 玻璃幕墙等技术手段，降低建筑使用能耗，打造屋面固碳释氧场景。建筑采用耐腐和自洁能力强的搪瓷钢板材料，结合优雅的长弧外檐口，将水流动的线条延伸至城市天际，融建筑于山水之间，不仅体现了杭州向全世界发出热情邀请，也展现了独具江南韵味的都市形象。

临平老城区有机更新一期

Linping Old Urban District Organic Renewal Phase I

项目业主：杭州余杭区住建局
建设地点：浙江 杭州
建筑功能：体育、文化建筑
用地面积：2 000 000 平方米
建筑面积：33 000 平方米
设计时间：2017 年—2019 年
项目状态：建成
设计单位：中国电建集团华东勘测设计研究院有限公司
设计团队：赵文冰、何杰、林殿男、许益明、毛怡晨、陈晓宁、叶丽丹、金文武、黄若帅、汪杪杪等

临平老城区有机更新项目位于临平老城中心区。文化艺术长廊连通临平山峰和上塘河，设计场地分为形、音、书、画四区，结合趣石、竹木、山水、庭院的四大主题，复建了临平图书馆、美术馆、小百花艺术中心等一系列城市记忆点，并融入智慧、低碳建筑的元素，为临平老城区补足功能。

临平山运动休闲公园是将临平山周围原有被工业破坏的山体进行恢复，并设计一座运动场馆。建筑立面采用折扇形的设计，将秀美的山水景色收入其中，使运动者和山水形成共鸣。改造后的老城中心区，是一个能平衡传统风貌和当代社区精神的多元化产物，成为真正的宜居城区。

闲林埠基础设施配建工程

Xianlinbu Infrastructure Construction Project

项目业主：杭州余杭区交通集团
建设地点：浙江 杭州
建筑功能：商业、展览、文物修复利用
建筑面积：50 900 平方米（新建建筑）
6 000 平方米（修缮建筑）
设计时间：2017 年—2019 年
项目状态：建成
设计单位：中国电建集团华东勘测设计研究院有限公司
设计团队：徐堃、王健、林殿男、王树兰、宋俊、张鸣亮、毛怡晨、方文莎、章臻颖等

设计以“繁华古韵、山水一城”为核心理念，以恢复古时场景为己任，构筑移步易景的中式建筑特有的精神场所。在景观设计上，设计师精细化研究每个节点，运用先进的海绵城市和智慧化理念，重新还原了古河古埠的独特风貌，营造出师法自然的江南园林筑景关系。

古建筑是先人留下来的珍贵文化瑰宝，具有历史、文化、技艺等多方面价值。在项目建设的同时，设计团队保护且修复了 21 处文物（包括 16 处古建筑、1 处市级文物保护建筑），并将其加以利用，重现被遗落的古建筑之美，这也是闲林埠设计的初心。

杭州天元公学钱学森路校区

Qian Xuesen Road Campus of Hangzhou Tianyuan College

项目业主：天元公学教育集团
建设地点：浙江 杭州
建筑功能：教育建筑
用地面积：100 000 平方米
建筑面积：159 000 平方米
设计时间：2018 年—2020 年
项目状态：建成
设计单位：中国电建集团华东勘测设计研究院有限公司
设计团队：吴登国、张树峰、陈重、高耸、杨剑、乌彬哲、黄攀、任敏、叶丽丹、许旭等

学校位于良渚文化发源地，是一所十五年制学校，学生规模 5 000 人。学校采用 EOD 教育导向型公园社区的理念，兼具“公共开放、尺度适宜、窄路密网”的共享、活力、人文、生活场景。未来教育旨在实现功能复合、社区融合、因材施教、终身学习、数字赋能的目标，以教育为主题，通过 OTO 模式，形成多业态优质资源聚合的教育复合体。

建筑形象来源于对玉琮文化的深刻研究，每个单体都以一个玉琮为母题，育人和琢玉有异曲同工之妙。学校以智慧校园为依托，与未来社区中的教育场景深度融合，探索未来教育场景的正确打开方式；同时期待孩子们来到这个“玉琮聚落”之地学习、生活，绽放光芒。

绍兴上虞鸿雁未来社区

Shaoxing Shangyu Hongyan Future Community

项目业主：绍兴市上虞鸿雁建设开发有限公司
建设地点：浙江 绍兴
建筑功能：居住、商业建筑
用地面积：规划单元用地面积 1 636 000 平方米
实施单元用地面积 207 000 平方米
建筑面积：总建筑面积 530 000 平方米
（其中地上建筑面积 376 000 平方米、
地下建筑面积 154 000 平方米）
设计时间：2018 年—2019 年
项目状态：在建
设计单位：中国电建集团华东勘测设计研究院有限公司
设计团队：吴登国、陈重、姚远、任敏、张茂平、黄凯、乌彬哲、
许旭、路方、黄若帅等

项目位于绍兴市上虞区滨江新城核心地段，属于新建类未来社区试点。设计以满足人们对美好生活的向往和社区共同富裕为目标，以数字化改革为统领，聚焦人本化、生态化、数字化三维价值，提出“立德立业、感动之城”的定位，传承邻里孝德风尚，共建未来创业高地。

项目是在浙江省未来社区建设系统性理论指导下践行“去房产化”理念的首个样板工程，也是浙江省首批唯一一个实行“数字赋能、文化铸魂、基层治理”三位一体建设的未来社区试点。项目率先应用 CIM 平台助力全过程建设，依托 e 游小镇和孝德之乡，打造“邻里、创业”两大特色场景，以“创新创业、崇孝立德”为特色，以“数字赋能、数字孪生”为支撑，为探索共同富裕示范区提供社区样本。

陈跃伍

职务： 南京金宸建筑设计有限公司总经理、执行总建筑师
职称： 正高级建筑师
执业资格： 国家一级注册建筑师

教育背景
1998 年—2003 年　南京工业大学建筑学学士
2018 年—2022 年　厦门大学管理学院在职研究生

工作经历
2003 年至今　南京金宸建筑设计有限公司

个人荣誉
江苏省优秀青年建筑师
江苏省优秀工程勘察设计师

主要设计作品
仁恒国际公寓
荣获：2008 年江苏省优秀工程勘察设计二等奖
南京水游城
荣获：2009 年全国优秀工程勘察设计二等奖
中核华兴研发中心
荣获：2009 年江苏省优秀工程勘察设计一等奖
2011 年全国优秀工程勘察设计二等奖
G53 公寓
荣获：2012 年江苏省优秀勘察工程设计一等奖
2013 年全国优秀工程勘察设计二等奖
景枫中心
荣获：2013 年江苏省建筑师杯创作一等奖
2020 年江苏省优秀工程勘察设计一等奖
筑和・江南岸
荣获：2016 年江苏省优秀工程勘察设计一等奖
高科荣境品苑 A2 地块（一二期）
荣获：2016 年江苏省优秀工程勘察设计一等奖
金雁湖社区服务中心
荣获：2020 年江苏省优秀工程勘察设计一等奖
宜昌兴发广场
荣获：2021 年江苏省优秀工程勘察设计一等奖
仁恒江心洲 AB 地块
荣获：2022 年江苏省优秀工程勘察设计一等奖
南京江北华润万象汇
荣获：2022 年江苏省优秀工程勘察设计一等奖

潘可可

职务： 南京金宸建筑设计有限公司执行总建筑师
职称： 正高级建筑师
执业资格： 国家一级注册建筑师

教育背景
1995 年—2000 年　南京工业大学建筑学学士

工作经历
2000 年至今　南京金宸建筑设计有限公司

个人荣誉
江苏省优秀工程勘察设计师

主要设计作品
南京水游城
荣获：2009 年全国优秀工程勘察设计二等奖
长江航运公安局南京分局业务用房
荣获：2011 年江苏省优秀工程勘察设计二等奖
玛斯兰德（三期）
荣获：2011 年江苏省优秀工程勘察设计一等奖
建筑师工社
荣获：2013 年江苏省优秀工程勘察设计二等奖
芜湖苏宁广场
荣获： 2015 年全国工程建设项目优秀设计成果三等奖
南京君泰国际生态总部园

KAD 金宸建筑設計
KINGDOM ARCHITECTURE DESIGN

南京金宸建筑设计有限公司（以下简称公司）成立于 1994 年，是具有国家建筑行业（建筑工程）设计甲级等多种资质的综合性建筑设计公司，国家高新技术企业，拥有一支 300 多名优秀设计师组成的设计团队。公司被授予“南京市十佳勘察设计企业”“江苏省质量管理先进单位”“江苏省勘察设计行业诚信单位”和首批“南京市勘察设计 A 类企业”、江苏省勘察设计行业建筑设计实力排名前十强、江苏省勘察设计行业协会消防技术工作委员会会长单位。

公司提供从规划、景观、内装、软装、幕墙、方案、初步设计到施工图设计的全过程、全专业设计服务。公司服务于众多知名的房地产企业和政府部门，近年来完成了一批颇具影响力的项目：江苏美术馆新馆、江苏省科学历史文化中心、南京水游城、证大喜玛拉雅、南京三山街万象天地、万象汇、龙湖河西、江宁金鹰天地、江宁景枫中心、宜昌水悦城、河西仁恒国际公寓等，取得了良好的信誉和社会效益。“城市综合体，价值设计专家”是很多客户给公司的评价，也是公司永远的目标。

地址：南京市梦都大街 150 号建筑师工社
电话：025-86500666
传真：025-86501232
网站：www.kingdomarch.com
电子邮箱：Kad@kingdomarch.com

景枫中心

Jingfeng Center

项目业主：江苏景枫投资控股集团有限公司
建设地点：江苏 南京
建筑功能：商业、办公、居住建筑
用地面积：178 000 平方米
建筑面积：351 000 平方米
设计时间：2012 年—2017 年
项目状态：建成
设计单位：南京金宸建筑设计有限公司
设计团队：李青、陈跃伍、陈治国、周丹尼、赵婧、吴俞昕、习正飞、张玥、刘鹏、曹阳

项目集大型商业、150 米超高层办公、120 米高端住宅等多种复合功能为一体，有效地提升了江宁区核心地段“百家湖商圈”的商业活力，全方位地改善了百家湖片区乃至周边区域人们的生活方式，成为新的城市地标。

项目以“开放式商业社区 Shopping mall”为设计理念，运用轴线布局，采用点、线、面成景的方式，参照所处位置及不同功能分割空间。多种功能相互协调又各具特色，共同营造出集文化性、功能性、艺术性于一体的复合场景空间。

南京三山街万象天地

Nanjing Sanshan Street Wanxiang Tiandi

项目业主：华润置地（南京）有限公司
建设地点：江苏 南京
建筑功能：商业建筑
用地面积：39 000 平方米
建筑面积：137 000 平方米
设计时间：2019 年—2022 年
项目状态：建成
设计单位：南京金宸建筑设计有限公司
设计团队：陈跃伍、李扣栋、Lead8、丁建玉、周玉申

项目由“Mall+ 街区 + 古建”组成，建筑为 2~4 层，呈退台形态。项目首层被内街切割为三个体块，在二层通过封闭连桥形成环形整体动线。主体建筑风格为传统风格的现代诠释，内院保留黑簪巷、弓箭坊等历史街巷肌理，场地以原址原貌修缮的历史文化资源点云章公所为核心，形成与古街巷融合的文化商业氛围，是华润置地打造的一座新的定位高端的现象级城市商业综合体，为南京市民提供了一个年轻活力的全新商业场景。

南京金象城商业综合体

Nanjing Golden Elephant City Commercial Complex

项目业主：南京金东房地产开发有限公司
建设地点：江苏 南京
建筑功能：商业建筑、五星级酒店、办公建筑
用地面积：37 123 平方米
建筑面积：254 900 平方米
设计时间：2014 年—2018 年
项目状态：建成
设计单位：南京金宸建筑设计有限公司
设计团队：潘可可、吴旭辉、周济、毛杰、季晓玲

项目设计围绕人流、物流、景观等要素建立起互动流通的空间。从商业体内部走向外街，一路形成活力纽带，被不同景观连接起的区块，使整个金象城更加流畅地融于自然绿意中，将城市森林 IP 和自然生态与生活美学完美结合。

设计利用下沉式广场，二层、三层大平台营造多个顾客可以直接到达的商业汇聚地与景观节点；室外街区多层平台错层设计，通过灵动飘逸的层叠视觉设计，将城市景观引入建筑。设计营造森林、湿地、高山、瀑布、小溪等大自然氛围，传达自然生态与生活美学互相融合的张力和态度。

招商燕子矶花园城

Merchants Yanziji Garden City

项目业主：南京招商启盛房地产开发有限公司
建设地点：江苏 南京
建筑功能：商业建筑、酒店式公寓、办公建筑
用地面积：25 755 平方米
建筑面积：217 800 平方米
设计时间：2015 年—2017 年
项目状态：建成
设计单位：南京金宸建筑设计有限公司
设计团队：潘可可、钟伟豪、周济、王姣阳、李寅寅

项目设计通过现代的建筑手法营造一个商住便利、场所宜人、空间丰富、景观绚丽的城市生活空间，建立一个生活设施完善、物质环境健康、生活情怀传统的社区，使人们的生活“回归传统”。

商业建筑 1~4 层设置主力店及精品商业，形成内外商业双环线，在商业主动线的中部设置直径为 30 米的梭形中庭空间，给商业活动留出合理的聚集引爆区。4 层设置 8 厅电影院（含 IMAX 影院）并利用退台造型设置餐饮及露台餐区，形成不同空间的商业及就餐体验。5 层设置独立主题会所，满足顾客一站式商业综合体的购物消费体验需求。在商业屋顶设置运动公园、恒温泳池，为人们提供宜人的景观空间、亲子空间、运动休闲空间，以及更多的城市绿色有氧空间。

宜昌兴发广场

Yichang Xingfa Plaza

项目业主：湖北兴润商业地产有限责任公司
建设地点：湖北 宜昌
建筑功能：城市综合体
用地面积：26 000 平方米
建筑面积：141 000 平方米
设计时间：2018 年—2020 年
项目状态：建成
设计单位：南京金宸建筑设计有限公司
设计团队：陈跃伍、友寄隆仁、王浩、宋伟伟

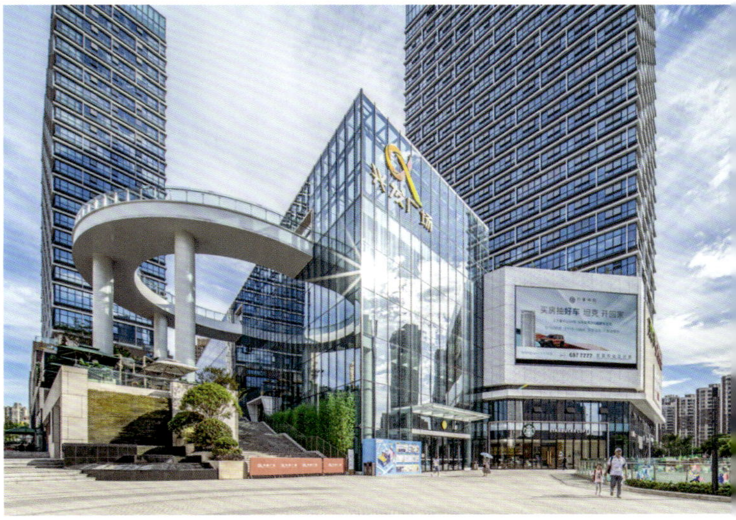

项目是一座集大型商业、高层办公及公寓为一体的城市综合体。设计通过协调自然光、新鲜空气、水、公园、休闲广场、空中运动步道，为商业空间创造场景，使项目成为城市新的网红打卡点。

规划设计依形就势，利用场地内自然高差关系，同时尊重周边事实环境，力求建筑与城市协调相融；内部商业购物动线与外部攀高步行休闲动线相互串联，打造步移景异的新商业场景，延伸商业景观纵深，增加商业街的趣味性和多功能性；裙房屋顶城市体育公园成为周边办公、居住人群休闲的好去处。

陈西凡

职务： 上海市城市建设设计研究总院（集团）有限公司
建筑园林院副总建筑师

执业资格： 国家一级注册建筑师

教育背景

1993 年—1997 年　苏州城市建设环境保护学院工学学士
2002 年—2004 年　加拿大麦吉尔大学建筑学硕士

工作经历

1998 年—2002 年　南京市民用建筑设计研究院上海分院
2007 年—2021 年　阿特金斯顾问（深圳）有限公司
2021 年至今　上海市城市建设设计研究总院（集团）有限公司

个人荣誉

上海市建筑学会科技进步三等奖
上海市交通工程学会科技进步二等奖

主要设计作品

中核集团上海总部
沈阳盛京金融广场
成都地中海俱乐部酒店
上海某研究所改造及新建
马来西亚古晋婆罗州会展中心
上海市龙漕路地块城市更新
昆明西客站综合交通枢纽项目

隧道股份 城建设计集团

上海市城市建设设计研究总院（集团）有限公司（简称城建设计集团）成立于 1963 年，是全国 6 家“三综一甲（工程设计综合甲级、工程勘察综合甲级、工程咨询综合甲级、城乡规划编制甲级）+ 施工总承包一级”设计企业之一，从事工程建设的规划咨询、勘察设计、工程建设、数字化等业务，为工程建设提供全行业、全过程服务。城建设计集团曾在 2022 年度 ENR 中国工程设计企业中排第 30 名，获得全国五一劳动奖状、上海市文明单位、金杯公司等多项荣誉称号。

城建设计集团坚持工匠精神的传承和新兴技术的开拓，坚持聚焦技术革新。作为上海市高新技术企业，拥有劳模工作室、博士后工作站等技术创新资源，并设立上海城市雨洪管理工程技术研究中心、上海工业化装配化市政工程技术研究中心、上海有轨电车工程技术研究中心等 3 个市级研究中心。城建设计集团坚持创新发展理念，持续推动行业发展，为上海市建设行业发展打造了众多优秀勘察设计标志性工程，荣获国家级、省部级和市级各类奖项 1 000 余项，授权各类专利 1 200 多项，是上海市政行业各类标准、规范的引领者之一。在 2 800 多名员工中，硕士、博士比例达 40%，拥有全国勘察设计大师、全国劳动模范、上海市领军人才、重大工程建设杰出人物等一批业界精英。

城建设计集团旗下有 11 家市政基础设施建设全系列的专业设计院和 1 家总承包部，拥有 23 家区域分公司，业务遍布全国 28 个主要城市。城建设计集团在道路、交通、桥梁、给水排水与环境工程、轨道交通、城乡规划、建筑园林等领域硕果累累，并在现代有轨电车、智能交通、地下空间开发、城市更新等新兴领域不断创新，走在行业前列。

城建设计集团以“赋能城市、引领未来、幸福生活”为企业使命，坚持“守正创新、精业笃行、兼容并蓄”的价值观，以“成为领先的中国新型智慧城镇设计建设者”为发展愿景，服务全国，走向世界。

地址：上海市浦东新区东方路
3447 号
电话：021-20507000
传真：021-63760994
网址：www.sucdri.com

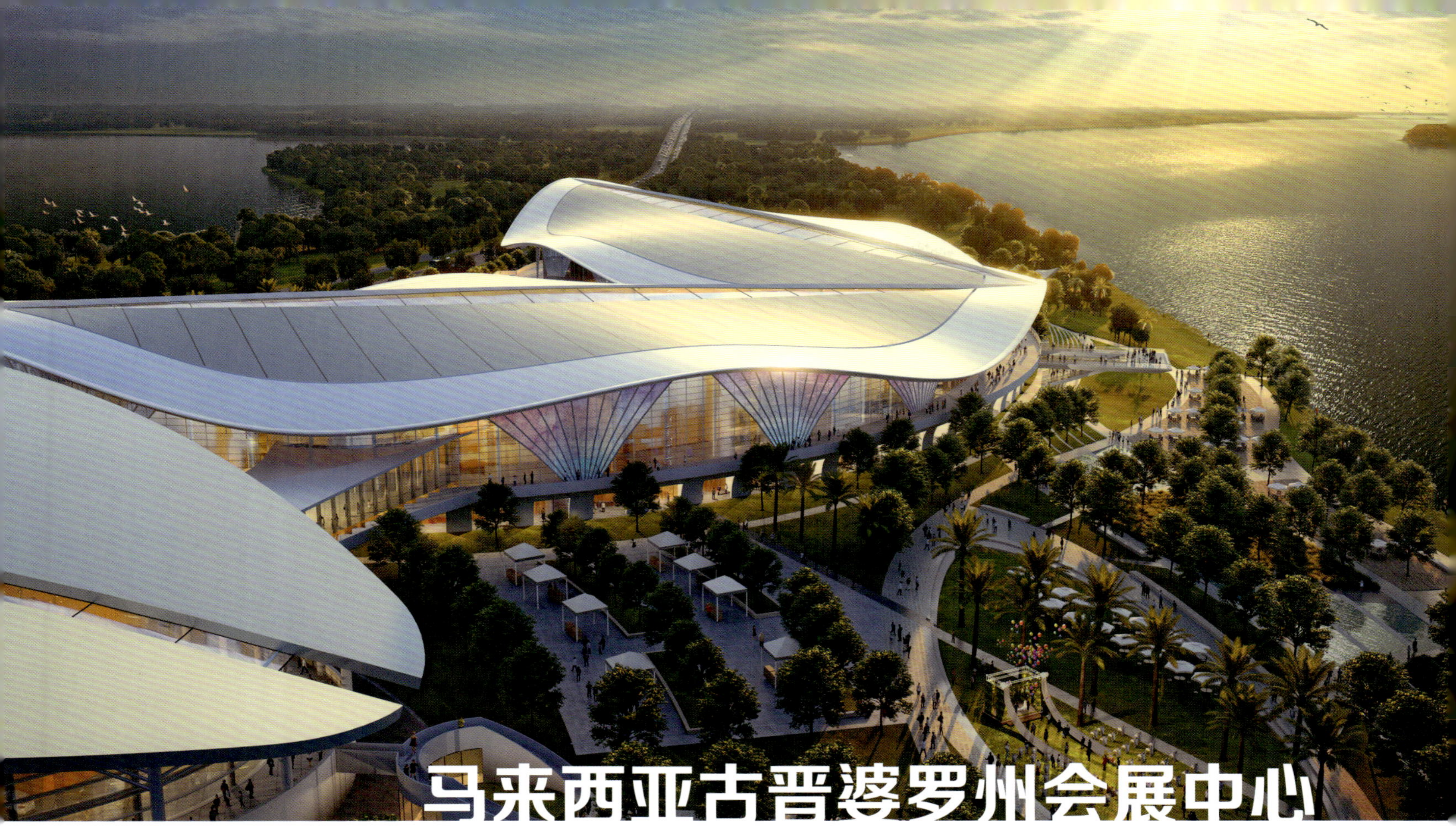

马来西亚古晋婆罗州会展中心

Borneo Convention Center, Kuching, Malaysia

项目业主：古晋婆罗州政府
建设地点：古晋婆罗州
建筑功能：会展、酒店建筑
用地面积：113 296 平方米
建筑面积：会展 62 302 平方米
酒店 31 086 平方米
设计时间：2022 年
项目状态：方案阶段
设计单位：上海市城市建设设计研究总院（集团）有限公司
主创设计：陈西凡、陈安驰、李加悦

马来西亚古晋婆罗州会展中心被砂拉越河环绕，距离该市中心约 15 分钟车程，距离古晋国际机场约 20 分钟车程。现有的一座会展中心外观设计灵感源于当地土著人生活中很重要的叶子。扩建的两个会展大厅回应了现状建筑，从文化在地性和生态性出发，采用了更灵动的组合叶片的大屋顶设计。项目在空间功能上也更具有灵活性、实用性，通过便利的交通流线组织满足不同会展活动的需求，其可容纳多达 350 个展览展位，或 4 000 人宴会式座位，或 10 000 人剧院式座位。

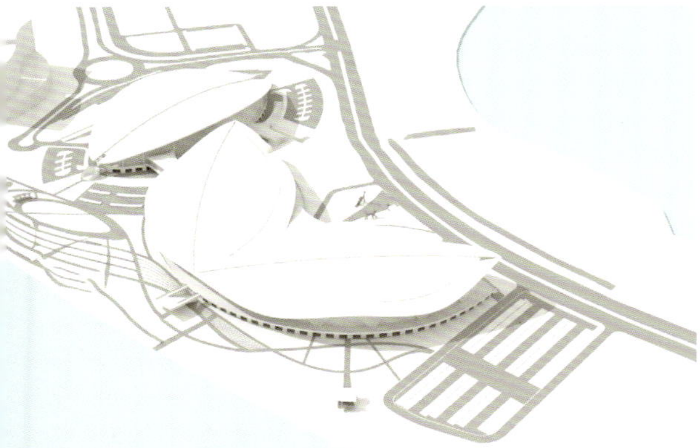

上海某研究所改造及新建工程

Reconstruction and Extension Project of a Research Institute, Shanghai

项目业主：上海某研究所
建设地点：上海
建筑功能：科研、办公建筑
用地面积：35 872 平方米
建筑面积：146 566 平方米
设计时间：2022 年
项目状态：方案阶段
设计单位：上海市城市建设设计研究总院（集团）有限公司
主创设计：陈西凡、陈安驰、李加悦

基地内包含该研究所自建所以来各阶段的建筑物，房屋状况参差不齐，有经历多次翻修，有些已相当陈旧，不敷使用。同时，设计面临北侧贴近高架路、场地进深大、周边建筑密度高等挑战。方案提出“记忆、传承、开拓”的设计理念：记忆是一代代科研人员青春回忆的空间保留；传承是老一辈科学家精神与理想的薪火相传；开拓是继往开来、锐意创新、永续发展。秉持这一理念，方案将致力于创造国际一流研究所建筑群，打造大气中正的建筑形象，营造以人为本的科研人员学习工作环境。

SRIM

SRIM

上海市龙漕路地块城市更新

Urban Renewal of Longcao Road Plot in ShangHai

项目业主：徐汇投资、城建置业
建设地点：上海
建筑功能：商业、办公建筑
用地面积：8 981 平方米
建筑面积：38 802 平方米
设计时间：2022 年
项目状态：方案阶段
设计单位：上海市城市建设设计研究总院（集团）有限公司
主创设计：陈西凡、陈安驰

地块位于上海市徐汇区，“五道三轨”汇集于此。本项目是周边区域仅有的可开发用地，将成为该片区的收官之作。方案力图将项目打造为区域的形象标杆，沿轨道交通 3 号线控制线侧的空间，将建筑形体层层轻微扭转，在凸显自身的同时对周边呈现柔和的姿态，塑造卓而不群的建筑形象。如同展翅大鹏、富有冲击力的建筑形象，形成较强的辐射传播力，为整体区域注入活力，带动片区整体价值的提升。投资与标志性打造相平衡也是贯穿该项目的重要课题，在有限的成本中尽可能创造最大的标志性效果。项目以年轻人为核心客户群打造集创意办公、商业休闲、文化娱乐于一体的中高端城市综合体。

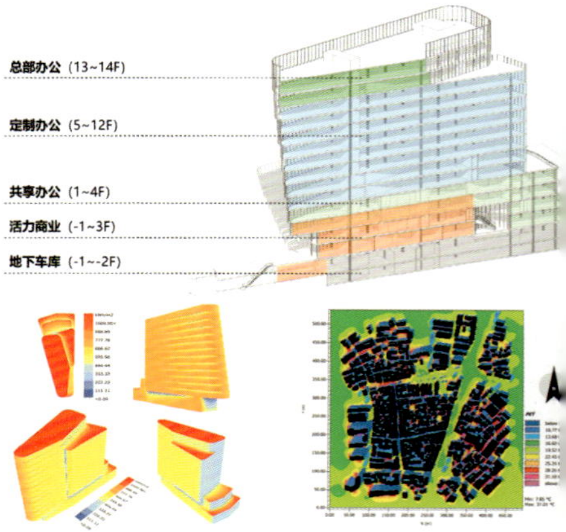

昆明西客站综合交通枢纽项目

Kunming West Railway Station Comprehensive Transportation Hub Project

项目业主：昆明市城市综合交通枢纽有限责任公司
建设地点：云南 昆明
建筑功能：商业、办公、酒店建筑
用地面积：230 000 平方米
建筑面积：640 000 平方米
设计时间：2023 年
项目状态：初步设计阶段
设计单位：上海市城市建设设计研究总院（集团）有限公司
主创设计：陈西凡、唐凯、王又可

昆明西客站综合交通枢纽项目位于昆明西山区滇池西岸，草海与翠峰山之间，可尽览春城山水，具有山海之间的独特区位优势。该区域是承载滇中新区两翼联动发展的重要空间，也是西山区“一核三带”上的核心城市节点，昆明西站一体化建设目标承担着大型综合交通枢纽和城市综合服务核心的双重使命。项目设计范围为枢纽核心区东西广场 TOD 开发，主要包括办公、商业、公寓、酒店、交通换乘、地下停车等建筑功能。

项目方案设计致力于打造“翠峰环绕，草海听涛”的城市形象，构建“站、城、人”一体的枢纽核心区，实现城市、自然、文脉、人群的延伸与融合，提升站城整体价值。

戴维

职务：中南建筑设计院股份有限公司副总建筑师、方案创作室主任
职称：高级工程师
执业资格：国家一级注册建筑师

教育背景
2001 年—2006 年　哈尔滨工业大学建筑学学士
2006 年—2009 年　哈尔滨工业大学建筑学硕士

工作经历
2009 年至今　中南建筑设计院股份有限公司

个人荣誉
2016 年中南设计集团青年岗位能手
2017 年中南建筑设计院股份有限公司首批专业技术骨干人才
2017 年中南建筑设计院股份有限公司十佳青年建筑师
2018 年中南建筑设计院股份有限公司十佳青年建筑师
2022 年中南建筑设计院股份有限公司标兵

主要设计作品
山东省科技馆新馆
荣获：2016 年中南建筑设计院优秀方案创作一等奖
　　　2021 年中南建筑设计院优秀建筑工程设计（公建）一等奖
武汉国家地球空间产业园
荣获：2013 年中南建筑设计院优秀方案创作二等奖
　　　2016 年湖北省建筑信息模型（BIM）设计大赛优秀奖
　　　2020 年湖北省优秀工程勘察设计一等奖
武汉理工大学体育中心、洪山区文体中心
荣获：2012 年中南建筑设计院优秀方案创作一等奖
　　　2015 年湖北省优秀工程勘察设计一等奖
　　　2017 年全国优秀工程勘察设计三等奖
恩施民族体育运动中心和恩施职业技术学院整体迁建
荣获：2019 年中南建筑设计院工程技术类优秀专项设计（规划）一等奖
太原南站配套商务酒店及乘务员换乘中心
荣获：2013 年湖北省优秀工程咨询成果优秀奖
　　　2013 年中南建筑设计院优秀方案创作二等奖
大丰站房与站前广场概念设计方案
荣获：2018 年中南建筑设计院优秀方案创作二等奖
钟祥群众公共文化服务综合体
襄阳国际会展中心

中南设计
ZONALAND CONSULTING

中南建筑设计院股份有限公司（简称 CSADI）始建于 1952 年，是中国最早成立的六大综合性建筑设计院之一。CSADI 现有员工 4 900 余人，其中全国勘察设计大师 2 名，拥有 12 家高新技术企业，被评为全国勘察设计行业百强企业和当代中国建筑设计百家名院。CSADI 先后在全球近 40 个国家和地区完成了 2 万余项工程设计，获得国际、国家级、省部级各类优秀设计奖 1 200 余项。

CSADI 聚焦工程咨询设计、设计施工总承包主业，业务范围涵盖咨询、测绘、规划、科研、环境影响评价、勘察、设计、审查、监理、项目管理与工程总承包、招标代理、质量检测、安全评价等，能优质高效地为客户提供建筑工程项目全专业、全过程工程技术与管理服务。

地址：湖北省武汉市武昌区中南路 19 号
电话：027-87337159
网址：www.csadi.com.cn
电子邮箱：office@csadi.cn

山东省科技馆新馆

New Shandong Provincial Science and Technology Museum

项目业主：山东省科学技术协会
建设地点：山东 济南
建筑功能：文化建筑
用地面积：33 000 平方米
建筑面积：80 000 平方米
设计时间：2016 年—2021 年
项目状态：建成
设计单位：中南建筑设计院股份有限公司

项目位于山东省济南市西部新城核心区，将成为城市文化生活的中心。设计将用地分为休闲、交通上下两个广场，交通广场解决车辆进出、人员聚散问题；休闲广场将本项目、五七公园、腊山河绿化带用情景慢行系统联系起来。

设计将几何形体与海岱文化中的山水意向相结合，为齐鲁大地构建了一个充满科学、文化气息的科技馆。设计提出“山海无限”的理念，建筑形体犹如一个数学符号“∞”，纯粹简洁，隐喻无限未知、无限可能，充满流动变化之美。

武汉国家地球空间产业园

Wuhan National Geospatial Industrial Park

项目业主：武汉地球信息产业投资有限公司
建设地点：湖北 武汉
建筑功能：办公建筑
用地面积：120 000 平方米
建筑面积：420 000 平方米
设计时间：2014 年—2017 年
项目状态：建成
设计单位：中南建筑设计院股份有限公司

项目是科技部批准的全国唯一的国家地球空间信息产业基地，位于武汉未来科技城，包括高层“孵化器”、多层“加速器”、低层“企业总部”等多种业态。

建筑通过可分可合的产品设计，形成适应不同面积要求的灵活多样的产品线，并通过办公主体空间无柱化，满足市场复合型、多功能的需求。园区整体形态错落有致、开阔大气，形成“密不透风、疏可跑马”的空间效果。

钟祥群众公共文化服务综合体

Zhongxiang Mass Public Cultural Service Complex

项目业主：钟祥新驰建设工程有限公司
建设地点：湖北 钟祥
建筑功能：文化建筑
用地面积：119 998 平方米
建筑面积：46 000 平方米
设计时间：2021 年—2022 年
项目状态：在建
设计单位：中南建筑设计院股份有限公司

项目位于湖北省钟祥市镜月湖南岸，包括城市展览馆、档案馆、图书馆、文化馆、科技馆等功能建筑。

设计采用“如意”造型，呼应钟祥“风水宝地、祥瑞所钟”，用抽象简约的设计手法将建筑融入环境，如湖畔翻涌的浪花，又似湿地低飞的水鸟，形象让人浮想联翩。

功能上用风雨走廊将不同单体建筑结合成一个灵动起伏的整体，并通过地景建筑为游客提供一处视野开阔的观湖平台，达到人工建筑与自然景观共生互融的效果。

襄阳国际会展中心

Xiangyang International Convention and Exhibition Center

项目业主：襄阳东津新区管委会
建设地点：湖北 襄阳
建筑功能：会展建筑
用地面积：189 000 平方米
建筑面积：100 000 平方米
设计时间：2021 年—2023 年
项目状态：在建
设计单位：中南建筑设计院股份有限公司

项目位于襄阳市东津新区核心区，会展中心可提供约 1 700 个标准展位。

设计以“荆楚美玉、筑巢引凤”为主题，建筑造型如一对记载城市历史变迁的玉璜，象征古城历久而弥坚；又如同巨大的凤凰巢，以开放包容之姿，筑巢引凤。

设计以会展为核心，打造集展览、酒店、会议、商贸、休闲娱乐为一体的现代化会展综合体，兼顾会展模式和平时模式，提升场馆利用率，为城市大型会展建筑的运营提供新的思路。

刁炜

职务： 南京南华建筑设计事务所有限责任公司合伙人
职称： 高级建筑师
执业资格： 国家一级注册建筑师、注册城乡规划师

教育背景
1999 年—2005 年　金陵科技学院、东南大学建筑学学士
2005 年—2008 年　南京大学建筑学硕士

工作经历
2012 年—2017 年　南京大学建筑规划设计研究院有限公司
2017 年—2019 年　南京南华建筑设计事务所有限责任公司
2019 年—2021 年　江苏苏邑设计集团有限公司
2021 年至今　南京南华建筑设计事务所有限责任公司

个人荣誉
江苏省建筑师协会青年建筑师分会委员

主要设计作品
南京溧水无想山国家森林公园游客中心（珍珠南路
荣获：第十二届江苏省土木建筑学会建筑创作奖一等
青岛港即墨港区综合服务中心
荣获：2020 年江苏省城乡建设系统优秀勘察设计二等
　　　2020 年江苏省第十九届优秀工程设计二等奖
栖霞区妇幼保健院工程
荣获：2022 年江苏省城乡建设系统优秀勘察设计二等

吴昇奕

职务： 南京南华建筑设计事务所有限责任公司主创建筑师
职称： 中级工程师

教育背景
2009 年—2013 年　金陵科技学院建筑学学士
2014 年—2017 年　南京大学建筑学硕士

工作经历
2017 年—2018 年　中衡设计集团股份有限公司
2018 年至今　南京南华建筑设计事务所有限责任公司

主要设计作品
南京曙光化工集团地块建筑更新设计
荣获：2018 年江苏省土木建筑学会建筑创作奖二等奖
龙潭新城知乐路 24 班小学
荣获：2021 年江苏省土木建筑学会建筑创作奖三等奖
成都 Localand 城厢会客馆
荣获：2021 年江苏省土木建筑学会创作奖一等奖
南京溧水区博物馆建筑设计
荣获：2023 年江苏省土木建筑学会创作奖三等奖
青岛即墨海水淡化研究中心设计
荣获：2023 年江苏省土木建筑学会创作奖三等奖

夏闻

职务： 南京南华建筑设计事务所有限责任公司主创建筑师
职称： 中级工程师

教育背景
2006 年 -2010 年　南京艺术学院艺术设计学士

工作经历
2010 年—2017 年　南京大学规划设计研究院有限公司
2018 年至今　南京南华建筑设计事务所有限责任公司

主要设计作品
新疆喀纳斯禾木阿西麦里索道站建筑设计
南京高淳区东坝镇大仁凹乡村民俗区规划设计
荣获：2017 年江苏省土木建筑学会创作奖一等奖
南京曙光化工集团地块建筑更新设计
荣获：2018 年江苏省土木建筑学会创作奖二等奖
成都 Localand 城厢会客馆
荣获：2021 年江苏省土木建筑学会创作奖一等奖
南京溧水区博物馆建筑设计
荣获：2023 年江苏省土木建筑学会创作奖三等奖

南华建筑设计事务所
NANHUA ARCHITECTS

地址：南京市秦淮区绒庄街 7 号
电话：025-82220113
传真：025-82220113
网址：www.nharchi.com

南京南华建筑设计事务所有限责任公司（以下简称事务所）由国家工程勘察设计大师，原江苏省建筑设计研究院院长、总建筑师李高岚先生（现事务所资深总建筑师）于 2003 年主持创建，2017 年完成改制。现事务所由中国青年建筑师奖获得者、原南京大学建筑规划设计研究院有限公司执行总建筑师程向阳先生秉承主持。

2008—2017 年，程向阳先生在南京大学创建和主持城市建筑研究与创作中心（以下简称研究中心），形成建筑、城市设计与景观多专业融合的创作方向和工作模式，关注从大尺度到小尺寸的空间实践。研究中心近十年的创作实践奠定了事务所未来可持续发展的基石。随着事务所设计项目的不断增加和团队的成长，事务所进一步明确了尝试从建筑都市性中发掘和开拓一系列新可能性的空间实践。

事务所拥有住房城乡建设部颁发的建筑设计事务所甲级资质，可以承担所有等级的各类建筑工程总承包及项目管理和相关的技术与管理服务。事务所主要项目类型包括城市设计，文化与酒店类公共建筑设计，科技园区规划与建筑设计，城市、建筑与公共景观一体化设计，城市更新以及与商业、文化运营关联的建筑创作等。

南京溧水无想山国家森林公园游客中心（珍珠南路）

Tourist Center of Wuxiangshan National Forest Park in Lishui Nanjing (Pearl South Road)

项目业主：南京溧水城市建设集团有限公司
建设地点：江苏 南京
建筑功能：旅游、文化建筑
用地面积：4 000 平方米
建筑面积：3 414 平方米
设计时间：2015 年
项目状态：建成
设计单位：南京大学建筑规划设计研究院有限公司
设计团队：程向阳、刁炜

设计以“无想 · 无界 · 无形”为概念，旨在创造一个专属于无想山的游客服务中心——以螺旋跌落的圆环形建筑金属屋顶呼应基地现有高差，于屋顶下设计了分散布局的四组不同功能的圆形单体建筑。设计旨在创造一处模糊了内与外的城市交往灰空间——游客跟随一体化设计的景观的铺地指引，从基地外部靠近、进入并最终离开，通过跌落的台阶步道向下走近毗邻景观水面的亲水木栈台，通过景观整合设计模糊建筑外在与内在边界。

青岛港即墨港区综合服务中心

Qingdao Port Jimo Port Area Comprehensive Service Center

项目业主：青岛陆港国际开发建设有限公司
建设地点：山东 青岛
建筑功能：办公、配套和综合服务建筑
用地面积：10 004 平方米
建筑面积：19 964 平方米
设计时间：2018 年
项目状态：建成
设计单位：南京南华建筑设计事务所有限责任公司
合作单位：南京大学建筑规划设计研究院有限公司
设计团队：程向阳、刁炜

项目位于青岛市即墨区蓝村镇南泉三路以东。设计基于沿路的城市空间界面及应对不规则基地边界和项目本身对于不同功能的集约化诉求等要求，形成一栋高层塔楼与多层裙楼与道路平行的布局方式：塔楼体现办公功能的高效集约化，布置于南侧；裙楼则满足青岛港即墨港区办事大厅、全员职工餐厅及多功能报告厅等大空间功能需要，布置于北侧，并以一处精致的景观内庭院将主楼与附楼串联。为满足快速建造要求，建筑主体全部采用钢结构预制化装配设计及施工。塔楼设计简洁干净，外立面材料选用预制标准化的金属格构架重复以韵律感，在三角金属格构之中解决建筑开窗问题，并与超高透的整体单元玻璃幕墙形成呼应，体现建筑的现代性与技术美学。

南空间实验室

Nan Space Lab

项目业主：南京南华建筑设计事务所有限责任公司
建设地点：江苏 南京
建筑功能：商业、办公建筑
建筑面积：1 194 平方米
设计时间：2022 年
项目状态：建成
设计单位：南京南华建筑设计事务所有限责任公司
设计团队：程向阳、夏闻、谢遥

南空间实验室所在建筑的原址是南京日报社职工宿舍大楼。设计尝试从建筑的都市性中发掘和开拓一系列新的可能性空间，并在社群运营中探索未来城市更新的多样发展潜能。

从熙南里街区整体性视角来看，南空间实验室与街区之间建立和保持了可持续的互动关系。其一楼具有公共性，给人们带来介入和参与的机会，并提供了可想象的空间。而二楼被设计为一个带有文化属性的公共空间，二楼展厅把红色台阶和南空间实验室院子内的旋转楼梯串联起来，从城市公共性空间的角度建立了连通，形成了空间和人的流动。

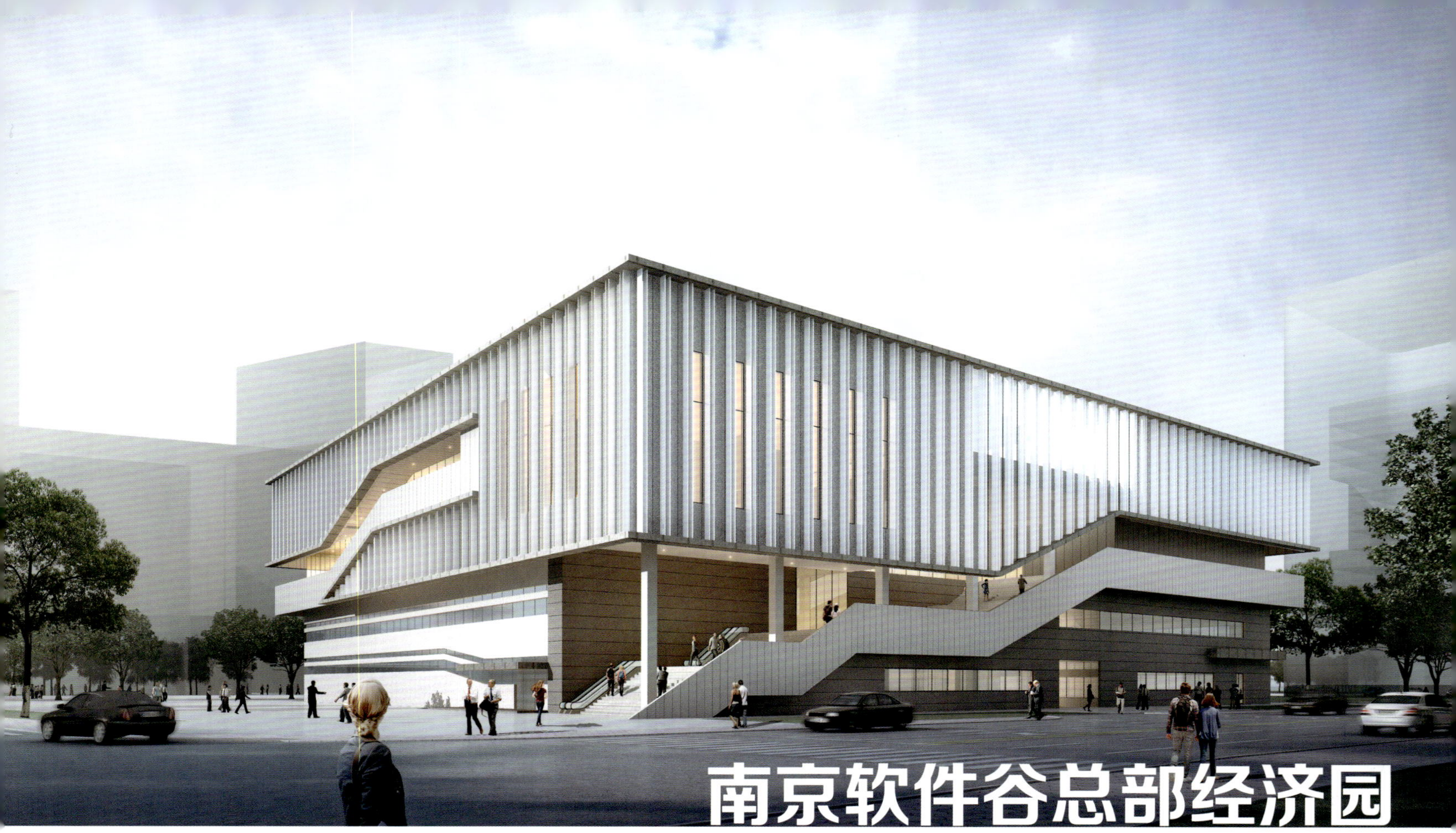

南京软件谷总部经济园

Nanjing Software Valley Headquarters Economic Park

路径塑造

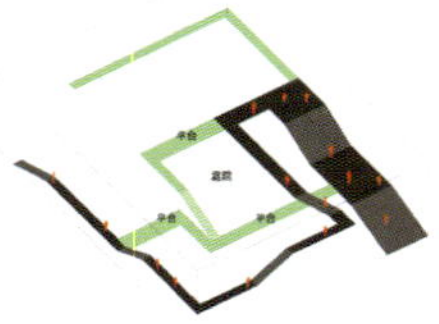

平台延伸

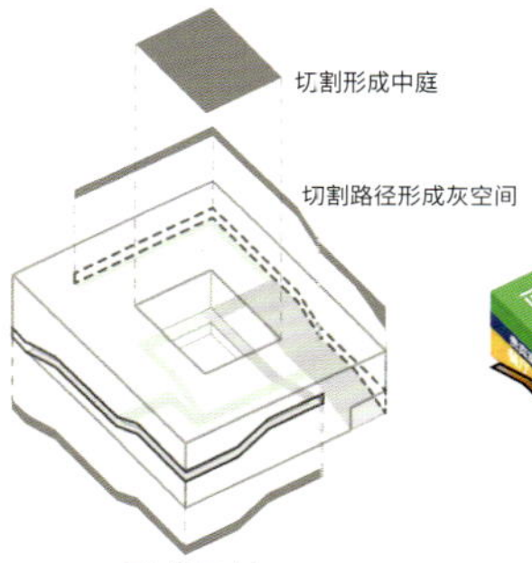

形成切割

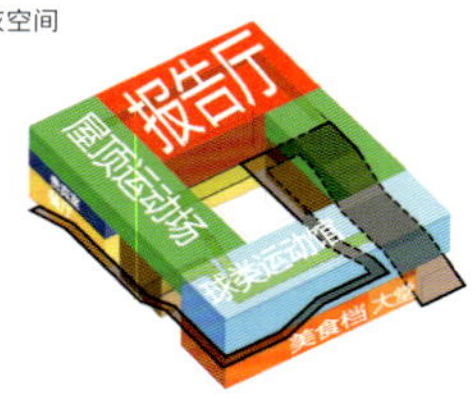

功能生长

项目业主：南京软件谷发展有限公司
建设地点：江苏 南京
建筑功能：商业、办公建筑
用地面积：8 963 平方米
建筑面积：12 500 平方米
设计时间：2018 年—2019 年
项目状态：待建成
设计单位：南京南华建筑设计事务所有限责任公司
合作单位：南京大学建筑规划设计研究院有限公司
设计团队：程向阳、吴昇奕

正交组团的产业园街区限定了该公共配套建筑的轮廓外形。建筑不再注重通过外形和材料的异样表达来彰显其在园区的特殊身份，而从园区内重要人流方向出发，在功能外围形成一主一次两条室外公共路径，与室内路径共同串联其中丰富多元的功能空间；同时将不同功能之间的活动路径反映于立面上，通过诱导和暗示的方式让室内功能不再封闭和孤立，而是融入园区的内部街区中。

成都 Localand 城厢会客馆

Chengdu Localand Chengxiang Reception Hall

项目业主：中交环投（成都）文化旅游开发有限公司
建设地点：四川 成都
建筑功能：旅游、文化建筑
用地面积：4 731 平方米
建筑面积：6 840 平方米
设计时间：2019 年
项目状态：建成
设计单位：南京南华建筑设计事务所有限责任公司
合作单位：中交水运规划设计院有限公司
设计团队：程向阳、吴昇奕、夏闻

Localand 城厢会客馆，就是个收纳盒，以“地方记忆 +”为关键词，不同的人放进不同的感受。展览与展览之间，空间与空间之间，带着转头相逢的惊喜和走街串巷的感觉。

这里提供的不只是空间，更是连接和影响本地人，研究乡村与城市的一个窗口。更难能可贵的是，城厢本地居民对这个空间的认同。

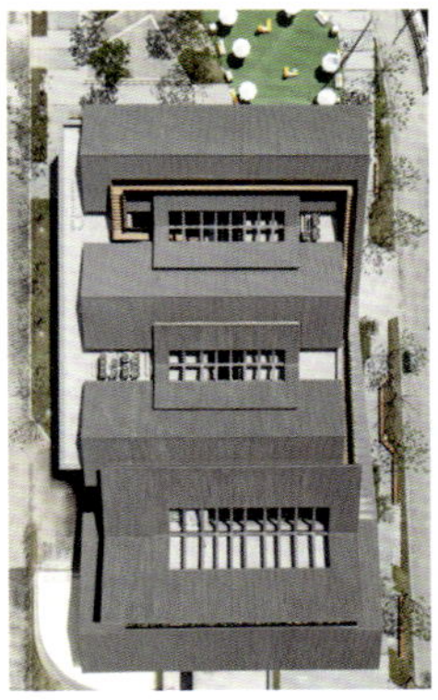

项目位于成都市青白江区城厢古镇东南部。会客馆是城厢古镇整体规划中的首建项目，是对外展现未来城厢的一个窗口，以期实现空间设计与策划内容的整合落地，并在社群运营中探索未来城市更新的多样发展潜能。

设计借鉴现有屋架形式，通过连续变化和虚实相间的屋顶组合，形成与建筑本体脱离、可限定的灰空间。该灰空间为天井提供了光照，同时为人活动和隐藏设备提供了平台。设计综合考量建筑与古镇环境的融合，从材料与色彩上体现连续的架空屋顶与空间实体水平展开的形式逻辑，从墙体砌筑方式上体现内部空间转换层次。

通过内外、上下空间的流动，并运用连续趣味路径（坡道、平台、廊桥等）串联不同的虚体和实体空间，以及基于文化与消费活动介入有组织的叙事实践，实现项目实践从空间设计到空间运营的全过程。

杜孝民

职务：北京构易建筑设计有限公司总裁、总建筑师
职称：高级工程师
执业资格：国家一级注册建筑师

教育背景
1990 年—1994 年　西安交通大学建筑学学士
2003 年—2005 年　清华大学工程硕士

工作经历
1996 年—2005 年　北京市市政工程设计研究总院有限公司
2005 年至今　北京构易建筑设计有限公司

主要设计作品
北京电子城国际电子总部
国家工商行政管理总局商标档案业务用房
荣获：2012 年—2013 年国家优质工程奖
　　　第十七届北京市优秀工程设计“公共建筑”二等奖
　　　中国人居最佳设计方案金奖
京东方集团运营与研发中心
荣获：2016 年—2017 年国家优质工程奖
　　　2016 年工程建设项目优秀设计成果三等奖

韩孟臻

职务：清华大学建筑学院教授
执业资格：国家一级注册建筑师

教育背景
1993 年—1998 年　东南大学建筑学学士
1998 年—2001 年　清华大学建筑学硕士
2001 年—2004 年　日本京都大学工学博士

工作经历
2009 年—2019 年　清华大学建筑学院副教授
2019 年至今　清华大学建筑学院教授

个人荣誉
2016 年第十一届中国建筑学会青年建筑师奖

主要设计作品
海南大学第四教学楼
荣获：海南省优秀工程勘察设计奖二等奖
郑州大学新校区人文社科组团
荣获：北京市第十三届优秀工程设计三等奖
河南仰韶文化博物馆
庐山北斗星国际酒店综合服务楼
西安欧亚学院行政楼、院系教学楼、学生活动中心

孙东海

职务：北京构易建筑设计有限公司方案主创设计师
职称：工程师

教育背景
2008 年—2013 年　华北理工大学建筑学学士

工作经历
2012 年—2013 年　CCDI 悉地国际（上海）
2013 年—2016 年　场脉建筑设计（上海）有限公司
2017 年至今　北京构易建筑设计有限公司

主要设计作品
昆山市神州数码产业园
慈溪市观海卫镇文化中心
天津武清天河城商业地块
石家庄恒润时代广场
中国语文教育博物馆（苏州）
北京燕东 IC 产业园改造
北京黑汉岭小学民宿
四川天府新区市民之家

地址：中国北京海淀区五道口暂安处2 号院
电话：8610-62701980-889
传真：8610-62701980-617
网址：www.coead.com
电子邮箱：coe001@126.com

Co+E Architects & Designers 构易建筑

北京构易建筑设计有限公司（Co+E Architects & Designers Co.,Ltd.，以下简称公司）成立于 1987 年 1 月，1993 年获得国家建设部批准的甲级建筑工程设计资质证书；2008 年获得城乡规划编制资质证书。公司聚焦产业园、酒店及文化建筑领域，先后完成了电子城国际电子总部、朔州电子城数码港、厦门国际创新中心、万宁南燕湾丽兹卡尔顿酒店、华夏幸福·怀来地中海俱乐部度假酒店、固安福朋酒店、嘉善喜来登国际酒店、腾冲温泉度假养生园、洛阳市中心图书馆、新疆第五小学等一系列项目。公司现有设计人员 120 余人，由徐卫国教授、董卫教授担任总规划师，由杜孝民、韩孟臻、IRMA 等数位青年建筑师担任骨干；与清华大学、东南大学、西班牙巴塞罗那大学开展密切合作，融合中外建筑设计，形成了原创性、个性化和多元化的设计风格，得到社会的广泛认同和好评。

四川天府新区市民之家

Citizen's Home in Tianfu New Area, Sichuan

项目业主：成都天府新区投资集团有限公司
建设地点：四川 成都
建筑功能：市民休闲、政务服务建筑
用地面积：22 935 平方米
建筑面积：81 500 平方米
设计时间：2022 年
项目状态：方案
设计单位：北京构易建筑设计有限公司
主创设计：杜孝民、韩孟臻
参与设计：孙东海、郭鹏、孙一宁、赵雪

本案提出“立体公园”的设计理念，在高度实现政务服务功能需求的基础上，力图将自然生态的公园绿地，由外而内、自下而上地引入建筑，塑造建筑室内外空间与公园景观生态相互融合、水乳交融的新公共建筑范式。“立体公园”作为建筑核心组织要素，以类似“剪纸拉花”形态的绿地坡道，将建筑上、下两部分相互联系：下部绿地坡道盘桓在山丘形地景建筑之上，连接周边公园绿地与中心山顶；上部绿地坡道回旋于山谷形建筑体量之内，连接中心谷地与屋面绿化平台。“立体公园”仿佛抽象化的自然山地景观，通过坡道、阶梯、平台，植物配置、城市家具，为市民提供休憩性的漫游体验。对外侧漂浮体量局部进行切削，并覆以“蜀锦”“方方锦”纹样为原型的幕墙表皮，营造出兼具亲和力与标志性的平衡表现。通过对“立体公园”的打造，为天府新区增加一处新的市民活动舞台。

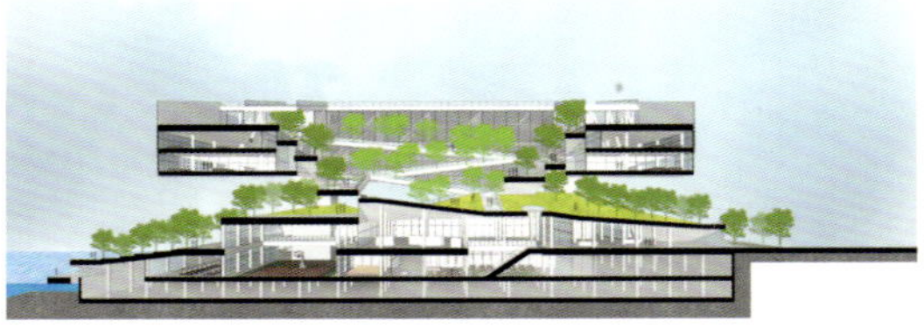

某社区文化体育中心

A Community Cultural and Sports Center

建设地点：北京
建筑功能：文化建筑
用地面积：4 443 平方米
建筑面积：17 686 平方米
设计时间：2023 年
项目状态：方案
设计单位：北京构易建筑设计有限公司
主创设计：杜孝民、韩孟臻
参与设计：孙东海、郭鹏、孙一宁

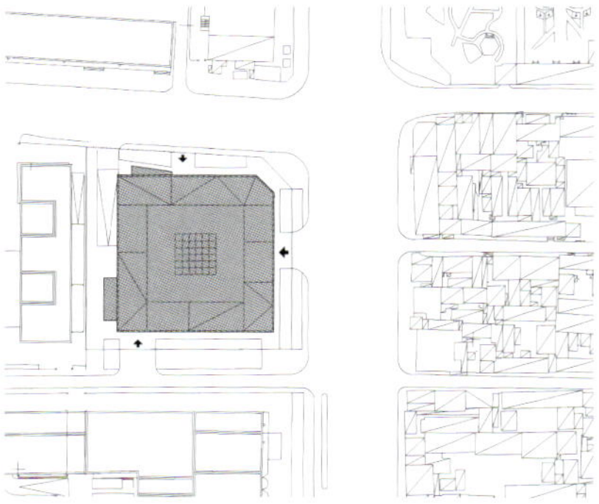

项目东侧为传统城市街区，西侧为现代城市街区。方案需要合理衔接东西两侧不同尺度的城市肌理，延续文脉，弥合新旧城市空间，构建一个具有生机活力的城市空间，形成存在于人们记忆里的场域，以浓厚的历史人文气息拥抱新时代的城市生活。建筑通过空间形式、立面材料及细部做法呼应传统建筑风貌，以当代建筑形式延续城市文化记忆。

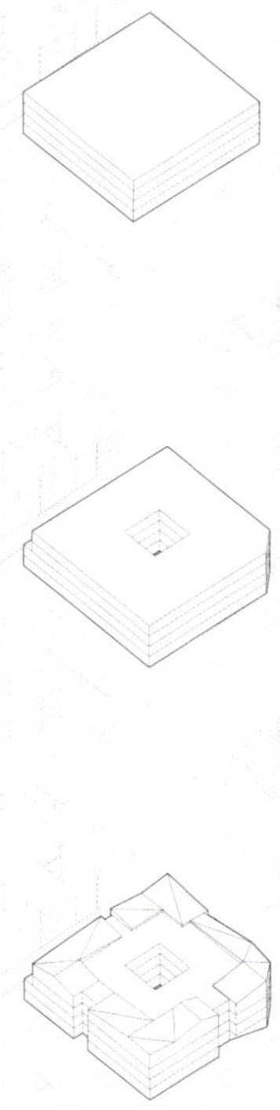

BEIC 欧洲信息与文化图书馆（竞赛）

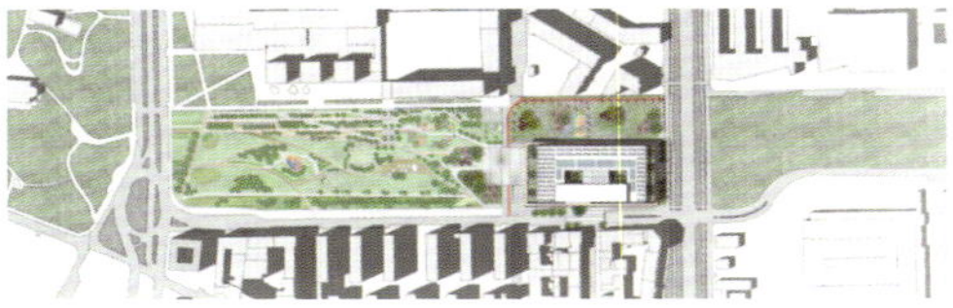

BEIC European Library of Information and Culture (Competition)

项目业主：米兰市政府
建设地点：意大利 米兰
建筑功能：图书馆、文化中心
用地面积：13 200 平方米
建筑面积：29 888 平方米
设计时间：2022 年
项目状态：方案
设计单位：北京构易建筑设计有限公司
主创设计：Joseph di pasquale、杜孝民、韩孟臻
参与设计：Diana Ranghetti、Giulia.Chiatante、孙东海、孙一宁

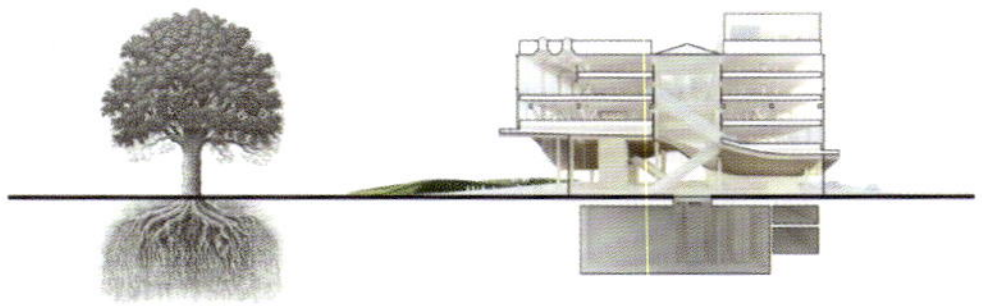

本案以“树”为概念：拥有 250 万册藏书的自动书库如同大树发达的根系；一系列位于首层并面对城市开放的公共空间如同向上生长的树干，突出图书馆更注重知识和文化的传播；位于顶层的阅览室如同吸收光和营养的树叶，这里远离喧嚣，适于人们研究与学习。方案将建筑首层改造成米兰传统的城市画廊，将其作为周围街道和公园人流的延续，这样使用者就可以自然地穿过图书馆的底层；论坛和儿童馆一直延伸到二层；顶部阅览室以连续环状的方式排列，在两个绿色露台上横向开放，而两个内部庭院则创造了一个内省的空间。

北京黑汉岭小学民宿

Beijing Heihanling Primary School Homestay

项目业主：北京京西北创业投资管理有限公司
建设地点：北京
建筑功能：民宿建筑
用地面积：9 470 平方米
建筑面积：1 190 平方米
设计时间：2022 年
项目状态：建成
设计单位：北京构易建筑设计有限公司
主创设计：杜孝民、韩孟臻
参与设计：孙东海、谢永逸

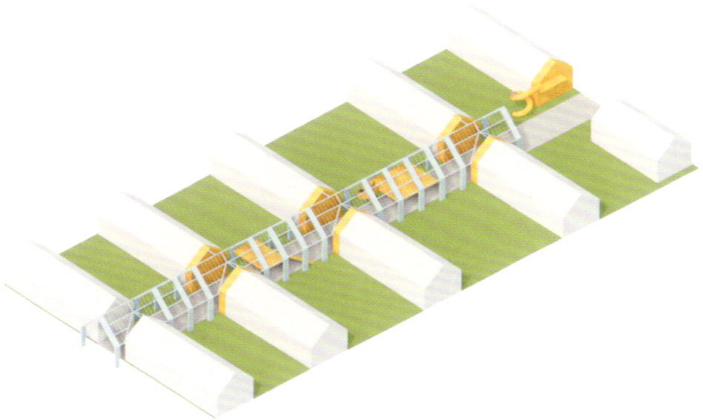

本案将闲置的小学改造为亲子主题民宿，小学校舍承载住宿及公共服务功能，包括咖啡书吧、餐厅及手工坊。本案室内空间为建筑本底形态，咖啡书吧为原木色主题，餐厅为白色主题，手工坊以彩色为主题，分别营造出不同的空间氛围；小学操场作为儿童探索乐园；原南北向走廊作为中央绿廊，串联起各功能空间。

范文莉

职务：华建集团上海建筑设计研究院有限公司规划与城市设计院副院长
公司区域设计总控专业技术总师
公司总建筑师助理
职称：高级工程师

教育背景

1991 年—1995 年　郑州大学建筑学学士
1995 年—1998 年　郑州大学建筑学硕士
2002 年—2008 年　同济大学建筑学博士

工作经历

2008 年至今　华建集团上海建筑设计研究院有限公司

社会职务

中国城市规划学会城市设计学术委员会青年委员
中国建筑学会环境行为学术委员会委员
上海市建筑学会城市设计分会委员
上海建筑学会女设计师分会学术委员
同济大学建筑学专业企业研究生导师
东南大学"卓越工程师教育培训计划"建筑学专业企业兼职教授
郑州大学建筑学院企业客座教授

个人荣誉

华建集团先进生产工作者称号
华建集团三八红旗手称号
华建集团优秀共产党员
华建集团 213 科技领军人才
上海建筑设计研究院有限公司优秀共产党员
上海建筑设计研究院有限公司先进工作者

主要设计作品

虹桥商务核心区立体步行系统设计
上海世博 B 片区央企总部基地项目
世博会地块文博博览区城市设计研究
上海徐家汇体育公园整体更新金融科技总部街区
三亚东岸单元区域整体开发精细化城市设计及导则
徐汇滨江西岸传媒港项目
上海老城厢福佑地块更新城市设计
"数字江海"国际产业城区精细化城市设计与规划实施设计总控
上海"三师联创"试点项目东斯文里地区更新单元概念城市设计

学术研究成果

1. 独著《当代城市空间发展的前瞻性理论与设计：城市要素有机结合的城市设计》（该书被列为"十二五"国家重点图书出版规划项目）；
2. 合译《设计思维——建筑设计过程解析》；
3. 第一执行副主编，出版两本著作《区域整体开发的设计总控》《5+ 维度：5+ 设计维度——基于城市设计的低碳城市社区的设计策略研究》；
4. 参与国家社科基金项目 1 项。作为子课题负责人承担上海市级课题 1 项（《城市中心高密度高品质街区近零碳排放关键技术及应用研究》）；承担及完成集团级科研项目 4 项，上海院级科研项目 6 项。
5. 参编地方标准《雄安新区建筑风貌导则》；参评地方标准《城市地下综合体设计规范（修编）》《既有地下建筑改扩建技术规范（修编）》等。

范文莉博士具备优秀的设计创作与科研能力，对城乡建设事业充满热情。她带领团队"低碳城市设计研究与咨询中心"，负责过全国各地多个重要的城市设计与规划工作，业务领域包括城市 CBD、CAZ、滨水区、枢纽区、体育公园区，城市更新再利用，园区总体规划、城市地下空间以及规划实施设计总控等，具有丰富的实践经验和学术成果。

范文莉博士致力于将城市设计实践与时代发展、先进理论和技术创新相结合，以形成关键技术支撑；推动城市设计从方案蓝图、规划设计到落地建成使用的全过程实施；梳理城市更新转型中的技术问题并提供解决方案。

范文莉博士拥有多年的城市设计创作与实践经验，她在区域整体开发设计总控、精细化城市设计、低碳社区设计与评估等领域取得了突出成绩。作为主创设计师及项目负责人，她获得行业及省部级优秀设计奖项超过 10 项，获国内国际方案征集第一名 10 余项，主持市区级重大项目及标志性项目超过 20 项。她专业能力出色，擅长挖掘当地自然和文化特色，整合基地特性与发展需求，构建整体连接、开放共享的公共空间，多次参加对外学术交流、行业学会学术演讲、高校学术主题讲座，为城市高品质发展进行了积极探索、做出了积极贡献。

地址：上海市石门二路 258 号
电话：021-52524567
传真：021-62464200
电子邮箱：isa@aisa.com.cn

FREE STUDIO

上海建筑设计研究院有限公司（隶属于华建集团，原名上海市民用建筑设计院）成立于 1953 年，现有员工 1 600 人，其中专业技术人员 1 250 余人，是一家具有工程咨询、建筑工程设计、城市规划、建筑智能化及系统工程设计资质的综合性建筑设计院，是中国乃至世界最具规模的设计公司之一，被评为建筑设计行业高新技术企业，通过国际 ISO9001 质量保证体系认证，在国内外享有较高的知名度。上海建筑设计研究院有限公司累计完成两万多项工程的设计和咨询，作品遍及全国 31 个省、自治区、直辖市及全球 20 余个国家和地区，其中 700 多项工程设计、科研项目、规范标准获国家、住房城乡建设部以及上海市优秀设计和科技进步奖。70 年的积淀与发展将上海建筑设计研究院有限公司的历史与国家、城市发展的各个时期紧紧联系在一起，在中华人民共和国建设史上留下了一页页骄人篇章。

虹桥商务核心区立体步行系统设计

Design of a Three-imensional Pedestrian System for Hongqiao Business Core Area

项目业主：上海虹桥商务区管理委员会
建设地点：上海
建筑功能：商业、办公建筑
用地面积：230 000 平方米
设计时间：2011 年—2015 年
项目状态： 建成
设计单位：上海建筑设计研究院有限公司
主创设计：范文莉
获奖情况：第四届上海市建筑学会建筑创作奖优秀奖

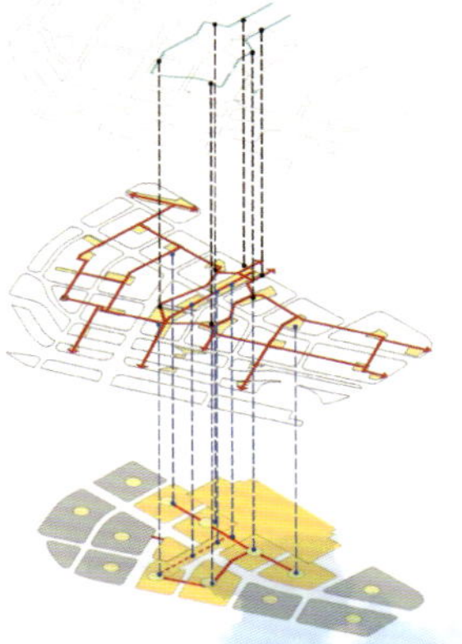

虹桥商务核心区是上海市第一个低碳商务社区。立体步行系统是虹桥低碳商务区的重要载体，传递低碳出行、绿色生活的理念。立体步行系统设计呈环形布局，成功地连通虹桥高铁枢纽与核心区五个地块，连接十多栋楼宇，实现了核心区地上、地面、地下的步行空间环境的集约一体、高效连续、舒适怡人。

立体步行系统创造了“城市三首层”，提高了核心区的社会和经济效益，实现了“通楼宇、兴组团”“举三层、拓商面”“连上下、利通行”“扮公园、美环境”的总体城市设计目标。

三亚东岸单元区域整体开发精细化城市设计及导则

Refined Urban Design and Guidelines for Overall Development of Sanya East Coast Unit Area

项目业主：三亚市自然资源和规划局
建设地点：海南 三亚
建筑功能：总部商办、商业休闲、居住建筑
用地面积：435 000 平方米
建筑面积：1 265 000 平方米
设计时间：2019 年—2020 年
项目状态：精细化城市设计整体管控，地块已经陆续建设施工
设计单位：上海建筑设计研究院有限公司
主创设计：范文莉
获奖情况：入选自然资源部国土空间规划实践案例系列教材
2021 年上海市优秀国土空间规划设计奖

项目位于三亚市中央商务区的核心地段，紧邻东岸湿地公园，兼备“公共活动中心”“重要水绿临域”两大属性特征。总体城市设计贯彻上位规划“总部经济商办 + 顶级消费商圈”的定位，采用区域整体开发模式，营造“东岸绿谷、生息之所”的创新环境，确立“两个一流”建设目标，即“一流的融合自然与时尚、顶级工作与高端消费的总部社区”“一流的南国特色公园街区”，打造东岸单元城市副中心。本次城市设计附加图则，作为控规普适图则的有效补充，被写入土地出让合同，实现“指标和空间并重”的精细化管控。

“数字江海”国际产业城区精细化城市设计与规划实施设计总控

“Digital”Jianghai International Industrial District Refined Urban Design and Planning Implementation Design Master Control

项目业主：上海江海数字产业发展有限公司
建设地点：上海
建筑功能：复合型城区
用地面积：1 370 000 平方米
建筑面积：地上约 1 830 000 平方米
　　　　　地下约 730 000 平方米
设计时间：2021 年至今
项目状态：在建
设计单位：上海建筑设计研究院有限公司
主创设计：范文莉
设计团队：加亚楠、谢越、姚欣怡、车雷、宋婧璇、
　　　　　王少剑、李松霖、佟琛

“数字江海”作为上海五大新城的示范项目，采用区域整体开发模式，创新地运用设计总控，在规划实施阶段发挥了“提升整体开发品质、系统整合各个专项、有效对接主管部门、提前预判生产问题、降低重复建设概率、增加园区综合价值”的重要作用。“数字江海”项目规划实施阶段的设计总控，主抓两大核心工作：

一是编制精细化城市设计，确保系统综合方案聚亮点、可落地、可实施。

二是编制综合技术导则，依据全专项综合方案，抓牢各专项的特点、亮点，并进行有效引导转化。

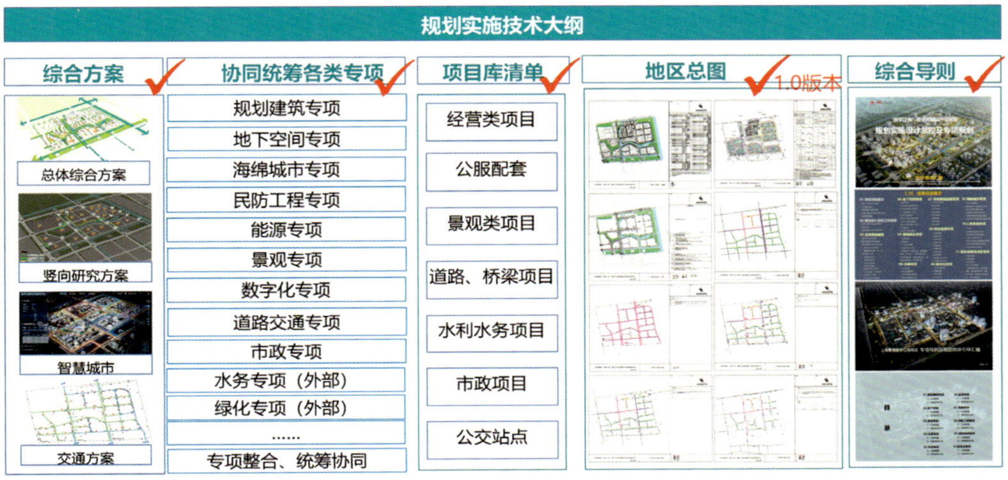

徐汇滨江西岸传媒港项目

Xuhui Binjiang West Bank Media Port Project

建设单位：上海西岸传媒港开发建设有限公司
建设地点：上海
建筑功能：商办、休闲、文化建筑
用地面积：305 000 平方米
建筑面积：1 440 000 平方米
设计时间：2012 年—2020 年
项目状态：建成
设计单位：上海建筑设计研究院有限公司
合作单位：日建设计
项目设总：李定、蔡亦龙
设计团队：姚欣怡、范文莉、焦阳、杨晨、陆文慷、朱学瑾、蒋明、周春

徐汇滨江西岸传媒港项目是公共开放空间整合度极高的一个区域整体开发项目，它位于黄浦江南延伸段，包括 12 个街坊，旨在打造多功能立体城市、实现人车分流，充分利用滨江景观资源。

项目是上海首例地下空间单独开发的项目，对整体地下商业街、地下停车空间、地下车行环通道、地上景观、二层平台、Urban Core、能源中心、综合管廊等公共设施统一规划设计，统一建设。二层步行平台在垂直方向上通过 Urban Core 连通到地下各层。Urban Core 是集采光、通风、信息发布、立体交通功能为一体的标志性节点。

项目是依托滨水区域的独特资源禀赋，充分发挥区位优势和空间效应，以文化产业为先导，集现代传媒、演艺娱乐、文化休闲、商务旅游为一体的高端影视制作和现代传媒产业聚集区。项目以“统一规划、统一设计、统一建设、统一运营”为实现途径，致力于上海最具文化品位和气质的城市区域，以及 21 世纪滨水再开发典范。

上海世博 B 片区央企总部基地项目

Shanghai World Expo Zone B Central Enterprise Headquarters Base Project

建设单位：上海世博发展（集团）有限公司
建设地点：上海
建筑功能：办公建筑
用地面积：180 000 平方米
地上建筑面积约：597 300 平方米
地下建筑面积约：450 900 平方米
设计时间：2012 年—2016 年
项目状态：建成
设计单位：上海建筑设计研究院有限公司
项目设总：李定
总体城市设计：范文莉
认证标识：规划整体达到 LEED ND 标识认证，所有建筑为住房城乡建设部绿色建筑设计标识，重点建筑为绿色三星级设计标识

中国 2010 年上海世界博览会落下帷幕，上海世博 B 片区作为后续转型发展先导区，集聚央企总部，涉及 6 个街坊、29 个地块、14 家企业，是上海第一个集小地块出让、各央企分属、规划设计统一、建设管理统一等特点于一身的项目。

城市设计整合方案塑造“生态、科技、人文、整体”的总部街区，实现小街坊、高密度、地上地下通达便捷、建筑形态布局完整、集约立体的 24 小时活力社区。上海世博 B 片区的建成体现了多维机制创新：打破以地块红线为界的传统方式，从片区整体角度进行规划条例整合、绿地指标整合、交通系统整合、消防规范整合、地上地下整合、绿色设计整合等，实现跨地块、立体化、集约整合的区域整体开发。

厦门五缘湾体育公园城市设计及建筑概念方案

Urban Design and Architectural Conceptual Plan of Xiamen Wuyuanwan Sports Park

项目业主：两岸区域性金融中心片区指挥部、厦门路桥建设集团有限公司
建设地点：福建 厦门
建筑功能：国际网球中心、训练场、服务酒店、泛体育综合体、湖里区体育馆、湖里区文化活动中心等
用地面积：604 000 平方米
建筑面积：347 000 平方米
设计时间：2021 年—2022 年
项目状态：国际竞标方案
设计单位：上海建筑设计研究院有限公司
城市设计主创：范文莉

整体设计顺应自然韵律，呼应山海通廊，诠释鹭岛魅力，精准实现了场地特征、城市发展和体育产业的高度融合。设计以“白鹭于飞，绿岛伴湾”为主题构思，充分利用地形、地貌，“隐路活水、绿脉延伸”，形成“运动五岛”。建筑场馆融合地景变化，体育综合体地下空间与轨道交通无缝衔接，体育公园界面向城市开放，整体构建“一谷、五岛、双环” 相互关联的多维结构——运动绿谷、两个网球赛事岛、三个全民健身岛、山海步道和空中骑行的慢行环，为每个区域提供精彩丰富的体验。

西安国际足球中心概念方案设计及周边片区概念城市设计

Conceptual Scheme Design of Xi'an International Football Center and Conceptual Urban Design of Surrounding Areas

项目业主：陕西西咸中央商务区建设发展有限公司
建设地点：陕西 西安
建筑功能：体育公园
用地面积：640 000 平方米
建筑面积：655 200 平方米
设计时间：2020 年
项目状态：国际竞标方案
设计单位：上海建筑设计研究院有限公司
城市设计主创：范文莉

项目建设高点定位，符合国际足联 A 级赛事专业场馆标准，赛后既可作为青少年足球训练基地，也成为市民大众体育休闲生活的崭新地标。方案挖掘西安城“自然韵律、方正风范”的经典文化意象，确立 “绿脉曲景、方城云顶”的设计概念，统筹场地特点、赛事需求、赛后利用、地上地下空间、绿色出行以及可持续的开发建设。

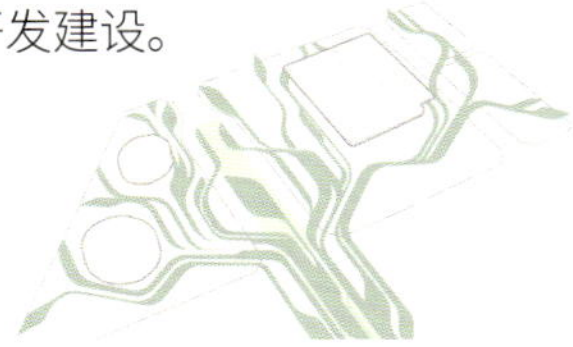

上海普陀“苏河之冠”中央活力街区整体性更新提升研究

A Study on the Overall Renewal and Enhancement of the Central Vitacity Block at the Crown of the Su River in Putuo, Shanghai

项目业主：普陀区规划与自然资源局、普陀区长寿路街道
建设地点：上海
建筑功能：高密度复合建成区更新提升
研究范围：2 000 000 平方米
设计时间：2021 年
项目状态：规划研究
设计单位：上海建筑设计研究院有限公司
主创设计：范文莉
设计团队：陈冬平、宋晶、谢越、曹佟、加亚楠、薛于榕等

研究破解高密度复合建成区整体性更新难题。此类城区更新覆盖城市更新的所有类型，需要从城市设计角度给予精细体检，以提升城市功能，点亮“水、绿、文”资源，规划“蓝、绿、橙”三色联动蓝图，聚合既有历史文化建筑，加强滨水与腹地的连接，构建独一无二的公共空间体系，进而落实为具体更新行动项目。

西贡港阮必成国际复合社区

Nguyen Bicheng International Compourd Community in Sai Kung Port

项目业主：华通投资有限公司
建设地点：越南 胡志明市
建筑功能：居住、办公、商办及文化建筑
用地面积：268 900 平方米
建筑面积：1 800 000 平方米
设计时间：2016 年—2017 年
项目状态：设计阶段
设计单位：上海建筑设计研究院有限公司
城市设计主创：范文莉
设计团队：孙大鹏、加亚楠、王寅等

项目处于西贡河滨的西贡港。基地紧邻胡志明市的城市中心，并拥有超长的河滨岸线。得天独厚的地理条件、优美的河景资源、便捷的交通都预示着这里将成为胡志明市的新的“城市亮点”，并将成为一个国际化、地标性活力滨水区。

设计通过立体的交通组织，消除交通屏障；通过挖掘场地资源，弘扬当地特色文化；延续街区肌理，增强滨江可达性；结合 2.2 千米的滨水岸线，塑造 24 小时开放的活力空间；通过精塑天际线、多元立体混合功能，实现充满活力的“宜居宜业”社区。设计力图为西贡创造一个汇聚活力的价值高地，一个彰显西贡风情的国际名片，一个“宜居宜业”的精致社区，一个融合绿色智慧的可持续典范。

上海老城厢福佑地块更新——金融科技总部街区

Shanghai Old Chengxiang Fuyou Plot Renewal—Financial Technology Headquarters Block

项目业主：蚂蚁科技集团股份有限公司
建设地点：上海
建筑功能：办公、商业建筑
用地面积：119 900 平方米
建筑面积：252 000 平方米
设计时间：2020 年—2021 年
项目状态：设计阶段
设计单位：上海建筑设计研究院有限公司
主创设计：范文莉
设计团队：加亚楠、王少剑、谢越、刘钰、晁阳等

福佑地块位于老城厢第一象限，豫园街道。城市设计强调风貌整体保护，通过对历史建筑分类成片保护，守量提质，实现活化再利用；通过科技业态赋能，南北联动、东西链接，塑造全时、年轻的科创活力街区；通过梳理街巷肌理格局、结合科技与历史人文，建设多元丰富、极具特色的公共空间系统和节点；通过地下空间整体开发，优化片区交通组织、实现人车分流；通过“绣花针”般的精细设计，意在将上海老城风貌和科技创新“旧瓶与新酒” 完美结合。这个建在上海历史最悠久的城区之一的世界级的科技街区，探索了城市更新典范——城市让生活更美好，科技让未来更普惠！

黄浦区福建路地块规划实施方案

Implementation Plan for Fujian Road Plot Planning in Huangpu District

项目业主：上海市黄浦区规划和自然资源局、上海市城市更新中心
建设地点：上海
建筑功能：商业、商务、文化、居住建筑
用地面积：97 616 平方米
建筑面积：770 850 平方米
设计时间：2022 年
项目状态：设计阶段
设计单位：上海建筑设计研究院有限公司
城市设计主创：范文莉
设计团队：孙大鹏、李海旭、谢越、加亚楠、王寅、邓婷等

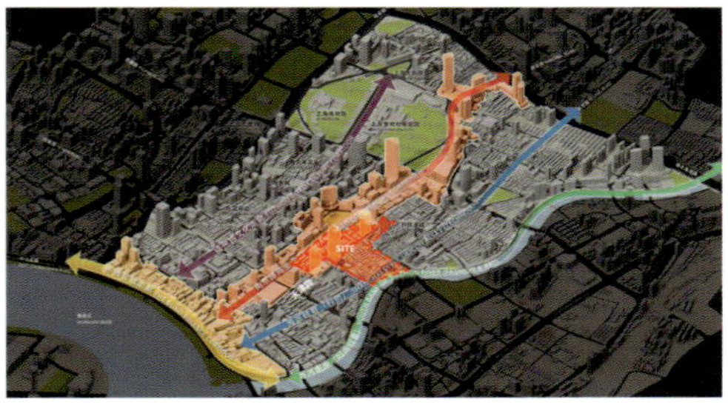

项目位于上海市黄浦区南京路步行街的中段，距离苏州河最短处。城市设计以“南东脉动 ·上海宝盒”为理念，承接南京路商业走廊、北京路海派硅巷、苏河南岸时尚创意三条城市廊道，保护琳琅丰富的历史资源，寻脉历史印迹的街巷肌理，使之连通。规划安静而开放的小街区， 包括 5 个肌理街区、4 个开放街区、多个特色核心和历史资源点、一个超级宝盒——Mall，以及苏州河自然韵律所启发的“艺术绿脉游园”，这些由“十字轴 + 巷弄环链”彼此连接，同时连接南京东路、风貌街坊、与苏州河的自然生态。肌理集中成片、新老共生对话，地下空间整体开发，片区功能立体复合，让这片街区出类拔萃、赏心悦目。

范张驰

职务：云南省设计院集团有限公司建筑专业技术委员会委员
职称：正高级工程师

教育背景

1998 年—2003 年　昆明理工大学建筑学学士

工作经历

2005 年—2021 年　云南省设计院集团有限公司

主要设计作品

云南亚广影视传媒中心广电大楼
荣获：2015 年云南省优秀工程勘察设计二等奖
石林彝族自治县人民医院
荣获：2016 年云南省优秀工程勘察设计二等奖
上海东盟商务大厦
荣获：2016 年云南省优秀工程勘察设计三等奖
昆明市第三中学呈贡新校区
荣获：2017 年云南省优秀工程勘察设计二等奖

云南省設計院 集团有限公司
YUNNAN DESIGN INSTITUTE GROUP CO., LTD.

云南省设计院集团有限公司（以下简称集团）创建于 1952 年，是国内较早成立的承担民用与工业项目建设的大型综合性甲级设计院，自成立以来一直是云南省的建筑设计龙头单位。集团现有员工 1 150 人，拥有国家级设计大师 1 名、云南省工程勘察设计大师 6 名、正高级工程师 88 人、高级工程师 448 人、工程师 574 人，持有国家各类注册工程师资格的设计师 290 名。集团设计成果遍及全国及海外，获国家级、省部级优秀设计奖的优秀勘察设计作品共 500 余项，并先后被住房城乡建设部、省委省政府授予"科技型先进单位"称号。

集团于 2013 年底进行了机构改革，由原综合设计所重组成立了 8 个设计分院，其第四建筑设计研究院（以下简称"四院"）即那时组建成立的。四院以商业、办公、酒店、住宅、文旅建筑设计为主，同时涉及文化、教育、体育及医疗等多种建筑类型。截至 2020 年，四院已完成昆明市行政中心、曲靖体育中心、中海环湖花园、海伦国际、海伦中心、世博生态城鸣凤邻里、昆明恒隆广场、昆明滇池国际会展中心、绿地国际健康城、抚仙湖寒武纪乐园等几十项大中型项目，其中多项获省级奖项。2021 年四院进行了大理大华中心、鹏瑞利国际健康商旅城、西双版纳嘎洒云茶小镇、勐巴拉普洱茶小镇等项目设计，在超高层建筑、绿色建筑及文旅建筑设计方面有了更进一步的突破。四院本着"精心设计、严格管理、满意服务"的集团服务宗旨，愿与社会各界人士携手合作，共创美好明天。

地址：云南省昆明市佣金路一号
电话：0871-67181987
网址：www.ydi.cn
电子邮箱：914492981@qq.com

大理红龙井商业文化街区

Dali Honglongjing Commercial and Cultural District

项目业主：云南城投昆明置地有限公司
建设地点：云南 大理
建筑功能：旅游、商业建筑
用地面积：21 333 平方米
建筑面积：8 000 平方米
设计时间：2007 年
项目状态：建成
设计单位：云南省设计院集团有限公司

项目位于云南省大理市的大理古城中心区，是一个既可让古城居民休闲，又方便外地游客购物消费的商业地块。大理古城是云南一座非常重要的国家级历史文化名城。设计对象包括传统中国四合院式的旅游商业建筑和一些具有现代风格的文化博览建筑。

通过位于大理古城中心区的这样一个特殊地块的商业街区的设计，设计师试图在历史商业街区和游客以及古城居民的“多元化关系”中寻求一些新的答案。另外，设计师尝试与古城当地工匠进行交流，以实现现场施工上的“跨界合作”。设计除了引导游客“购物消费”，还引导他们在历史文化名城进行“文化消费”，并通过设计师和民间艺人、工匠的合作来表现历史古城的“新建筑”。

上海东盟商务大厦

Shanghai ASEAN Business Building

项目业主：云南云锰集团有限公司
建设地点：云南 昆明
建筑功能：办公、商业建筑
用地面积：30 114 平方米
建筑面积：185 000 平方米
设计时间：2010 年
项目状态：建成
设计单位：云南省设计院集团有限公司

项目位于昆明市呈贡新区吴家营行政商务区的核心区域，是昆明新区 CBD 的地标性建筑。基于“上海”“东盟”“昆明”三位一体的设计理念，设计形成了以云锰集团总部为主体形象的三栋高层塔楼的布局。主体办公楼平面为六边形，其中相隔三边逐层向上向内收缩，形成稳定的六边形平面高层体量。裙房设计结合基地的高差特点，设置下沉广场，对办公空间、地下超市、商场、机动车库等功能进行区分，实现人车分流。该项目采用了地源热泵技术，通过可再生能源利用、非传统水源利用、地下空间采光设计等多方位的设计控制，获评二星级绿色建筑。

昆明野鸭湖山水假日城

Kunming Yeyahu Landscape Holiday City

项目业主：昆百大集团房地产开发有限公司
建设地点：云南 昆明
建筑功能：度假别墅
用地面积：30 000 平方米
建筑面积：6 000 平方米
设计时间：2008 年
项目状态：建成
设计单位：云南省设计院集团有限公司

项目位于昆明市野金殿野鸭湖风景区，拥有得天独厚的外部自然条件，定位为度假休闲别墅区。

建筑师通过对现代城市居民的度假型居住模式的分析和对地块周边自然环境的研究，为居住者完整地还原了“自然村落式的慢生活方式”。

设计的主题是“回归自然、重返乡村”。一方面，整体规划布局采取自然生长的“村落形态”；另一方面，在景观设计和建筑材料的选择上采用环保和低成本的“低碳模式”。最终，创造出具有朴素的外观、亲切的居住空间和充满乡村人情味的度假建筑。

昆明星云湖度假屋

Kunming Xingyun Lake Resort

项目业主：私人
建设地点：云南 昆明
建筑功能：度假别墅
用地面积：1 300 平方米
建筑面积：1 200 平方米
设计时间：2014 年
项目状态：建成
设计单位：云南省设计院集团有限公司

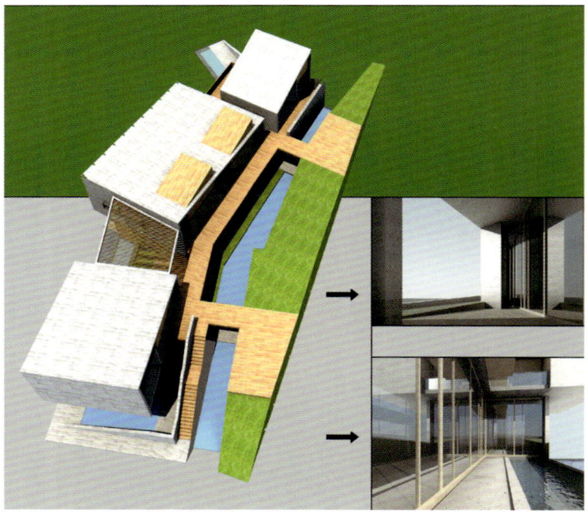

项目位于昆明市星云湖畔，背靠山体，视野开阔，是私人业主在夏季和秋季度假和接待朋友的别墅。设计概念主要源于地块特殊的地理位置和业主的要求。

建筑师充分利用无与伦比的外部环境为建筑带来风景环绕的 360 度景观面，并在建筑内部创造出一系列庭院，让度假的人们获得耳目一新的空间体验。建筑师通过巧妙的布局和采用一些创新的设计手段实现“景观最大化”，同时，通过对内部庭院的诠释来提升使用者的视觉效果和心理感受。

范日星

职务：中国美术学院风景建筑设计研究总院有限公司第二综合设计院设计总监
职称：高级工程师

教育背景

2005 年—2009 年　武汉大学建筑学学士

工作经历

2011 年至今　中国美术学院风景建筑设计研究总院有限公司

主要设计作品

杭州文新云洲国际
荣获：2022—2023 年国家优质工程奖
2023 年度浙江省建设工程钱江杯优质工程
金湖水上森林温泉度假酒店
荣获：2022 年杭州市优秀工程勘察设计三等奖
金湖水上森林景区
荣获：2021 中国体育旅游精品景区
龙坞叠翠湾
荣获：2021 年度浙江省建设工程钱江杯优质工程
枣庄市冯卯镇欧峪百步岭美丽乡村项目
荣获：2021 年第一届印迹乡村创意设计大赛优秀奖
金湖水上森林游客中心
荣获：2019 年杭州市优秀工程勘察设计三等奖
金湖水上森林花海厕所
荣获：2018 年江苏省旅游厕所最佳景观特色厕所
枣庄市冯卯镇三村美丽乡村提升工程
荣获：2018 年枣庄市美丽乡村规划设计一等奖
2021 年第一届印迹乡村创意设计大赛优秀奖
台州滨江壹号
荣获：2013 年省地节能环保型国家康居住宅示范工程
绍兴中成集团总部
黄石阳新教育主城
杭州滨江区政府北侧地块城市设计
舟山网易舟山研发中心
衢州礼贤未来社区（申报方案）
东阳槐堂未来社区（申报方案）

设计理念

艺术设计源于人对生活和世界的理解与感悟。多年来，一直专注于跨专业整合能力，深入探索规划、建筑、景观、室内、公共艺术、运营、投资等相关专业的协同设计模式，让设计具备更敏锐的空间感知力和创新思维。站在用户的角度去思考，才能够真正理解他们的需求，从而做出令人感动的设计。

中国美術學院 风景建筑设计研究总院有限公司

THE DESIGN INSTITUTE OF LANDSCAPE & ARCHITECTURE CHINA ACADEMY OF ART CO., LTD.

中国美术学院风景建筑设计研究总院有限公司始建于 1984 年，具有住房城乡建设部颁发的建筑行业（建筑工程）甲级、风景园林工程设计专项甲级、室内装饰设计甲级、城乡规划编制甲级、市政行业专业乙级、文物保护工程勘察设计乙级、展览工程一级等资质，可承担资质证书许可范围内相应的建设工程总承包业务及相关的技术与管理服务。设计院 2014 年正式通过了 ISO9001、ISO14000、GB/T18001 三合一体系认证，2019 年通过 AAA 认证。

设计院依托中国美术学院雄厚的学术背景和丰富的学术知识滋养，以我国第一个环境艺术系的学术目标为宗旨，通过“依托学院、服务社会”的总体运作方针，利用中国美术学院强大的人才力量和优势的学科组群，具有全方位的民族化、国际化、时代化的学术视野和研究氛围。

设计院经过多年的努力，已发展了 16 个设计分院、4 个外地分院、3 个中心、3 个直属工作室，每年承接上千个项目。设计院拥有各类注册师 140 多人，中级以上职称 700 多人，其中高级工程师及以上级别 200 多人，人才实力雄厚，而且拥有一批可以影响行业发展的知名设计师。

创业至今，在各级主管部门领导的关怀下，在自身不断探索努力下，设计院已经具有了相当的技术和创作积累，建成项目均获得良好的社会反响。设计院先后被授予“优秀文化创意企业”“文化创意产业重点企业”“年度经济发展工作先进企业”等荣誉称号。设计完成的优秀项目也层出不穷，多项作品获国际、部级、省级、市级大奖，被业界誉为“美院现象”。

今后，设计院继续守正创新，牢记使命，将以“五位一体，融合设计”为思想核心，实现规划、建筑、景观、室内和公共艺术多专业的融合和产业延伸；以“时尚的理念、完美的图纸、至诚的合作”为服务宗旨，以东方艺术学为学术支撑，以推动社会创新为己任，坚实地向更为高远的目标迈进！

地址：浙江省杭州市西湖区西斗门路 20 号 5-B
电话：0571-81671690
手机：15988175579
网址：www.caaladi.com
电子邮箱：754082606@qq.com

杭州市滨江区政府北侧区块城市设计

Urban Design of the North Block of Hangzhou Binjiang District Government

项目业主：杭州市滨江区住房和城市建设局
建设地点：浙江 杭州
建筑功能：商业、办公建筑
用地面积：275 864 平方米
建筑面积：577 500 平方米
设计时间：2020 年
项目状态：方案
设计单位：中国美术学院风景建筑设计研究总院有限公司第二综合设计院
设计团队：周勇、范日星、周俭、李超洋、韩雨希、马炯淼、苏通博、周计峰、林运坤、张磊、刘伟江、邱文斌、赵一栗、黄林州

项目位于杭州市滨江区人民政府北侧中轴线至沿江大道，该项目有三大规划亮点：

1. 打造都市森林，营造立体空间、立体交通，设计步行系统，形成地下全覆盖骑行网、地面交通快速路网、复合空间步行体系、“智慧物流 + 无人车 + 无人机”分级物流系统；服务周边 3 万人，打造泛邻里空间，激发公共活力。

2. 打造盛世滨江，重构空间秩序，描绘沿江盛景，与周边环境和谐共存，并通过细节设计和整体感的呈现，塑造盛世滨江的现代化国际大都市形象。

3. 打造滨江综合服务中心，聚集滨江区的行政、公共文化服务功能，丰富滨江文化设施板块，提升周边区域品位和价值。该项目创造性地解决了滨江区地块割裂、缺乏人行尺度、景观尺度过大、沿江空间封闭等规划问题，擘画了滨江区美好的蓝图。

金湖水上森林温泉度假酒店

Jinhu Water Forest Hot Spring Resort Hotel

项目业主：江苏中淏旅游发展有限公司
建设地点：江苏 淮安
建筑功能：酒店建筑
规划用地：106 000 平方米
建筑面积：16 361 平方米
设计时间：2016 年—2020 年
项目状态：建成
设计单位：中国美术学院风景建筑设计研究总院有限公司第二综合设计院
设计团队：周勇、范日星、方薇、李超洋、敖一鸣、蒋葛芬、任小明、殷苗、陈兴刚、竺森杰、骆小华、陈兴平、钭张嫔、丁才明、何国鸿、钱程
建筑摄影：陈峰清、范日星、屠国啸

项目位于江苏省金湖水上森林公园内，基于与自然环境的紧密联系，设计以将建筑安放于杉林之中为目标。建筑本身和周围环境皆可因借，有形之筑和无形之景交响成曲。在主体建筑上，采用“卧虎藏龙”之态，融合开合有度的多折空间、灵动柔和的曲线设计来展示建筑的多层次美感。建筑造型以纹理粗犷的文化石、轮廓多变的折坡天际线和池杉落羽的茅草顶为特色，犹如起伏的草坡融于杉林之中。

酒店西侧通过树杈般的幽径串联起 3 个“熊脚印”，在这里隐藏着 12 栋带泡池的高端独立度假屋。茅草斜屋顶的圆弧曲线给人以从庭院到室内“初极狭，才通人”的豁然开朗，点缀以枯山水庭院，营造出静逸亲和的私密空间，让建筑具有了有生长感。

文新单元 XH0704-65 地块综合商务楼

Comprehensive Business Building on Plot XH0704-65 of Wenxin Unit

项目业主：杭州古荡镇股份经济合作社　　建设地点：浙江 杭州
建筑功能：商业、办公建筑　　用地面积：18 368 平方米
建筑面积：109 292 平方米
设计时间：2017 年—2022 年
项目状态：建成
设计单位：中国美术学院风景建筑设计研究总院有限公司第二综合设计院
设计团队：周勇、范日星、李超洋、马炯淼、黄科科、任小明、任高锋、陈兴刚、殷苗、徐秋燕、黄凤涛、陈雄峰、蒋金晖、宋捷、陈燕仲、方晓君
建筑摄影：范日星

项目位于杭州市西湖区，地处于天目商圈核心区域古墩路以西，紧邻杭州地标性艺术园区“天目里”。

半开放的庭院布局。区别于周边建筑的散落式布局，该设计在有限的场地内强调空间序列，将大进深的两栋办公楼整合，使其独立地相互平行、一字排开；同时结合对城市开放和庭院式办公的构想，营造了半开放式的集中庭院。

体系化的幕墙表皮。建筑表皮采用铝板窄折边技术，同时竖梃每间隔 3~4 层逐渐向上收窄，幕墙单元宽度随之增大，形成细微的渐变效果，用细节表现强化虚实变换，使建筑更加立体灵动。建筑采用照明灯具和铝板的一体化设计。入口雨棚采用与建筑立面相同的材质，保证建筑的完整美观。极简硬朗的立面表皮让建筑更加挺拔别致，生动演绎着高效严谨的办公集群，使建筑与外部城市相互融合统一。

傅明

职务：北京中外建建筑设计有限公司副总建筑师、
四川分公司总建筑师
职称：教授级高级工程师
执业资格：国家一级注册建筑师

教育背景
1990 年—1995 年　重庆建筑大学建筑学学士

工作经历
1995 年—2015 年　成都市建筑设计研究院
2016 年至今　北京中外建建筑设计有限公司

个人荣誉
成都市规划委员会专家委员
四川省十大杰出青年勘察设计师

主要设计作品
成都市国家综合档案馆
荣获：2020 年四川省优秀工程勘察设计一等奖
2021 年全国优秀工程勘察设计奖
成都青少年宫音乐厅
荣获：2000 年成都市优秀工程设计一等奖
成都金堂市民文化中心
荣获：2015 年方案竞赛优胜奖
成都理工大学教学培训大楼（学术交流中心）
荣获：2011 年四川省优秀工程设计二等奖
四川音乐学院教学综合楼
荣获：2010 年四川省优秀工程设计一等奖
成都市南部新区起步区永安学校
荣获：2010 年四川省优秀工程设计一等奖
什邡市汽车客运站
荣获：2010 年四川省优秀工程设计二等奖
颐和家园·成都市
荣获：2010 年四川省优秀工程设计二等奖
中国人居环境金牌建设试点项目
全国优秀中小套型住宅设计
四川农村灾后重建大邑王泗镇尚河社区
荣获：2010 年四川省灾后重建优秀设计三等奖
什邡中学高中部会演中心
荣获：2009 年四川省优秀工程设计二等奖
什邡中学高中部音体楼
荣获：2009 年四川省优秀工程设计三等奖
什邡中学高中部校区规划设计
荣获：2005 年四川省优秀工程设计二等奖
四川江油川西北石油矿区灾后重建项目
什邡市灾后重建·城西中学、隐峰中学等十一个学校
四川广元市商展中心综合项目二期
成都市二环路沿线两侧综合整治改造设计
什邡新政务服务中心
金堂山城市公园
金堂淮州新城中央公园建设项目
龙家山国际生态社区一期观景工程
牧马山古蜀蚕丛文化公园
四川省什邡市职业教育实训基地项目
郫县安德棋田乡村人居提升项目

建筑思想
建筑创作实践是一项有着重要社会价值与意义的工作。建筑师行走在艺术、技术、经济、社会与市场需求等多种社会与人文因子的包围中，既浪漫自由、又平衡各种因素，如履薄冰。随着社会的发展，提升民众对建筑、空间、形态的体验、感受、共鸣，始终是设计追求的目标与创作的动力源泉。设计师通过设计作品，解析历史文化传承，响应社会与功能需求，表达建筑形体、空间之美，以求融会贯通、包容兼济，实现动态综合平衡，并达成与使用者的隔空交流。

北京中外建建筑设计有限公司
BEIJING CCI ARCHITECTURAL DESIGN CO.,LTD.

北京中外建建筑设计有限公司（BCCI，以下简称公司）创建于 1992 年，前身是中国对外建设总公司（CCI）设计院。多年来，公司秉承优良传统，始终致力于工程设计产业的创新发展，以专业诚信、融贯创新作为企业发展的核心价值观，为广大客户提供较为专业的高品质的设计服务。目前，公司已成为国内建筑设计行业中有一定影响力、知名度、市场占有率，技术能力较强、人才汇聚较多的专业高品质设计企业。

公司持有建筑行业（建筑工程）甲级资质、风景园林工程设计专项甲级资质、城乡规划编制甲级资质、旅游规划设计乙级资质，并获得了质量管理体系认证证书、环境管理体系认证证书、职业健康安全管理体系认证证书、高新技术企业证书，拥有很强的技术力量和完备的专业设计队伍，连续九年被评为高新技术企业。

北京中外建建筑设计有限公司四川分公司（以下简称中外建四川分公司）由四川省内知名建筑师为主力，经过多年的发展，中外建四川分公司在城市规划、文化公建、学校教育、科技生物工业产业园、高科技园区、总部基地、文化旅游、城市提升与改造、智慧城市、智慧社区、可持续生态建筑城市建设项目、主题公园与生态景观建设项目、城市大型商业住宅高品质开发项目、新农村建设项目、土地多维利用等的规划设计方面所展现出的积极蓬勃的活力与创造能力，得到了业主的广泛认可。

北京总部
地址：北京市海淀区首体南路 38 号创景大厦 B 座 3C1
电话：010-58892017
网址：www.ccidesign.com.cn
电子邮箱：3334686700@qq.com

四川分公司
地址：成都市青羊区大墙西街 33 号鼓楼国际 1110

成都市国家综合档案馆

Chengdu National Comprehensive Archives

项目业主：成都市档案局
成都人居置业有限公司
建设地点：四川成都
建筑功能：文化建筑
用地面积：9 940 平方米
建筑面积：50 008 平方米
设计时间：2012 年—2015 年
项目状态：建成
设计总负责人：傅明
主创设计：傅明、陈宁川
参与设计：熊鹰、刘林涛、黄维、雷丹、杨子辉、陈运惟、李博、邱阳

项目设计以“鼎”这种中国最古老档案的传承实体作为新建档案馆建筑风格隐喻的主体，以作为正统凭证的传统承载实体“印玺”为隐喻的附加实体或符号，加以解构、推演、变化、重组，最终构成厚重、大气、开放的建筑形体，从而充分响应赋予建筑历史文化内涵的建筑定位。

设计采用巨型门式构架的超大尺度的对称性建筑形体，体现档案馆建筑的庄重大气、权威、开放的建筑气质，增强的整体建筑的雕塑感与纪念感。建筑立面以通高的裙房柱廊、广场级尺度的大踏步以及大量实体墙面材质来体现档案馆建筑的庄严性和纪念性。项目通过源自三星堆文化的抽象符号、实体墙面的浮雕元素及广场庭院的主题性雕塑来传达蜀文化的神韵。

什邡市职业教育实训基地

Shifang Vocational Education Training Base

项目业主：什邡市恒启农业发展有限公司
建设地点：四川 什邡
建筑功能：教育建筑
用地面积：84 868 平方米
建筑面积：46 625 平方米
设计时间：2022 年
项目状态：建成
设计总负责人：傅明
主创设计：傅明、韩文俊、陈冬临
参与设计：余建、李密、李海鸣、罗丽花

项目是一个具有文化气质，开放、严谨、活跃、恢弘大气的教育设施完备的校园建筑群体。项目建筑风格以汉唐风格为传承基调，运用构成主义设计理念以及现代设计手法进行二次创作；整体风格厚重、舒缓大气、重文化、少装饰，符合教育实训基地的人文气质。

建筑形体采用对称灵动的回廊形体，与大踏步基座呼应。设计通过庑殿形式的斜坡屋面、大出挑檐口以及汉阙、梁枋等文化建筑符号弘扬民族文化特质，赋予项目时代气息。创造教学区、运动区、后勤服务区分区合理，建筑功能完善，建筑形体错落有致，建筑立面风格富含文化底蕴，整体建筑具有时代创新特征及传统文化气息。

成都金堂市民文化中心

Chengdu Jintang Citizen Cultural Center

项目业主：金堂县国有资产投资经营有限责任公司
建设地点：四川 成都
建筑功能：文化建筑
用地面积：24 666 平方米
建筑面积：33 551 平方米
设计时间：2013 年
项目状态：方案
主创设计：傅明、陈宁川、熊鹰、陈运惟、雷丹、刘林涛、李鑫

项目从金堂传统文化中的“书法”、“太极”、地势地域特征“三江汇流”中，挖掘设计现代城市文化综合体至关重要的文化隐喻与内涵；强调文化综合体的公共服务性与市民参与的多样性；集中表达以曲线形体、斜坡形体、巨构结构形体组合的建筑群体设计手法。

方案设计了高效便捷的专业直达流线与丰富有趣的室内外多层次空间及游憩动线，以书法中的“两撇一捺”在建设用地自然挥洒为三个大气流转的曲线流动体量，并在体量相互关系以及形成的形体、空间、流线中自然形成一种“周而复始、回旋不止、生生不息”的韵味，从而使建筑既是“现代特质的”又是“传统文化的”，既是世界的又是本土的，赋予建筑文化生命力。

什邡市新政务服务中心

Shifang New Government Service Center

项目业主：什邡市住房和城乡规划建设局
建设地点：四川 什邡
建筑功能：办公建筑
用地面积：33 859 平方米
建筑面积：44 938 平方米
设计时间：2016 年
项目状态：方案
主创设计：傅明、陈运惟、韩文俊、陈冬临

项目采用舒展有力的门式巨构形体、大台阶面、折向坡道、巨构椭圆玻璃体相组合的设计手法，集中表达现代城市政务服务中心应有的时代形象、历史文化、力量雕塑感共有并重的建筑气质，强调现代政务服务中心的公共服务性与市民参与性。

设计将建筑的形体、室内空间、景观设计有机结合在一起，赋予其现代城市服务中心应有的灵魂与内涵；同时创造一个既符合什邡地方文化传统、地势地域特征，又富有时代创新气息，具有文化纪念建筑雕塑感与特质，并与市民广场、市民参与精神相契合，将现代城市办公、行政服务、文化展示功能相结合的城市综合体。

郫县安德棋田乡村人居提升项目

Rural Residential Improvement Project in Andeqitian, Pixian County

项目业主：成都市郫都区安德街道棋田村股份经济合作联合社
建设地点：四川 成都
建筑功能：养老及社区服务配套建筑
用地面积：41 937 平方米
建筑面积：4 129 平方米
设计时间：2022 年
项目状态：在建
设计总负责人：傅明
主创设计：傅明、韩文俊、陈冬临、李智慧
参与设计：李密、余建、李海鸣、罗丽花

项目在探讨新型村落聚居的乡村规划提升建设模式，遵循小规模聚居、组团式布局、微田园风光、生态化公园城市建设理念，注重川西乡村林盘“田、林、水、院”的典型乡土特征，注重灵活多变的独立院落、多重院落空间，注重便捷有效的人行、车行复合动线，注重建筑“斜坡瓦屋面”“飞檐”“檐廊”“穿斗”等传统文化民居外观风貌形态的同时，与乡村配套、养老休闲模式相结合，创造了兼容集约建设用地、生产、生活、乡村经济作业、乡土旅游文化产业等多元化理念的乡村居住新形态。

高锐

职务：四川省建筑设计研究院有限公司
A2 建筑工作室主任、新疆分公司总经理
职称：高级工程师
执业资格：国家一级注册建筑师

教育背景

2002 年—2007 年　重庆大学建筑学学士

工作经历

2007 年至今　四川省建筑设计研究院有限公司

个人荣誉

第三届四川省杰出青年工程勘察设计师
中国勘察设计协会传统建筑分会优秀青年设计师
第十八届光华龙腾奖—中国设计青年百人榜
四川省建筑设计研究院优秀统战人士、优秀管理者

主要设计作品

西蜀瑞苑
荣获：2013 年全国优秀工程勘察设计二等奖
“二轴四片”人民南路轴线区域综合整治华西片区部分
荣获：2017 年全国优秀工程勘察设计三等奖
“一轴三节点”宽窄巷子周边环境综合整治项目
荣获：2017 年全国优秀工程勘察设计二等奖
成都市青羊区龙嘴幼儿园
荣获：2017 年全国优秀工程勘察设计三等奖
2017 年四川省优秀工程勘察设计一等奖
成都市青羊区龙嘴中学
荣获：2017 年四川省优秀工程勘察设计二等奖
成都市华阳中学图书馆
荣获：2020 年四川省优秀工程勘察设计二等奖
新建协和华兴路幼儿园
荣获：2020 年四川省优秀工程勘察设计二等奖
成都市河池幼儿园
荣获：2020 年四川省优秀工程勘察设计三等奖
成都市实验小学天府校区
荣获：2020 年四川省优秀工程勘察设计三等奖
色达县洛若镇游客接待中心
荣获：2020 年四川省优秀工程勘察设计一等奖
2023 年全国优秀工程勘察设计二等奖
成都 TOD 一体化设计 3 标段（陆肖站）
荣获：2021 年四川省优秀城乡规划设计一等奖
四川科技职业学院新校区（图书馆、教学楼、艺术楼）
荣获：2021 年四川省优秀工程勘察设计一等奖
双流中学改建工程一期
荣获：2022 年四川省优秀工程勘察设计一等奖
江姐故里红色教育基地及园林广场
荣获：2022 年四川省建设工程天府杯金奖

四川省建筑设计研究院有限公司
SICHUAN PROVINCIAL ARCHITECTURAL DESIGN AND RESEARCH INSTITUTE CO., LTD.

四川省建筑设计研究院有限公司（简称川建院，英文简称 SADI），成立于 1953 年，是国家战略性新兴产业和高新技术企业，也是四川省国资委下属重要国企和践行高质量发展理念的国资新经济。作为城市空间产业生态圈综合服务引领者，川建院将业务延伸到泛设计领域，以未来城市空间数字化、智慧化这一细分领域为核心抓手，努力实现管理提质增效，持续推动存量业务转型升级，积极构筑数字业务新生态、新空间。

川建院近几年累计设计完成海内外大中型项目 10 000 余项，现有四大业务板块：创意设计，打造企业创意、品牌和数据输出端；工程管理业务，实现专业领域差异化竞争；工程勘察业务，形成未来城市空间服务数据底座；数字业务，构建未来数字资产核心来源。工程项目先后有约 670 次获得国家级、省部级优秀勘察奖、优秀设计奖、重大科技成果及科技进步奖。

成立至今，川建院广泛深度参与了中国城镇化进程和国民经济建设，形成了“专家立企、技术报国”的优良传统，凝炼了“大观精筑”的企业文化核心理念。新时代，大观内外，精筑未来，川建院将为“中国设计”的品牌构建和“中国城市”的高质量发展贡献力量。

地址：成都市高新区天府大道中段
688 号（大源国际中心）A1 栋
电话：028-86922981
传真：028-86916491
网址：www.scsj.com.cn
电子邮箱：lianyouar@qq.com

色达县洛若镇游客接待中心

Tourist Reception Center in Luoruo Town, Seda County

项目业主：色达项目促进中心
建设地点：四川色达
建筑功能：游客中心
用地面积：10 316 平方米
建筑面积：6 091 平方米
设计时间：2012 年—2017 年
项目状态：建成
设计单位：四川省建筑设计研究院有限公司
主创设计：柴铁锋、高锐、
参与设计：涂舸、刘天庆、何青松、尹喆、宗凯、何嘉希、罗杰、李川东、刘梦飞

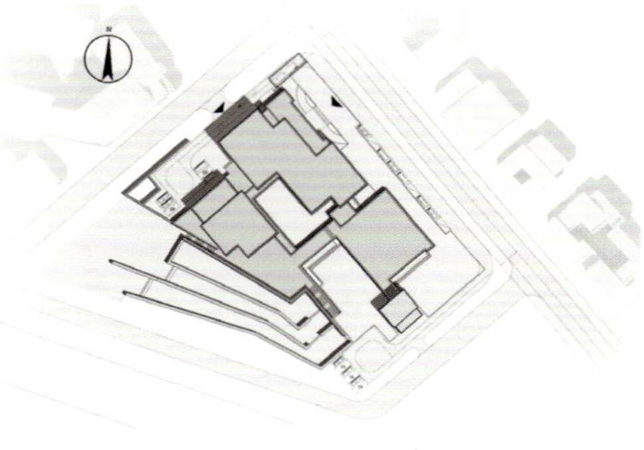

本项目位于甘孜州色达县，紧邻那曲河，主要功能为游客中心、酒店、餐厅等。作为进入色达的桥头堡，本项目是重要的城市门户，如何适应高寒气候，同时体现地域特色是设计要考虑的关键问题。设计通过多角度视线的模拟，融合山水环境关系，结合功能需求，打造植根当地、独具特色的门户标志形象。在建筑设计中，设计师充分提取了格萨尔文化中的色尔坝藏寨元素，塑造台地隐喻山地地形，聚落布局暗合藏寨形制，同时结合现代功能的需求，营造具有本土特色的现代建筑。建筑整体沿那曲河层层退台，构建形态舒缓的公共空间界面，以院落为核心，组织多种功能，使整个建筑与城市形成良好的协调关系。在建筑构造上，设计师采用当地块石砌筑厚墙，并与混凝土结构结合，在如何适应当地严寒气候、满足高抗震等级要求、实现低成本造价上做了积极的创新与探索。

江姐故里红色教育基地及园林广场

Red Education Base and Garden Square in Jiangjie's Hometown

项目业主：中国华西企业股份有限公司
建设地点：四川 自贡
建筑功能：展览馆、文化馆、剧场
用地面积：23 582 平方米
建筑面积：12 683 平方米
设计时间：2021 年
项目状态：建成
设计单位：四川省建筑设计研究院有限公司
主创设计：柴铁锋、高锐
参与设计：何青松、尹喆、贾毅、何嘉希、蒋勇杰、付韵潮、杨志锋、丁鹏宇、李致远、王梦休、罗杰、李川东、唐彭、周晟东、郁颂庆、杨羽峤、胡恩源

项目位于自贡市大安区大山铺镇江姐村，包括能容纳 800 人的演艺厅、临展区、会议接待中心、公共服务区和游客中心等功能区。

项目从规划层面着手，建立红色文化通廊，串联江姐故居、邓萍故居等多个重要场所。在建筑设计上，凝练江姐女性革命烈士精神，抽象红岩寓意，回应地域地貌特征，塑造特色场所精神。在流线设计上，形成了从室内到室外，从地面到屋面，从游览到体验的沉浸式游线。同时，通过多专业的整体统筹，设计师在绿色低碳建筑、智慧园区运营、地域文化特色上做了多维度有价值的探索，提升了项目的品质和特色。

四川科技职业学院新校区（图书馆、教学楼、艺术楼）

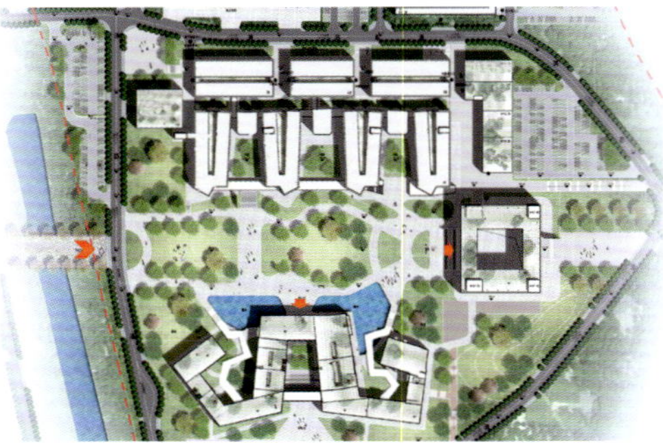

New Campus of Sichuan Vocational College of Science and Technology (Library, Teaching Building, Art Building)

项目业主：四川科技职业学院
建设地点：四川 仁寿
建筑功能：教育建筑
用地面积：501 328 平方米
建筑面积：400 000 平方米
设计时间：2014 年—2015 年
项目状态：建成
设计单位：四川省建筑设计研究院有限公司
主创设计：柴铁锋、高锐
参与设计：何青松、姚洪、刘天庆、蒋弘毅、祝鑫、刘君强

四川科技职业学院新校区位于成都仁寿县视高镇，地处国家级新区——天府新区视高园区大学城，紧邻东风饮水渠，背靠二鹅山，场地高低起伏明显，最高点与最低点相差约 60 米。校前区包括图书馆、教学楼及艺术楼三个单体建筑。

整体布局上，突出开放均衡的空间格局，以图书馆为核心，教学楼、艺术楼结合地形布局，形成充满活力的校前广场，在体现自由开放的同时，保证了校前区必要的仪式感。场地设计上，高效率地利用有限的适建用地，尊重当地环境，大利用小改造，依山而建，营造生态优先的特色山地校园。空间组织上，强调结构清晰、高效复合，采用街巷院的空间体系，设置共享廊道，串联整个校前区教学组团，形成尺度宜人、活力共享的书院人文空间。同时在成本控制的要求下，也探索了兼顾绿色、低碳、品质的低技术生态建造策略。

双流中学改建工程一期

Shuangliu Middle School Reconstruction Project Phase I

项目业主：成都双流兴城置业有限公司
建筑功能：教育建筑
建筑面积：77 168 平方米
项目状态：建成
主创设计：柴铁锋、高锐
参与设计：何青松、刘天庆、陈静、赵红蕾、尹喆、何嘉希、王旸宸、黄海
建设地点：四川成都
用地面积：64 454 平方米
设计时间：2019 年—2021 年
设计单位：四川省建筑设计研究院有限公司

项目位于成都市双流区，系双流中学改扩建工程，校园内有数处需要保留的建筑和古树。设计师计划改拆结合，对原校区进行一体化改造。改建后，双流中学可容纳 35 个班级，是成都市双流区最具影响力的中学之一。

项目从城市整体关系出发，延续原有校园格局，结合周边城市的提升改造，梳理传统空间格局，形成绿色、人文两条关键轴线，激活校区多个重要节点，使校园与城市重新建立联系。设计通过集约空间、开放底层、动静分区，实现功能复合集约和空间高效利用，同时，也在如何延续历史文脉、营造活力场景、构建绿色校园上做了有益的创新与探索。

高伟

职务：中广电广播电影电视设计研究院有限公司
建筑一所副所长
职称：高级工程师
执业资格：国家一级注册建筑师

教育背景

2000 年—2005 年　哈尔滨工业大学建筑学学士

工作经历

2005 年至今　中广电广播电影电视设计研究院有限公司

个人荣誉

2021 年王选新闻科学技术奖二等奖
2021 年中国电影电视技术学会科技进步奖三等奖

主要设计作品

广播电视技术监管业务楼
连云港广播影视文化城
宿迁广播电视大厦
中央财经大学沙河校区二期学院楼
浙江传媒华策电影产业园一期
四川传媒学院新校区图书馆
四川传媒学院西区综合楼
青神县数字经济产业园
青岛东方影都影视产业园制作区
长春国际影视产业园
八一电影制片厂影视数字化大楼
仙桃融媒体中心
六安广播电视发射塔
南岳广播电视发射塔

陈艳

职务：中广电广播电影电视设计研究院有限公司
建筑一所室内室主任
职称：工程师

教育背景

2002 年—2007 年　中央美术学院建筑学院建筑学学士

工作经历

2007 年至今　中广电广播电影电视设计研究院有限公司

主要设计作品

中央财经大学科研教学综合楼
荣获：2012 年住建部优秀工程设计三等奖
　　　2015 年北京市优秀工程设计三等奖
中央财经大学沙河新校区二期学院楼
四川传媒学院新校区图书馆
邯郸新闻传媒中心
邯郸市城发广场项目多功能厅及宴会厅声学装修设计
中影国际影城——广州中船汇店
中影国际影城——上海合生广场店
中影国际影城——北京千禧街店

王立超

职务：中广电广播电影电视设计研究院有限公司
建筑一所建筑室主任
职称：工程师
执业资格：国家一级注册建筑师、注册规划师

教育背景

2010 年—2013 年　北京建筑大学建筑学硕士

工作经历

2013 年至今　中广电广播电影电视设计研究院有限公司

主要设计作品

华夏大厂影视制作商务中心
包头广播电视发射塔
中央财经大学沙河校区二期学院楼
四川传媒学院新校区图书馆
四川传媒学院西区综合楼
青岛东方影都影视产业园制作区
长春国际影视产业园
八一电影制片厂影视数字化大楼
新疆北屯广电制播中心

中广电广播电影电视设计研究院有限公司（以下简称公司）成立于 1952 年，为国家广播电视总局直属广播电视和网络视听科技文化企业。公司现有职工 400 余人，其中教授级高级工程师 50 余人，高级工程师 100 余人，各类执业注册人员 100 余人，先后产生过 6 位国家级设计大师，享受国务院政府特殊津贴专家 37 人。

公司以设计咨询服务为龙头，以项目全过程技术服务为主业，提供可行性研究、工程设计、工程监理、工程检测评定、项目全过程咨询管理、工程总承包等工程建设全过程技术服务。

公司秉承“严谨、创新、团结、奉献”的院风，以成为中国广播影视行业战略发展的支撑者和工程技术的引领者为己任，以建设成为一流的数智化文化科技集团为愿景，希望通过全体员工的努力，帮助客户实现发展建设的美好蓝图。

地址：北京市西城区南礼士路 13 号
电话：010-68020058
传真：010-68020094
网址：www.drft.com.cn
电子邮箱：gdy@drft.com.cn

四川传媒学院新校区图书馆

New Campus Library of Sichuan Media University

项目业主：四川传媒学院
建设地点：四川成都
建筑功能：教育建筑
用地面积：16 007 平方米
建筑面积：31 742 平方米
项目状态：建成
设计单位：中广电广播电影电视设计研究院有限公司

四川传媒学院新校区采用“一路一带”的规划布局，即横贯东西的“校区主轴路”和斜穿校园的“沿河景观带”。传媒大数据中心位于“一路一带”相交的节点处，北面紧接校园主轴路中心广场，东侧紧邻沿河景观带。

建筑采用“空间立体化”的概念，打造层层推进的空间层次，通过一系列灰空间将各个建筑有机联系起来，为人们创造丰富的体验空间。中庭空间被分成多个相互联系的公共空间，具有一定的私密性和怡人属性。

建筑立面采用现代、简洁的构造方式，便于实现细节的高完成度。建筑整体性强，有较强的视觉冲击力。

仙桃融媒体中心

Xiantao Convergence Media Center

项目业主：仙桃电视台
建设地点：湖北 仙桃
建筑功能：广电建筑
用地面积：20 494 平方米
建筑面积：15 000 平方米
项目状态：建成
设计单位：中广电广播电影电视设计研究院有限公司

仙桃市融媒体中心打破传统广电制播流程，再造广播、电视、新媒体深度融合的内容生产流程；突出功能迭代，形成一次采集、多元生成、多渠道发布的业务架构体系，打造数字内容制播平台，为其他内容生产提供创作空间。全新媒体时代，在广电制播技术与理念的革新及由技术创新迈向内容创新的形势下，建筑在工艺系统的支撑之下，更注重与使用者的空间互动。方案以“桃源画境”为设计意象，通过错落有致的空间层次将复杂的使用功能进行整合；同时给人以移步换景的空间感受，宛如畅游画中。

南岳广播电视发射塔

Nanyue Radio and Television Transmission Tower

项目业主：湖南广播电视台南岳电视调频发射台
建设地点：湖南 南岳
建筑功能：广电建筑
用地面积：2 017 平方米
建筑面积：1 500 平方米
项目状态：建成
设计单位：中广电广播电影电视设计研究院有限公司

设计将发射塔与机房结合为一体，形成楼顶塔的形式，节约了建筑用地，减少了地基的处理量，从而节约了建设成本。发射塔为景观工艺塔，分为塔身与桅杆两部分，中间通过结构杆件做成菱形构架，形成“玲珑宝塔”的建筑意象。塔身顶部设置球形景观造型，日后可根据需要设计成消防水箱或观景平台。圆球取意“衡山明珠”，也暗合“祝融”二字的“永恒光明”之意。

六安广播电视发射塔

Lu'an Radio and Television Transmission Tower

项目业主：六安市广播电视台
建设地点：安徽 六安
建筑功能：广电建筑
用地面积：23 350 平方米
建筑面积：6 883 平方米
项目状态：建成
设计单位：中广电广播电影电视设计研究院有限公司

项目位于安徽省六安市河西景观大道西侧的城市核心位置，塔高 308 米，作为全市的视觉焦点，除满足广播电视无线覆盖、发射、传输功能外，还体现了六安市的文化内涵与地方特色，是六安市新的地标景观建筑。

邯郸新闻传媒中心

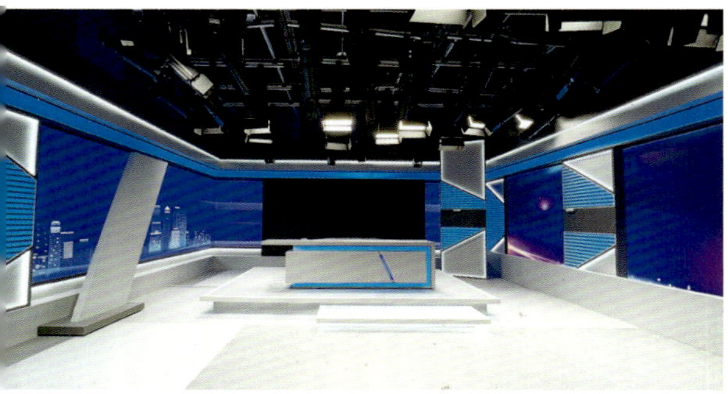

Handan New and Media Center

项目业主：邯郸城市发展投资集团有限公司　　建设地点：河北 邯郸
建筑功能：广电建筑　　用地面积：35 692 平方米
建筑面积：80 718 平方米　　项目状态：建成
设计单位：中广电广播电影电视设计研究院有限公司

邯郸新闻传媒中心位于河北省邯郸市东湖新城丛台路以南、赵王大街以东、娲皇路以北、李牧街以西的东湖新城核心位置。

室内空间设计延续建筑创作思路，融合广电行业特征，大气平和、张弛有度，彰显传媒人的企业文化；同时，秉承“室内工艺一体化”理念，发挥中广电广播电影电视设计研究院有限公司专业全、科研强的优势，将舞美设计、声学装修等与广播电视工艺需求深度融合，契合业主及使用方的需求。业务房间体现未来感及新媒体特征。公共区域突出庄重、典雅之感，在充分体现空间层次的同时达到理想的声学效果。

邯郸市城发广场项目多功能厅及宴会厅声学装修设计

Acoustic Decoration Design for the Multifunctional Hall and Banquet Hall of the Chengfa Square Project in Handan City

项目业主：邯郸城市发展投资集团有限公司

建设地点：河北 邯郸

建筑功能：剧场建筑

设计面积：10 060 平方米

项目状态：在建

设计单位：中广电广播电影电视设计研究院有限公司

项目位于邯郸东湖新城文化中心片区，是承接邯郸市未来新兴产业、城市功能的主要空间，定位为东区地标性文化建筑。建筑包含酒店功能区、多功能厅、酒店服务中心、商务配套区。本次声学装修涉及多功能剧场、宴会厅及其附属房间，包括声学装修、会议系统、音视频系统及建筑声学、舞台灯光、舞台机械控制专业的全部设计工作。

郭勇

职务：山东意匠建筑设计有限公司总经理
职称：高级工程师
执业资格：国家一级注册建筑师

教育背景

1992 年—1997 年　北京交通大学建筑学学士

工作经历

1997 年—2010 年　中铁工程设计咨询集团济南院
2010 年至今　　　山东意匠建筑设计有限公司

个人荣誉

山东省勘察设计协会建筑创作委员会委员

主要设计作品

山东体育学院日照校区
荣获：2005 年铁道部优秀设计一等奖
济南火车站广场设计
荣获：2007 年山东省优秀工程勘察设计二等奖
金线顶音乐厅
荣获：2021 年山东省优秀工程勘察设计二等奖
宁德新能源小镇城市客厅
青岛崂山区松山云玺
邹平超算大数据产业中心
济青高铁济南东站
徐州火车站改造
济南长途客运西站
山东工程职业技术大学
山东济北智造小镇
商河温泉基地

建筑思想

建筑设计从本质上讲是给未来的空间赋予当前的形式。这就要求建筑师不能仅从过往的经验和知识中创造空间，而应紧跟时代发展，要具备前瞻的能力，从各种先进的技术和文化中提炼和发现未来的使用场景和生活方式，从而运用专业技能创造适应未来的空间形式。具体到实际项目中，需从场地中提取在地信息，从产业中分析使用需求，从地域中挖掘文化属性，进而设计出迎合未来的建筑。

山东意匠建筑设计有限公司前身为济南市旅游建筑设计院，成立于 1987 年 5 月，2004 年 4 月改制为股份制企业。公司拥有建筑行业（建筑工程）甲级、文物保护工程设计乙级、文物保护工程施工二级等资质。公司现有员工 154 人，其中山东省建筑工程大师 1 人、各类注册人员 16 人 (一级注册建筑师 5 人、二级注册建筑师 2 人、一级注册结构工程师 4 人、注册电气工程师 2 人、注册公用设备工程师 3 人)，具有高级职称人员 22 人、中级职称人员 40 人。公司秉承“意境天成、匠心独具”的经营理念，在建筑设计领域开拓进取，近五年公司先后获得了国家勘察设计行业奖三等奖 1 项，华彩金奖 2 项（省内民营设计单位之首)、银奖 3 项、铜奖 1 项，威海国际人居奖设计大奖赛铜奖 1 项、优秀奖 2 项，山东省优秀勘察设计奖 25 项，济南市优秀勘察设计奖 42 项。

地址：山东省济南市槐荫区纬七路 9 号
电话：0531-69901121
电子邮箱：sdyj3000@126.com

邹平超算大数据产业中心

Zouping Supercomputing Big Data Industry Center

项目业主：邹平超算大数据有限公司
建设地点：山东 邹平
建筑功能：产业园区
用地面积：138 950 平方米
建筑面积：209 437 平方米
设计时间：2021 年—2022 年
项目状态：方案
设计单位：山东意匠建筑设计有限公司
主创设计：郭勇
设计团队：唐海朋、李海洲、王立莉、张承仑、聂明正、刘超、蔡一真、袁恒、杜姗

项目致力于改变传统发展模式，进一步促进资源集约利用，提高土地亩均效益，优化区域产业结构和产业布局，打造区域大数据计算基地，树立区域产业新示范标杆。

园区内部设置的两个主体组团，具有两种不同的使用功能，为企业提供多种级别的功能选择模式。两大组团通过地面交通连接两个功能区，形成产业生态环；借助平台、景观广场、空中花园、屋顶 VIP 会客厅等丰富的立体空间搭建一个神经网络式的交流空间。园区屋面及立面幕墙采用光伏系统，能够将太阳能转化为电能，减少建筑能耗，从而达到节约资源的目的。规划顺应山势，减少开挖量，穿孔铝板外墙形成山体图案，使建筑与周围环境融为一体。数据机房底层架空，防止洪水进入，保证数据安全的同时增加散热空间，并形成连续的园区景观。

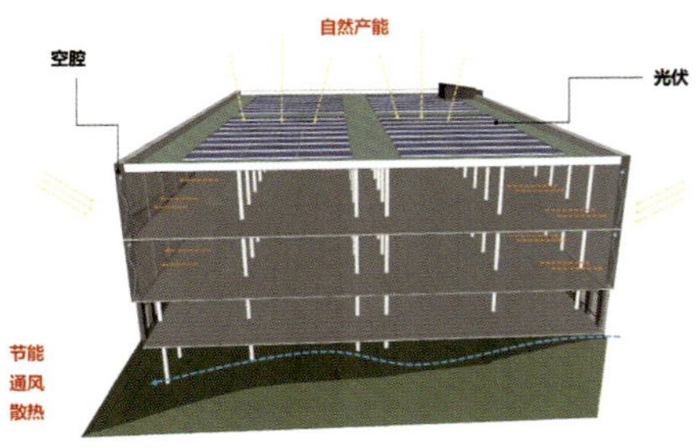

宁德新能源小镇城市客厅

Ningde New Energy Town Urban Living Room

项目业主：宁德东侨国有资产投资建设有限公司
建设地点：福建 宁德
建筑功能：办公、商业、酒店建筑
用地面积：85 800 平方米
建筑面积：386 337 平方米
设计时间：2022 年—2023 年
项目状态：在建
设计单位：山东意匠建筑设计有限公司
主创设计：郭勇
参与设计：唐海朋、李海洲、杜姗、张承仑、崔文慧、王立莉、聂明正、刘超、蔡一真、袁恒

项目为宁德新能源小镇产业服务区重要组成部分，是小镇的门户区域，其形象成为一个不容忽视的重要因素。设计师通过对现代商业办公园区的深刻理解和对用地条件的仔细研究，努力实现高端、综合的智能化办公商业环境；在实现高效工作流程的同时，注重对员工休憩空间的打造。

整体方案根据功能业态以及城市空间分为高端商务区和研发办公区。东侧为城市主干道，连接东侨新区和老城区，将高端商务区放置于东侧，成为新旧城区的纽带。建筑顶部采用灯塔的造型，两栋高层通过“云端”连接，与底部裙房形成闭环空间。角部的特色会议中心则是城市客厅的窗口，形体采用锂元素的结构造型，使城市形象与功能空间合二为一。西侧研发办公区采用线性的围合空间，空间组合形式多样，平层、叠墅等丰富的业态可以满足企业不同时期发展需求。中间的企业独栋与外围办公区形成呼应，丰富了景观空间。局部底层的架空则模糊了园区与城市的界限，也为人们提供了社交、休闲的场所。

青岛崂山区松山云玺

Songshan Yunxi, Laoshan District, Qingdao

项目业主：中植企业集团有限公司青岛分公司
建设地点：山东 青岛
建筑功能：住宅、商业建筑
用地面积：34 000 平方米
建筑面积：74 534 平方米
设计时间：2021 年
项目状态：方案
设计单位：山东意匠建筑设计有限公司
主创设计：郭勇
设计团队：唐海朋、李海洲、张承仑、王立莉、张承仑、聂明正、刘超、蔡一真、袁恒

项目总体规划遵循“以人为本”的原则，表现人与自然的亲密关系，突出人的参与性；强调人性化和生态化的设计理念，以条理清晰的设计思路，创造出各具特色的景观区域，并使之紧密而有机地联系在一起，从而形成一个整体，营造舒适、宜居、高档的人居环境。

产品以 190 平方米为主力户型，同时配置一定比例的 248 平方米、330 平方米的户型。产品体现价值最大化，无死角的采光与观景面，高度融合的客餐厨，酒店式奢华主卧套间设计，比肩世界顶级豪宅。

立面造型对标国际一线豪宅，形态上追求极简、流线、一体化，在公建化基础上强调住宅特质，追求力与美的结合。材料上以玻璃、铝板为主，搭配以高端石材；在不允许住宅使用幕墙系统的情况下，精研类幕墙效果，同时兼顾节能环保。

济南护理职业学院新校区

New Campus of Jinan Nursing Vocational College

项目业主：济南护理职业学院
建设地点：山东 济南
建筑功能：教育建筑
用地面积：9 500 平方米
建筑面积：15 307 平方米
设计时间：2022 年—2023 年
项目状态：方案
设计单位：山东意匠建筑设计有限公司
主创设计：郭勇
参与设计：王立莉、唐海朋、房妍、李群、刘德义、刘超、蔡一真、袁恒、贾福猛、杜姗

项目位于济南市历城区港西路 3636 号，学院现有在校生 7 000 余人。为缓解学院实验、实训及体育设施不足的状况，改善学院的教学条件，根据校区发展需要，依据校园总体规划，学院拟在院区内建设实验楼、风雨操场（体育馆）各一座。

项目尊重原场地控规及可持续发展建设，重点组织好各种交通流线、消防扑救设计，各出入流线独立设置，尽量避免相互干扰。人流、车流区分有序，满足学校的日常使用要求。根据建筑功能布局，拟建实验楼在南侧和西侧设置出入口，用以缓解交通压力，南侧设置消防车道，满足室外安全作业空间的基本要求。体育馆因受地理环境条件限制，在西侧沿建筑长边设置消防车道，并结合使用要求设置单独的出入口。

济青高铁济南东站

Jinan East Station of Jiqing High Speed Railway

项目业主：济青高铁有限公司
建设地点：山东 济南
建筑功能：交通建筑
用地面积：56 530 平方米
建筑面积：220 000 平方米
设计时间：2016 年—2018 年
项目状态：建成
设计单位：山东意匠建筑设计有限公司
合作单位：中国铁路设计集团
参与设计：郭勇、李海洲、李志鹏、刘超、蔡一真、袁恒

项目在设计上将站城融合式交通综合体的规划设计理念充分融入建筑方案中，对于城市结构的优化，创新性地提出将南侧进站高架桥内置于站房与铁路车场之间的构想，最大限度地加强了站房、市政配套建筑与城市之间的联系。在建筑形态上，通过清晰精炼的建筑语言对站房、市政配套设施及城市广场进行系统性设计，将三者有机融合，共同构建了以交通功能为基础的城市综合体。建筑形态向交通功能属性靠拢，色调与质感更具时代感，建筑的地域文化特色表达更趋内敛，注重整体文化意境的构筑而非具体形象的复制。

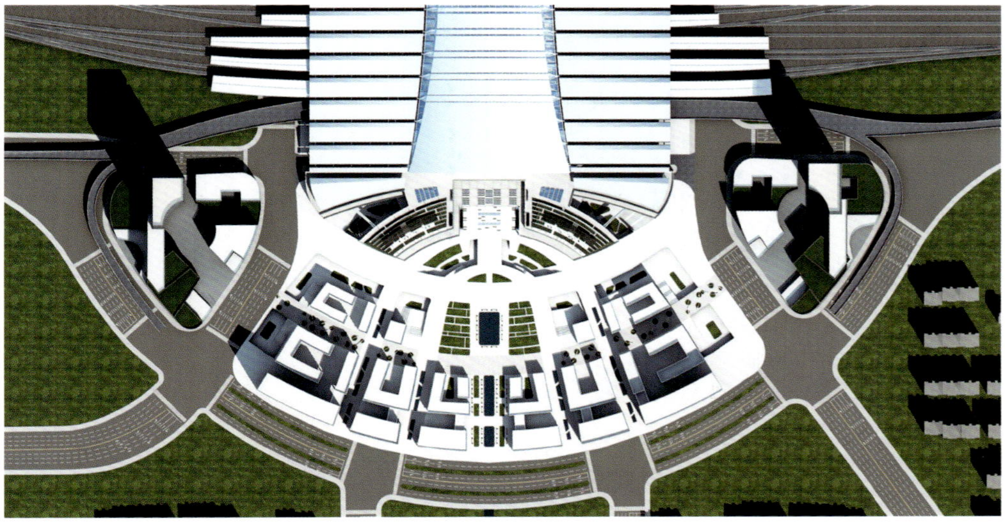

何银丰

职务：浙江省建筑设计研究院第七建筑设计院副总建筑师
职称：副高级工程师
执业资格：国家一级注册建筑师

教育背景
2002 年—2007 年　同济大学建筑学学士

工作经历
2007 年至今　浙江省建筑设计研究院

个人荣誉
浙江省未来社区专家

主要设计作品
杭州新世界（K11）综合体
杭州星柚集团总部大楼
温州莱恩达广场
新昌旅游综合体
宜格集团总部园区
萧山湘北单元 25 号地块

浙江省建筑设计研究院
ZHEJIANG PROVINCE INSTITUTE OF ARCHITECTURAL DESIGN AND RESEARCH

浙江省建筑设计研究院（ZIAD）创立于 1952 年，是国内享有盛誉的具有建筑、规划、园林、市政、消防等多种甲级资质的综合性勘察设计科研单位，下设 10 个综合设计分院、18 个专业设计分院（设计部门）、7 个技术研究中心和 4 个子公司。ZIAD 主编或参编了大量国家和浙江省建设工程设计规范及技术规程，在办公、宾馆、体育、交通、文化、教育和医疗等大型公共建筑的设计及复杂超限高层建筑、大跨度空间结构、岩土工程设计和建设工程标准化等方面均处于行业领先水平。

70 多年来，ZIAD 始终坚持“创作名院、科技兴院、人才强院、清廉护院”的发展理念，先后荣获 600 余项国家级及省部级优秀设计奖和科学技术奖，荣膺中国勘察设计单位综合实力百强、全国建筑设计行业十强设计院、全国优秀勘察设计院、全国建设科技进步先进集体、当代中国建筑设计百家名院、全国建筑设计行业诚信单位、浙江省勘察设计行业综合实力十强单位、浙江省首批工程总承包试点企业、浙江省职工职业道德建设标兵单位、浙江省文明单位、浙江省标准创新贡献奖等几十项省级以上称号。

ZIAD 专家荟萃、大师云集。近年来，ZIAD 坚持以“建平台、出政策、强保障”为举措，深入构筑人

安吉路院区
地址：浙江杭州安吉路 18 号
电话：0571-85154691（总机）
传真：0571-85151540

俞乐伟

职称：高级工程师
执业资格：国家一级注册建筑师

教育背景

2004 年—2009 年　中国矿业大学建筑学学士
2009 年—2012 年　北京建筑大学建筑学硕士

工作经历

2012 年至今　浙江省建筑设计研究院

个人荣誉

2019 年浙江省建筑设计研究院优秀青年设计师
2020 年浙江省住房和城乡建设厅优秀共产党员
2022 年浙江省建筑设计研究院青年建筑师

主要设计作品

杭州临平理想银泰城
荣获：2021 年杭州市优秀工程勘察设计二等奖
上虞体育中心体育馆
荣获：2018 年杭州市优秀工程勘察设计一等奖
　　　2018 年浙江省优秀工程勘察设计二等奖
　　　2019 年全国优秀工程勘察设计三等奖
上虞体育中心南区
荣获：2021 年杭州市优秀工程勘察设计一等奖
　　　2021 年浙江省优秀工程勘察设计一等奖
杭州市瓶窑中学
荣获：2021 年杭州市优秀工程勘察设计二等奖
　　　2021 年浙江省优秀工程勘察设计三等奖
南浔宏达学校宿舍楼
丽水景宁沙湾镇小城镇改造 EPC 工程

才高地，集聚大批行业人才，发展的凝聚力、战斗力和创新活力不断提升。ZIAD 现有在职员工 1 000 余人，其中中国工程设计大师 2 名、浙江省工程勘察设计大师 5 名、享受国务院政府特殊津贴专家 6 名、省部级劳动模范 4 名、省部级有突出贡献中青年专家 3 名、当代中国百名建筑师 2 名、当代中国杰出工程师 6 名、中国青年建筑师奖获得者 5 名、浙江省“151 人才”15 名、教授级高级工程师 82 名、国家一级注册建筑师 88 名、国家一级注册结构工程师 81 名、注册城市规划师 13 名、其他各类注册人员百余名。

当前，全体 ZIAD 人正牢牢抓住我国建筑业转型升级新机遇，以市场为导向，以“做大规模、做优主业、做强实力”为目标，坚定确立了“巩固设计主业、两头延伸发展、多种经营并进”的发展思路，高举全面深化改革大旗，加快推动体制机制和工程技术向纵深发展，使 ZIAD 品牌实力与行业影响力焕发出新的蓬勃生机。

ZIAD 坐落于风景优美的杭州市西子湖畔，现有安吉路和紫金港两大院区。

滨江院区
地址：浙江省杭州市滨江区杭州人工智能产业园 B 座
电话：0571-89996058
网址：www.ziad.cn
电子邮箱：ziad@ziad.cn

乌镇互联网国际会展中心

Wuzhen Internet International Convention and Exhibition Center

项目业主：乌镇旅游股份有限公司
建设地点：浙江 嘉兴
建筑功能：会议、展览建筑
用地面积：136 912 平方米
建筑面积：81 306 平方米
设计时间：2015 年
项目状态：建成
设计单位：浙江省建筑设计研究院

项目坐落在历史文化名镇——乌镇的北侧，是世界互联网大会的永久会址，由会议中心、接待中心和展览中心组成。

设计理念为“简约、环保、智慧”及传统与现代的完美结合。江南水乡特有的粉墙黛瓦、临水连廊等经典建筑元素被赋予了现代风格，以体现现代国际会展中心功能与江南水乡传统建筑的融合共生。

外立面采用由260万片江南小青瓦、竹片及钢构架组成的独具江南特色的“竹片钢结构披檐”，交错层叠；展览中心立面采用由不锈钢索组成的垂挂帘幕，它们交织成网状，使展厅隐约可见，为项目平添了一份江南烟雨的柔美，也恰好寓意“互联网”。

杭州运河中央公园

Hangzhou Canal Central Park

项目业主：杭州市拱墅区人民政府城中村指挥部
建设地点：浙江 杭州
建筑功能：文化建筑
用地面积：94 324 平方米
建筑面积：69 871 平方米
设计时间：2017 年
项目状态：建成
设计单位：浙江省建筑设计研究院

项目位于杭州市拱墅区，包含杭州运河大剧院及其配套公园绿地。设计将高耸的舞台空间和观众厅、内场、排演厅等功能空间集中布置在建筑中央，以保证空间高度；将建筑门厅、中庭、餐饮区、接待区等较为灵活的功能空间，沿外围草坡下方设置，以获得更开阔的景观视野；同时利用连续的层高变化，创造出丰富的空间效果。立面选用烤瓷铝板、玻璃、UHPC 等材料，色调以纯白和暖灰为主，营造出亲切柔美的建筑形象。室内设计以“线性的流动、拱形的韵律、鳞状的波纹、宜人的尺度”回应大运河拱宸桥段“水、桥、鱼、人”的独特人文景观。

浙江省黄龙体育中心亚运场馆改造项目

Zhejiang Huanglong Sports Center Asian Games Venue Renovation Project

项目业主：浙江省黄龙体育中心
建设地点：浙江 杭州
建筑功能：体育建筑
用地面积：330 075 平方米
建筑面积：318 414 平方米
设计时间：2018 年—2019 年
项目状态：在建
设计单位：浙江省建筑设计研究院

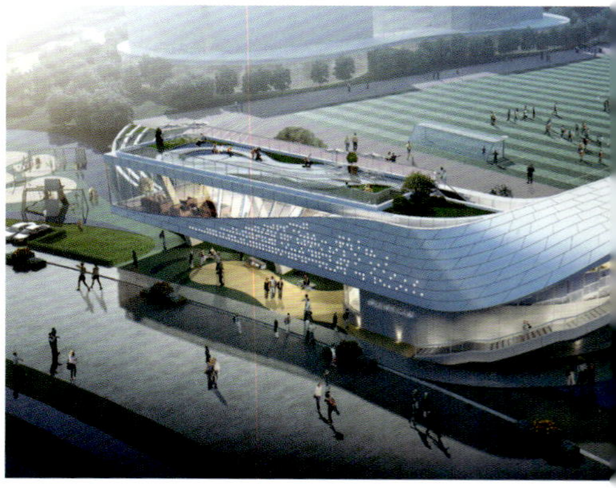

项目位于风景秀丽的西子湖畔，著名的黄龙洞风景区旁，北临天目山路、南至曙光路、西起玉古路、东至黄龙路。此次亚运会场馆改造主要包括场馆竞赛功能和赛后服务功能的提升以及中心整体环境的改善。

设计秉承“以人民为中心”的公共健身服务理念，改造后的黄龙体育中心，将成为运动休闲综合体、文体培训大本营、竞赛表演集聚区、场馆运营新典范、体育消费新场景，也将成为展示浙江体育形象的“金名片”、服务百姓运动健身的“主窗口”、引领体育产业发展的“新标杆”。

韩勇炜

职务：中国中建设计集团有限公司
副总建筑师、总部设计四院副院长
职称：高级建筑师
执业资格：国家一级注册建筑师

教育背景
2001 年—2006 年　烟台大学建筑学学士
2013 年—2015 年　天津大学建筑学硕士

工作经历
2006 年—2010 年　中科院建筑设计研究院有限公司
2010 年至今　中国中建设计集团有限公司

个人荣誉
北京市工程勘察设计行业评标专家
河北雄安新区勘察设计协会公共建筑分会理事
河北雄安新区工程勘察设计综合评标专家
中国建筑股份有限公司青年岗位能手
连续五届被评为中建设计集团十佳原创建筑师

主要设计作品
2020 年迪拜世博会中国馆
荣获：2020 年中国建筑勘察设计二等奖
广华新城 616 地块国家公务员住宅
荣获：2021 年北京市优秀工程勘察设计二等奖
2011 年中建设计集团施工图大赛一等奖
新疆国际传播中心
荣获：2014 年中建设计集团优秀设计一等奖
北京市海淀区苏家坨镇北安河西区定向安置房
荣获：2015 年中建设计集团施工图大赛一等奖
包头市城市展示馆、博物馆
荣获：2018 年中国建筑勘察设计二等奖
2018 年中建设计集团优秀设计一等奖
中建国际港 0808 地块
中刚非洲银行总部大楼
贵阳恒大童世界
宜昌综合保税区
成都空港新城企业总部
雄安创新研究院科技园区
雄安新区启动区北部科研片区城市设计
雄安新区启动区第五组团核心区城市设计
雄安新区启动区科学园片区城市建筑设计
雄安新区安州特色小城镇城市建筑设计
雄安新区启动区第五组团国际商务综合片区城市建筑设计

苏悦

职务：中国中建设计集团有限公司
总部设计四院 A2 工作室主任
职称：建筑师
执业资格：国家一级注册建筑师

教育背景
2006 年—2011 年　武汉科技大学建筑学学士

工作经历
2011 年—2013 年　中铁十四局集团有限公司
2013 年至今　中国中建设计集团有限公司

主要设计作品
包头市城市展示馆、博物馆
荣获：2018 年中国建筑勘察设计二等奖
2018 年中建设计集团优秀设计一等奖
新疆国际传播中心
荣获：2014 年中建设计集团优秀设计一等奖
赤峰职教园区
贵阳恒大童世界
成都空港新城企业总部
北京亦庄经印中心
雄安创新研究院科技园区

中国中建设计集团有限公司
China Construction Design Group Co., Ltd.

地址：北京市海淀区三里河路 15 号
中建大厦 A 座 6 层
电话：010-88083900
传真：010-88083588
网址：www.ccdg.cscec.com
电子邮箱：3336169387@qq.com

中国中建设计集团有限公司（以下简称中建设计），隶属于中国建筑集团有限公司，是国内专业较全、规模较大的国有甲级建筑企业之一。中建设计拥有建筑行业（建筑工程）甲级、城乡规划编制甲级、文物保护工程勘察设计甲级、风景园林工程设计专项甲级、房屋工程及市政工程监理甲级等资质，在同行业内率先通过 ISO 9001、ISO 14001、OHSAS 18001 三标认证体系。

中建设计依托中国建筑集团有限公司强大的资源优势，提供“策划、规划、设计、投资、建造”全产业链服务。中建设计主要业务范围包括工程策划咨询、城市规划设计、建筑设计、风景园林设计、装配式建筑设计、文物保护工程设计、室内装饰设计、基础设施勘察设计、PPP 业务、工程总承包业务及工程监理、招投标代理等。中建设计坚持“做强北京，做大周边，辐射全国，走向国际”的发展战略，通过全体员工的不断努力，综合实力日益增强。

2020 年迪拜世博会中国馆

China Pavilion at the 2020 Dubai World

项目业主：中国国际贸易促进委员会
建设地点：阿拉伯联合酋长国 迪拜
建筑功能：展陈建筑
用地面积：4 636 平方米
建筑面积：6 000 平方米
设计时间：2019 年
项目状态：建成
设计单位：中国中建设计集团有限公司

2020 年迪拜世博会的主题为“沟通思想，创造未来”。中国馆位于“机遇”展区，并以“构建人类命运共同体——创新和机遇”为主题。建筑意象源自中国传统手工艺品——大红灯笼，取名为“华夏之光”，象征着欢庆、祥和、团聚、光明，寓意“一带一路”倡议的一盏明灯。外立面设计手法提取中国古代四大发明之一的“活字印刷术”元素，形成秩序井然的红色矩阵表皮，既体现了中华文化的渊源，又展现出万众一心、开拓创新的中华精神；结合开敞的立面金属格栅，彰显中华民族的开放与包容，居中对称的整体布局更表达了中华民族的自信与庄重。夜间，运用数字编程灯光控制技术，结合 LED 屏幕及先进的“冰屏”显示技术，中国馆的灯光秀惊艳无比，闪耀着中国科技的璀璨光辉。

北京友谊宾馆友谊宫改扩建

Beijing Friendship Hotel Friendship Palace Renovation and Expansion

项目业主：北京友谊宾馆
建设地点：北京
建筑功能：酒店建筑
用地面积：7 648 平方米
建筑面积：31 319 平方米
设计时间：2017 年
项目状态：建成
设计单位：中国中建设计集团有限公司

北京友谊宾馆始建于 1954 年，于 2017 年进行规划梳理，并对主体建筑友谊宫进行升级改造。新建友谊宫西侧楼延续原友谊宫的平面布局形式，补充与会议相关的功能场所及庭院空间。

设计主导思想是在尊重与传承友谊宾馆原有建筑外貌的基础上，运用现代、简洁、抽象的设计手法进行改造，修旧如旧，兼具协调与创新。在友谊宾馆空间布局的梳理中，设计借鉴故宫建筑群的轴线秩序，遵循院区的建筑肌理，形成层层递进的围合庭院空间。改建方案尊重和传承友谊宾馆青砖绿瓦、飞檐流脊的建筑风格，使新建筑如同在原有建筑上自然生长出一般，恰到好处地融入整个园区之中，协调统一，传承创新。

成都空港新城企业总部

Chengdu Airport New City Enterprise Headquarters

项目业主：成都高新区投资集团有限公司
建设地点：四川 成都
建筑功能：办公建筑
用地面积：140 667 平方米
建筑面积：130 000 平方米
设计时间：2019 年
项目状态：建成
设计单位：中国中建设计集团有限公司

项目是成都市高新区空港新城 2019 年重点建设项目，是以“五新共荣”为特点的开放式、多元化产业聚集生态圈。项目依托天府国际机场，便于发展国际贸易、枢纽物流、航空制造等高附加值临空型枢纽产业。

园区大力发展智慧科技产业，全面促进智慧生态贯彻落实，有效打通城市互联，提升区域产业能级，成为成都经济增长的新动能。设计以智慧科技为核心，建成面向全球的国际性综合交通枢纽；以“三城三都”为指导纲领，响应成都市关于“生态宜居的花园城市建设”的战略。园区的建成，将加快形成成都市域经济社会发展的第二主战场，通过产城融合、多业融合、跨域融合，有助于打造未来城市建设全新产业体系。

蒋毅

职务：查普门泰勒 Chapman Taylor 中国区董事

教育背景

1993 年—1999 年　江南大学环境艺术设计硕士
2002 年—2006 年　斯图加特大学建筑设计硕士

工作经历

2018 年至今　查普门泰勒 Chapman Taylor

个人荣誉

包豪斯全球设计大赛（官方）评委
德国包豪斯大学城市更新与既有建筑改造硕士研究生特聘导师
宁波诺丁汉大学与西交利物浦大学客座讲师
2021 年地建师优秀建筑师
2022 年 Pro+ 普罗奖杰出设计师
2023 年 Architizer A+ Award 特别提名奖

主要设计作品

上海张江集成电路设计产业园 2b-6 项目
山能智慧产业大厦
重庆礼嘉智慧公园希尔顿格芮酒店
嘉兴高铁新城站城一体设计及余新片区城市设计
上海张江集成电路设计产业园 3-4 项目

蒋毅先生毕业于德国斯图加特大学，并以最优毕业成绩获建筑学硕士学位。在 20 多年的职业建筑师生涯中，蒋毅先生在德国及中国积累了丰富的建筑设计经验，他善于把先进的设计理念与中国本土国情及文脉相结合；并注重实现项目的高落地性，将设计概念从整体贯彻至细部。蒋毅先生设计手法新颖独特，在追求高品质设计的同时不断探索、创新设计理念与方式，坚持打造以人为本且可持续发展的设计。在社会层面，他积极加入 ULI 城市土地协会、RIBA 英国皇家建筑师协会与上海建筑学会等，与行业专家展开学术讨论，提升建筑设计水平，共同推进全球活力社区建设，奉献社会。

CHAPMAN
TAYLOR

查普门泰勒于 1959 年成立于英国伦敦，现拥有一支 500 人以上的国际团队，17 个分公司，常年位居 WA100 英国建筑设计事务所前三，世界建筑设计事务所排名前 50。其业务涵盖了城市规划、建筑设计与室内设计的各大领域。

查普门泰勒建筑设计咨询（上海）有限公司与北京分公司业务涵盖了城市规划、建筑设计与室内设计的各大领域，其中包括购物中心、休闲建筑、办公建筑、酒店、城市更新、TOD 交通枢纽等项目类型。其宗旨是将公司国际化的一流设计水准与对中国市场和本土文化的认知巧妙结合起来，打造独特、优质的设计方案。

查普门泰勒设计并交付的城市总体规划方案具有现实意义且富有文脉特征，有助于修复和改善城市纹理，并创造出全新的可持续发展的城市环境。作为城市改造领域的领导者，它已成功设计了多个获得国际奖项的设计方案，这些方案充分考虑了建筑环境和社区的规模和需要。

自 1959 年成立以来，查普门泰勒在综合体建筑设计方面已成功地赢得了良好的声誉，尤其是在设计创意和项目氛围的营造方面，在世界范围的各种领域都有所建树。对高质量设计的追求，以及对当地建筑的深刻理解和对文化因素的准确把握，使其设计方案超越了客户的期望值，并为人们提供了舒适宜人的室内外环境。

地址：中国上海市长乐路 989 号世纪商贸广场
电话：13917128998
网址：www.chapmantaylor.com
电子邮箱：rcai@chapmantaylor.com
微信公众号：查普门泰勒建筑设计

英国 BBC 媒体城

BBC Media City, UK

项目业主：Peel Media Ltd. / L&G Capit
建设地点：英国 曼彻斯特
建筑功能：总体规划、综合体、办公建筑、住宅、酒店
用地面积：150 000 平方米
建筑面积：130 000 平方米
设计时间：2005 年
项目状态：2010 年一期建成，二期建设中
设计单位：查普门泰勒 Chapman Taylor
主创设计：Chris Lanksbury

英国 BBC 媒体城是英国近几十年来最重要的媒体发展项目，是 BBC、ITV、索尔福德大学传媒学院、BBC 爱乐乐团以及 200 多家创意、数字和科技相关的中小企业的总部基地。项目由沛尔传媒有限公司出资兴建，是一个汇聚创新与创意的中心，在世界范围内涌现出的众多媒体城中脱颖而出。四面环水的英国 BBC 媒体城不仅彻底改变了索尔福德码头的景观和天际线，同时通过世界领先的可持续发展设计手法的运用，成为世界上第一个获得英国建筑研究院绿色建筑评估体系认证的可持续发展社区。

嘉兴高铁新城站城一体设计及余新片区城市设计

Jiaxing High Speed Railway New City Station City Integrated Design and Urban Design of Yuxin Area

项目业主：嘉兴市人民政府
建设地点：浙江 嘉兴
建筑功能：交通枢纽、总体规划
用地面积：5 000 000 平方米（核心片区）
21 550 000 平方米（余新片区）
设计时间：2020 年—2021 年
项目状态：国际征集中标，深化设计阶段完成
设计单位：查普门泰勒建筑设计咨询（上海）有限公司
中国市政工程华北设计研究总院有限公司
中铁上海设计院集团有限公司
北京市建筑设计研究院有限公司
主创设计：Chris Lanksbury、蒋毅

项目位于沪嘉城际线、轨道 1 号线和轨道 2 号线交会处。从 TOD 城市发展的圈层效应出发，嘉兴南站宛若水珠落入嘉兴这片江南水乡，激起城市发展的层层涟漪，在高铁新城形成了强大的枢纽辐射效应，通过层层环形将人流、物流不断从南站输往其他地区。沿南北城市综合发展轴，以北部高铁站和科学湖为两个发展核心，由内向外布局共享功能、生活服务功能和产业研发功能，形成“一轴、两心、两环、三圈层”的城市结构。项目通过打造娱乐休闲交通一体化超级枢纽，为人们创造区域共享型的中心城市，以高品质、集约互联为特征，着力营造一个精致开放的生态花园城，同时延续并强化嘉兴江南水乡的独特城市风貌。

上海张江集成电路设计产业园 2b-6 项目

Shanghai Zhangjiang Integrated Circuit Design Industrial Park 2b-6 Project

项目业主：上海张江集成电路设计产业区开发有限公司
建设地点：上海
建筑功能：综合体、办公建筑、商业建筑、酒店
用地面积：43 505 平方米
建筑面积：490 254 平方米
设计时间：2022 年
项目状态：国际征集中标，项目在建中，预计 2026 年建成
设计单位：查普门泰勒 Chapman Taylor
主创设计：蒋毅

项目配置约 15 万平方米的办公空间、2.5 万平方米的酒店和 5 万平方米的商业配套。项目建筑功能业态丰富集成，将多样化空间完美融合在一起，建立人与建筑之间的情感联系。项目动线设计以“安全、高效、便利、灵活”为原则，合理组织办公、商业、人流、车流与货运流线。项目中央广场与周边建筑相呼应，为在此办公和休闲的人们提供了一个活力多元的绿色公共空间。可持续设计持续贯穿在设计理念中，结合多样化的绿色元素，项目意在打造一个水绿交融的生态活力中心、一个共治共享的创新生态共同体、一个大师云集的科技创新策源地、一种科创人才近悦远来的创新氛围。

金彦

职务：启迪设计集团股份有限公司设计总院副院长
轨道交通综合体设计院院长

职称：高级工程师

执业资格：国家一级注册建筑师

教育背景

2006 年—2009 年　南京工业大学建筑学硕士

工作经历

2009 年至今　启迪设计集团股份有限公司

主要设计作品

苏州吴中凤凰广场
荣获：2018 年江苏省优秀工程勘察设计三等奖
苏州地铁 2 号线太平车辆段上盖物业综合开发
荣获：2018 年江苏省优秀工程勘察设计三等奖
苏州地铁四号线支线溪霞路站配套地下空间中区
荣获：2022 年江苏省优秀工程勘察设计一等奖
苏州轨道交通线网档案中心及公安轨道应急指挥中心
荣获：2022 年江苏省优秀工程勘察设计三等奖

启迪设计集团股份有限公司
Tus-Design Group Co., Ltd.

启迪设计集团股份有限公司（股票代码：300500，以下简称启迪设计）创建于 1953 年，是一家以覆盖人居环境全过程的投融资、咨询、设计、建造、运维等多元化全产业链集成服务为核心，以“全过程咨询 + 工程建设管理 + 双碳新能源 + 城市更新 + 数字科技”五大板块为支撑的城乡建设科技集团。

启迪设计具备包括建筑行业甲级在内的多项甲级资质和施工资质，是国家高新技术企业、中国十大民营工程设计企业、国家首批装配式建筑示范产业基地、国家全过程工程咨询试点企业。启迪设计积极响应国家城乡建设、双碳目标、乡村振兴等发展战略，发挥技术、人才、文化、品牌等方面的综合优势，集成创新、集群发展，完成的众多国内外项目先后荣获包括詹天佑奖、国家优质工程奖、科技进步奖、广厦奖等在内的国家和省部级荣誉和奖项 500 余项，获国家发明专利、技术创新成果 70 余项。

启迪设计在 70 年的发展中积累了丰富的专业知识和运作经验，旗下已拥有深圳嘉力达、深圳毕路德、中正检测及北京、上海、西安、南京、成都、合肥、宁波、无锡等多家控股（全资）子公司及分公司，建成了华东、华北、华南、西南、华中等多区域的全国性服务网络，不断延长服务半径，以满足公司业务发展的需要。近年来，启迪设计全面布局全过程咨询、工程建设管理、双碳新能源、数字科技、城市更新等领域，为客户提供全方位的整体解决方案及长期的专业服务。

启迪设计汇聚了千余名优秀人才，其中包括享受国务院政府特殊津贴专家、江苏省设计大师、全国优秀勘察设计行业优秀企业家、中国建筑学会青年建筑师奖获得者、长三角建筑学会联盟青年建筑师奖获得者、省突出贡献的中青年专家、省“333 工程”人才、省优秀工程勘察设计师等高层次人才。同时，启迪设计聚集了大批拥有正高级、高级职称及国家注册执业资格的人才。

启迪设计拥有省级工程技术研究中心——江苏省（赛德）绿色工程技术研究中心、江苏省智慧园区系统集成工程研究中心、建设领域双碳技术全过程创新应用中心。启迪设计与清华大学、东南大学、同济大学等多所重点院校进行校企合作，并成为省博士后创新实践基地、国家博士后科研工作站，相继成立 BIM 设计研究中心、复杂结构研究中心、工业化建筑设计研究中心、智能化建筑应用研究中心等多个专业技术中心，全方位开展科技研发。

70 年的流金岁月，70 年的奋发图强，70 年的跨越腾飞，启迪设计牢记传承、保护和发扬中华民族建筑文化的使命，以勇于融合、创造美好人居环境为己任，坚持科技创新引领发展，致力于使自己发展成为全国勘察设计行业领先、特色领域技术优势明显、综合实力雄厚的全国一流城乡建设科技集团。

地址：苏州工业园区旺茂街 9 号
电话：0512-65150100
传真：0512-65150300
网址：www.siad-c.com
电子邮箱：service@tusdesign.com

苏州轨道交通线网档案中心及公安轨道应急指挥中心

Suzhou Rail Transit Network Archives Center and Public Security Rail Emergency Command Center

项目业主：苏州市轨道交通集团有限公司
建筑功能：城市交通综合楼
建筑面积：32 000 平方米
项目状态：建成
项目负责人：金彦
建设地点：江苏 苏州
用地面积：129 000 平方米
设计时间：2017 年—2018 年
设计单位：启迪设计集团股份有限公司
参与设计：刘桂江、刘薏、季新亮、周行等

项目位于天鹅荡停车场西南角，并处于规划中的五湖路及车辆段环路路口，东南可望太湖。通过多方案对比，设计师选择了主楼在南，裙房在北的整体布局。这种布局在实现各自功能相互分区、独立运作的同时，又能实现公共资源的便捷共享。项目整体功能合理、高效、安全，成为轨道交通线网配套项目的标杆之作。在满足两个中心自身建筑特点的前提下，项目提升了周边区域的整体形象，为苏州东太湖带来一道靓丽的风景线。

建筑布局减少了主楼对北侧已建综合楼、物业办公楼的影响，同时为城市塑造了更好的界面形象。项目整体体形规整，符合场地要求，平面利用率高，内部空间满足工艺和办公使用需求。建筑单体设计遵循档案中心、指挥中心出入独立，流线分开的原则，在保证管理边界安全高效的基础上，实现配套设施和公共空间的共享。

整体建筑形态一方面满足档案中心、指挥中心功能稳重、可靠的形象需求，另一方面体现个性化、现代感的时代需求。设计通过虚实对比、分段构图等手法，使建筑呈现出稳重而不单调、活泼但不轻浮的效果，同时在材质色调选择上与停车场既有建筑形成协调统一的整体。

苏州吴中凤凰广场

Suzhou Wuzhong Phoenix Plaza

项目业主：江苏凤凰出版传媒股份有限公司
建设地点：江苏 苏州
建筑功能：商业、办公建筑
用地面积：4 848 平方米
建筑面积：31 790 平方米
设计时间：2012 年—2015 年
项目状态：建成
设计单位：启迪设计集团股份有限公司
项目负责人：金彦
参与设计：刘薏、罗超、季新亮等

项目位于苏州市吴中南北中轴线东侧，宝带路以南，东吴北路以东。项目以文化教育功能为主，打破传统书店经营模式的制约，将文化产业经营与商业经营有机结合，营造文化氛围浓厚的“一站式”消费环境。

设计灵感来源于叠摞的书籍，塔楼部分通过楼层间的旋转抽象为三本“图书”，置于由裙房构成的“书架”之上，体块间的错动在隐喻书城文化内涵的同时也丰富了建筑造型。裙房表皮则通过在随机抽取的规则排列的竖向陶板上雕刻文字，进一步将建筑的文化内涵外表化，为建筑增添韵律感。造型上，裙房部分用陶管材料构成的横向线条与基地周边“四馆两中心”相呼应；塔楼部分铝制百页增加立面的细节效果，表现建筑的挺拔感。

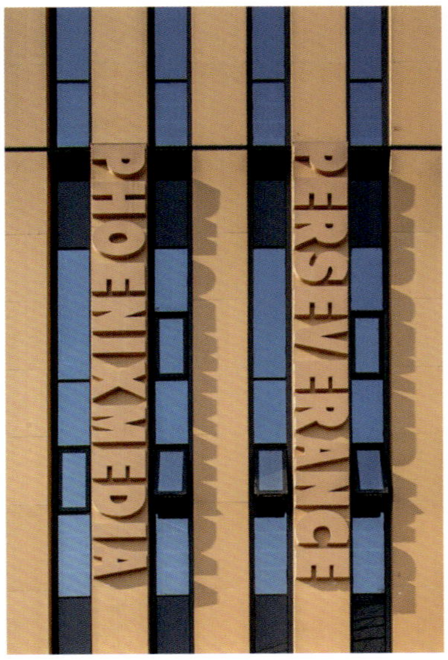

苏州轨道交通 7 号线天鹅荡车辆段上盖开发项目

Suzhou Metro Line 7 Tian'edang Depot Upper Cover Development Project

项目业主：苏州市轨道交通集团有限公司
建设地点：江苏 苏州
建筑功能：TOD 地铁上盖综合体
用地面积：380 000 平方米
建筑面积：470 000 平方米（上盖平台总建筑面积）
560 000 平方米（上盖开发总建筑面积）
设计时间：2021 年—2023 年
项目状态：在建
设计单位：启迪设计集团股份有限公司
合作单位：中铁第四勘察设计院集团有限公司
阿海普建筑设计咨询（北京）有限公司
项目负责人：金彦
参与设计：王墨夕、罗超、张轶、戴玮、唐林松

项目位于苏州市太湖之滨，以“山、湖、园、城”为理念，打造多元融合、科创宜居的上盖 TOD 生态综合体。项目利用自有轨道交通优势，将轨道交通、公交场站、微型巴士、盖上盖下无缝衔接，最大化交通价值，市政上跨路直接引入一层平台，打造高效舒适的立体交通典范；物业开发与周边科创社区、高新研发相融合，与城市发展共生长，构建居住、科创融合，环境、配套优良的综合片区，涵盖人才居住、科创办公、体育公园、邻里配套、商业文娱五大功能，打造全功能的产城融合典范；引入精品苏式园林与体育公园，打造区域生态栖居典范；沿轨道交通站点设置归家流线，串联办公、公寓、商业等便利丰富的功能，打造宜居宜业 TOD 社区，以智慧的城市公共基盘为基础，引领太湖湾区未来的生活方式。

无锡地铁 4 号线具区路车辆段上盖项目
（XDG-2019-54 号、55 号地块开发建设项目）

Wuxi Metro Line 4 Juqu Road Depot Cover Project
(Development and Construction Project for Plot No.54 and No.55 of XDG-2019)

项目业主：无锡望愉地铁生态置业有限公司
建设地点：江苏 无锡
建筑功能：地铁上盖 TOD 综合体
用地面积：410 000 平方米
建筑面积：250 000 平方米（上盖平台总建筑面积）
　　　　　300 000 平方米（上盖开发总建筑面积）
设计时间：2018 年—2022 年
项目状态：在建
设计单位：启迪设计集团股份有限公司
项目负责人：金彦
参与设计：王墨夕、周行、唐林松、张凯云

项目是一座集住宅、商业、酒店、地铁为一体的超大型地铁上盖 TOD 综合体，以“智慧、生态、幸福”为理念构建“站、城、人”和谐共处的城市新生态。设计涵盖中瑞生态城 133 项绿建三星指标，是世界上首个车辆段上盖 WELL 社区。

设计坚持以人为本的设计理念，关注幸福感的获得，着力塑造轨道上的幸福社区。设计通过对一体化组织架构、多维度管理措施、创新型技术研究等方面的梳理和统筹，坚持将一张高质量发展蓝图绘到底，在人与社会和谐共生中，构筑“城市幸福领地”。

无锡具区路地铁 TOD 综合示范项目致力于打造全国乃至国际领先的地铁生态置业样板和幸福人居社区典范工程，争创国家绿色健康住宅示范工程。全过程一体化的设计、建造实践经验将对后续上盖 TOD 开发项目发挥示范引领作用。

贾玉东

职务： 中建八局第二建设有限公司设计研究院副总建筑师
职称： 高级工程师
执业资格： 国家一级注册建筑师

教育背景

2009 年—2013 年　山东建筑大学建筑学学士

工作经历

2013 年—2019 年　山东建大建筑规划设计研究院
2019 年至今　中建八局第二建设有限公司设计研究院

主要设计作品

广西南宁职业技术学院
荣获：2019 年山东省优秀建筑设计方案一等奖
山东第一医科大学图书馆
荣获：2019 年山东省优秀建筑设计方案三等奖
山大国际医院
荣获：2021 年山东省优秀建筑设计方案一等奖
济钢片区 3200 高炉改造建筑设计
荣获：2021 年山东省优秀建筑设计方案一等奖
华中农业大学第五综合楼
荣获：2021 年山东省优秀建筑设计方案一等奖
山东中医药大学国际眼科与视光医学院
荣获：2021 年山东省优秀建筑设计方案一等奖
洛阳龙门震动机械厂城市更新
荣获：2021 年山东省优秀建筑设计方案一等奖
济南医疗硅谷文化中心
荣获：2021 年山东省优秀建筑设计方案一等奖
树兰（济南）国际医院
荣获：2021 年山东省优秀建筑设计方案一等奖
济南医学中心体验展示中心
荣获：2021 年山东省优秀建筑设计方案一等奖
济南医学中心高端专科医疗片区
荣获：2021 年山东省优秀建筑设计方案二等奖
济南槐荫区清真寺
荣获：2021 年山东省优秀建筑设计方案二等奖
医疗硅谷精准尖端专科医疗片区
荣获：2021 年山东省优秀建筑设计方案二等奖
济南安置六区小学
荣获：2021 年山东省优秀建筑设计方案二等奖
华中农业大学畜牧兽医与营养健康创新实践基地
荣获：2021 年山东省优秀建筑设计方案二等奖
临沂小镇展示中心
荣获：2021 年山东省优秀建筑设计方案二等奖
湖州悦榕庄酒店
荣获：2021 年山东省优秀建筑设计方案二等奖
济南国际医学科学中心医疗硅谷
荣获：2021 年山东省优秀建筑设计方案三等奖
济钢片区 3200 高炉文化艺术中心
荣获：2021 年山东省优秀建筑设计方案三等奖
高端医疗孵化研究中心
荣获：2021 年山东省优秀建筑设计方案三等奖
中联集团长清总部办公楼
荣获：2021 年山东省优秀建筑设计方案三等奖
太原市第三人民医院
荣获：2021 年山东省优秀建筑设计方案三等奖
吴兴区乡村振兴培训中心（世界乡村旅游大会承办会址）
荣获：2021 年 Pro+Award 普罗奖银奖
　　　2022 济南市优秀工程勘察设计一等奖
鲁班国际精装展示中心
荣获：2022 年中国国际空间设计大赛（中国建筑装饰设计奖）银奖
山东第一医科大学一图书馆室内装饰
荣获：2022 济南市优秀工程勘察设计一等奖
中建八局建筑科技（山东）有限公司产业基地（一期）及被动式建筑建设工程
荣获：2022 济南市优秀工程勘察设计二等奖
河南省高级人民法院改扩建项目室内装饰
荣获：2022 济南市优秀工程勘察设计三等奖
山东第一医科大学济南主校区（一期）工程（风景园林设计）
荣获：2022 济南市优秀工程勘察设计三等奖

中建八局第二建设有限公司设计研究院

DESIGN AND RESEARCH INSTITUTE OF THE SECOND CONSTRUCTION LIMITED COMPANY OF CHINA CONSTRUCTION EIGHTH ENGINEERING DIVISION

地址：山东省济南市历下区文化东路16 号中建文化城
电话：0531-87195662
网址：www.8b2.cscec.com
电子邮箱：shejiyuan8b2@163.com

中建八局第二建设有限公司设计研究院，采取“一院多中心”的发展模式，在深圳、济南、郑州、重庆、成都等城市设立创作研究中心。其自成立以来依托中建八局 40 年的项目建设经验积累，逐渐实现了全生命周期、全流程服务、全产业链条、全专业覆盖、全规划管理的“几何级”发展。如今中建八局第二建设有限公司设计研究院已经成为拥有“双特三甲”资质、业务牌照齐全的顶尖设计研究院，设计业务覆盖国际、国内两大市场，国内经营区域包括长三角、珠三角、京津冀、华中、西南等全国重点区域，国际经营区域主要包括非洲、中东、中亚、东南亚等地。

吴兴区乡村振兴培训中心（世界乡村旅游大会承办会址）

Wuxing District Rural Revitalization Training Center (the Site of the World Rural Tourism Conference)

项目业主：湖州八里店生态农业发展有限公司
建设地点：浙江 湖州
建筑功能：公共建筑
用地面积：18 400 平方米
建筑面积：38 300 平方米
设计时间：2019 年
项目状态：建成
设计单位：中建八局第二建设有限公司设计研究院
设计团队：贾玉东、王大卫、苏鹏、李哲、杨晨、徐长印、房俊杰、刘灿刚、陈彬、孙腾

湖州以“绿水青山就是金山银山”理念为指导，进行了一系列的乡村旅游开发。该项目为第四届世界乡村旅游大会永久会址。项目位于浙江省湖州市潞村，拥有优美的天然乡村环境。建筑造型取丝绸流畅飘逸之态，与周边形态自由的桑基鱼塘相融合，形成了连续、循环的建筑形体，以谦逊的姿态面向自然。建筑提取古典建筑的标志性元素坡屋顶和室外廊道作为主要的建筑手法，并将传统元素与建筑形态相融合，形成基于场地的现代建筑。设计采用大量室外连廊形成回字形建筑布局，营造出空间洄游的效果，同时结合步移景异的借景手法，实现有限空间的放大延伸。朝向人流主要来向的主入口以纺布梭为意向，形成标志性入口形态，建筑对外打开，以环抱姿态有效引导人流进入。建筑与山体相容，梭形大厅与远山相呼应，使标志性与地域性和谐统一。

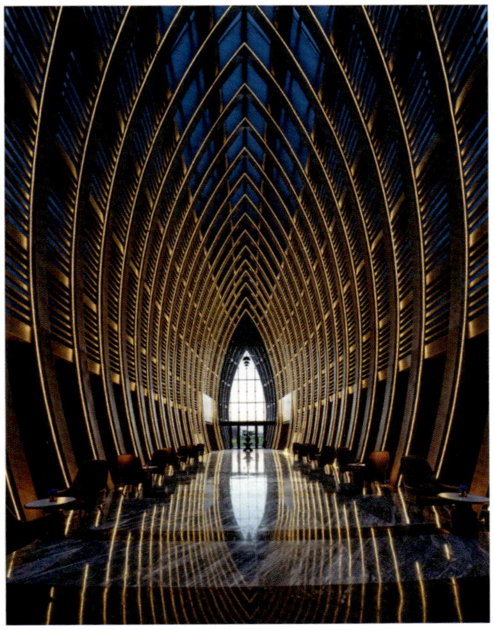

鲁班国际精装展示中心

Luban International Hardbound Exhibition Center

项目业主：山东省土地发展集团有限公司
建设地点：山东 临沂
建筑功能：展览建筑
用地面积：72 138 平方米
建筑面积：109 385 平方米
设计时间：2019 年
项目状态：建成
设计单位：中建八局第二建设有限公司设计研究院
设计团队：贾玉东、王大卫、陈彬、刘灿刚、孙腾、耿博、武瑜葳、高华美、李程

临沂发展重心北移，形成以北城、高铁新城、国际商贸城为主的北部发展格局。北城以北，由高铁线路、枣沟围绕万亩生态绿心构成北部生态新城。项目位于临沂市北城新区“精装鲁班小镇”的核心位置。

设计极具地标性，中心两馆分别融入“云起”和“龙腾”的建筑理念，云馆表现建筑的轻盈感，龙馆展示建筑的延伸感。云起龙腾的建筑理念，象征着鲁班小镇在精装产业的腾飞之势，预示其将成为精装产业的行业龙头。建筑中心植入会呼吸的活力广场，既是行人交织、热闹繁华的商业广场，又是绿意盎然、生态优美的共享绿地。室内连通室外，地面衔接地上，多层次的立体景观与观景平台为城市提供多维共享空间。建筑整体以“礼、聚、乐、享”多层次营造空间，打造具有仪式性的空间序列。鲁班国际精装展示中心用迎宾客厅、云端连廊、源泉广场、共享中庭等多元的主题空间欢迎八方来客，使人们乐享其中。

山东中医药大学国际眼科与视光医学院

International College of Ophthalmology and Optometry, Shandong University of Traditional Chinese Medicine

项目业主：济南城市投资集团有限公司
建设地点：山东 济南
建筑功能：教育建筑
用地面积：95 201 平方米
建筑面积：161 790 平方米

设计时间：2019 年
项目状态：建成
设计单位：中建八局第二建设有限公司设计研究院
设计团队：贾玉东、徐备、张伟、韩海龙、孙腾、刘灿刚、李雯、邵康、武瑜葳、高华美

山东中医药大学国际眼科与视光医学院，是山东中医药大学获批的首个中外合作办学机构。项目位于济南国际医学科学中心“一线、一片、多点”产业布局的生命科技创新产业区的中心区域，济齐路两侧沿线产业链上。建筑用地面积约 9.5 万平方米，地上建筑面积 15 万平方米，地下建筑面积 1.6 万平方米，是一个功能齐全的中小型现代化校园。设计提出大围合、园林式的整体空间布局，将主要建筑群体布置于并不规则的地块外侧，保证大气、完整的城市景观展示面；同时，建筑的围合布局使校园内部形成独立、完整的绿地景观，打造舒适健康、绿色生态的校园园林环境。在大围合、园林式整体空间布局条件下，针对复杂多样的校园功能，设计师提出科学有序、创新融合的校园功能组织。校园功能横向展开，引入校园生活综合体概念，北侧为主要生活区，南侧为教学区，功能分区明确，减少相互干扰，提升学生生活环境品质，创造丰富宜人的交流交往空间。

雷霖

职务：中国建筑西北设计研究院有限公司
副总建筑师，医疗建筑设计研究中心主任，
第二建筑设计研究院副院长、总建筑师，
雷霖医疗建筑设计创新工作室（省级）主任
职称：教授级高级建筑师
执业资格：国家一级注册建筑师

教育背景
1988 年—1992 年　西安建筑科技大学工学学士

工作经历
1992 年—1994 年　大地建筑事务所（国际）西安分公司
1994 年至今　中国建筑西北设计研究院有限公司

个人荣誉
中国中西部地区杰出建筑师
中国医疗建筑设计年度杰出人物
全国医疗建筑十佳设计师

主要设计作品
陕西中医药大学第二附属医院
荣获：2016 年陕西省优秀建筑设计一等奖
第四军医大学附属唐都医院综合病房楼
荣获：2016 年陕西省优秀建筑设计一等奖
延安市中医医院迁址新建项目
荣获：2016 年陕西省优秀建筑设计一等奖

学术研究成果
1. 作为项目负责人主持在研省级“新时期现代医院护理单元‘平疫结合’建筑空间研究”课题研究；
2. 作为课题组副组长完成中建总公司“现代医院专科专属医治空间建筑设计研究”课题研究；
3. 作为课题组副组长主持完成国资委“2021 国有企业数字化转型场景示范研究”课题研究；
4.《现代医院专科专属医治空间建筑设计研究》荣获第三届陕西省土木建筑科学技术奖一等奖；
5. 获得国家专利 6 项。

李敏
职务：中国建筑西北设计研究院有限公司原专业总建筑师
医疗建筑设计研究中心原主任
职称：教授级高级建筑师
执业资格：国家一级注册建筑师
个人荣誉：陕西省优秀勘察设计师

冯青
职务：中国建筑西北设计研究院有限公司医疗建筑设计研究中心副总建筑师、医疗装饰室总监
中国医疗建筑师联盟理事
职称：教授级高级建筑师
执业资格：国家一级注册建筑师

王艳俊
职务：中国建筑西北设计研究院有限公司医疗建筑设计研究中心部长、副总建筑师、医疗工艺室总监，
职称：高级建筑师
执业资格：国家一级注册建筑师
个人荣誉：中国医疗建筑设计年度新锐人物
西安市优秀青年勘察设计师

郁立强
职务：中国建筑西北设计研究院有限公司医疗建筑设计研究中心总建筑师、养老康复室总监
职称：高级建筑师
执业资格：国家一级注册建筑师
个人荣誉：中国医疗建筑设计青年领袖

郭高亮
职务：中国建筑西北设计研究院有限公司医疗建筑设计研究中心副部长、副总建筑师、院主创建筑师、医疗设计创意室总监
职称：高级建筑师
执业资格：国家一级注册建筑师
个人荣誉：中国医疗建筑设计青年领袖

钱薇
职务：中国建筑西北设计研究院有限公司医疗建筑设计研究中心主创建筑师、医疗装饰室副总监
职称：高级建筑师
个人荣誉：中国医疗建筑设计青年领袖

段成刚
职务：中国建筑西北设计研究院有限公司医疗建筑设计研究中心总工程师、医疗安全防护室总监
职称：教授级高级工程师
执业资格：国家一级注册结构工程师

赵丽娟
职务：中国建筑西北设计研究院有限公司医疗建筑设计研究中心电气专业总工程师、医疗智能化室总监
职称：教授级高级工程师
执业资格：国家注册电气工程师
个人荣誉：全国优秀医院建筑设备设计工程师

蒋忠
职务：中国建筑西北设计研究院有限公司医疗建筑设计研究中心暖通专业总工程师、医疗建筑节能事业室总监、医疗建筑环境与能源中心室总监、《医用气体工程》杂志编委
职称：教授级高级工程师
执业资格：国家注册设备工程师

李琼
职务：中国建筑西北设计研究院有限公司医疗建筑设计研究中心给排水专业总工程师、医疗用水系统室总监
职称：教授级高级工程师
执业资格：国家注册设备工程师

中国建筑西北设计研究院有限公司成立于 1952 年，是中华人民共和国成立初期国家组建的六大区建筑设计院之一，是西北地区成立较早、规模较大的甲级建筑设计单位，现为世界 500 强企业——中国建筑股份有限公司旗下的全资子公司。

中国建筑西北设计研究院有限公司医疗建筑设计研究中心成立于 2011 年，已设计完成第四军医大学附属唐都医院综合病房楼、西安市公共卫生中心、陕西中医药大学第二附属医院、河南大学第一附属医院金明院区、西安曲江新区医院等建设项目。中国建筑西北设计研究院有限公司医疗建筑设计研究中心专业配备齐全，有由中青年设计专家组的骨干团队，业务范围包括新建或改扩建医疗建筑的可行性咨询、建筑设计、内外部装修设计、净化层流设计、医用气体设计、医用弱电系统设计、医用污水处理系统设计、室外景观环境设计等，涵盖医疗建筑设计的各个方面。

地址：西安市文景路 98 号　电话：029-68519055　传真：029-68519040
网址：www.cscec.com　电子邮箱：leil@cscecnwi.com

宝鸡市妇幼保健院

Baoji Maternal and Child Health Hospital

项目业主：宝鸡市妇幼保健院
建设地点：陕西 宝鸡
建筑功能：医疗建筑
用地面积：99 332 平方米
建筑面积：150 000 平方米
设计时间：2022 年
项目状态：方案
设计团队：雷霖、胡哲辉、李亚伟、王伟、杨毅、张春生、段则明、武桐、邓茜泽

项目以“筑手成春，呵护妇儿”为设计理念，以“母亲呵护的双手”为设计灵感，以围合姿态托起新生命的绿洲。这些与呵护妇女儿童健康的出发点相契合，从而创建出亲和力和包容性强的疗愈场所，打造集医疗、保健、康复、科研、教学为一体，全国一流的现代化三级甲等妇幼保健院、儿童医院，为妇女儿童提供全方位、全生命周期的安全、便捷、优质、高效的医疗保健服务。

建筑整体形态呈鱼骨状排列，祥鱼瑞气，绵延相承，寓意祥瑞。同时，设计将中国古代五音宫、商、角、徵、羽象形为建筑空间，浸润于规划设计的节奏中，配合如音阶般跳动的窗扇，使妇儿犹如沉浸在音律的氛围之中，既舒缓情绪又激发场地活力，使空间呈现出完美、流畅的协调感。

秦汉国际医养中心

Qinhan International Medical and Nursing Center

项目业主：西咸新区格瑞医疗产业开发股份有限公司
建设地点：陕西 西咸新区
建筑功能：医疗建筑
用地面积：66 306 平方米
建筑面积：345 400 平方米
设计时间：2023 年
项目状态：中标方案
设计单位：中国建筑西北设计研究院有限公司
设计团队：雷霖、王艳俊、郁立强、胡哲辉、王伟、武桐、李亚伟、杨阳、张名良、李蕾、陈素、应蓝萱

项目规划设计以“两轴一心”为主题，构建健康疗愈轴及颐养慢享轴，在两轴中心构建“颐养绿谷”。颐养慢享轴由医养楼围合成半开放式内院，远离外界喧闹，营造内部功能齐全的内环境。两个区域由绿化及连廊等要素攒聚成一个统一的整体。

整体建筑形态取自于“横看成岭侧成峰，远近高低各不同”的视觉意象，结合古典山水的湖、泉、林、溪、谷、石、峰等丹青要素，勾勒出一幅富有未来色彩的城市山水画卷。

空间设计富有地域文化气息，抽象地采用秦汉建筑风格元素，将叠涩、柱廊、飞檐、窗格等融入其中，纯净现代的白色水平线条与沉稳富有光泽的浅咖色金属板栅格相互交织，同时通过体量之间的错位穿梭形成丰富的屋顶花园视觉效果。

安阳市肿瘤医院新院区

New Hospital Area of Anyang Cancer Hospital

项目业主：安阳市肿瘤医院
建设地点：河南 安阳
建筑功能：医疗建筑
用地面积：217 998 平方米
建筑面积：428 262 平方米
设计时间：2021 年
项目状态：方案
设计单位：中国建筑西北设计研究院有限公司
设计团队：雷霖、张名良、胡哲辉、王伟、段则明

水载方舟，曲柔自然。建筑的灵感来源于东侧水系的柔美形态，以一气呵成的蜿蜒之态将整个场地串联，托起一个个承载健康的生命之舟。

场地东临河景，设计把景观与建筑的互动性发挥到最大，打造内外两处开放庭院，每座庭院又包含多处下沉庭院、观景坡地等多重空间，这些多层次的景观共同构成了丰富的疗愈花园。

一期、二期、三期建筑之间形态的连续性也是重要的设计考虑之一。在与景观呼应的门诊医技裙房之上，架起分三期建设的住院单元，其以整体曲线的形式及连续柔和的姿态，静卧于安阳河畔。

城固县医院西区建设项目

Chenggu County Hospital West Area Construction Project

项目业主：城固县医院
建设地点：陕西 汉中
建筑功能：医疗建筑
用地面积：68 666 平方米
建筑面积：123 500 平方米
设计时间：2021 年
项目状态：在建
设计单位：中国建筑西北设计研究院有限公司
设计团队：雷霖、曹强、杨毅、胡哲辉、刘静珊、邢俊哲、段则明

项目的建筑布局汲取了陕南地区自然山水的曲线之美，将主体建筑曲线化，使其更好地融入自然之中；在曲线的组织中又突出向心汇聚之感，沿主要曲线方向突出两栋住院塔楼，沿主轴线方向发散均匀地布置裙房。在场地内形成的相互呼应的曲线建筑形态，象征着生命的希望，生动地展现绿色生命与自然的抽象形态。

从病房楼到医技空间，项目整体形成丰富的天际线变化。模块化的诊疗医技单元沿着南立面依次展开，高低与大小的微差设计，结合微地形景观，搭配参数化的曲线天幕，使医技楼屋顶形成良好的医疗花园。模山范水的设计理念，为现代医院自然生态的疗愈环境，增添了浓墨重彩的一笔。

黎明

职务： 广州市城市规划勘测设计研究院有限公司
建筑设计一所副所长
职称： 高级工程师
执业资格： 国家一级注册建筑师、注册城市规划师

教育背景
1996 年—2001 年　华南理工大学建筑学学士
2007 年—2012 年　华南理工大学建筑学硕士

工作经历
2007 年至今　广州市城市规划勘测设计研究院有限公司

主要设计作品
广州市第八人民医院应急防疫工程
执信中学天河校区
广州呼吸中心
广州市妇女儿童保健院增城院区
广州番禺万达广场
增城万达广场
第 16 届广州亚运会开闭幕式场地——海心沙
汶川县人民医院
中山大学附属第三医院岭南医院

区慧美

职务： 广广州市城市规划勘测设计研究院有限公司
建筑设计一所总工程师
职称： 高级工程师
执业资格： 国家一级注册建筑师

教育背景
1996 年—2000 年　广东工业大学建筑学学士

工作经历
2000 年至今　广州市城市规划勘测设计研究院有限公司

主要设计作品
广州市第三少年宫
珠江太阳城广场商业中心
小北路逸林酒店
南方航空综合培训中心
南方航空值班倒班楼
中央海航酒店广场

学术研究成果
一种旋转建筑的消防系统（发明专利）

姚鹏

职务： 广州市城市规划勘测设计研究院有限公司主创
建筑师
职称： 高级工程师
执业资格： 国家一级注册建筑师

教育背景
2010 年—2013 年　湖南大学建筑学硕士

工作经历
2013 年至今　广州市城市规划勘测设计研究院有限公司

主要设计作品
比音勒芬服饰股份有限公司总部
白云机场三期扩建工程平西社区
城安围船厂改造项目
杰赛科技产业园
广州芭蕾舞团小剧场
协和中学校园功能微改造维修工程
西湾路地块旧城改造项目南片区——居民运动馆
南沙岭南花园度假酒店

广州市城市规划勘测设计研究院有限公司

GUANGZHOU URBAN PLANNING SURVEY & DESIGN RESEARCH INSTITUTE CO., LTD.

广州市城市规划勘测设计研究院有限公司成立于 1953 年，是华南地区历史最久、规模最大、专业齐全的规划勘测设计高新技术单位。研究院拥有 34 项甲级资质，现有员工 3 000 余人，2018 年被评为“改革开放 40 年勘察设计行业最具影响力企业”。

建院以来，研究院始终坚持创新发展理念，主动顺应改革潮流，积极履行广州城市建设的社会责任，从地铁、机场、绿道、旧城更新等基础设施建设，到数字广州、数字详规、低碳城市、三规合一、2035 年广州总规、广州市总体城市设计等前沿研究与实践；从服务“六运会”“九运会”和 2010 年亚运会，到打造国家中心城市和世界文化名城，处处可见其活跃的身影。此外，研究院与悉尼大学签署战略合作协议，与北京大学、清华大学、哈佛大学、新加坡国立大学和法国 AAUPC 建筑规划事务所开展联合教学与社会实践，依托联合国人居署、世界城地组织、“广州 - 奥克兰 - 洛杉矶”三城联盟工作坊等合作平台积极践行国家“一带一路”倡议。

地址：广州市越秀区建设大马路 10 号
电话：020-83887315、020-83864392
传真：020-83762723
网址：www.gzpi.com.cn
电子邮箱：gzpi@gzpi.com.cn

第 16 届亚洲运动会开闭幕式场地——海心沙

The venue for the opening and closing ceremonies of the 16th Asian Games - Haixinsha

项目业主：广州市新中轴建设有限公司
建设地点：广东 广州
建筑功能：体育建筑
用地面积：393 000 平方米
建筑面积：117 708 平方米
设计时间：2009 年—2011 年
项目状态：建成
设计单位：广州市城市规划勘测设计研究院有限公司
主创设计：陈建华、范跃虹、潘忠诚、胡展鸿、区惠霞、黎明、李志龙、李刚、李捷、张荣富、谢彦峰
获奖情况：2011—2012 年度国家优秀工程奖
2011 年全国优秀工程勘察设计建筑智能化二等奖
2011 年中国土木工程詹天佑奖
2011 年广东省优秀工程勘察设计特别奖
2011 年广东省注册建筑师协会优秀建筑创作奖
2011 年中国环境艺术奖综合类最佳范例奖

海心沙作为第 16 届亚运会开闭幕式场地，地处广州市 CBD 区珠江新城，广州市新城市中轴线与珠江的交会点——海心沙岛。第 16 届亚运开闭幕式主会场选址于海心沙岛，结合亚运以“珠江为舞台，城市为背景”的创意，营造了一场两岸同乐、一江欢歌的水上亚运盛典。亚运会后，项目被改建为亚运公园，对主体建筑和亚运火炬塔进行保留，作为亚运遗产的标志。

海心沙项目完美体现了开放性城市标志性建筑景观与超复杂体育观演场馆功能的融合，通过新科技、新技术的运用实现了亚运会开幕式震撼人心的表演效果。建筑在形式、耗能、采光和材料上突出了岭南绿色环保生态建筑特色。

广州市第三少年宫

Guangzhou Third Youth Palace

项目业主：广州市少年宫
建设地点：广东 广州
建筑功能：文化建筑
用地面积：27 900 平方米
建筑面积：28 900 平方米
设计时间：2013 年—2020 年
项目状态：建成
设计单位：广州市城市规划勘测设计研究院有限公司

获奖情况：
2020 年广州市优秀工程勘察设计公建类一等奖
2020 年广州市优秀工程勘察设计建筑装饰设计一等奖
2020 年广州市优秀工程勘察设计建筑智能化专业二等奖
2020 年广州市优秀工程勘察设计建筑结构专业三等奖
2021 年广东省优秀工程勘察设计公共建筑一等奖
2021 年广东省优秀工程勘察设计建筑装饰专项二等奖
第 50 届洛杉矶建筑奖

设计团队：范跃虹、胡展鸿、区慧美、赖奕堆、张庆宁、刘洋、陈伟军、杨志强、刘东燕、田斌、张湘辉、周志强、叶丹、杨涵、张成辉

项目位于广州市黄埔区黄埔文化中心，是市属重要少儿文教建筑。项目顺应地形与交通结构特点，打造出建筑主体造型和室外广场空间。柔化的整体建筑形态，能较好地融入城市环境，并通过抽象的“花瓣”和连续的曲线界面，彰显建筑的性格特点，同时为区域增添色彩，提升城市公共空间活力，拉动区域发展。项目创作过程体现了对城市公共环境的尊重与回应，以及对少儿心理审美需求的关注与思考。设计师力图打造出富有想象力的具有城市标志性、空间地域性、功能实用性与符合少儿心理需求的优秀公建项目。空间上，以规整实用的柱网体系为结构，结合层次丰富的半开敞庭院空间，构造具有良好自然通风和采光效果、适应广州亚热带气候的节能环保的空间体系。

执信中学天河校区

Zhixin Middle School Tianhe Campus

项目业主：执信中学
建设地点：广东 广州
建筑功能：教育建筑
用地面积：179 000 平方米
建筑面积：200 000 平方米
学校规模：90 个班
设计时间：2017 年—2021 年
项目状态：建成
设计单位：广州市城市规划勘测设计研究院有限公司
合作单位：华南理工大学建筑设计研究院有限公司
设计团队：胡展鸿、郭卫宏、范跃虹、黎明、麦子睿、谭丽华、杨一峰、容绍章、王新宇、曾琦、姚逊、杨琪、梁胜、廖悦、周华忠、汤衍华、马裕彤、冯业奔、钟庆、钱坤

获奖情况：2019 年广东省建筑设计建筑方案三等奖
2021 年度国家优质工程金奖
2022 年广州市优秀工程勘察设计公建类一等奖
2022 年广州市优秀工程勘察设计绿色建筑专项一等奖
2022 年广州市优秀工程勘察设计给排水专项二等奖
2022 年广州市优秀工程勘察设计人防专项二等奖
2022 年广州市优秀工程勘察设计结构专项三等奖
2022 年广州市优秀工程勘察设计暖通专项三等奖

项目是广州市东部面积较大、建设规格较高、校内设备设施较先进和完善的中学校园，是新型校园建筑设计探索中的一次巨大的飞跃。学校建筑设计传承了百年执信学府的历史文化，校园总体规划布局采用了“门启轴，水映山，廊连院”的整体构思，体现了岭南地区的气候和空间特征，呈现给广州市民一座具有岭南空间特色的现代教育学府。

比音勒芬服饰股份有限公司总部

Biyin Lefen Clothing Co., Ltd. Headquarters

项目业主：比音勒芬服饰股份有限公司
建设地点：广东 广州
建筑功能：办公建筑
用地面积：7 999 平方米
建筑面积：35 684 平方米
设计时间：2017 年—2022 年
项目状态：建成
设计单位：广州市城市规划勘测设计研究院有限公司
主创设计：姚鹏
参与设计：陈庆、韦润忠、刘进、吴贵波

项目是广州首批“三旧”改造项目。设计团队从城市设计的视角出发，采用层层绿色退台的方式，将建筑与环境融为一体。业主作为服装制造企业，希望建筑能展现高尔夫运动的文化与活力。设计师提取了服装和高尔夫运动共有的曲线特征，将外形设计成多个飘逸的弧形形状。叠加的弧形元素形成丰富的视觉层次，呈现出独特的标志性。

设计师同时提出了“流动景观”概念，通过控制弧线角度的变化，使建筑内外之间的关联性产生变化，并以此增强场所体验的相关性和视觉感知的连续性，使得人、空间、活动与事件和外部环境产生关联，最终让使用者感受到不同的空间体验。

城安围船厂改造项目

Cheng'anwei Shipyard Renovation Project

项目业主：启迪科技城集团
建设地点：广东 广州
建筑功能：创新产业园
用地面积：61 298 平方米
建筑面积：42 929 平方米
设计时间：2015 年—2016 年
项目状态：建成
设计单位：广州市城市规划勘测设计研究院有限公司
设计团队：姚鹏、郭颖、文健、刘恒、杨随新、刘进、吴贵波、韦昭、彭汉林

城安围船厂为始建于 1974 年的修造船厂。地块内共含 34 栋多层建筑。中国海运集团携手启迪控股集团将该厂区改造成以海洋科技为主题的创新产业园。由于原厂址残破败落，不存在完整意义的工业遗产保护，设计只能走再生和利用的路线，但时间和场所的特质不是被消解、被平面化，而是通过对比强化、场景再现、抽象提炼等多种手法被立体化、层次化。设计师运用现代设计手法对它们进行艺术再加工，赋予其新的功能和形式。厂区建筑的再生和改造，保持建筑外观面貌，遵循建筑空间结构，对室内进行整体性规划。厂房采用大跨度天窗增加采光，并合理运用玻璃、红砖、素混凝土等材料，根据功能需要对室内外进行改造。改造后的厂房在满足现有空间功能的基础上，兼顾历史元素，体现了艺术对工业建筑的传承。

南方航空值班倒班楼

Southern Airlines Duty Shift Building

项目业主：中国南方航空股份有限公司
建设地点：广东 广州
建筑功能：居住建筑
用地面积：64 500 平方米
建筑面积：76 800 平方米
设计时间：2018 年
项目状态：建成
设计单位：广州市城市规划勘测设计研究院有限公司
设计团队：胡展鸿、范跃虹、陈伟军、赖奕堆、黎明、区慧美、冯业奔、易照嬰、杨涵、唐珉、石文智、陈晨、杨琪等
获奖情况：第十三届广东省土木工程詹天佑故乡杯奖
2020 年广东省第三届 BIM 应用大赛一等奖
2022 年广州市优秀工程勘察设计二等奖
2022 年广州市优秀工程勘察设计建筑智能化设计三等奖
2023 年广东省优秀工程勘察设计二等奖

项目位于广州市新白云国际机场北侧，其中西北侧两栋为地勤值班配套用房，东南部两栋为空勤值班配套用房，主要功能为宿舍。

设计符合实用、美观的原则，以“南航形意，企业标识；岭南地域，绿色节能；活力院落，共享社区；以人为本，静谧安居”为设计理念，结合地理、气候、风俗、文化和个性特点，展现了南方航空公司的行业特点、企业文化和风貌特色。

刘巍

职务：北京清华同衡规划设计研究院有限公司
城市更新设计研究所所长
职称：正高级工程师

教育背景

1999 年—2003 年　天津大学建筑学学士
2003 年—2005 年　清华大学建筑学硕士

工作经历

2005 年至今　北京清华同衡规划设计研究院有限公司

主要设计作品

长春西部新城核心区（暨高铁站前区域）修建性详细规划
绵阳市三江六岸滨水区综合规划暨城南次中心城市设计
荣获：2013 年全国优秀城乡规划设计奖二等奖
无锡太湖科技园南部核心区城市设计
荣获：2013 年北京市优秀城乡规划设计奖二等奖
石家庄市新客站广场区域深化设计
荣获：2013 年全国优秀城乡规划设计奖二等奖
汤阴老城更新详细城市设计
荣获：2015 年全国优秀城乡规划设计奖一等奖
中关村软件城（大上地地区）发展建设规划
荣获：2015 年度全国优秀城乡规划设计奖二等奖
珠海市横琴新区滨水地区及道路系统景观规划设计
荣获：2016 人居生态国际建筑规划设计方案竞赛规划金奖
住总亲情养老社区建设标准研究
荣获：2017 年全国优秀城乡规划设计奖二等奖
石家庄东南片区城市设计和重点地区控制性详细规划
荣获：2018 年全国优秀城乡规划设计奖三等奖
《平谷分区规划（国土空间规划）(2017—2035)》
荣获：2019 年全国优秀城乡规划设计奖二等奖
《延庆分区规划（国土空间规划）(2017—2035)》
荣获：2019 年全国优秀城乡规划设计奖二等奖
敦煌市沙州主城区控制性详细规划
荣获：2019 年全国优秀城乡规划设计奖二等奖
以街区规划促进社会治理创新——北京市海淀区学院路街道街区规划
荣获：2019 年北京市优秀城乡规划设计奖三等奖
方家胡同环境整治提升
荣获：2019 年全国优秀工程勘察设计三等奖
2019 年北京市优秀工程勘察设计奖一等奖
北京市西城区新街口街道街区整理城市设计
荣获：2019 年北京市优秀工程勘察设计奖二等奖
北京城市有机更新政策机制研究
荣获：2021 年北京市优秀城乡规划设计奖三等奖
中关村科学城国际人才社区建设发展总体规划
荣获：2021 年北京市优秀城乡规划设计奖三等奖
前三门大街（东城段）城市设计
荣获：2021 年北京市优秀城乡规划设计奖二等奖
新模式、新方法、新工具——北京市西城区历史建筑普查与认定
荣获：2021 年北京市优秀城乡规划设计奖三等奖
首都功能核心区控制性详细规划（街区层面）(2018 年—2035 年)
荣获：2021 年北京市优秀城乡规划设计奖一等奖
学院路一刻钟生活圈
荣获：2022 年首届北京城市更新“最佳实践”项目
面向高质量发展的存量空间规划智慧赋能关键技术与应用
荣获：2022 年度中国城市规划学会科技进步奖三等奖

北京清华同衡规划设计研究院有限公司

BEIJING TSINGHUA TONGHENG URBAN PLANNING & DESIGN INSTITUTE

北京清华同衡规划设计研究院有限公司（以下简称清华同衡）是清华大学下属的以城市研究、城乡规划设计咨询与人居环境工程技术研发为主的全资国企，拥有城乡规划、土地利用规划、建筑设计、风景园林、文物保护勘察设计、旅游规划等多项专业资质。清华同衡依托清华大学的综合学科与产业优势，通过城乡规划设计咨询，致力于开展国家与地区宏观发展政策研究，以及具体的人居环境建设工程的技术研究与实施，为国家部委、各级政府部门、企业等提供研究和咨询服务。

清华同衡植根于清华大学的学术研究环境，一直坚持城乡规划工程实践与科研、教育相结合的“产学研一体化”发展思想，积极拓展城乡规划相关学科的研究领域，通过二十年的企业化发展，形成了自己的综合优势和服务特色，业务遍及全国各地并延伸到境外。清华同衡始终坚持专业所的发展架构，目前已发展形成近 80 个业务部门、9 家地方分院，涵盖城乡规划、风景园林、市政与交通、科技与传媒、建筑设计 5 大规划设计方向。

清华同衡将规划设计与科研成果转化为支撑城乡发展的源动力，持续以规划和技术回报社会，并积极投身社会公益事业，主动承担清华人“家国天下”的行业使命和社会责任。

地址：北京市海淀区清河中街清河嘉园东区甲 1 号楼 16 层
电话：010-82819699
传真：010-62771154
网址：www.thupdi.com
电子邮箱：thupdi@thupdi.com

北京市白塔寺宫门口东西岔胡同更新项目

Renovation Project of Dongxicha Hutong at the Gate of Baitasi Temple in Beijing

建设地点：北京
用地面积：36 500 平方米
设计时间：2018 年—2023 年
项目状态：建成
设计单位：北京清华同衡规划设计研究院有限公司
主创设计：刘巍、沈丹、曾庆超

白塔寺地区作为从元大都建立起的老城的重要组成部分，伴随历史发展从承担国家职能向承载市井生活演化变迁，形成了独特的多元融合街区。

20 世纪末起吴良镛先生带队对白塔寺地区进行了深入而广泛的研究，并确立和坚持通过“有机更新”方式开展工作。白塔寺地区不断涌现出“针灸式”更新活力点，但街区仍存在各种亟待改善的问题。

项目以片区整体统筹、公共空间系统提升的思路启动城市更新，开展市政管网优化、电力梳理入地、风貌保护提升、建筑解危共建、交通停车疏导、业态活力升级、社区营造共享等一系列行动，串联“针灸”点位、激发自愈能力、助力老城复兴。

方家胡同环境整治提升

Improvement of Environmental Improvement in Fangjia Hutong

建设地点：北京
设计时间：2017 年—2018 年
项目状态：建成
设计单位：北京清华同衡规划设计研究院有限公司
主创设计：曹宇钧、刘巍、谭涛

方家胡同位于北京市东城区安定门内，自元朝至今已有 700 余年历史。其所在雍和宫—国子监区域是北京 25 片历史文化街区之一，也是新版“北京总规”确定的 13 片文化精华区之一，曾存在国子监南学、宝泉局北作厂、古刹白衣庵、公主府、循郡王府、神机营所属内火器营马队厂等遗迹；同时又有以方家胡同 46 号院为代表的创意文化产业聚集区，传统文化与创意文化在这里交流碰撞。

但这里也存在老城保护与发展中的结构性问题，面对多个因素相互影响所产生的问题，根据方家胡同现状从功能定位、历史沿革、区域交通及停车设施、区域市政设施和公共服务设施、风貌保护、房屋改造技术、规划管控体系、共享政策、人口疏解方案、公房管理政策等方面进行了多维度的研究与实施。

项目包括 700 米主胡同、7 条相连枝杈胡同和 68 处院落。更新不仅使环境品质得到改善、生活质量得到提高，也令人们的观念发生改变。居民从整治之初的默认杂乱与漠不关心到开始在意公共环境，对胡同有了认同感、自豪感；在地设计师也有意愿参与胡同院落内外环境设计中来；商户开始关注并投身社区营造工作；街道管理者与任务执行者开始思考民生、特色与活力的发展与平衡。项目完成后，得到社会各界广泛好评。

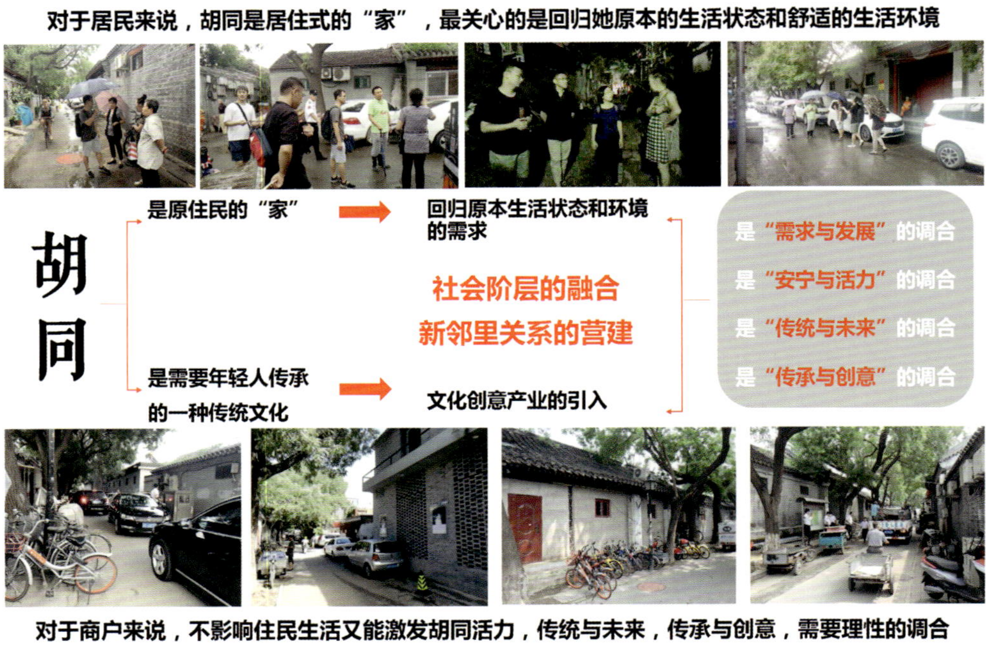

安定门方家胡同综合整治提升总体定位

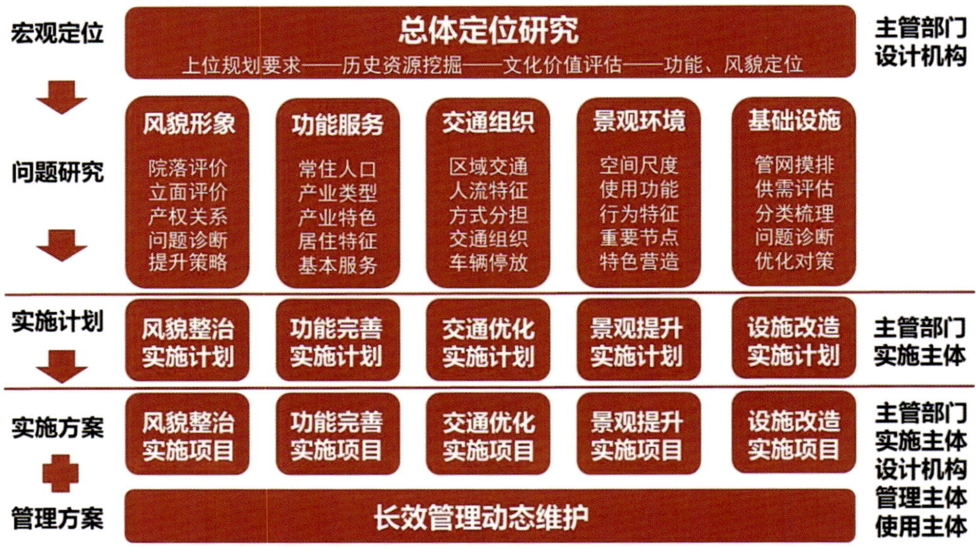

更新后小广场

更新后养老驿站

历史文化遗产

国子监南学

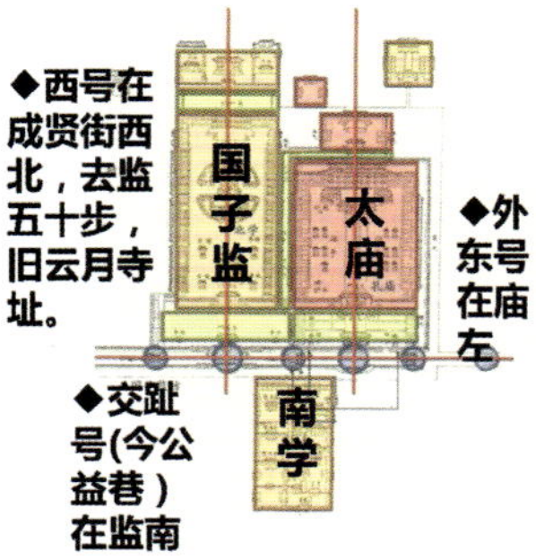

•清北京国子监空间格局，摘自《碧山05》，金城出版社，主编左靖

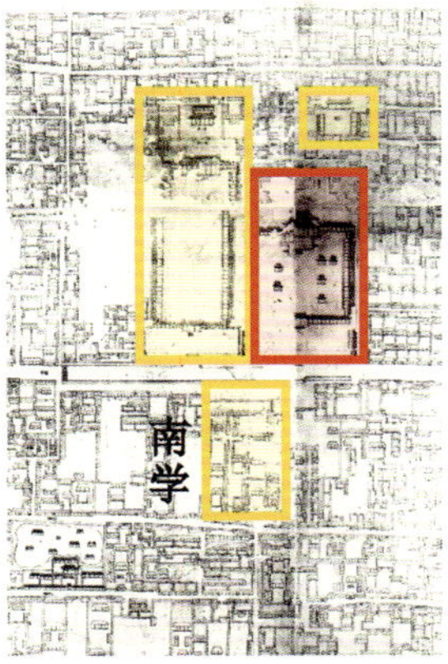

•乾隆京城全图（1750年）

北作厂 宝泉局

清	1929年	1938年	1945年	1948年	1949年	1953年	1958年	2000年	2008年至今
钱局	美资海京铁工厂迁至方家胡同	被日本兼并，改名小系重机株式会社	日本投降后，被国民党接收，改为北平第一机器厂，后来又改为北平市企业公司机器厂	“剿总”接管，改为第六修械所，主要生产“七九”式步枪	北平解放后，2月改名为北平第一机器厂；7月1日改名为北平机器总厂	改为第一机床厂	北京机床研究所的办公用房	闲置	方家胡同46号院文创园

循郡王府（北京市级文物保护单位）

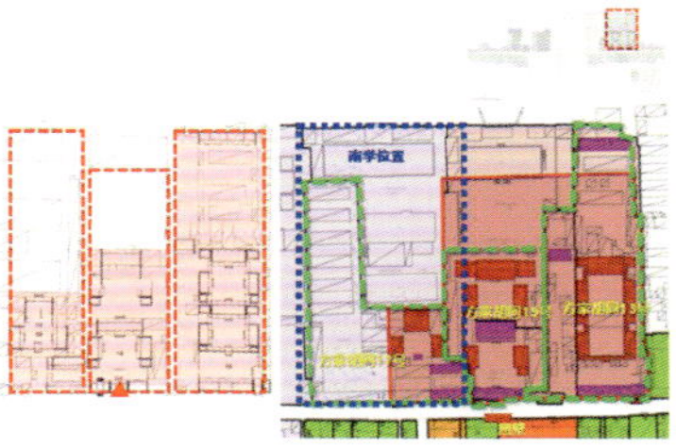

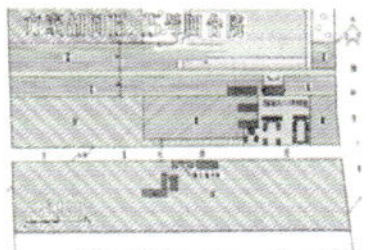

北京市21中（原北平私立崇实中学）

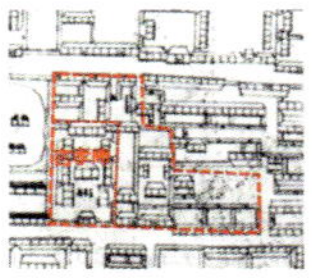

古刹白衣庵

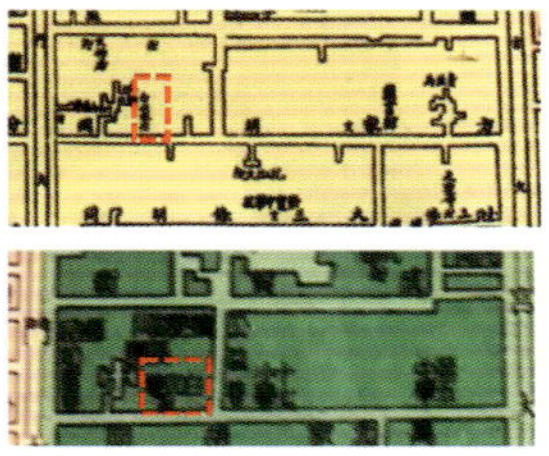

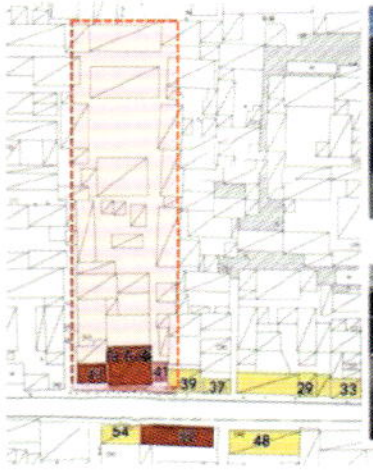

京师图书馆

口京师第一图书馆历史探究——方家胡同的国家图书馆对读者开放达十 年之久

公众参与“胡同沙龙”

古刹白衣庵修缮前后

环境与市政提升

北京市石景山区老山首钢老旧小区改造

Renovation of Laoshan Shougang Old Community in Shijingshan District, Beijing

建设地点：北京
用地面积：390 000 平方米
建筑面积：300 000 平方米
设计时间：2021 年—2023 年
项目状态：建成
设计单位：北京清华同衡规划设计研究院有限公司
主创设计：刘巍、田昕丽、尹大鹏

老山首钢小区是 1980 年左右首钢集团自己规划、自己建设和自己管理的家属小区，共计约 95 栋住宅楼、1.9 万常住人口，总占地面积约 40 万平方米，80% 的人口是首钢集团的离退休职工。老山首钢小区存在人口老龄化率高、房屋年久失修、社区配套服务设施匮乏、小区基础设施老化、公共空间品质不高、小区历史文化逐渐丧失等问题。

根据 2021 年 6~8 月北京市印发的《北京市人民政府关于实施城市更新行动的指导意见》《北京市城市更新行动计划（2021 年—2025 年）》等文件明确的城市更新工作应以街区为单元统筹推进的要求，在开展老山首钢小区改造工作之初，清华同衡明确应提高站位，立足老山街道整体范围，以老山首钢小区改造为基础和契机，为街道注入新的活力和发展动能，通过高质量、高标准完成居民满意的老旧小区改造工作，总结经验和模式，在街道内推广，带动街道内多个老旧小区改造工作的推进，以点成面，提高老山街道的人居环境品质；并以老旧小区改造的成效为基础，盘活小区低效空间的存量资源，把它们改造为便民服务、社区服务和社区商业等高品质社区配套设施，推动区域土地和资产增值，实现通过老旧小区改造工作激发区域发展新动能的目标。

改造前

改造后

改造前

改造后

改造前

改造后

包头市友谊十九老旧小区综合治理工程

Baotou Youyi 19th Old Community Comprehensive Management Project

建设地点：内蒙古 包头
用地面积：390 000 平方米
建筑面积：791 700 平方米
设计时间：2021 年—2022 年
项目状态：建成
设计单位：北京清华同衡规划设计研究院有限公司
主创设计：孙福庆、刘巍、谭涛

锅炉房二层改造前　锅炉房一层（煤渣回收层）改造前　党建活动中心　社区食堂、日间照料中心

友谊十九小区作为包钢集团的职工宿舍，是包钢集团内蒙古自治区单体面积较大、居民较多的住宅社区。友谊十九小区共计有 196 栋住宅楼，总建筑面积 79.17 万平方米，共有居民 12 412 户，人口 28 799 人，60 岁以上老人较多，占比达到 1/3。友谊十九小区始建于 20 世纪 90 年代初，至今已有 30 余年。

项目综合治理是坚持落实以人民为中心的发展思想，坚持尽力而为、量力而行，聚焦群众关切的“一老一幼”设施建设，聚焦为民、便民、安民服务，切实践行住房城乡建设部关于“完整社区”建设的总体要求，打造安全健康、设施完善、管理有序的“完整社区”样板，全力改善人居环境的典范；是用发展红利反哺人民群众、惠及众多群众的重要举措；是促进包头经济发展、构建基层治理新格局、促进包头城市发展转型、改善居民生活品质、促进包头城市品质整体提升的重要抓手；是包头市探索超大型老龄社区更新改造管理的重要途径。

改造前　改造前　改造后　改造后

“缕缕铁花”雕塑　“双翼神马”雕塑　“日晷”雕塑　市民大舞台　友谊生态广场　文化长廊　老年健身区　体育活动区　儿童游玩区

刘玉坤

职务：新疆四方建筑设计院有限公司院长兼总建筑师
职称：高级工程师
执业资格：国家一级注册建筑师

教育背景
2002 年—2004 年　新疆大学本科

工作经历
1999 年至今　新疆四方建筑设计院有限公司

个人荣誉
新疆工程建设标准化协会建筑设计专业组专家
装配式建筑专业组专家
乌鲁木齐市建设工程消防设计审验专家库专家

主要设计作品
华凌大饭店
荣获：2006 年新疆优秀工程勘察设计一等奖
　　首届全国民营工程设计企业优秀设计华彩奖铜奖
湖南省对口援建吐鲁番市二堡乡高昌民居项目和新疆红雁池国际生态滨水旅游度假项目方案设计
荣获：2012 年中国人居典范方案竞赛组委会最佳规划设计方案金奖及最佳建筑设计规划金奖
库车县工人文化宫
荣获：2017 年新疆“西域杯”建筑方案创作奖三等奖
乌鲁木齐总医院综合内科楼
荣获：2019 年新疆优秀工程勘察设计一等奖
库尔勒华凌国际
荣获：2019 年新疆优秀工程勘察设计三等奖
乌市水上乐园水族馆
西部当代商城
巴楚县步行街改造
福海县行政服务中心
呼图壁河流域管理处办公楼
新疆军区第二招待所综合接待楼
新疆军区通讯总站综合楼
新疆艺术学院影视戏剧教学实验楼
阿克苏新疆腾惠科技时代广场
吐鲁番客运站
华凌国际家居广场（旗舰店）改建
乌鲁木齐工业园海鑫消防产业园
新疆庞大澳泷房地产开发有限公司蔚来康养

新疆四方建筑设计院有限公司

XINJIANG SIFANG INSTITUTE OF ARCHITECTURAL DESIGN

新疆四方建筑设计院有限公司（以下简称新疆四方建筑设计院）的前身是成立于 1993 年 1 月 1 日的乌鲁木齐经济技术开发区建筑勘察设计院有限责任公司。2001 年 5 月 1 日，乌鲁木齐经济技术开发区建筑勘察设计院有限责任公司与乌鲁木齐市建筑设计院合并成乌鲁木齐建筑设计研究院有限责任公司。2009 年 11 月 2 日，乌鲁木齐建筑设计研究院有限责任公司重组为新疆四方建筑设计院有限公司。新疆四方建筑设计院现设有项目部、PC 所、市政所、规划所、咨询所、方案室、总工办、设计管理部、财务部、人力资源行政管理部等机构；下设工程总承包公司，具有建筑、市政工程设计甲级资质，工程总承包（建筑、市政）甲级资质，设计咨询甲级资质，城市规划设计乙级资质。新疆四方建筑设计院现有职工 150 人，其中国家一级注册建筑师 5 人，一级注册结构师 6 人，二级注册建筑师 4 人，注册城市规划师 5 人，注册公用设备（暖通）工程师 1 人，注册公用设备（给排水）工程师 5 人，注册电气（供配电）工程师 3 人，注册造价工程师 2 人，注册咨询师 9 人。高级工程师 28 人，工程师 50 人，助理工程师 52 人。

新疆四方建筑设计院在注重提高人才素质的同时，不断更新和完善技术装备，配置各种绘图机、彩色打印机、投影演示仪等设备，组建了内部局域网，设置了计算机中心室等，真正做到了计算机出图率 100%。同时，新疆四方建筑设计院还开展了 BIM 设计和装配式建筑设计。建院 30 年以来，新疆四方建筑设计院设计了大量的作品，内容涉及宾馆、医院、游泳馆、音乐厅、幼儿园、中小学建筑、纪念性建筑、住宅、居住区规划、残疾人建筑等，涌现出许多优秀作品。

新疆四方建筑设计院拥有一批优秀的设计人才，许多优秀的设计师都曾获得国家、住房城乡建设部、自治区优秀设计奖，个人业绩在同行业中较好。新疆四方建筑设计院获住房城乡建设部优秀设计三等奖 1 项，自治区优秀设计一等奖 3 项，自治区优秀设计二、三等奖共 3 项。新疆四方建筑设计院是新疆勘察设计协会副理事长单位、新疆建筑学会副会长单位、新疆技术委员会委员单位、新疆标准化协会副理事单位。新疆四方建筑设计院将抓住国家西部大开发的机遇，强化具有地方、地域特色的精品设计，本着“原创设计、质量第一、服务第一、追求卓越”的原则，奉行原创设计，努力为社会奉献更多、更好的设计产品。新疆四方建筑设计院有一个梦，那就是闯出一条具有新疆地方文化、地域特色的原生态建筑理论和实践之路。

地址：乌鲁木齐市水磨沟区安居南路 70 号中国万向招商大厦 3 楼
电话：0991-4697637
传真：0991-4697637
网址：www.xjsf1993.com
电子邮箱：664298955@qq.com

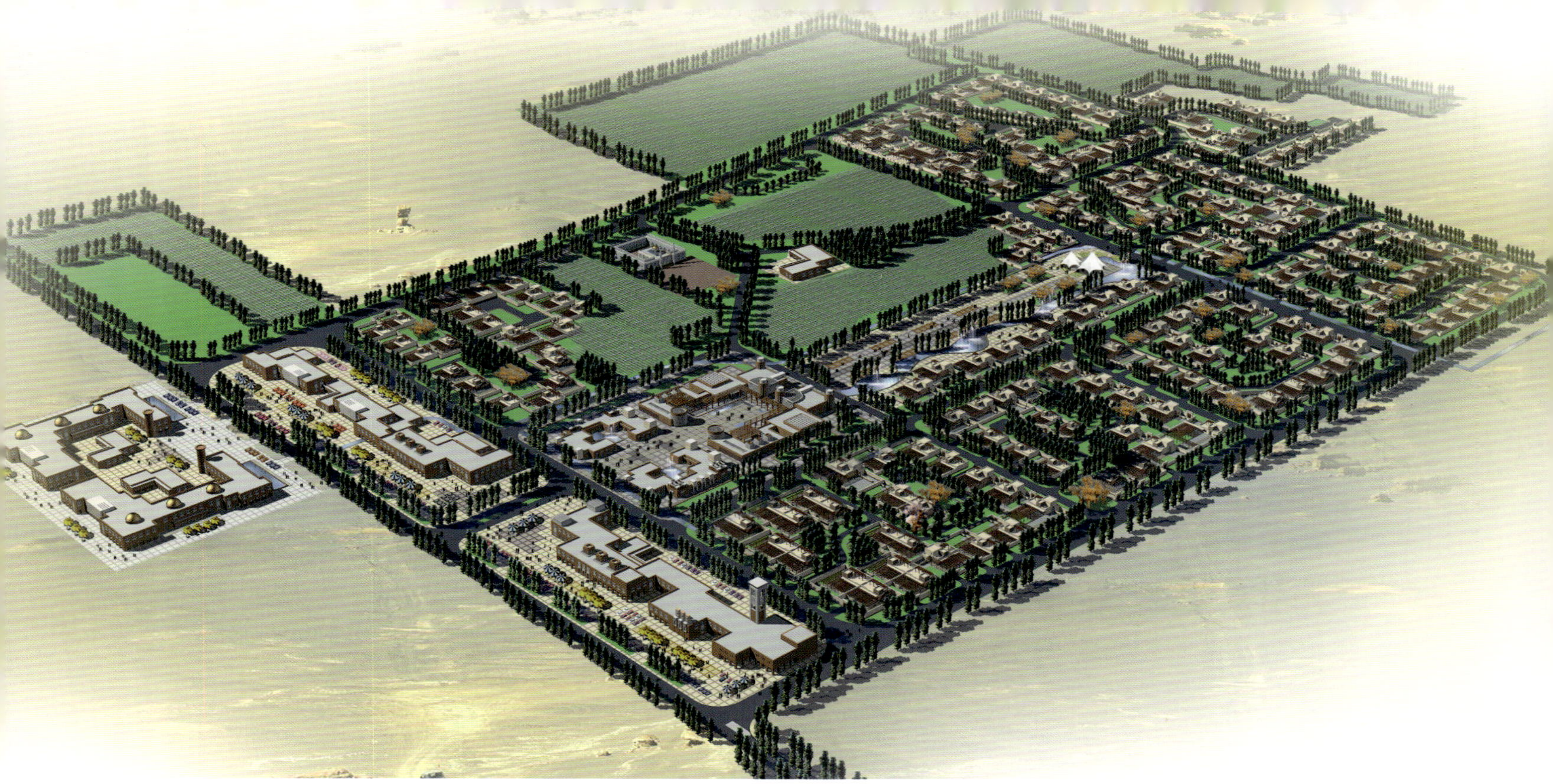

吐鲁番市二堡乡高昌民居项目

Gaochang Residential Project in Erbao Township, Turpan City

项目业主：新疆一龙建设股份有限公司
建设地点：新疆 吐鲁番
建筑功能：居住建筑
用地面积：464 000 平方米
建筑面积：83 893 平方米
设计时间：2012 年
项目状态：在建
设计单位：新疆四方建筑设计院有限公司
主创设计：刘玉坤

项目位于新疆吐鲁番市二堡乡。根据吐鲁番的气候和地域特征，住宅设计以土黄色调为主，立面突出，凹陷部分采用白色系，突出地方特色。骑楼和商业公建部分局部采用毛面石材。设计注意建筑色彩之间的体量关系，街区建设在色彩组合上有所变化，有效地丰富了街景立面。

在满足采光、通风条件下，住宅面向庭院的主要空间开窗较大，体现深洞口、通透的建筑风格；布置在外围的辅助房间则开窗相对较小，呈现出与当地传统建筑一致的厚重、封闭的建筑形象。作为重点点缀，主入口、单元出入口提取传统民居出入口的建筑要素，大进深、厚重的形象成为小区和单元的标志。屋面部分则以当地“葡萄凉房”为灵感，以高耸的体量和小方格镂空的形象，体现地域风情。

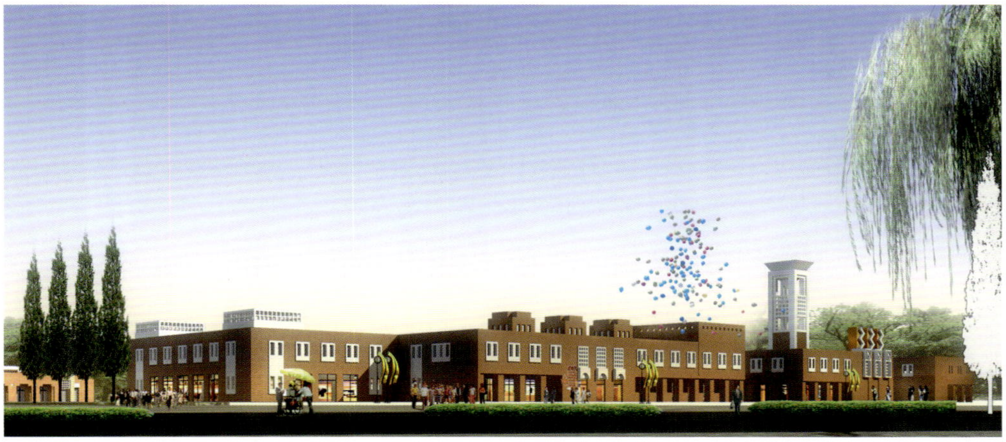

呼图壁河流域管理处办公楼

Office Building of Hutub River Basin Management Office

项目业主：新疆庆源实业集团房地产开发有限责任公司
建筑功能：办公建筑
建筑面积：7 187 平方米
项目状态：建成
主创设计：刘玉坤

建设地点：新疆 呼图壁
用地面积：8 500 平方米
设计时间：2010 年
设计单位：新疆四方建筑设计院有限公司

建筑以欧式风格为基调，形式上简洁、明快。设计力求体现办公建筑的典型、庄重特征，建筑布局注意群体效果，在统一中突出重点，建筑造型整体协调。在造型设计上，按“整体有致，主从分明”的古典设计原则，以主入口空间为主干，辅以出挑空间“高低错落，穿梭自如”的现代手法来塑造群体空间，立面上的“水滴”与跌水池的流水落瀑形成繁与简、韵律与突变的对比，形成丰富活泼的群体造型效果。

建筑的外观造型使整体空间活泼开放、不失变化，环境色彩雅致大方，增加了建筑的亲切感。

新疆得瑞恒泰投资有限公司综合楼

Comprehensive Building of Xinjiang Derui Hengtai Investment Co., Ltd.

项目业主：新疆得瑞恒泰投资有限公司
建设地点：新疆 奇台
建筑功能：办公、酒店建筑
用地面积：13 320 平方米
建筑面积：40 107 平方米
设计时间：2011 年
项目状态：方案
设计单位：新疆四方建筑设计院有限公司
主创设计：刘玉坤

项目是一座由三层裙房和两座塔楼组成的办公、酒店建筑。双塔式的设计达到了一种雕塑感的美学效果，现代、大气、简洁、流畅的造型让顾客心情愉悦，提高了建筑观感及使用品质，也为地域形象的提升起到积极作用。

方案从内部功能出发，采用多样而统一的建筑手法，整体的建筑体块关系明晰，建筑形体和空间造型富有变化而又不失公共建筑的特征。建筑立面简洁、明快，建筑细部的精心设计及强烈的虚实对比，使项目成为城镇空间亮点和视觉焦点。

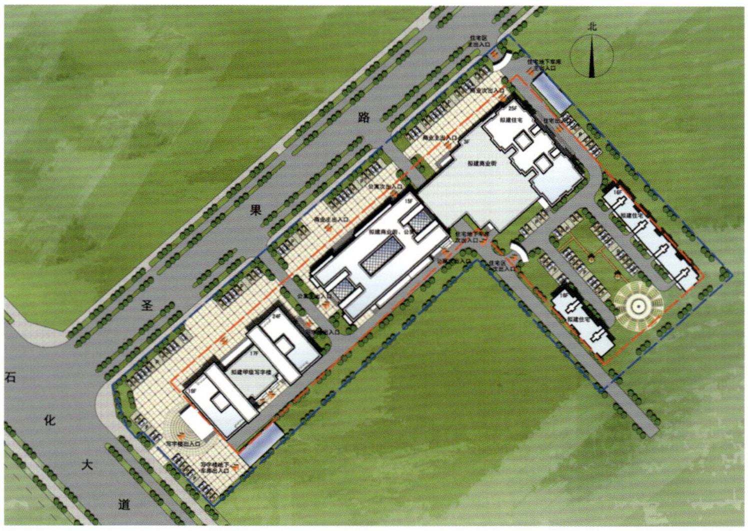

刘环

职务：中国建筑设计研究院有限公司
生态景观建设研究院副院长(主持工作)
职称：高级工程师

工作经历
2007 年至今　中国建筑设计研究院有限公司

社会职务
国家科技专家库专家
北京市工程勘察设计行业专家
中国风景园林学会风景园林规划设计分会副会长
中国风景园林学会青年工作委员会副主任委员
北京土木建筑学会城市环境景观专业委员会委员
中国工程建设标准化协会生态景观与风景园林专业委员会副秘书长
中国工程建设标准化协会历史文化遗产保护专业委员会委会
中央美术学院硕士学位研究生导师

个人荣誉
玉树地震灾后恢复重建先进个人
2014 年亚太经合组织会议项目积极贡献奖
第十一届“光华龙腾奖”·中国设计业青年百人榜

主要设计作品
一、综合一体化景观
中国北京世界园艺博览会综合设计
第十二届中国（南宁）国际园林博览会南宁园博园项目
重庆市丰都县长江一龙河滨水空间城市设计等

二、生态型景观
中国“稀金谷”核心区基础设施项目
龙岩龙津湖公园
厦门马銮湾新城集美片区水生态修复工程等

三、文化型景观
北京雁栖湖国际会都核心岛重要门户景观及北京一带一路“国际高峰论坛”景观提升系列项目
玉树康巴风情商业街、结古镇滨水商业区景观设计
湖南永顺老司城遗址公园环境整治及博物馆周边景观设计等

四、城市更新型景观
北京雁栖湖生态发展示范区重点区域提升及公共旅游基础设施设计
北京阜内大街公共空间改造提升项目
中国建筑设计研究院园区景观改造与提升等

五、建筑周边景观
中国北京世界园艺博览会场馆（中国馆）、演绎中心景观设计
通州副中心北京市政府及委办局景观设计等

王洪涛

职务：中国建筑设计研究院有限公司
生态景观建设研究院景观一所所长
职称：高级工程师

工作经历
2006 年至今　中国建筑设计研究院有限公司

社会职务
中国工程建设标准化协会生态景观与风景园林专业委员会第一届委员会委员
中央美术学院硕士研究生导师

主要设计作品
丽水“两湖”绿化提升工程
布达拉宫周边环境整治规划及宗角禄康公园改造设计
北京西单商业区环境整治工程
苏州火车站站前广场景观设计
南宁园博园项目园林景观工程
龙潭中湖公园改建工程及配套项目
烟台大学开发区科教园区总体规划及一期工程
大河村国家考古遗址公园
北京大兴龙河路改造项目
厦门新体育中心工程

CCTC 中国建设科技集团　中国建筑设计研究院有限公司 CHINA ARCHITECTURE DESIGN & RESEARCH GROUP

中国建筑设计研究院有限公司生态景观建设研究院(以下简称生态景观院)是中国建筑设计研究院有限公司下属的一级部门，现已发展成为全国一流的以生态与景观环境设计、研究、建设管理为核心的一站式综合服务设计机构，拥有建筑、规划、风景园林等多项行业甲级设计资质，业务领域涵盖生态景观规划设计、总图场地及 BIM 设计、设计咨询管理、设计总承包、生态景观及设计工程总承包等。

多年来，生态景观院作为设计行业的“国家队”，秉承服务国家战略、传承本土文化、聚焦生态文明、发展民生建设、创新科研技术的精神，先后在国内外完成各类国家重点项目及其他规划设计项目 2 000 多项，荣获国际 IFLA 奖、国内重要奖项、行业专项奖 300 多项。生态景观院是中国建筑学会园林景观分会的发起单位。

地址：北京市西城区车公庄大街 19 号
电话：010-88328323
网址：www.cadg.cn
电子邮箱：liuhuan@cadg.cn

中国北京世界园艺博览会综合设计

Comprehensive Design of the World Horticultural Expo in Beijing, China

项目业主：北京世界园艺博览会事务协调局
建设地点：北京
项目规模：联合规划设计 960 万平方米
重点设计面积 135 万平方米
设计时间：2014 年—2019 年
项目状态：建成
设计单位：中国建筑设计研究院有限公司生态景观建设研究院
合作单位：北京清华同衡规划设计研究院有限公司
北京市园林古建设计研究院有限公司
北京山水心源景观设计院有限公司
北京中国风景园林规划设计研究有限公司
设计主持：史丽秀、李存东、赵文斌、刘环
设计团队：史丽秀、李存东、赵文斌、刘环、路璐、朱燕辉、李旸、孙昊、刘卓君、侯月阳、魏晓玉、戴敏、贾瀛、齐石茗月、盛金龙、颜玉璞、李秋晨、王悦
项目摄影：丁志强、张广源、刘环

中国北京世界园艺博览会是级别较高、规模较大的园林专业类世界级博览会，是多团队、多专业融合一体化设计的综合型项目，是我国园林景观事业发展的一个高峰。在园区及建筑周边景观设计上，设计师通过生态和园艺的设计方式，将生态与人的行为作为场地设计的推动力，将人的主观性与自然的存在性有效融合，从而体现“绿色生活，美丽家园”的主题。

设计立意以“园・艺”内容为依托，选取自然界中的物质作为表达主题的介质，按照“老树记忆”“种子的故事”“蝶恋花”3 条设计线索，通过抽象、提炼、解构、重组等设计手法，凝练适合于世界园艺展示区公共景观内在的设计语言，探寻出适合展示区的融于山、水、林、人之中的设计风格，从而传递设计者对于自然、生命的尊重与情感的表达，创造人与自然山水和谐共生的现代景观。

中国建筑设计研究院园区景观改造与提升

Landscape Renovation and Enhancement of the Park of China Architecture Design & Research

项目业主：中国建设科技集团股份有限公司
建设地点：北京
项目规模：9 000 平方米
设计时间：2019 年—2021 年
项目状态：建成
设计单位：中国建筑设计研究院有限公司生态景观建设研究院
设计指导：崔愷
设计主持：赵文斌、刘环
设计团队：赵文斌、刘环、王婷、路璐、刘卓君、齐石茗月、张文竹、李旸、李甲、曹雷、刘子渝、张堉斌、董荣进、张丽、张杰、姜云飞
项目摄影：刘环、王婷、丁志强

项目是国家重点研发课题科技示范工程，也是中国建筑设计研究院有限公司自己设计实施与使用的生态景观 EPC 项目，因此兼具从设计、建造、监理到使用、运维的多重身份。

项目以全面建设“生态宜居环境、创造美好生活”为宗旨，设计师重点解决园区居办混杂、密度增大、人车混行、绿量缺乏、空间杂乱等有关环境、健康和福祉的问题，作为建设复原力的一部分，设计强调实现大院办公和休闲交流空间的融合，增加大院凝聚力和归属感。

项目坚持以生态效益优先、环境质量优先、公众权益优先为出发点，为园区建设一处真正具有宜居性与可持续性的生态景观，从而完善园区绿地功能，改善园区整体环境风貌，实现社区活力更新。

实施过程

丽水“两湖”绿化提升工程

Lishui “Two Lakes” Greening Improvement Project

项目业主：丽水市旧城改造有限责任公司
建设地点：浙江 丽水
项目规模：391 900 平方米
设计时间：2019 年—2020 年
项目状态：建成
设计单位：中国建筑设计研究院有限公司
主创设计：王洪涛

“两湖”区域原规划定位为调蓄雨洪、解决北城内涝问题的绿色基础设施。现状：公园内的绿化、水系、园路、铺装、设施等均已具备一定的基础，但植被长势差，生态系统尚未形成，游憩系统尚未健全，缺少美好独特的风景和令人向往的活力空间，存在较大的提升空间。

基于现场条件和上位规划，设计通过打造景观视廊、湖心岛、滨湖慢行环线和独具特色的景观节点，形成“一廊一心，双环八景”完整的景观结构体系，从生态效益、景观效果、植被绿化、游憩体系、配套设施、夜景照明等方面全方位、多角度地对“两湖”区域进行整体提升。项目实施后有效地提升了城东片区的活力。

李贵民

职务： 山东华科规划建筑设计有限公司总经理助理、副总建筑师
设计二分院院长、医疗康养建筑研究中心主任
职称： 高级工程师
执业资格： 国家一级注册建筑师

教育背景

1999 年—2004 年　山东大学建筑学专业

工作经历

2004 年至今　山东华科规划建筑设计有限公司

主要设计作品

凤舞花丘游客服务中心
荣获：2021 年山东省优秀建筑设计方案竞赛一等奖
聊城市人民医院东区扩建工程
荣获：2021 年山东省优秀建筑设计方案竞赛二等奖
东昌府区人民医院
荣获：2021 年聊城市优秀工程勘察设计一等奖
2021 年国家优质工程奖
江北水城旅游度假区医养中心
荣获：2021 年山东省优秀建筑设计方案竞赛二等奖
青州市妇幼保健院

山东华科规划建筑设计有限公司前身为聊城市规划建筑设计院，成立于 1976 年 3 月，2012 年 1 月经聊城市政府批准改制为有限责任公司，注册资本 5 000 万元，于 2020 年 12 月设立了北京办事处，于 2021 年 9 月成立了济南总部。

美好的愿景激励着公司不断追求卓越。公司上下凝聚力量，坚持以客户价值为中心，通过综合化、一体化、资本化的能力培育，致力于成为具有突出技术优势和设计品牌特色、立足聊城和济南、面向周边省市、服务于城乡建设和城市更新的平台型技术集成服务商。

公司现拥有建筑工程设计、城乡规划编制、岩土工程勘察等甲级资质，拥有建筑工程一类、市政工程二类等审查资质，拥有人防工程、风景园林、市政行业（给水工程、排水工程、道路工程、桥梁工程、热力工程、燃气工程）、电力行业（变电工程、送电工程）、工程测量、工程测绘等乙级资质。公司具有独立承担各种规模的工业与民用建筑设计、市政设计、城乡规划设计、景观设计、装饰设计、工程勘察、工程测量及项目全过程工程咨询的能力，并通过了 ISO9001 质量管理体系、环境管理体系、职业健康安全体系认证。

通过多年的努力，公司的客户遍布全国各地，在山东、河北、河南具有较大的市场份额和影响力。公司和绿城集团、祥生地产、新城控股、荣盛集团、星光房产、裕昌房产、金柱房产、民生房产等房产公司以及山东土地发展集团、山东铁投集团、济南西城集团、东阿阿胶、鲁西化工、聊城大学、聊城市人民医院等客户建立了良好的合作关系。“做一个工程，交一方朋友”，公司将本着开放、合作、共赢、感恩的心态携手社会各界，共谋发展，共创美好未来。

多年的积淀形成了公司积极向上的企业文化。“出精品，创一流”是公司的企业宗旨，“提升品质、精心设计、诚实守信、奉献社会”是公司的企业精神，“诚实守信，说到做到”是公司的经营理念，“质量第一，永远第一”是公司的质量理念，“全心全意为用户着想，全力以赴为业主服务”是公司的服务理念，“区域领先，行业一流”是公司的技术目标，“为业主的每一分钱创造价值”是公司的使命。

“心无界、拓无疆”，面对城乡建设的伟大事业，公司乐学善思、勇挑重担，以“创一流团队，出精品工程”为己任，扎根聊城、立足齐鲁、面向周边，在产品和服务上精益求精、臻于至善，乘风启航、全面发力，演绎新的辉煌！

地址：山东省聊城市东昌府区
松桂路 166 号
电话：0635-8518712
传真：0635-8518710
网址：www. 华科设计 .com
电子邮箱：1622379950@qq.com

凤舞花丘游客服务中心

Fengwu Huaqiu Tourist Service Center

项目业主：聊城市旅游发展委员会
建设地点：山东 聊城
建筑功能：文旅建筑
用地面积：2 240 平方米
建筑面积：2 200 平方米
设计时间：2020 年
项目状态：在建
设计单位：山东华科规划建筑设计有限公司
设计团队：李贵民、刘霞、马俭亮、左超臣、沙映安

项目位于山东省聊城市东昌府区运河样板段，该地段周边水系资源丰富，景区环境优美，交通发达。作为景区的游客服务中心，项目的地理位置优越；作为景区的重要建筑，项目需要有标志性以及能够与景区融合。

基地位于凤舞花丘风景区内，是四河交汇之处，因此设计提取水流汇聚之意，以盘旋的弧形坡道围合成内庭院，形成建筑中心广场。游客服务中心周边山水景观丰富，建筑内又自成一体，以“产学研”为功能主导，外揽山水，内修人文。

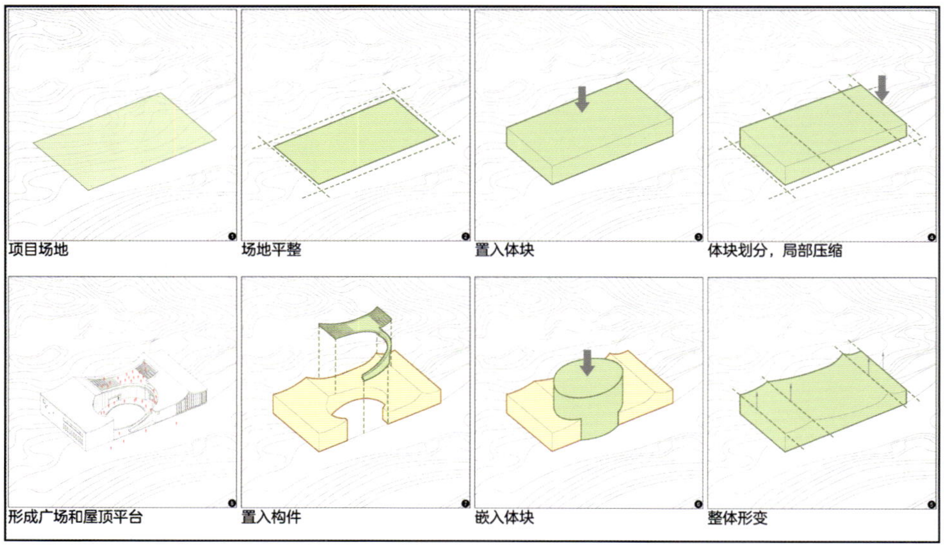

东昌府人民医院

Dongchangfu
People's Hospital

项目业主：东昌府人民医院
建设地点：山东 聊城
建筑功能：医疗建筑
用地面积：62 669 平方米
建筑面积：159 948 平方米
设计时间：2015 年—2016 年
项目状态：建成
设计单位：山东华科规划建筑设计有限公司
设计团队：李贵民、刘霞、王超

项目位于聊城市东昌府区松桂路以南，周边交通便利，地势平坦。院区功能布局有门诊医技病房楼、传染病门诊病房楼、科教楼、综合楼及医护值班宿舍楼。

方案结合医院使用功能，通过简洁的建筑语言与手法营造出稳重、现代的建筑风格。层次分明的体量关系和丰富的立面处理都彰显着与时俱进的医院文化。项目打破医院传统意义上冰冷生硬的建筑表情，外立面采用橘黄色和深红色线条营造温馨、亲切的氛围，室内利用绿色、木色等温暖的色调创造出亲近病人、关怀病人、给病人希望的医疗、康复空间，努力打造一座具有人文关怀、以人为本的现代化医院。

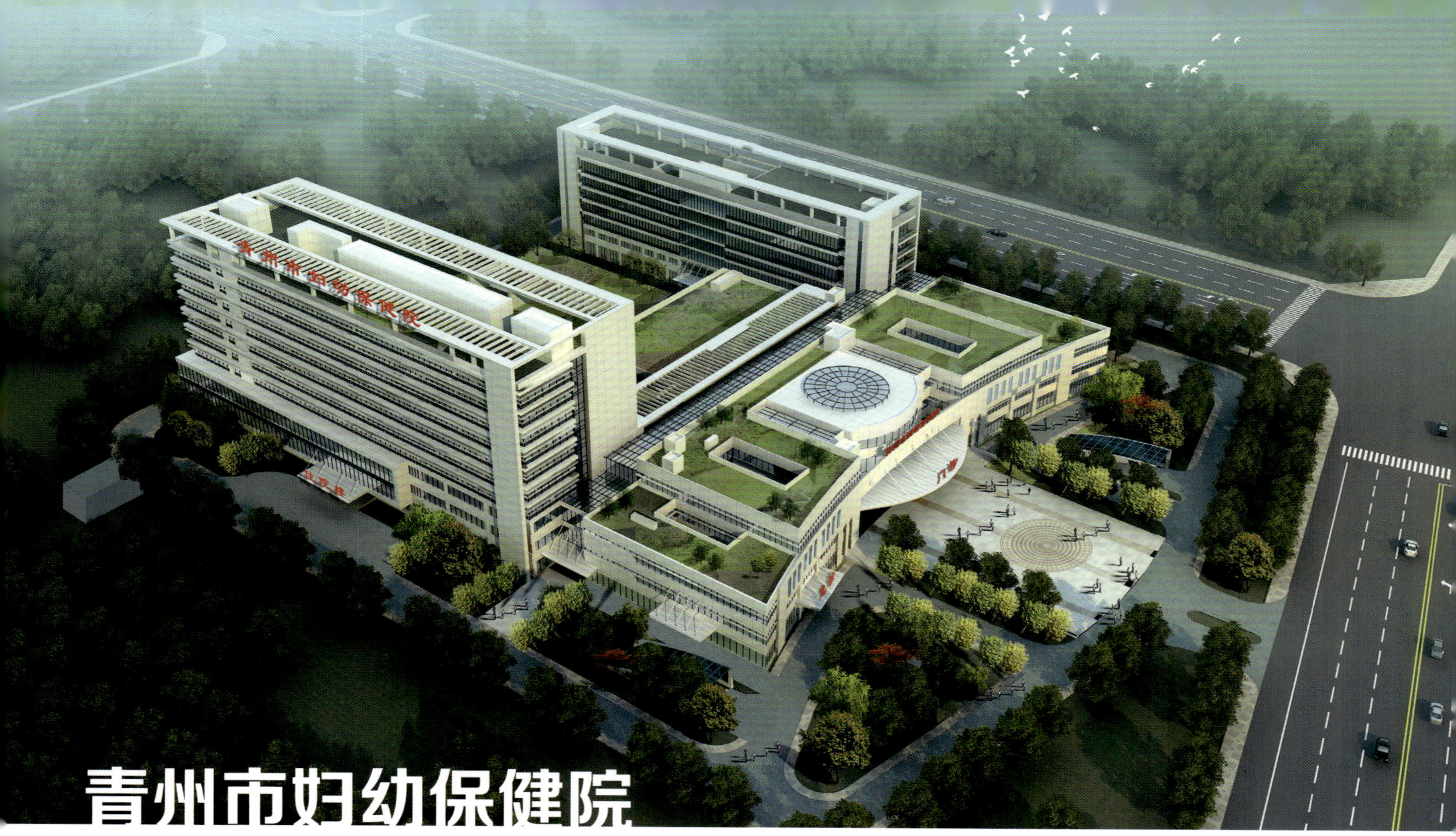

青州市妇幼保健院

Qingzhou Maternal and Child Health Hospital

项目业主：青州市妇幼保健院
建设地点：山东 潍坊
建筑功能：医疗建筑
用地面积：53 336 平方米
建筑面积：82 920 平方米
设计时间：2017 年—2018 年
项目状态：在建
设计单位：山东华科规划建筑设计有限公司
设计团队：李贵民、刘霞、马俭亮

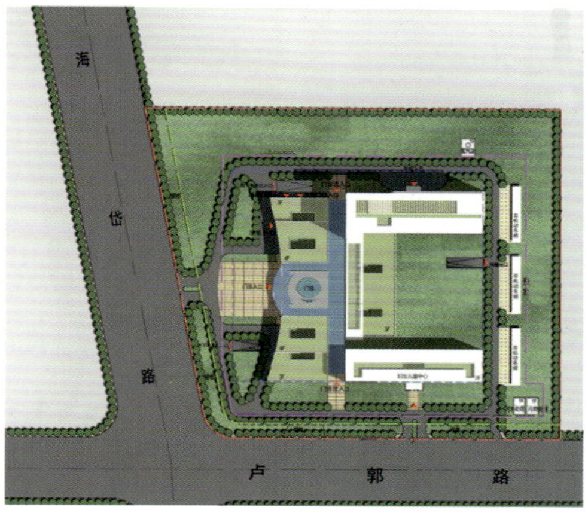

项目位于山东省青州市区东南部，海岱路以东、卢郭路以北。建筑造型注重整体性，简洁的细部处理以减少视觉干扰，以统一简明的色调和质感体现新型妇幼保健院功能的复杂性以及建筑自身的结构美，运用功能布局和体型变化，展现医院的独特魅力。建筑以退台的形式，达到高低错落有致的效果。主入口以弧形界面统领整个建筑，退让出足够的缓冲空间，如“张开的双臂”迎接每一位患者。弧形的雨棚为患者提供良好的等候与庇护空间。病房楼与妇女儿童中心的建筑形态以水平线条为主，营造安静的氛围，与门诊楼、医技楼形成统一的建筑形象，塑造新的城市景观。

聊城市人民医院东区扩建工程

Liaocheng People's Hospital East Area Expansion Project

项目业主：聊城市人民医院
建设地点：山东 聊城
建筑功能：医疗建筑
用地面积：54 670 平方米
建筑面积：203 070 平方米
设计时间：2020 年
项目状态：在建
设计单位：山东华科规划建筑设计有限公司
设计团队：李贵民、刘霞、马俭亮、李晓阳、王超

项目位于聊城市东昌西路和卫育路交会处的东北角，此地块分为一期医疗卫生用地、二期医疗卫生用地及商业设施用地，其中一期医疗卫生用地建筑面积约为 116 454 平方米，二期医疗卫生用地建筑面积约为 82 924 平方米，商业设施用地建筑面积约为 3 692 平方米。建筑分为综合教学大楼、医技楼、门诊楼、病房楼、营养食堂及职工宿舍。

该院区的主要功能为妇女儿童科室。在形体上为了体现柔美，设计师采取了柔和流畅的设计手法，力图打造一种“仙女舒长袖，青练挂前川”的意境。

江北水城旅游度假区医养中心

Jiangbei Shuicheng Tourist Resort Medical Center

项目业主：聊城市人民医院
建设地点：山东 聊城
建筑功能：医疗建筑
用地面积：200 000 平方米
建筑面积：376 600 平方米
设计时间：2016 年—2017 年
项目状态：方案
设计单位：山东华科规划建筑设计有限公司
设计团队：李贵民、刘霞、马俭亮、王超、王科坚

项目将“水”“城”相融的理念融入设计，围绕聊城“湖水相连，城湖相依，城在水中，水在城中”的独特水城风貌进行设计。设计把水与城的拓扑关系演变成水与医院的关系，院中有水，水中有院，以一种柔和而绵延的建筑形式突出水城特色，打造一座独具特色的“医养花园”。

建筑采用“一环、两轴、三区”的规划布局：“一环”是基地环形水面；“两轴”是整体建筑沿南北向轴线依次展开；“三区”是综合医院区、公共办公培训区及老年医疗和肿瘤中心区，“三区”独立设置又相互联系，共享医疗资源。

建筑造型现代简约，螺旋状连廊支柱像拔地而起的树干，寓意“生命之树”，象征生命的坚韧与力量。

李盈

职务： 中国联合工程有限公司
第二建筑工程设计研究院常务副院长
职称： 正高级工程师
执业资格： 国家一级注册建筑师

教育背景

1999 年—2004 年　湖南大学建筑学学士
2004 年—2007 年　南京大学建筑学硕士

工作经历

2007 年—2013 年　浙江省建筑设计研究院
2013 年至今　　　中国联合工程有限公司

个人荣誉

第二届长三角建筑学会联盟青年建筑师奖

主要设计作品

梦栖小镇建机厂
荣获：2019 年全国优秀工程勘察设计二等奖
2019 年浙江省优秀工程勘察设计二等奖
宁波江北膜幻动力小镇
荣获：2020 年杭州市优秀工程勘察设计二等奖
2020 年机械工业优秀工程勘察设计三等奖
宁波前洋 E 商小镇电子产业园
荣获：2020 年浙江省优秀工程勘察设计一等奖
邱家坞大师村民宅改造工程
荣获：2021 年杭州市优秀工程勘察设计二等奖
诸暨金石书画博物馆
荣获：2022 年杭州市优秀工程勘察设计三等奖
2022 年机械工业优秀工程勘察设计三等奖
杭州算力小镇
荣获：2023 年浙江省优秀工程勘察设计一等奖
北京理工大学长三角研究院
仁和里 · 长三角数智经济产业园
浙江健康学院
衢州文化艺术中心和便民服务中心

学术研究成果

1. 王冬雪，杜小辉，李盈．“互联网 +”迈向“物联网”时代的商贸城变化研究［J］．工程技术研究，2020，5(02):241-242.DOI:10.19537/j.cnki.2096-2789.2020.02.116.
2. 徐宇明，李盈，王冬雪．现代综合商贸物流市场模型研究［J］．工程技术研究，2020，5(01):9-10.DOI:10.19537/j.cnki.2096-2789.2020.01.005.
3. 李盈，顾华梁，徐宇明．清水混凝土建筑一体化设计研究［J］．建筑技术开发，2019，46(24):20-21.
4. 李盈，徐宇明，杜小辉．“互联网 + 商贸”模式下的商贸城布局研究［J］．建筑技术开发，2019，46(23):9-10.
5. 董志斌，李盈．电子商务产业园区建筑设计浅析［J］．建筑技艺，2015(04):96-97.
6. 参编《长三角未来综合产业园区的策略与营建》ISBN：9787112241606

中国联合工程有限公司
CHINA UNITED ENGINEERING CORPORATION LIMITED

中国联合工程有限公司（以下简称公司）是以原机械工业第二设计研究院为核心，联合多家国家甲级勘察设计单位组建的大型科技型工程公司，隶属于中央大型企业集团、世界 500 强企业——中国机械工业集团有限公司，总部设在杭州。

公司现有员工 6 000 多人，专业技术人员占 95% 以上，其中共有 7 位中国工程院院士和中国科学院院士，8 位全国勘察设计大师、1 位“新世纪百千万人才工程”国家级人选，104 位享受国务院政府特殊津贴的专家。公司现有高级技术职称专家 1 728 人（含正高级工程师 186 人），各类国家一级注册工程技术人员 2 190 人次，美国项目管理专业协会 (PMI) 认证的项目管理专业人士 (PMP)80 人。

公司设有工业工程、民用工程、能源工程、工程建设、装备工程、全过程工程咨询、国际工程等业务板块。作为国内较早组建的国家大型综合性设计单位之一，公司服务了以上海电气、东方电气和哈尔滨电气三大动力基地为代表的一大批国家装备制造业骨干企业，设计和建设了 300 多座电厂、数以千计的标志性民用建筑。经过六十年的纵横驰骋和市场竞争的风雨磨砺，公司的服务领域早已从单一的机械行业扩展到各类工业、电力、建筑、市政等二十多个行业，成为国内首批获得工程设计综合甲级资质的企业。公司服务方式从工程设计向前后延伸到工程建设全过程，在继续做精做强设计咨询业务的同时，积极开拓工程总承包和项目管理业务，大力提升 EPC 能力，积极参与国际竞争。

多年来，公司始终遵循“与顾客共同创造价值”的经营理念，完成了 20 000 多项大中型工程；主编、参编国家、地方和行业标准、规范 100 余项；获得国家科技进步奖 28 项（其中一等奖 2 项）、国家级各类工程技术奖 100 多项、各类省部级奖 1 000 多项。

在住房城乡建设部对全国 10 000 多家勘察设计单位的“综合实力和营业收入排名”中，公司连年进入百强榜，最高排名在第 9 位。在美国 ENR（《工程新闻记录》）对“中国工程设计企业 60 强”的统计排名中，公司连年榜上有名，排名在 10 名左右。公司连年被授予“重合同守信用”企业称号，获得 AAA 企业信用评定等级。

地址：中国浙江省杭州市滨江区
滨安路 1060 号
电话：0571-88151885
传真：0571-88151885
网址：www.chinacuc.com

诸暨金石书画博物馆

Zhuji Jinshi Calligraphy and Painting Museum

项目业主：诸暨市永信教育投资有限公司
建设地点：浙江 绍兴
建筑功能：文化、展览建筑
用地面积：4 385 平方米
建筑面积：6 068 平方米
设计时间：2019 年—2020 年
项目状态：建成
设计单位：中国联合工程有限公司
设计团队：李盈、陈亚杰、钟荣、尹湘武、杜小辉、王禛淏

项目位于浙江诸暨的五泄江文化生态公园内，用以展示和保存当地金石学家、史论家、书法家等的藏品。设计以当地传统的金石学历史沿革为背景，整体形象的灵感来自考古研究中金石器件的开裂再修复过程。在外部形体上，建筑体量以褶皱表现金石的物理形态，中部的裂隙则意指经过岁月的洗礼形成的裂纹，而其间的玻璃则寓意对其的连接与修复；而当置身于室内空间时，“裂隙”带来的丰富的中庭光影视觉变换则会和交错的室内环廊、台阶一道，带来光怪陆离的空间体验，共同塑造出当代金石文化中“修复、传承和发扬”的内核。

杭州算力小镇

Hangzhou Suoli Town

项目业主：杭州临平新城科创发展有限公司
建设地点：浙江 杭州
建筑功能：办公、孵化器、商业建筑
用地面积：92 000 平方米
建筑面积：450 000 平方米
设计时间：2018 年—2020 年
项目状态：建成
设计单位：中国联合工程有限公司
设计团队：李盈、方亮、陈耀武、梁威、尹湘武、文武、张佩东、钟荣、王禛淏、王冬雪

项目位于浙江杭州的临平区，共由四个地块组成，以创新式产业为基底，是一处集产业孵化、办公、商业为一体的4.0产业园区。“山下兰芽短浸溪，松间沙路净无泥”，设计借助场地周边的丰收湖元素，在宏观上，以溪涧磐石为意象，空间形体错落地布置于场地之中，建筑与景观相互渗透，营造出自由灵动的空间动势。对于具体的空间，在传统的院落空间布局的基础上，设计运用整齐的空间轮廓和灵动的竖向交通相配合的方式丰富形体和立面元素，在园区中实现虚实相生、步移景异的空间体验。

邱家坞大师村民宅改造工程

Qiujiawu Master Village Residential Renovation Project

项目业主：杭州良渚文化城集团有限公司
建设地点：浙江 杭州
建筑功能：文化、办公建筑
用地面积：34 000 平方米
建筑面积：20 000 平方米
设计时间：2016 年—2019 年
项目状态：建成
设计单位：中国联合工程有限公司
设计团队：李盈、陈耀武、钟荣、文武、尹湘武、王任

项目位于浙江杭州的良渚邱家坞。设计秉承“设计联合国”的理念，打造区域级设计力量的载体，同时尊重传统，以谦逊的姿态使建筑静静地散发其独有的魅力。场地原址是一处典型的浙江民居聚落，本设计是对其的翻建与改造。在汇聚世界设计机构的愿景下，设计基于江南传统聚落的图式，融合了西方经典的流动空间，以活动动线和视觉动线串联传统中式院落空间。具体的建筑空间则采用伞状的结构母题进行横向组合与纵向叠加，塑造连续的、完整的、无柱且呈现生长态势的现代设计丛林。场地内的建筑形象分为两类：一类是以清水混凝土和玻璃为主的对现代性的呈现；另一类则是通过铝合金筒瓦和聚碳酸酯板营造出的对传统江南民居的符号解构和转译。这两种建筑形象既促进了现代与传统两个时空的对话，也保证了设计项目的在地性。

宁波前洋E商小镇电子产业园

Ningbo Qianyang E-commerce Town Electronic Industrial Park

项目业主：宁波电商城投资开发有限公司
建设地点：浙江 宁波
建筑功能：办公、商业建筑
用地面积：70 000 平方米
建筑面积：130 000 平方米
设计时间：2016 年—2017 年
项目状态：建成
设计单位：中国联合工程有限公司
设计团队：李盈、陈耀武、张佩东、钟荣、尹湘武、杜小辉、史彦

项目位于浙江宁波江北电商城的核心区，着力于打造区域聚能引擎。围绕贯穿场地的山下沈河，整体空间呈现出由外向内的中心聚拢式布局，同时散布式的建筑实体充分地与周边河道景观融合，而建筑形体则以流线形的要素诠释了创新产业的未来发展趋势。创新产业空间和商业空间以分散的状态组合布置。位于园区中央的小体量办公及商业建筑群，为园区打造了集创意、共享和体验为一体的聚能核心，实现了园区内的空间功能的高度复合。

空间分析

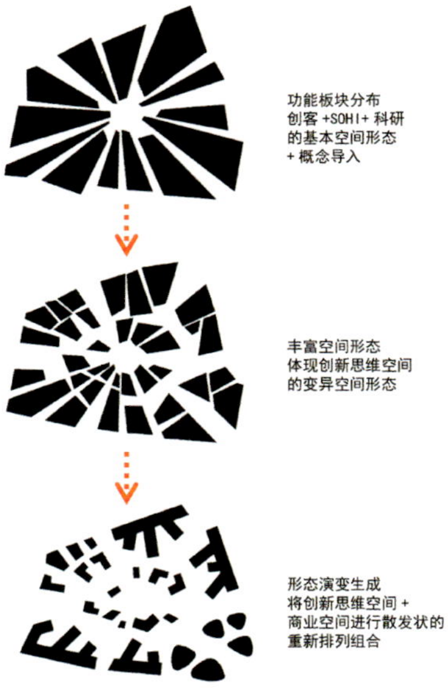

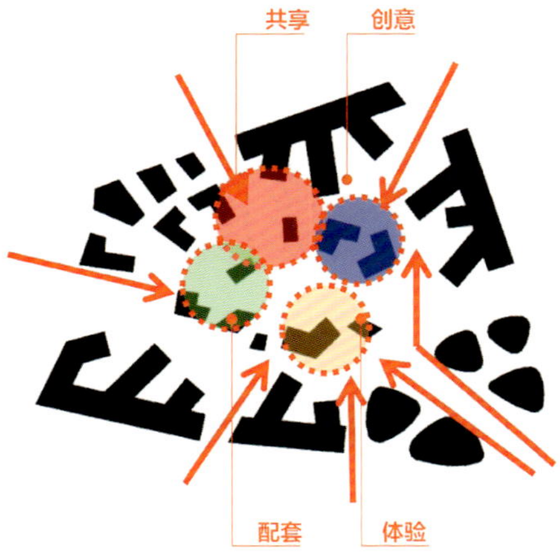

聚能引擎

重庆市设计院有限公司在重庆核心商圈——解放碑部分项目

重庆科技馆

重庆渝州宾馆

“两江四岸”总体规划

长嘉汇弹子石老街

重庆来福士广场

嘉华大桥南延伸段

环球金融中心

重庆市设计院有限公司

ChongQing Architectural Design Institute Co., LTD.

重庆市设计院于 1950 年正式建院，2002 年由事业单位转为市属重点科技型企业，2020 年更名为“重庆市设计院有限公司”，现隶属于 2021 年成立的重庆设计集团有限公司。

重庆市设计院有限公司秉持“以质量赢得尊重、以创新赢得价值、以特色赢得市场、以奋斗赢得未来”的核心价值观，历经数十年持续耕耘，已发展成为底蕴深厚、特色突出的综合性工程设计咨询企业，能高效卓越地为社会提供建筑工程、市政公用、城乡规划、风景园林、工程勘察、绿色智能设计、工程全过程咨询、工程造价咨询、工程总承包、施工图审查、工程监理等全产业链服务。公司设有市级博士后科研工作站，现有职工 2 000 余人，拥有享受国务院政府特殊津贴专家、重庆市勘察设计大师、重庆市突出贡献中青年专家、中国青年建筑师奖获得者、重庆市优秀青年设计师、重庆市学术技术带头人等国家级、省部级专家近百人，各类注册工程师 400 余人，高级工程师及以上职称 600 余人，为西南地区设计行业重要人才基地。

重庆市设计院有限公司在山地建筑与城市设计、超高层建筑、医疗建筑、文教建筑、商业文旅、城市更新、乡村振兴、绿色智能建筑、市政工业化等领域具有较为深厚的积淀，主编及参编了近百项国家、行业及地方标准，拥有各类发明专利 70 余项，先后取得国家级、省部级优秀工程设计奖、科技进步奖 700 余项，获得全国“政府放心、用户满意”先进单位、全国建筑设计行业先进单位、全国勘察设计行业创新型优秀企业、当代中国建筑设计百家名院等数百项荣誉称号。

地址：重庆市渝中区人和街 31 号
电话：023-63854124、023-63619826
传真：023-63856935
网址：www.cqadi.com.cn
电子邮箱：CQADI@cqadi.com.cn

青凤高科创新孵化中心

Qingfeng High tech Innovation Incubation Center

项目业主：重庆龙润科技有限公司
建设地点：重庆
建筑功能：办公、科研建筑
用地面积：61 655 平方米
建筑面积：113 293 平方米
设计时间：2020 年—2021 年
项目状态：建成
设计单位：重庆市设计院有限公司
设计团队：李剑、黄非疑、董小路、冯睿、陈容华、孙永玮、黎雪珂、冷庆、龚皓玥

项目以“开放、创新、生态”为设计理念，将办公、休闲、配套、生态、运动等多种元素有机串联，利用“桂花水库”这一得天独厚的自然条件和优美环境，创造环境宜人、生态友好的绿色空间。

园区规划以“桥梁”与“链接”作为核心概念贯穿整个设计。外立面古典而简约的建筑风格，体现了对称、庄重、厚实的特征，几何体黄金分割的规则对建筑形体进行推敲，以理性的秩序、严谨的几何逻辑、对称均衡的轮廓带给人们安定感和信任感。宽阔的景窗、简洁的柱式、挺拔的线条，又充分体现了时代的气息。

李剑

职务：重庆市设计院有限公司城建三院副院长
职称：高级工程师

教育背景

2005 年—2010 年　后勤工程学院建筑学学士

工作经历

2010 年至今　重庆市设计院有限公司

主要设计作品

重庆大圆祥博物馆及民宿
荣获：2022 年巴山渝水美丽村居设计大赛二等奖
重庆虎峰山民居
荣获：2022 年巴山渝水美丽村居设计大赛二等奖
重庆北碚东阳镇来龙村民居
荣获：2022 年巴山渝水美丽村居设计大赛三等奖
枣子岚垭片区老旧小区改造
荣获：2022 年重庆市城市更新提升规划和研究三等奖
重庆铁路口岸创新中心二期
重庆市第九人民医院两江分院
青凤高科创新孵化中心
彩云湖小学麦子山校区
树人小学井双校区
重庆医科大学家属区
渝西中学学生宿舍楼
白象居综合整治改造
中云健康城
国际物流枢纽展示区
物流园海关大楼
重庆历史名人馆
合川滨江拾光
北京大学经济学院重庆分院

冯睿

职务：重庆市设计院有限公司城建三院副主任建筑师
职称：高级工程师
执业资格：国家一级注册建筑师

教育背景

2001 年—2006 年　重庆大学建筑城规学院建筑学学士

工作经历

2006 年—2011 年　中国建筑设计研究院重庆公司
2011 年至今　重庆市设计院有限公司

主要设计作品

重庆金融街融景中心
荣获：2013 年重庆市设计院有限公司优秀建筑工程三等奖
重庆铁路口岸创新中心（二期）
荣获：2019 年重庆市设计院有限公司优秀建筑方案三等奖
2022 年重庆市设计院有限公司优秀建筑工程二等奖
重庆虎峰山民居
荣获：2023 年“巴山渝水·美丽村居”设计大赛二等奖
渝中区胜利巷老街区城市更新
重庆植恩创新与先进药物制造中心
城口县人民医院住院综合楼
重庆金融街融景城 C3 地块
重庆联合国际大厦

渝中区胜利巷老街区城市更新

Urban Renewal of Shengli Lane Old Block in Yuzhong District

项目业主：重庆康翔实业集团有限公司
建设地点：重庆
建筑功能：住宅建筑
用地面积：5 491 平方米
建筑面积：2 825 平方米
设计时间：2018 年—2019 年
项目状态：建成
设计单位：重庆市设计院有限公司
设计团队：徐千里、余水、黄非疑、冯睿、许书、付逸、黄仕倩、罗长生、张燕南、蔡松松、陈思源

胜利巷是一个拥有百年历史的特色老街区，更新后的老街区将成为重庆最具地域特色的城市民宿集聚地，以全新的面貌与城市融合，助力“两江四岸”再创辉煌。

设计仅对原有建筑的外立面进行更新。设计保留原有的街巷空间关系，优化了空间尺度的高宽比例，让行人感观更为舒适。设计延续原有建筑的最初风貌，以青砖外立面为主，搭配局部驼黄色涂料外墙。建筑门窗采用木质门窗构件，体现传统街区的时代感，顺应自然，尊重历史，传承文化，抒写当代。

北京理工大学重庆创新中心

Chongqing Innovation Center of Beijing Institute of Technology

项目业主：重庆两江协同创新区建设投资发展有限公司
建设地点：重庆
建筑功能：教育、办公建筑
用地面积：170 000 平方米
建筑面积：290 000 平方米
设计时间：2018 年—2021 年
项目状态：建成
设计单位：重庆市设计院有限公司
设计团队：杨洋、丁晓鲁、查理文、韦婧、夏维、杨凡、周巾琪、郑志斌、罗建斌

项目以“两轴一核心”为总体布局，将围合空间与线性空间相结合，以山地作为营造元素，依托地貌打造特色功能形态。建筑群组织丰富有序，建筑采用“内外中庭”的模式，使建筑与环境、室内与室外交融共生。设计师以标准化、模块化设计来提高功能空间的灵活性和使用效率。

建筑立面延续北京理工大学中关村校区内历史建筑的特色，运用新材料、新装饰、新工艺，使建筑呈现出现代、典雅的文化气质。项目均为装配式建筑，并到达二星级绿色标准。

丁晓鲁

职务：重庆市设计院有限公司建筑五院副主任工程师
职称：高级工程师

教育背景

2002 年—2006 年　四川美术学院建筑艺术专业学士学位

工作经历

2019 年至今　重庆市设计院有限公司

主要设计作品

重庆百益广场
永川南郊小学
金山意库 C40 地块标准厂房改建工程二期
红岩文化公园首期
北京理工大学重庆创新中心
重庆美术公园重庆电厂区域（一期）工程
悦来庄稼项目

彭福生

职务： 重庆市设计院有限公司建筑七院副主任工程师、方案负责人

职称： 工程师

教育背景

2009 年—2014 年　青岛理工大学建筑学学士

工作经历

2014 年至今　重庆市设计院有限公司

主要设计作品

重庆市大足区累丰小学

荣获：2021 年重庆市优秀工程勘察设计二等奖

重庆市大足区教师进修学校

荣获：2021 年重庆市优秀工程勘察设计二等奖

中华仡佬文化园

荣获：2020 年重庆市优秀工程勘察设计二等奖

潼南区巴川中学

荣获：2015 年重庆市公共设施规划设计一等奖

318 零公里自驾游主题博物馆

万州经济技术开发区企业中心

重庆市万州区公共实训基地

重庆海吉亚医院

贵州沿河县中西医结合医院

中共重庆市北碚区委党校

重庆城市科技学院巴南校区

重庆工商大学融智学院

万州高级技工学校中专达标工程

贵州沿河温泉城

贵州沿河淇滩古镇

贵州正安中国白茶城一期

柬埔寨太子・金海湾

柬埔寨西哈努克港滨河度假区

重庆 5G 产业园二期

西港太子寰宇半岛酒店

Xigang Prince Huanyu Peninsula Hotel

项目业主：柬埔寨太子寰宇地产集团有限公司

建设地点：柬埔寨 西港

建筑功能：酒店建筑

用地面积：45 046 平方米

建筑面积：482 000 平方米

设计时间：2018 年

项目状态：方案

设计单位：重庆市设计院有限公司

设计团队：蒋序东、杨超华、彭福生、刘羽飞、龚翔蛟

项目位于柬埔寨西港市，是一座集公寓、酒店、精品商业、会所等功能于一体的大型城市综合体。设计最大化利用海景资源，以“一轴两区”作为总体布局，一轴为景观大道，两区为五星级酒店度假区和高端公寓区。

五星级酒店度假区包括海景酒店、私人海滩、无边际泳池、酒吧、会所等设施；高端公寓区包括公寓和精品商业，商业街面海层层退台，高端公寓 360°全视野海景，围绕海岸线营造一个私密观海的居住空间。项目以五星级度假酒店和高端公寓为核心，联动发展高端会所和精品商业，形成柬埔寨西南海岸线旅游新地标。

大地（国际）生命科学园

Dadi (International) Life Science Park

项目业主：重庆大地生物医药科技产业园发展有限公司
建设地点：重庆
建筑功能：工业建筑
用地面积：102 474 平方米
建筑面积：236 202 平方米
设计时间：2019 年—2022 年
项目状态：建成
设计单位：重庆市设计院有限公司
设计团队：杨冀翼、陈竞、高子茗、肖依山、华影、冯磊、陈鸿翔、谷程赟

项目位于重庆市两江新区，基地轮廓较为规整，但南侧高差明显。基于生物科技产业园对高环境品质的需求，设计在总体布局中采用具有高工艺适应性的正交网格模式，构成贯穿园区的纵横景观轴线和节点。

建筑单体结合地形，运用方形体量咬合的方式改变了单调的工业建筑形象，创造了露台、架空等人性化灰空间。细腻的红砖肌理赋予建筑亲切感，延续了企业文化。设计运用可视化地理信息编程软件进行分析，提高了园区配套设施的布局合理性。

杨冀翼

职务： 重庆市设计院有限公司副主任工程师
职称： 工程师
执业资格： 国家一级注册建筑师
注册城乡规划师

教育背景

2001 年—2006 年　同济大学建筑学学士
2006 年—2009 年　巴黎贝尔维尔建筑学校建筑学硕士
2013 年—2021 年　重庆大学工学博士

工作经历

2009 年—2019 年　重庆大学建筑规划设计研究总院有限公司
2019 年至今　重庆市设计院有限公司

个人荣誉

2017 年中国医疗建筑设计年度新锐人物

主要设计作品

大地（国际）生命科学园
重庆交通大学双福校区土木建筑学科组团
重庆交通大学双福校区西科所组团
酉阳君陶图书馆
贵州黔北医院
贵州威宁县人民医院

任子豪

职务：重庆市设计院有限公司副主任建筑师、医疗康养建筑设计研究中心秘书
职称：工程师
执业资格：国家一级注册建筑师

教育背景

2009 年—2014 年 西南民族大学建筑学学士

工作经历

2014 年至今 重庆市设计院有限公司

主要设计作品

重庆医科大学附属第一医院第一分院改扩建
荣获：2023 年重庆市优秀工程勘察设计二等奖
荣昌区人民医院迁建工程
重庆医科大学附属第一医院第二综合大楼
璧山区中医院迁建工程一期
重庆市东南医院二期
重庆医科大学附属儿童医院
重庆东站站前核心区建设项目
重庆市环卫科研大楼
菁荟湖周边地块城市设计
重庆市渝北区档案馆
重庆万达文旅城三期
重庆市检验检疫局
沙坪坝区青风组团启动区综合服务中心

重庆医科大学附属第一医院第一分院改扩建

Reconstruction and Expansion of the First Branch of the First Affiliated Hospital of Chongqing Medical University

项目业主：重庆市城市建设发展有限公司
建设地点：重庆
建筑功能：医疗建筑
用地面积：63 292 平方米
建筑面积：149 314 平方米
设计时间：2020 年—2021 年
项目状态：建成
设计单位：重庆市设计院有限公司
设计团队：徐千里、邓小华、缪剑峰、褚冬竹、葛俊、徐峰、任子豪、彭炎德、陈勇、范玉山、周安宁、刘锋、袁琴、杨益、陶继仲

项目是一座集医、养、教、研于一体的现代化高效医疗综合体，致力于打造老年、康复、心胸特色专科及多学科会诊诊疗模式，并引入 COE 卓越医疗中心理念，实现服务分级，就医流程人性化。

医院规划延续了原有校园空间肌理，以院落化组织方式和水平延展的线条与高密度城市环境保持平衡。立面素雅的色调使建筑群获得良好的整体感，提升了“两江四岸”整体风貌。

项目在区域医疗健康服务体系建设、医疗健康服务模式创新、医疗健康服务质量优化、促进健康老龄化、智慧医院方面发挥了实效。

国家生物产业园改造工程

National Bioindustrial Park Renovation Project

项目业主：重庆市高新区城市建设集团

建设地点：重庆

建筑功能：城市更新

用地面积：95 238 平方米

建筑面积：178 000 平方米

设计时间：2022 年—2023 年

项目状态：在建

设计单位：重庆市设计院有限公司

设计团队：徐千里、余水、张旭、郭海涛、王森平、付逸

项目位于西部（重庆）科学城核心区域，原有建筑为传统工业厂房，按照标准厂房设计，品质感较低，部分厂区仍承担生产功能，无法与周围城市环境相匹配。

设计在产业、企业、形象和功能几个方面进行整体的更新提升，最终将厂区变为具有现代活力的开放式产业园区。基于 EPC 项目的特质，设计在施工中全过程跟进，控制成本，优化投资，对材料进行成本和效果的综合评判后封样。对于重点区域，突出效果和品质；对于非重点区域，在保证总体效果的基础上进行优化。

张旭

职务：重庆市设计院有限公司徐千里工作室副主任工程师

职称：高级工程师

教育背景

2005 年—2010 年　重庆大学建筑学学士

2010 年—2013 年　重庆大学建筑学硕士

工作经历

2021 年至今　重庆市设计院有限公司

主要设计作品

枣子岚垭片区老旧小区改造工程

荣获：2021 年重庆市优秀城乡规划设计三等奖

巫溪通城镇清泉村村民服务中心

荣获：2022 年“巴山渝水·美丽村居”设计大赛三等奖

国家生物产业园改造工程

丹寨旅游小镇

东莞松山湖现代展示服务大厦

人民小学东西区改造

张家花园老旧小区改造

民主村片区老旧小区改造

龙岗爱联 A1 区城市更新

巫溪兰英大峡谷游客接待中心

深圳地铁前海车辆段上盖物业三期

金港国际购物中心

凤城街道汪家湾、旧货市场、临江区、黄桷路、创业街片区老旧小区改造

李犁

职务：中国建筑上海设计研究院有限公司
第九设计院副院长、创作中心总监
职称：高级建筑师

教育背景
1983 年—1987 年　东南大学建筑学学士

工作经历
2015 年至今　中国建筑上海设计研究院有限公司

个人荣誉
2011 年被建筑时报杂志评为上海建筑十大领军人物

社会职务
《建筑细部》编委
《建筑技艺》理事
东南大学上海校友会副会长

主要设计作品
上海南汇体育中心
上海车市（大跨钢构）
安徽宣城体育中心方案
宁夏国宾馆
上海 805 所太空对接实验室
大连甘井子区行政中心
安徽宿州中央大厦
长春凯悦酒店
中国（苏州）工艺文化城
景德镇瓷都新天地
上海青浦百联桥梓湾商城二期
上海南汇新凤凰城
山东莱阳龙门山水
重庆市人民医院
珠海金海岸医院
武威市妇女儿童医院

杨帆

职务：中国建筑上海设计研究院有限公司
第九设计院副院长
职称：工程师
执业资格：国家一级注册建筑师

教育背景
2004 年—2009 年　哈尔滨工业大学建筑学学士
2010 年—2013 年　同济大学建筑学硕士

工作经历
2013 年至今　中国建筑上海设计研究院有限公司

主要设计作品
亿邦豪庭
御锦馨河城
恒生未来城
沈阳安吉产业园
淄博自贸免税商城
沈阳鼎上产业园
乳山新建小学
乳山体育中心
雪松花巷里
淮北南翔云集建筑方案设计

林建旭

职务：中国建筑上海设计研究院有限公司
方案所所长、设计总监
职称：工程师

教育背景
2008 年—2013 年　天津大学仁爱学院建筑学学士

工作经历
2019 年至今　中国建筑上海设计研究院有限公司

主要设计作品
桂林山水在国际度假中心酒店
桂林山水在爱情岛
景德镇学院综合实训楼
薛城医疗智谷产业园
上海嘉定真新集贸综合体
唐山市第二医院骨科大楼
秦创原·数字云城产业园

地址：上海市普陀区云岭东路 245 号
2 号楼 5 楼
电话：021-52559739
传真：021-62860909
网址：shin.cscec.com
电子邮箱：289230865@qq.com

中国建筑上海设计研究院有限公司（以下简称中国建筑上海院）是国内少数具有城市规划甲级、建筑设计甲级、园林景观甲级、市政行业乙级和施工图审查 (含超限) 资质的国家大型综合建筑设计院，是中国建筑工程总公司的核心成员企业。在“2017 年度全球 150 强工程设计企业”排名中，中建设计集团工程设计营业总收入名列第 37 位，居于中国建筑设计类企业之首。

中国建筑上海院现有员工 2 000 余人，其中教授级高级建筑师、教授级高级工程师 80 余人，高级建筑师、高级工程师 300 余人，国家一级注册建筑师、国家一级注册结构师、注册设备工程师、注册电气工程师 300 余人。

秦创原·数字云城产业园

Qin Chuangyuan · Digital Cloud City Industrial Park

项目业主：西安城市发展（集团）有限公司
建设地点：陕西 西安
建筑功能：城市综合体
用地面积：37 237 平方米
建筑面积：292 352 平方米
设计时间：2022 年
项目状态：方案
设计单位：中国建筑上海设计研究院有限公司
主创设计：李犁、杨帆、林建旭、杨曦

经开区高铁新城作为经开区核心腹地、西安的北大门，承担国际开放门户、北跨战略支点、万亿创新引擎的历史重任，助推西安建设国家中心城市的总体目标。

项目是高铁新城核心区起步区内规划的唯一集总部办公、产业创新孵化、科技展示、综合全天候生活服务配套等业态为一体的生态创新科技产业园。

本项目为超高层综合体，由超高层的塔楼和裙房组成，以多功能竖向叠层式综合开发为主要特征，创造出片区内的城市空间和生活空间。其超高尺寸的塔楼建筑，对西安的标志性和城市天际线无疑具有重大的意义。其多层裙房集商业、公共设施、娱乐设施、厅堂等多项功能于一体，其业态形式的多样化，消费形式的现代化，为现代都市生活注入了新的活力和生机。

综合体中心设置围合感极强的下沉开放空间——节庆广场，其将地下步行系统方向的人流与空中廊道的人流形成空间上的串联，亦为建筑整体的核心区域。整体建筑组合形体面向东侧绿地公园，营造开放氛围，从而将绿地公园延伸至项目中来。

两栋超高层塔楼以及裙房运用了统一的设计语言，以方正、简练作为形体的主要气质，非常符合西安的整体城市形象；整体建筑以形体堆叠与穿插为主要造型，以退台、透空等方式营造各种生态绿色空间，打造立体、丰富的城市生态公园综合体。

一个充满活力的贯彻智慧城市管理理念的并充满生态绿色的山水都市综合体，是项目愿景。活力城市、绿色生态、智慧城市，是设计师们的设计理念和出发点，是未来城市建筑发展的首要命题，也是对中国传统文化的一种诠释。

ONLY

景德镇学院综合实训楼

Comprehensive Training Building of Jingdezhen College

项目业主：景德镇学院
建设地点：江西 景德镇
建筑功能：教育建筑
用地面积：14 200 平方米
建筑面积：34 700 平方米
设计时间：2020 年
项目状态：建成
设计单位：中国建筑上海设计研究院有限公司
主创设计：李犁、林建旭

江西省东北部的群山之间，曾集聚了世界上杰出的制瓷匠人，成为令人向往的艺术天堂。那些难以计数的手工艺人，几乎都没有留下名字，但他们的传世作品却以一种看不见的力量，深深地吸引着人们，拥有遍布世界的崇拜者。他们的作品随着远洋的航船驶至万里之外，他们的精神随着瓷釉砖土在故乡的土地上得以永存。

景德镇学院是一个培养艺术人才的摇篮，不仅传授艺术工艺上的高超技法，而且传承匠人精益求精的精神。设计师希望将这种精神赋予这座实训楼，这个培养未来大师们的地方。如何将这种难以触及的气质固定在建筑中呢？他们终于在景德镇的街头巷尾寻找到了答案，正是那些被窑工们砌筑在建筑上的，一块块在阳光中闪耀着瓷釉光泽的窑砖。

建筑形体，通过两个“U”形体旋转构成。一面朝向场地的主要出入口，迎接师生；一面呼应轴线，将景观吸纳进来。设计通过推拉底部体块形成平台并满足专业特殊空间的要求，使项目与临近的建筑产生对话关系。设计重视空间的生态元素，营造草坡空间，模糊建筑与场地的关系，为师生提供一处舒适的交流场所，也很好地呼应了校园内的景观系统。

设计师将所有院系的实训教室集中在一栋建筑中，西侧布置陶瓷产业以及相对独立的烧成中心；东侧一、二两层则是通航专业大型通高的机库教学中心以及大面积的室外场地；其他学科拥有相同比例的面积并与之组合为一个完整形体。不同专业的师生进入建筑内院，可以轻松找到院系的门厅。同时在生活区设置的景观平台空间，创造了更多交流、休闲的机会。

李康宁

职务：甘肃省建筑设计研究院有限公司景观与环境艺术分院副院长

职称：高级工程师

教育背景

2003 年—2007 年　西安美术学院建筑环境艺术设计学士

工作经历

2007 年至今　甘肃省建筑设计研究院有限公司

个人荣誉

2019 年公司“双文明”建设先进个人

2020 年公司优秀青年建筑师

主要设计作品

陇上历史名人园景观工程

荣获：2011 年全国环境艺术设计双年展优秀奖

武威重离子治疗肿瘤中心景观工程

荣获：2013 年全国环境艺术设计双年展优秀奖

陇南市东江新区行政中心景观设计方案

荣获：2013 年全国环境艺术设计双年展银奖

兰州现代职业学院景观工程

荣获：2017 年全国环境艺术设计双年展铜奖

兰州新区文曲湖景观工程

荣获：2017 年全国环境艺术设计双年展优秀奖

2018 年甘肃省优秀工程咨询成果奖三等奖

甘肃省体育馆室外景观工程

定西万达广场外景观工程

靳东儒

职务：甘肃省建筑设计研究院有限公司建筑创作中心主创建筑师

职称：建筑师

教育背景

2005 年—2010 年　西安建筑科技大学建筑学学士

工作经历

2010 年至今　甘肃省建筑设计研究院有限公司

个人荣誉

2018 年公司“双文明”建设先进个人

2020 年公司优秀青年建筑师

主要设计作品

甘肃科技馆

甘肃省体育馆

甘肃奥林匹克中心

兰州奥体中心

天水伏羲城历史街区保护与开发项目

成都市工人疗养院

兰州众邦国贸中心

兰州市榆中生态创新城科创中心

甘肃医科大学和平校区

甘肃省建筑设计研究院有限公司

Gansu Institute Architectural Design and Research Co., Ltd.

甘肃省建筑设计研究院有限公司（以下简称公司）是甘肃省第一家国有建筑设计机构，是国内首批获准对外经营的省属甲级建筑勘察设计单位、商务部认可的“全国四十家援外设计定点企业”、全国建筑设计行业诚信单位、甘肃省省级精神文明先进单位，现为甘肃工程咨询集团股份有限公司旗下子公司。甘肃工程咨询集团股份有限公司是甘肃省上市公司之一，股票简称“甘咨询”，股票代码 000779。

公司坚持技术创新、管理创新、企业文化创新，坚持质量、效益并重；全面深化改革，推进依法治企，以人才为强企之本、创新为兴企之要，坚定不移走复合式发展道路，努力提升品牌价值；适应行业变革发展趋势，由“技术”升级向“系统”升级转变，由“行业”思维向“品牌”思维转变，向“百年名企”迈进，走高质量发展的道路。

地址：甘肃省兰州市城关区静宁路 81 号

电话：0931-4664279

传真：0931-4663593

网址：www.gsadri.com.cn

电子邮箱：gsadri@163.com

七里河体育场

Qilihe Stadium

项目业主：甘肃省体育工作第一大队
建设地点：甘肃 兰州
建筑功能：体育建筑
设计时间：2019 年
用地面积：265 000 平方米
建筑面积：51 796 平方米
项目状态：在建
设计单位：甘肃省建筑设计研究院有限公司
主创设计：甘肃省建筑设计研究院有限公司设计二所

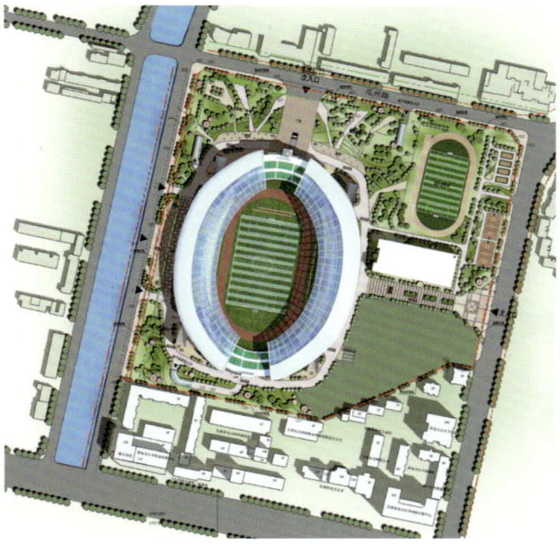

项目设计结合甘肃省体育工作第一大队的专业特点和发展需求，定位为以全民健身为主、赛事功能为辅的体育训练基地。场馆为乙类体育场，可容纳约 23 800 人。体育场地下二层为小汽车停车库，可停车 813 辆，战时局部为人防工程；地下一层主要为 8 个训练馆和 6 个全民健身馆，并通过东、西、南、北四个下沉广场来组织该层人流。

甘肃科技馆

Gansu Science and Technology Museum

项目业主：甘肃省科学技术协会
建设地点：甘肃 兰州
建筑功能：科研、办公、文化建筑
用地面积：48 190 平方米
建筑面积：49 852 平方米
设计时间：2011 年—2012 年
项目状态：建成
设计单位：甘肃省建筑设计研究院有限公司
主创设计：冯志涛、靳东儒

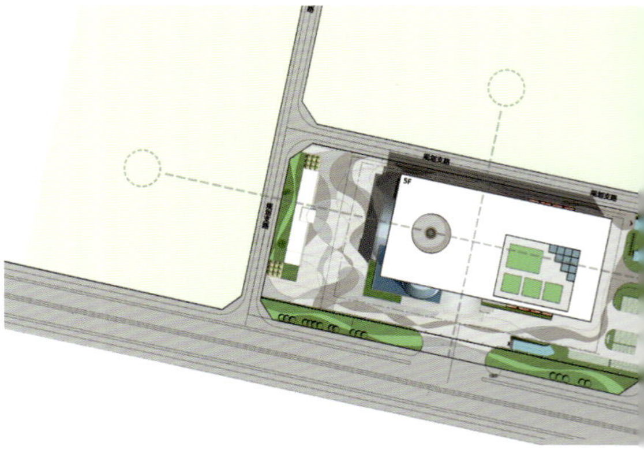

该项目位于兰州市安宁区，地理位置优越、交通便捷，是一个集科学性、知识性、趣味性、参与性为一体的多功能、综合性、现代化大型科技活动场馆。其创作灵感来源于甘肃的文化、地域特色、生活方式以及现代科技。

建筑的形体设计，是由对甘肃特有的民居形式的提炼形成的客厅、院落、空间的布局，并结合科技之眼、科技之桥的理念形成了既具现代气息，又有文化内涵的立面造型。建筑的表皮提取敦煌飞天图案、奔腾不息的黄河之水、广袤的甘肃大地的肌理等历史人文元素，给人以无限遐想。

甘肃省体育馆

Gansu Provincial Gymnasium

项目业主：兰州市体育局
建设地点：甘肃 兰州
建筑功能：体育建筑
用地面积：204 282 平方米
建筑面积：51 796 平方米
设计时间：2014 年—2015 年
项目状态：建成
设计单位：甘肃省建筑设计研究院有限公司
主创设计：冯志涛、莫笑凡、靳东儒、
刘兴成、张轩

项目由体育馆和配套服务设施组成。其中体育馆由比赛馆、训练馆、赛时配套用房、训练配套用房、设备用房及休息厅等公共空间组成。配套服务设施主要包括给排水设施、供热制冷设施、供电设施以及其他公共服务设施。配套室外设施主要包括全民健身广场、体育公园、道路、停车设施、绿化景观以及城市公共交通设施等。

体育馆可举办篮球、排球、手球、5 人制足球、羽毛球、乒乓球、体操等多种比赛，平时可作为兰州新区的休闲活动中心，承接大型会展、文艺演出等活动，并提供健身、娱乐、购物等服务，同时也可满足周边学校的体育教学需求。

林绍康

职务：哈尔滨工业大学建筑设计研究院有限公司
主创建筑师
职称：建筑师

教育背景
2009 年—2014 年 哈尔滨工业大学建筑学学士
2014 年—2017 年 哈尔滨工业大学建筑学硕士

工作经历
2017 年—2018 年 中国建筑西南设计研究院有限公司
2018 年至今 哈尔滨工业大学建筑设计研究院有限公司

主要设计作品
郑州自贸区金水片区规划
郑州市民活动中心
简阳文体艺术中心
哈尔滨新区金融中心
沈阳大学图书馆
黑龙江省自然资源博物馆
西安交通大学科技创新港科创基地 C 标段
辉县市共城文展中心
七台河未来科技城

胡晓婷

职务：哈尔滨工业大学建筑设计研究院有限公司
主创建筑师
职称：建筑师

教育背景
2009 年—2014 年 哈尔滨工业大学建筑学学士
2014 年—2017 年 哈尔滨工业大学建筑学硕士

工作经历
2017 年至今 哈尔滨工业大学建筑设计研究院有限公司

主要设计作品
高台组团，低地环绕；曲水流觞，自然生长
荣获：2021 年雄安建筑设计竞赛综合办公类三等奖
现代市井，淀泊水城；都市林窗，渗透呼吸
荣获：2021 年雄安建筑设计竞赛商业服务类三等奖
郑东新区龙湖金融中心
2022 年冬奥会冰雪小镇会展酒店片区项目
郑州自贸区金水片区规划
辉县政务中心
广东美术馆、非物质遗产展示中心、文学馆

哈尔滨工业大学建筑设计研究院有限公司

Harbin Institute of Technology Architectural Design and Research Institute Co., Ltd

哈尔滨工业大学建筑设计研究院有限公司（以下简称哈工大设计研究院）创立于 1958 年，是全国知名大型国有工程设计机构，依托百年学府哈尔滨工业大学深厚的科研资源与文化底蕴，历经半个多世纪的发展壮大，现已跻身全国行业前列，被评为中国十大建筑设计公司、中国勘察设计协会优秀设计院、当代中国建筑设计百家名院等。

哈工大设计研究院业务范围涵盖工程项目建设的全过程，包括前期咨询、城市规划、建筑设计、风景园林设计、室内装饰设计、市政交通设计、工程勘察、工程监理与项目代建等，业务遍布全国各省、自治区及直辖市，400 余项工程项目获得国家级优秀设计金、银奖等，取得了突出的成就。

哈工大设计研究院设有 12 个建筑设计分院、13 个专业设计分院、6 个创作研究中心、3 个国际联合研究中心、多个单专业研究所以及 11 个外埠分支机构，现有员工近千人，专业技术队伍实力雄厚，拥有中国工程院院士、国家设计大师、国家级有突出贡献专家、享受国务院政府特殊津贴专家等一大批设计领域权威。

哈工大设计研究院作为国家高新技术企业，立足国际寒地建筑工程设计前沿，关注低碳环保与绿色节能技术创新，依托寒地建筑科学重点实验室、东北寒地人居环境协同创新中心、中国—荷兰极端气候建造研究中心等国际联合研究机构，搭建了国内顶级寒地建筑人居环境科研平台，承担了国家“十二五”科技支撑计划等一系列重大科技攻关项目，拥有多项国家发明专利，获得过华夏奖、省长特别奖及科技进步奖等奖项。

哈工大设计研究院始终秉承“苛求完美、精益求精”的设计宗旨和“诚信服务、持续发展”的经营理念，充分发挥高校企业的科研、技术和人才优势，与社会各界携手合作，拼搏创新，不懈努力，为国内外客户提供高效优质服务，为社会和经济发展奉献建筑精品。

地址：黑龙江省哈尔滨市
南岗区黄河路 73 号
电话：0451-86283317
传真：0451-86283319
电子邮箱：harbin@hitadri.cn

呼伦贝尔历史博物馆

Hulunbuir Historical Museum

项目业主：呼伦贝尔民族博物院
建设地点：内蒙古 呼伦贝尔
建筑功能：文化建筑
用地面积：46 700 平方米
建筑面积：40 000 平方米
设计时间：2019 年
项目状态：建成
设计单位：哈尔滨工业大学建筑设计研究院有限公司

设计团队深入解读呼伦贝尔的历史，以荟萃呼伦贝尔历史文化、彰显呼伦贝尔建筑文化内涵、突出现代建筑历史厚重感、表现呼伦贝尔特色为设计目标。

呼伦贝尔作为游牧民族的摇篮，见证了蒙古民族兴盛的历史。博物馆建筑形象源自成吉思汗的“行宫”——金顶大帐，以最具蒙古民族特征的建筑体量传承文化精神内核。

呼伦贝尔历史文化广博深邃，建筑造型以“历史断面”为概念，将体量剪裁，营造连接古今的时光长廊，游走其间，接近历史、触摸历史、感受历史。

2022 年冬奥会冰雪小镇会展酒店片区项目

2022 Winter Olympics Ice and Snow Town Convention and Exhibition Hotel Area Project

项目业主：中赫集团有限公司
建设地点：河北 张家口
建筑功能：会展、酒店建筑
用地面积：100 000 平方米
建筑面积：170 000 平方米
设计时间：2017 年
项目状态：建成
设计单位：哈尔滨工业大学建筑设计研究院有限公司

项目位于自然山地环境中，赛时承担冬奥会的展览、会议及酒店等功能，赛后将被打造成世界级会议中心，可举办国际级会议、高端论坛等。

地域精神——在对地域精神的理性坚守下，设计立足于冬季城市的自然气候、技术条件与人文要素，采用适宜冬季城市的技术，成就“向阳而生、繁而至简”的创作追求。

环境共生——基于崇礼原生的山地自然环境，在两山夹一谷的独特地形中营造一脉相承、连绵起伏的山地建筑形象。

本体原型——坚守“崇礼就是崇礼”的思想，化整为零、化大为小，将大尺度的公共建筑融入小镇肌理，在地景建筑的尺度中保持展览空间、会堂、酒店等公共建筑的形象特征和建筑类型的本体属性。

新疆大学

Xinjiang University

项目业主：乌鲁木齐市人民政府
建设地点：新疆 乌鲁木齐
建筑功能：教育建筑
用地面积：2 600 730 平方米
建筑面积：1 250 000 平方米
设计时间：2017 年
项目状态：建成
设计单位：哈尔滨工业大学建筑设计研究院有限公司

总平面图

图书馆（一）

项目以“天山绿脉、时代学府”为设计理念，充分展现新疆辽阔壮美的自然环境，着力体现新疆大学现代创新的高等教育环境，营造自然山水与时代气息兼容并蓄的健康校园风貌。

路网系统将用地划分为四个区域，形成三个学院级组团和一个学校级共享组团。东北侧山峰完整保留，规划结合景观营造山地公园，在校园中心形成高点，可以俯瞰校园。

“一峰、两环、四区”的规划设计建立了与自然环境有机共生的整体布局，形成了依山就势的校园环境。自然的路网结构如同轻盈飘逸的丝带串联起各个组团，体现新疆大学兼容并蓄、开放共享的时代精神。

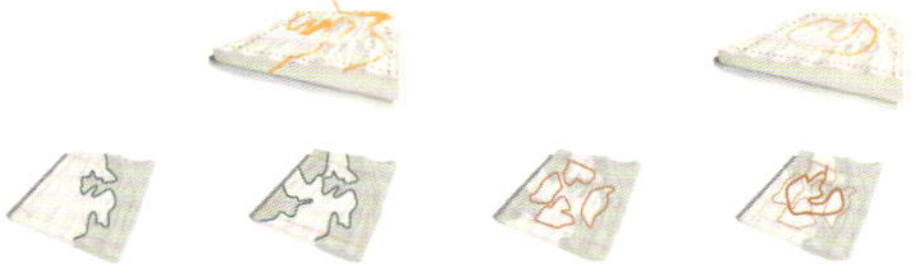

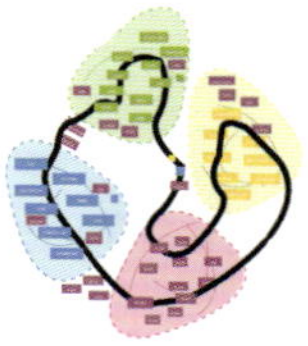

大学生活动中心

景观亭

公共教学楼

行政楼

学生宿舍

生命科学学院教学楼

图书馆（二）

教学主楼

学院教学楼

训练馆

哈尔滨新区金融中心

Harbin New Area Financial Center

项目业主：哈尔滨科技创新投资有限公司
建设地点：黑龙江 哈尔滨
建筑功能：办公、商业建筑
用地面积：51 726 平方米
建筑面积：227 129 平方米
设计时间：2019 年
项目状态：建成
设计单位：哈尔滨工业大学建筑设计研究院有限公司

项目位于哈尔滨市金融科技商务区内，地理位置优越，交通便利。建筑立面造型采用现代风格，运用直冲云霄的竖向线条，通过玻璃与铝板的有机结合，实现建筑表皮质感的鲜明对比和虚实变幻。建筑形体通过体量的参差错落，构成空间上的复杂变化，产生丰富的光影关系，使建筑在富有雕塑感的同时，符合哈尔滨的欧式建筑风格。

竖向线条的反复运用形成自身的韵律感，而北高南低、东高西低的高度控制，则有机地融入哈尔滨沿江天际线。底部商业街将整个建筑群体自然划分为四个区域，通过处于中心区域的十字步行街将公共空间连成整体。建筑空间的统筹调度在满足寒地建筑需求的同时最大限度地满足商业需求，聚集人气。

罗新烈

职务：华蓝设计（集团）有限公司
建筑三院建筑三所副总建筑师
职称：高级建筑师
执业资格：国家二级注册建筑师

教育背景
1999 年—2003 年　桂林工学院艺术设计学士

工作经历
2005 年至今　华蓝设计（集团）有限公司

主要设计作品
北海冠岭一期
荣获：2013 年广西优秀工程勘察设计一等奖
2013 年全国优秀工程勘察设计三等奖
广西百色聚丰广场写字楼
荣获：2019 年广西优秀工程勘察设计二等奖
南宁市国家档案馆（含南宁市方志馆）
荣获：2019 年广西优秀工程勘察设计一等奖
2019 年广西优秀工程勘察设计建筑环境与能源应用二等奖
2019 年全国优秀工程勘察设计二等奖

梁施斯

职务：华蓝设计（集团）有限公司
建筑三院建筑三所主任建筑师
职称：高级工程师

教育背景
2003 年—2008 年　河北工程大学建筑学学士

工作经历
2008 年至今　华蓝设计（集团）有限公司

个人荣誉
2020 年中国勘察设计行业优秀抗疫人物奖
2020 年中国医疗建筑设计青年领袖

主要设计作品
广西壮族自治区人民医院凤岭医院（一期）
荣获：2019 年全国建筑信息模型(BIM)应用大赛第三名
广西壮族自治区人民医院邕武医院
荣获：2020 年全国新冠肺炎应急救治设施设计奖二等奖
2020 年全国抗疫建筑优秀设计奖

华蓝设计（集团）有限公司
Hualan Design (Group) Co., Ltd.

华蓝设计（集团）有限公司（以下简称华蓝设计）是广西大型综合性甲级工程设计咨询企业之一。华蓝设计资质齐全，拥有 21 项设计咨询类资质，其中工程设计资质中的建筑行业（建筑工程）、市政行业（燃气工程、轨道交通工程除外）、市政行业城镇燃气工程、风景园林工程、轻纺行业制糖工程，工程咨询资质中的建筑、市政公用工程以及城乡规划编制均为甲级资质。2011 年，华蓝设计开始开展工程总承包管理业务，是勘察设计行业较早探索由设计牵头的工程总承包业务的企业之一。华蓝设计是广西第一批“全过程工程咨询试点企业”。近年来，华蓝设计以工程设计业务为基础，向设计主导的工程总承包和全过程工程咨询业务领域拓展，业务涵盖建筑工程、市政公用工程、园林景观、工业工程等领域的工程设计与工程总承包管理服务以及国土空间规划与工程咨询服务。

2018 年，华蓝设计被中华全国工商业联合会、人力资源和社会保障部、中华全国总工会评为“全国就业与社会保障先进民营企业”。

地址：南宁市兴宁区华东路 39 号
电话：0771-2412319
传真：0771-2438700
网址：www.gxhl.com
电子邮箱：yhui@gxhl.com

东兴市公共卫生应急救治中心

Dongxing Public Health Emergency Rescue Center

项目业主：东兴市人民医院
建设地点：广西 南宁
建筑功能：医疗建筑
用地面积：18 178 平方米
建筑面积：13 000 平方米
设计时间：2020 年
项目状态：建成
设计单位：华蓝设计（集团）有限公司

项目作为国家重点边境公共卫生应急项目，从方案设计到竣工验收，历时 4 个半月。项目采用一体化设计模式，团队从项目前期策划、投资控制、方案效果、医疗流程、施工图设计到施工阶段驻场设计全程参与。建筑呈现的效果令各方都很满意。

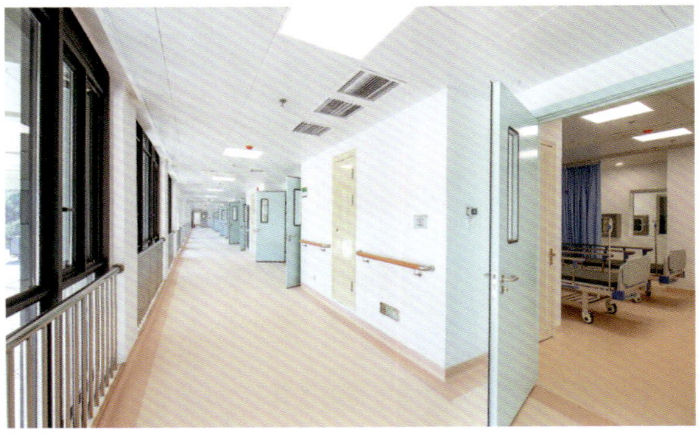

南宁市轨道交通运营控制中心综合调度指挥大楼

Nanning Rail Transit Operation Control Center Comprehensive Dispatching And Command Building

项目业主：南宁轨道交通集团有限责任公司
建设地点：广西 南宁
建筑功能：公共建筑
用地面积：136 231 平方米
建筑面积：123 000 平方米
设计时间：2011 年—2015 年
项目状态：建成
设计单位：华蓝设计（集团）有限公司
获奖情况：2019 年广西优秀工程勘察设计二等奖

项目承担着南宁市未来 20 年 10 条线网的运营管理功能，是轨道交通的技术核心、管理枢纽和应急处理指挥中心。同时，项目还兼有为市民提供轨道交通运营情况、普及轨道交通知识的展示平台功能。

建筑综合性强，功能复杂，接口多。项目采用了国内先进的工艺设计思路，线网机房布局为同层上下左右分别对称的四个区域，每个区域满足一条线路的系统机房需求，形成由电源室、网管室和设备室三种机房组成的组合单元，配件设施标准化、统一化；系统线路通过竖井垂直接入，各个模块区可分期、分区独立建设管理。

建筑立面采用现代主义设计手法，立面特征突出轨道“线”元素，铝合金板与条形镀膜窗结合为一个整体，有效地体现了地铁项目工程的标识性。

广西壮族自治区人民医院邕武医院

Yongwu Hospital of Guangxi Zhuang Autonomous Region People's Hospital

项目业主：广西壮族自治区人民医院
建设地点：广西 南宁
建筑功能：医疗建筑
用地面积：8 800 平方米
建筑面积：12 000 平方米
设计时间：2020 年
项目状态：建成
设计单位：华蓝设计（集团）有限公司
设计团队：建筑三院建筑三所

项目为改扩建工程，位于南宁市高新区邕武路，是一所集医疗、预防、保健、康复为一体，并具备教学、科研功能的三级综合医院。它拥有广西壮族自治区内第一栋规模较大的全负压隔离病房楼。

建筑采用“平战结合”设计理念，既满足“战时”疫情防控使用要求，也兼顾“平时”使用要求，并针对传染病类别设计不同的病人、医务流线。项目采取一体化的设计模式，团队从项目前期策划、投资控制、方案效果、医疗流程、施工图设计到施工阶段驻场设计全程参与。建筑效果得到了业主的认可，并经媒体报道后引发民众广泛关注。

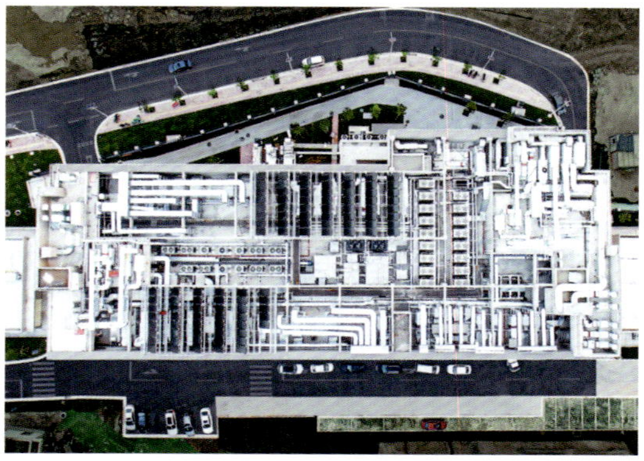

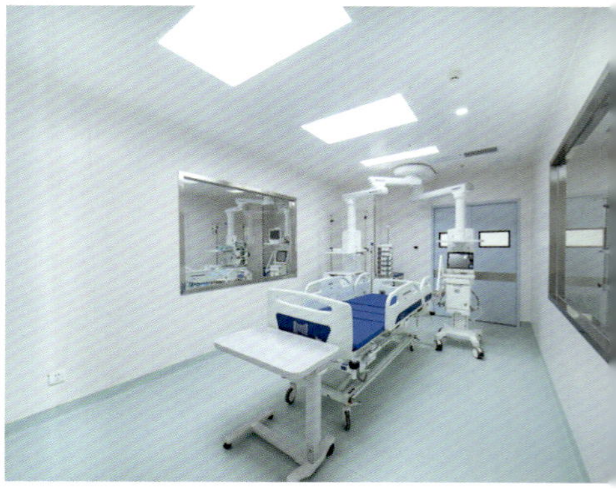

南宁市国家档案馆（含南宁市方志馆）

Nanning National Archives (Including Nanning Local Records)

建设地点：广西 南宁
建筑功能：文化建筑
用地面积：33 333 平方米
建筑面积：33 296 平方米
设计时间：2013 年—2014 年
项目状态：建成
设计单位：华蓝设计（集团）有限公司

“金縢之匮，石室藏之”，石室金匮为中国历史上皇家档案收藏的经典形制。这一历史悠久而富丽堂皇的建筑形态，在这次设计中得以彰显。建筑风格展现了传统文化元素。根据使用功能的不同，建筑分“外盒”和“内核”两部分，浅灰色“外盒”由对外服务区、内部技术用房区、库房区等组成。

设计采用中国传统建筑中的基本元素营造出“石室”体量。玻璃体的“内核”为中庭、花园等公共空间，采用玻璃材质和抽象广西传统建筑中的多种表现手法，表现内在的“金匮”。“外盒”和“内核”两者穿插，重构为一个有机整体，营造端庄稳重而不失灵气的历史文化氛围。

罗盟

职务：机械工业勘察设计研究院有限公司工程设计院副总工程师
职称：规划设计高级工程师
高级景观设计师
高级室内建筑师

教育背景
2004 年—2008 年　西安美术学院建筑环境设计学士

工作经历
2010 年至今　机械工业勘察设计研究院有限公司

个人荣誉
中国民族建筑研究会中国人居年度最佳设计师

主要设计作品
中国茯茶文化博物馆
荣获：中国建筑装饰协会中国建筑装饰奖
西安曲江楼观华夏正财神庙
荣获：陕西省优秀建筑工程设计一等奖
陕西省西咸新区泾河崇文中学
荣获：陕西省优秀建筑工程设计二等奖
陕西省崇文重点镇住宅建筑
荣获：中国民族建筑研究会中国人居金奖
韩城古城总体旅游规划
荣获：中国艾景奖旅游规划金奖
西安空港新城城市绿地系统规划设计
荣获：中国建筑学会艾景奖金奖
西安曲江唐城墙新开门遗址公园规划设计

李玉峰

职务：机械工业勘察设计研究院有限公司第二设计所总建筑师
职称：高级工程师
执业资格：国家一级注册建筑师

教育背景
2004 年—2009 年　长安大学建筑学学士
2009 年—2012 年　长安大学建筑技术科学硕士

工作经历
2012 年至今　机械工业勘察设计研究院有限公司

主要设计作品
肃南祁连玉文化产业园（玉水苑）
荣获：2016 年院级优秀建筑创作三等奖
陕西省潼关古城景区建设项目
荣获：2017 年院级优秀建筑创作二等奖
阿拉善国际岩画博物馆
荣获：2018 年院级优秀建筑创作二等奖
安康瀛湖清泉汉水文化街
荣获：2019 年院级优秀建筑创作二等奖
西安汉诺威国际学校
荣获：2020 年院级优秀建筑创作二等奖

机械工业勘察设计研究院有限公司
CHINA JIKAN RESEARCH INSTITUTE OF ENGINEERING INVESTIGATIONS AND DESIGN, Co.,Ltd.

机械工业勘察设计研究院有限公司（原国家机械工业部勘察设计研究院，以下简称公司），始创于 1952 年，是国家大型综合性勘察设计单位，现隶属于中央企业中国机械工业集团有限公司（世界 500 强企业）。

公司现有员工 800 余人，专业技术人员占 95%，其中包括高级工程师 200 余人（各类国家注册工程师 300 余人）、享受国务院政府特殊津贴专家和省部级有突出贡献专家 40 余人、全国工程勘察设计大师 4 人。

公司秉持“创新、包容、共享”的企业文化，弘扬“人、生活、事业”的核心价值观，坚持“为顾客创造价值”的经营理念和“诚信、感恩、责任、争先、和谐”的团队精神，为成为业务特色鲜明、国际知名的科技型工程公司而努力奋斗！

地址：陕西省西安市新城区
咸宁中路 51 号
电话：029-83281271/62658800
传真：029-83231354
网址：www.jk.com.cn
电子邮箱：yuan@jk.com.cn

中国茯茶文化博物馆

China Fu Tea Culture Museum

项目业主：陕西省西咸新区泾河新城开发建设（集团）有限公司
建设地点：陕西 西安
建筑功能：文化建筑
用地面积：11 300 平方米
建筑面积：6 000 平方米
设计时间：2017 年
项目状态：建成
设计单位：机械工业勘察设计研究院有限公司
主创设计：罗盟
参与设计：郝欣、贾夙、韩刘转、王树平、石克家、刘彬、
尚兆珊、贺蒙、李霞、杨文江、马玉洁

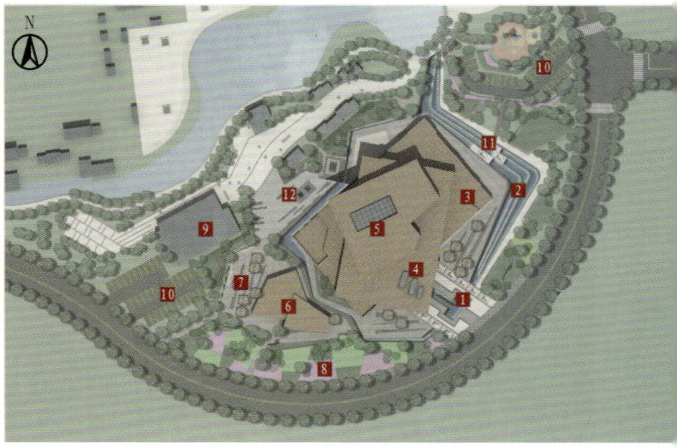

中国茯茶文化博物馆集丝路茯茶文化展览、游学培训、剧场演艺、主题餐饮、茯茶储藏等功能于一体。建筑第一层为沉浸式丝路茯茶体验馆；第二层为茯茶演艺剧场、茯茶老字号商铺；第三层为茯茶文化培训和国际交流中心；主场馆左翼为茯茶主题餐饮中心。

建筑以堆叠的茯砖茶解构重组出建筑内外部空间形态，从茯茶形态符号抽象出现代建筑语言，视觉向上的线条象征茯茶作为“一带一路”交流符号的前行活力。同时作为中国茯茶之都的地标性建筑，博物馆在外立面材料上以陕西乡土建筑夯土墙为原型研发了茯茶混凝土外墙挂板，用材料语言生动展现了“丝绸之路上盛开的金花茯茶”的美妙形态。

西安航天基地小镇客厅

Living Room of Xi'an Aerospace Base Town

项目业主：西安航天城市发展控股集团有限公司
建筑功能：办公建筑
用地面积：11 227 平方米
建筑面积：17 716 平方米
设计时间：2019 年
项目状态：建成
设计单位：机械工业勘察设计研究院有限公司
设计团队：任妍丽、金姝倩、宋露、张向武

项目位于西安市航天拓展中心区域，具有较好的公共交通便利性，地理区位优势明显，主要为小镇入驻企业提供一站式服务，展示西安航天小镇规划及产业发展方向。设计整合周边景观资源，根据用地范围切割广场空间，引入中庭采光，在丰富内部空间的同时，增强建筑造型张力，从视觉体验上扩大小镇客厅的影响范围。设计积极利用南北贯通的西侧边界，将车行道、地库出入口、景观台阶设置于西侧，并合理利用场地高差，设置架空层景观大平台，巧妙地解决了机动车及非机动车停车问题。建筑造型独特，功能齐全，流线清晰，分区合理，是航天新城的重要地标性建筑。

榆林职业技术学院体育馆——全运会拳击馆

Yulin Vocational and Technical College Gymnasium ——National Games Boxing Gymnasium

项目业主：榆林市职业技术学院
建设地点：陕西 榆林
建筑功能：体育建筑
用地面积：47 116 平方米
建筑面积：29 188 平方米
设计时间：2019 年
项目状态：建成
设计单位：机械工业勘察设计研究院有限公司
合作单位：北京华茂中天建筑规划设计有限公司
主创设计：史晓军
参与设计：王小牛、何佳霏、刘怡、崔羊羊、王小刚

项目为乙级综合体育馆，基地平面布置分为两大功能区：体育馆区和游泳训练馆区。项目是西北地区唯一的双螺旋网壳体育建筑、西北地区檐口最低的体育建筑、西北地区训练教学面积比率最高的高校体育建筑，也是第十四届全国运动会拳击馆的比赛场馆。

项目建设既符合竞赛标准，又满足训练要求，同时也是服务社会兼顾举行文娱活动的现代化体育场馆与符合学校发展要求的多功能报告厅。项目与环境有机结合，合理布局，巧妙设计，展现榆林毛乌素沙漠的雄浑气势。设计利用竖向铝镁锰板直立锁边分水槽、遮阳隔热格栅形成的韵律来展示波浪谷的特征纹理，展现榆林作为陕北重镇的地理风貌与文脉遗存。

栾勇鹏

职务：青岛市人防建筑设计研究院有限公司副总经理

职称：高级工程师

执业资格：国家一级注册建筑师

国家一级防护工程师

教育背景

1993 年—1997 年　青岛建筑工程学院建筑学学士

工作经历

1999 年至今　青岛市人防建筑设计研究院有限公司

社会职务

山东省人防工程专家　组成员

山东省人防工程标准委员会委员

青岛市规划协会地下空间专委会副会长

主要设计作品

人防工程

海信滨海购物广场人防工程

荣获：2011 年国家人防工程评优二等奖

百脑汇资讯广场人防地下室工程

荣获：2014 年国家人防工程评优一等奖

青岛国际啤酒城改造项目购物中心人防工程

荣获：2016 年青岛市优秀勘察设计一等奖

青岛城市地下空间资源综合利用总体规划

荣获：2017 年山东省优秀规划二等奖

2017 年青岛市优秀规划一等奖

青岛新机场人防工程控制性详细规划

荣获：2022 年山东省优秀城市规划设计一等奖

建筑设计

山东文化产业职业学院

中国海洋大学西海岸校区教工公寓

平度中杰时代广场安置房

平度市郑州路小学

平度市万汇产业园

东营金湖新城住宅小区

青岛高新区大数据产业园

蔚蓝创新天地 4B 地块

青岛锦盛体育培训中心

青岛平江学府

海琴广场——西广场

东营绿岛苏园

EPC 总承包

地铁 7 号线路人防设计

地铁 6 号线人防防护设备设计施工总承包

青岛市中山商城及龙山改造人防停车场 EPC 项目

规划、景观及 BIM

海尔无锡创智谷示范区景观设计

万达维多利亚湾核心景观带

平度市田庄镇污水厂及管网工程

新城·少海府邸室外景观及配套工程

研究成果

1. 主持编写《青岛高新技术产业新城区地下空间利用规划暨人防设计专项规划》
2. 主持编写《青岛城市地下空间资源利用总体规划》

青岛市人防建筑设计研究院有限公司成立于 1970 年，是一个具有雄厚人防建筑技术力量和建筑设计能力的现代化技术服务企业，涵盖建筑工程规划、设计，人防工程规划、设计，轨道交通人防防护设备设计、制造及安装工程总承包，人防工程施工图审查等业务。公司专业齐全，团队业务素质高、实践经验丰富、服务意识强，通过了 ISO9001：2015 质量管理体系标准认证，在业内具有较高的知名度和影响力。

公司结合行业发展，全面推进深化改革。一方面，深耕人防主业，大力推进人防信息化建设工程，公司设计的“青岛市 1903 工程”“莱西市 1701 工程”“青岛市 12501 工程”等 40 余个项目，以超前的理念和精细化设计获得人防主管部门和建设单位的高度认可。目前，公司与华为公司签订了战略合作协议，通过强化自主研发进一步提升信息化设计施工能力，助力公司全面布局人防信息化建设施工设计总承包工程。公司一直注重科技投入，自主研发新产品，合计科技立项 11 项，主要包含人防疏散体系中避难场所“可达性”研究、平度人防工程平战“零转换”课题研究、智慧停车项目的钢结构塔库结构设计研究、早期人防工程综合利用课题研究、人民防空地下室电站设计、专业队连通口设计课题研究、青岛市综合管廊工程人民防空设计标准研究、“山东省城市综合管廊兼顾人民防空设计规范”课题研究、利用早期人防工程建设数据中心课题研究、青岛市平战综合防护发展规划、青岛市早期人防工程综合利用研究。公司通过科研立项的研究开发，已获得实用新型专利 16 项。公司还与国内高校建立了良好的产学研合作关系，将知识产权应用到设计服务中，赢得了客户的一致好评。产学研相结合，既促进了知识成果的转化，又增加了公司的创新点和成果的技术含量，提升了公司的整体技术水平。另一方面，结合设计产业链上下游拓展转型，公司积极探索轨道交通人防防护设备设计、制造及安装工程总承包、设计施工总承包、施工图审查等业务，逐步从人防专业设计企业向综合设计企业转型升级。

公司秉承“精益求精，诚信专业；时时尽心，事事满意”的服务理念，为广大客户提供优质服务；在工作中坚持“严谨敬业、携手奉献”的工作精神，以前所未有的工作激情，树立服务意识，努力拼搏、开拓创新。

地址：青岛市崂山区苗岭路 36 号

国发中心

电话：0532-80909680

电子邮箱：13863993707@163.com

青岛国际啤酒城改造项目购物中心人防工程

Qingdao International Beer City Renovation Project Shopping Center Civil Air Defense Engineering

项目业主：上实发展（青岛）投资开发有限公司
建设地点：山东 青岛
建筑功能：人防工程
用地面积：227 675 平方米
建筑面积：64 162 平方米
设计时间：2014 年
项目状态：建成
设计单位：青岛市人防建筑设计研究院有限公司
主创设计：栾勇鹏、张刚涛、于磊、崔萍、郝春梅、徐庆、盖伟
参与设计：李晓旭、赵凯、徐刚、金琦、袁伟、李凯、李向楠

项目位于崂山区的政治、经济、文化中心，属金家岭金融中心的核心区。平时，集休闲、娱乐、停车于一体，缓解周边停车压力，繁荣市场经济；战时，集医疗、抢险、人员物资掩蔽于一体，对完善青岛市人防工程配套体系，增强青岛市在未来战时的综合防护能力有重要的意义。

山东文化产业职业学院

Shandong Cultural Industry Vocational College

项目业主：山东文化产业职业学院
建设地点：山东 青岛
建筑功能：教育建筑
用地面积：1 200 000 平方米
建筑面积：893 000 平方米
设计时间：2018 年
项目状态：在建
设计单位：青岛市人防建筑设计研究院有限公司
主创设计：姜培友、庄雨、栾勇鹏、台苑皓、孙浩、潘立虎、高鹤翔、孟凯、施文娟、范泽慧
参与设计：陈阳、刘增帅、齐小萌、安丹、陈洁、高克永、李桂萍、陈锦波、徐元丽、宋晋宇、杨苏、邢欣、韩伟、班丽静、宫钦磊、贾雯、蓝筱璐、刘敏、隋乃洵

项目是山东省第一所独立设置的专门为文化产业发展培养应用型人才的综合性高等院校，位于莱西市望城街道。建筑功能包括：图书馆、校行政办公用房、教室、实验室、教师办公用房、室内体育用房、师生活动用房、会堂、学生宿舍、教工单身宿舍、食堂、文化馆、后勤及附属用房。

海信滨海购物广场人防工程

Haixin Binhai Shopping Plaza Civil Air Defense Project

项目业主：青岛海信滨海置业有限公司
建设地点：山东 青岛
建筑功能：人防工程
用地面积：38 328 平方米
建筑面积：62 767 平方米
设计时间：2006 年
项目状态：建成
设计单位：青岛市人防建筑设计研究院有限公司
主创设计：栾勇鹏、赵凯、金琦、郝春梅、冯德香、张彬
参与设计：赵爱慧

项目位于地下二层，平时，为商业的配套停车场，设计时充分考虑了人防工程口部对地面环境以及景观的影响，风井、楼梯等口部均结合平时消防疏散楼梯或负一层下沉广场设置，完全融入建筑原有环境。作为 2008 年北京奥运会帆船比赛场配套项目，它是整个帆船比赛场片区的重要节点之一。考虑到工程所处的特殊地理位置及人流量，战时，其功能以人员掩蔽部为主，辅以少量物资库，对于完善帆船比赛场周边人防工程配套体系，增强青岛市在未来战争中的综合防护能力有重要的意义。

蔚蓝创新天地 4B 地块

Plot 4B of Blue Innovation World

项目业主：青岛蔚蓝天地置业有限公司
建设地点：山东 青岛
建筑功能：办公、酒店、商业建筑
用地面积：29 023 平方米
建筑面积：104 918 平方米
设计时间：2018 年
项目状态：建成
设计单位：青岛市人防建筑设计研究院有限公司
主创设计：姜培友、栾勇鹏、庄雨、陈阳、刘增帅
参与设计：李桂萍、宫钦磊、贾雯、蓝筱璐、刘敏、隋乃珣、邢欣、韩伟

项目位于青岛市城阳区，作为商业办公区域的补充，打造完整的城市界面及合理的商业配套设施。沿春阳路与荟城路的界面为主要的城市形象展示面，底层空间作为开放商业区，把界面还给城市。空中花园作为创意办公专享庭院，为业主提供自然风光。项目以高端创意园区的调性创造品牌价值及城市会客厅形象。它对于完善青岛市人防工程配套体系，增强青岛市在未来战时的综合防护能力有重要的意义。

青岛新机场人防工程控制性详细规划

Detailed Control Plan for Civil Air Defense Engineering at Qingdao New Airport

项目业主：青岛国际机场集团有限公司
建设地点：山东 青岛
建筑功能：人防工程
规划面积：6 793 800 平方米
设计时间：2022 年
项目状态：已审查
设计单位：青岛市人防建筑设计研究院有限公司
主创设计：栾勇鹏、潘伟、彭丽
参与设计：郑启智、庄永华

此次规划编制主要研究构建项目整体的人防工程综合防护体系，明确青岛新机场的航站楼、塔台、GTC（交通枢纽）、机场跑道、油库等为重要目标，针对该项目的综合性、复杂性和特殊性等突出问题，创新性地从功能控制、需求控制、指标控制等方面，围绕重要目标的战时防护需求，以构筑综合防护为目标，根据不同的功能片区提出不同的人防工程控制要求，全面系统地安排人防工程建设，为人防工程建设提供一个完整的工程配套指标体系和功能布局体系，并指导各功能片区人防工程建设，建立一个自成体系的防护片区。

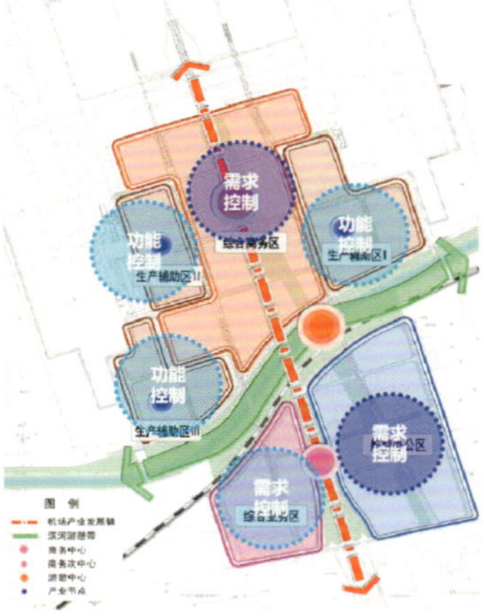

青岛城市地下空间资源综合利用总体规划

Overall Plan for the Comprehensive Utilization of Urban Underground Space Resources in Qingdao

项目业主：青岛市国防动员办公室
建设地点：山东 青岛
建筑功能：人防工程
规划面积：11 282 平方千米
设计时间：2015 年
项目状态：已批复
设计单位：青岛市人防建筑设计研究院有限公司
主创设计：栾勇鹏、潘伟、张刚涛、张松莉、彭丽、李向楠
参与设计：史杰杰、费瑜芯、万敏、庄永华、周兆勇、郑启智

项目设计创新性地提出了兼顾人防需要的“平战”融合的建设理念，提出了人防工程与地下公共设施建设相结合的防护原则和防护标准，通过功能相融、模式先进、规模适宜的防护技术措施，有效提高了城市综合防护能力。项目首次融合集成建设、合理经济的防护理念和技术方法，为兼顾工程的功能定位、开发模式、防护标准提供了科学依据。该项目研究理念先进、创新性强、成果丰富，解决了信息化条件下提高城市综合防护能力的技术难题，开创了融合式发展的新途径，填补了城市地下公共空间兼顾人防工程技术的空白，研究成果达到了国内领先水平。

廉大鹏

职务：深圳市建筑设计研究总院有限公司
第二分公司副经理、总建筑师
职称：高级工程师
执业资格：国家一级注册建筑师

教育背景
1999 年—2004 年　合肥工业大学建筑学学士

工作经历
2004 年至今　深圳市建筑设计研究总院有限公司

个人荣誉
2017 年深圳市勘察设计行业十佳青年建筑师

主要设计作品
漳州市医院高新区院区
荣获：2019 年广东省建筑设计奖一等奖
合肥市中心图书馆
荣获：2019 年广东省建筑设计奖一等奖
深圳梅丽小学腾挪校园
荣获：2019 年广东省科学技术奖科技创新专项一等奖
2019 年广东省建筑设计奖二等奖
南京江北新区市民中心
荣获：2019 年广东省建筑设计奖二等奖
汤山地质文化交流中心
荣获：2019 年广东省建筑设计奖二等奖
中国银行集团客服中心一期
荣获：2017 年全国工程建设项目优秀设计成果三等奖
开封建业大宏熙和府
荣获：2013 年全国人居经典方案竞赛建筑金奖
2012 年华人住宅与住区建筑设计奖
前海国际会议中心
荣获：2021 年广东省土木工程詹天佑故乡杯奖

个人专利
2018 年获得“一种梁柱结构及其多功能转换建筑”“一种预制凸窗结构”“装配式建筑结构”三项个人专利
2021 年获得“梁柱连接节点结构”个人专利
2021 年参与的科研课题获得中国钢结构协会的科技成果评价认证
2022 年获得“边梁结构及建筑”个人专利

主要论文著作
2022 年出版专著《城市中小学设计》
2021 年发表中国钢结构协会科技成果“GISN 装配式钢结构体系成套技术研究与工程应用”
2019 年发表《轻型钢结构装配式学校的设计实践——深圳梅丽小学腾挪校园》，载于《建筑技艺》

SZAD 深圳市建筑设计研究总院有限公司

深圳市建筑设计研究总院有限公司（简称 SZAD）始建于 1982 年，伴随着深圳经济特区的发展，从地区性的建筑设计院发展为立足深圳、布局全国、服务世界的城乡建设集成服务提供商。SZAD 拥有建筑行业（建筑工程）甲级、城乡规划编制甲级、工程咨询（建筑）甲级、市政行业（给水工程、排水工程）乙级、风景园林工程设计专项乙级等多项资质，是住房城乡建设部首批“全过程工程咨询试点企业”。服务范围包括建筑工程设计、城市规划编制、市政工程设计、风景园林工程设计、工程咨询、建筑工程监理、建筑科学技术研究、建筑新材料新技术推广和应用等领域。SZAD 在重庆、北京、武汉、合肥、成都、昆明、西安、海口、东莞、南昌、天津等地成立了分支机构，拥有超过 3 000 人的高素质专业人才队伍。

SZAD 把人才作为支撑创新发展的第一资源，不断推进人才发展体制创新，培养了一批懂技术、会管理、善经营、能拓展市场、起领头羊作用的高级管理人才。SZAD 拥有完善的人才梯队，其中包括中国工程院院士 1 人、全国工程勘察设计大师 1 人、广东省工程勘察设计大师 1 人、深圳市领军人才 3 人、海外高层次人才 1 人、教授级高级工程师 21 人、高级工程师 376 人、各类注册人员 331 人、各专业评审专家 70 余人。

深圳市建筑设计研究总院有限公司第二分公司综合三所（以下简称综合三所）是隶属于 SZAD 的一个综合设计团队，设计项目涵盖居住建筑、办公建筑、商业建筑、文化教育建筑、钢结构装配建筑、新型产业园区、医疗建筑、绿色低碳建筑等。综合三所团队由众多对建筑充满热情的设计师组成，在开放合作的平台下，坚持以诚为本的核心理念、活跃的设计思维、领先的流程管理、坦诚的合作精神、以成就客户为目标的理念，不断设计出富有创意的建筑作品，主持设计的诸多建筑已成为行业颇具影响力的精品工程。综合三所坚持“用心描绘价值与尊严”的核心价值观，秉承“打造特色、塑造品牌、营造和谐、创造价值”的经营理念，不断增强核心竞争力，为实现“成为国内领军的具有国际竞争力的城市建设方案供应商”而不懈努力。

地址：深圳市福田区振华路 8 号
设计大厦 16 楼 1618 室
电话：13410051692
网址：www.szad.com.cn

国际生物医药创新中心

International Biomedical Innovation Center

项目业主：广州国创投资开发有限公司
建设地点：广东 广州
建筑功能：办公建筑、商业建筑、公寓、酒店
用地面积：64 900 平方米
建筑面积：280 000 平方米
设计时间：2019 年
项目状态：在建
设计单位：深圳市建筑设计研究总院有限公司
设计团队：廉大鹏、夏光、赵百星、文荣、吴长华、王鹏林、侯学凡、罗家鑫、许欢、孙杨、黄跃、李扬

项目遵循“以人为本”的设计理念，充分考虑各地块间的交流互动，为人们提供多样的活动空间和景观休憩场所，促进彼此交流。东侧建筑为多层独栋办公建筑，首层通过景观台地与湖面连接，增强了公园和场地的流通性和渗透性。周边居民也可进入园区开放区域，激发园区活力。退台的设计手法可使人将周边景色尽收眼底，促进办公环境与周边环境的彼此融合。

建筑立面简洁明快，设计运用流畅的线条和绿色节能材料为园区提供开放、健康的办公环境。粗细不一的金属构件与不同透率的玻璃结合形成多层次的建筑表皮，把塔楼与裙楼巧妙地联系在一起。立面格栅丰富的虚实变化彰显尊贵大气的园区形象。

招商太子湾学校

China Merchants Crown Prince Bay School

项目业主：深圳市登峰置业有限公司
建设地点：广东 深圳
建筑功能：教育建筑
用地面积：15 755 平方米
建筑面积：20 000 平方米
设计时间：2018 年
项目状态：建成
设计单位：深圳市建筑设计研究总院有限公司
设计团队：廉大鹏、赵百星、吴长华、吴南华、侯学凡、刘文旭、文荣、刘宏波、龙玲

项目位于深圳市南山区蛇口南海大道以南，太子湾环路以西，太子湾六路以东，港湾大道以北。建筑地上 5 层，地下 1 层，是一座在高密度新片区中打造的国际化、多元化、开放化的新型校园。

根据国际学校的特征，建筑师提出适宜的空间组织模式，使建筑本身成为一个多功能集合体，在满足教学、生活需求的同时也容纳了交通功能。各组织既相互独立又彼此连通，最大限度地缓解交通压力。设计将交通与景观结合，在立体街巷上置入不同的活动场地，不仅丰富了空间的趣味性，也为学生提供了更多课间活动与讨论的空间，为学校营造了积极的交流氛围。

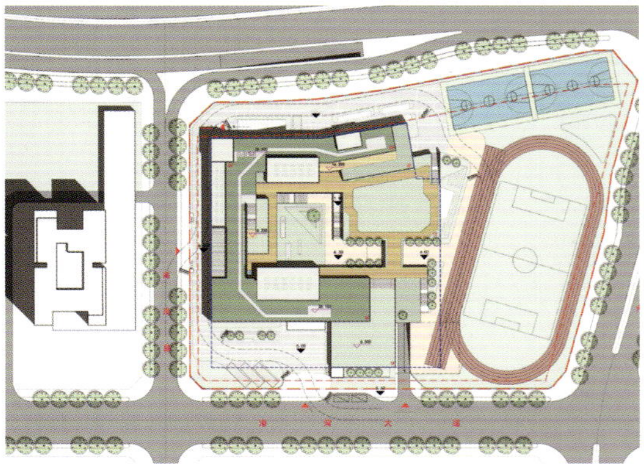

前海国际会议中心

Qianhai International Conference Center

项目业主：深圳市前海开发投资控股有限公司
建设地点：广东 深圳
建筑功能：会议中心
用地面积：24 300 平方米
建筑面积：40 500 平方米
设计时间：2019 年—2020 年
项目状态：建成
设计单位：深圳市建筑设计研究总院有限公司
设计团队：孟建民、杨旭、廉大鹏、赵百星、
黄海斌、徐昊、梅寒锐

项目由深圳市前海开发投资控股有限公司投资建设，位于前海十一单元 11-01-08 地块北部，紧邻 11-01-06 地块，南临前湾一路，东临怡海大道，西至鲤鱼门街，北至桂湾河南街，地处前海中心地带。项目包含会议厅、多功能厅、宴会厅、贵宾休息室、厨房、后勤服务区等功能设施。

建筑设计灵感来自中国传统建筑形式，以“薄纱”为设计理念，运用现代建筑设计手法进行演绎，以表达建筑轻盈飘逸之美。用现代材料彩釉玻璃屋面代替传统琉璃瓦屋面，由南向北舒展延伸，东西两侧百叶则缓缓下垂。建筑整体舒展大气，体现文化自信，既有中国传统韵味，又呼应深圳气候特征，符合时代特色。

深圳梅丽小学腾挪校园

Shenzhen Meili Primary School Transition Campus

项目业主：深圳市天健（集团）股份有限公司
建设地点：广东 深圳
建筑功能：教育建筑
用地面积：7 473 平方米
建筑面积：5 197 平方米
设计时间：2018 年
项目状态：建成
设计单位：深圳市建筑设计研究总院有限公司
设计团队：廉大鹏、赵百星、吴长华、刘宏波、王鹏林、侯学凡、张建军、李扬、吕均鹏、黄跃、黄海斌、刘贺兵、孙杨、黄志杰

深圳梅丽小学腾挪校园，教学规模为 33 个班级，可容纳约 1 700 名师生，是国内首次在一线城市中心城区采用轻型钢结构装配式建筑体系建造的教育建筑。校园由深圳市建筑设计研究总院有限公司与香港中文大学朱竞翔教授团队、香港元远建筑科技发展有限公司联合设计、共同研发，并聘请奥雅纳工程咨询公司计算复核。建筑具有建设周期短、空间品质高、节能环保、装配式可回收、可循环使用等创新性特点，且在建筑结构方面有较强的先进性，结构安全性经受了强台风“山竹”的考验。项目的各项数据指标，完全达到了“腾挪校园”模式的各项要求。

麦华

职务：广东省建筑设计研究院有限公司
总建筑师
职称：教授级高级建筑师
执业资格：国家一级注册建筑师
国家注册城乡规划师

教育背景
1992 年—1997 年　重庆建筑大学建筑学学士
2016 年　华南理工大学工学博士

工作经历
2020 年至今　广东省建筑设计研究院有限公司

个人荣誉
2003 年中国青年建筑师奖

主要设计作品
广州美术学院广州大学城校区
荣获：第七届中国土木工程詹天佑奖
2005 年广东省优秀工程勘察设计二等奖
广州国际商品展贸城
荣获：2011 年全国优秀城乡规划设计二等奖
2011 年广东省优秀城市规划设计二等奖
广州亚运城医院
荣获：第十届中国土木工程詹天佑奖
2013 年广东省优秀工程勘察设计二等奖
玉林文化艺术中心
荣获：2017 年全国优秀工程勘察设计三等奖
2017 年广东省优秀工程勘察设计二等奖
广东省人民医院白云院区
香港中文大学（深圳）医学院

林登

职务：广东省建筑设计研究院有限公司
第七建筑设计所副所长
职称：教授级高级建筑师
执业资格：国家一级注册建筑师

教育背景
1996 年—2001 年　重庆大学建筑学学士
2014 年—2017 年　华南理工大学建筑学硕士

工作经历
2001 年至今　广东省建筑设计研究院有限公司

主要设计作品
南海颐景园工程
荣获：2011 年全国优秀工程勘察设计三等奖
白云绿地中心
荣获：2015 年全国优秀工程勘察设计二等奖
横琴澳门青年创业谷
荣获：2017 年广东省优秀工程勘察设计二等奖
三水金融街金悦府
荣获：2022 年广东省土木工程詹天佑故乡杯奖
蓝湾智岛总部基地中心（二期）
荣获：2023 年广东省优秀工程勘察设计二等奖

黄志明

职务：广东省建筑设计研究院有限公司
第一设计所副总建筑师
职称：高级建筑师
执业资格：国家一级注册建筑师
国家注册城乡规划师

教育背景
2006 年—2009 年　湖南大学建筑学硕士

工作经历
2009 年至今　广东省建筑设计研究院有限公司

主要设计作品
佛山依云天汇 A21 地块
荣获：2015 年广东省优秀工程勘察设计三等奖
白云绿地中心
荣获：2015 年全国优秀工程勘察设计二等奖
愉景公馆
荣获：2022 年清远市优秀工程勘察设计三等奖
中国联通华南信息产业运营中心
荣获：2023 年广东省优秀工程勘察设计三等奖
琶洲海大集团总部大厦
金融城绿地鑫融广场

地址：广州市荔湾区流花路 97 号
电话：020-86681565
传真：020-86677463
网址：www.gdadri.com
电子邮箱：gdadri@gdadri.com

广东省建筑设计研究院有限公司始建于 1952 年，长期致力于为客户提供建筑、市政、规划专业一站式技术解决方案，坚持设计健康、安全、宜居宜业的现代人居发展空间，在守正鼎新、营造臻品的筑梦征程里，成功成为全国优秀勘察设计企业、科技先进集体、高新技术企业、当代中国建筑设计百家名院、广东省勘察设计行业领军企业、广州市总部企业，入选“中国工程设计企业 60 强”。2020 年公司转制为广东恒健投资控股有限公司成员企业；2021 年顺利完成混合所有制改革，目前正朝着 IPO 上市目标稳步前进。

罗志伟

职务：广东省建筑设计研究院有限公司
机场设计研究所副所长
职称：教授级高级建筑师

教育背景
1999 年—2003 年　广州大学建筑学学士

工作经历
2003 年—2004 年　中国工商银行广东省分行设计室
2004 年至今　广东省建筑设计研究院有限公司

个人荣誉
2011 年广东省建筑设计研究院优秀青年
2012 年广东省建筑设计研究院青年岗位能手

主要设计作品
东莞海德广场
荣获：2015 年全国优秀工程勘察设计二等奖
2015 年广东省优秀工程勘察设计一等奖
深圳机场新航站楼地面交通中心
荣获：2015 年全国优秀工程勘察设计二等奖
2015 年广东省优秀工程勘察设计二等奖
广东（潭洲）国际会展中心首期工程
荣获：2019 年全国优秀工程勘察设计二等奖
2019 年广东省优秀工程勘察设计二等奖
深圳机场卫星厅
荣获：2022 年广东省土木工程詹天佑故乡杯奖
2022 缪斯设计奖铂金奖
2023 年广东省优秀工程勘察设计一等奖

迟敬鸣

职务：广东省建筑设计研究院有限公司
第六设计所副所长
职称：高级建筑师
执业资格：国家一级注册建筑师

教育背景
1998 年—2003 年　华中科技大学建筑学学士
2005 年—2007 年　华南理工大学建筑学硕士

工作经历
2003 年至今　广东省建筑设计研究院有限公司

主要设计作品
广州万科江燕路项目
荣获：2017 年全国优秀工程勘察设计三等奖
河源市博物馆
荣获：2019 年广东省优秀工程勘察设计三等奖
珠海富山工业园第一小学
荣获：2021 年入选《新时代中小学建筑设计案例与评析》
广州荔湾爱莎国际学校
荣获：2021 年入选《新时代中小学建筑设计案例与评析》

蔡淳镔

职务：广东省建筑设计研究院有限公司
ACC 建筑创作室主任
职称：高级建筑师

教育背景
2016 年—2019 年　哈尔滨工业大学建筑学硕士

工作经历
2011 年至今　广东省建筑设计研究院有限公司

主要设计作品
赣州市综合文化艺术中心
粤剧艺术博物馆
荣获：2017 年全国优秀工程勘察设计二等奖
2017 年广东省优秀工程勘察设计一等奖
唐家第二工业区升级改造
荣获：2019 年国家城市设计试点城市珠海优秀项目奖及人气之星奖
2019 年广东省“三旧”改造优秀案例十大标杆
江门市档案馆
荣获：2019 年广东省注册建筑师协会广东省建筑设计奖
翠亨新区客运港片区综合开发
荣获：2019 年广东省注册建筑师协会广东省建筑设计奖

广东省建筑设计研究院有限公司现有中国工程勘察设计大师 2 名、广东省工程勘察设计大师 13 名、享受国务院政府特殊津贴专家 13 名。以国家勘察设计大师领衔的多专业技术团队，凭借多年深耕改革开放前沿阵地的文化自信和国际视野、覆盖工程建设全产业链的专业能力和管理经验、创新的理念、精湛的设计、周到的服务、周全的管控，在广东本土成功打造机场航站楼、体育场馆、科学装置、地下空间、医疗养老建筑、文化建筑、学校建筑、办公建筑、住宅建筑、城市更新改造、市政基础设施、环保处理、城市设计等大批高品质项目，市场占有率稳居领先地位。

深圳机场卫星厅

Shenzhen Airport Satellite Hall

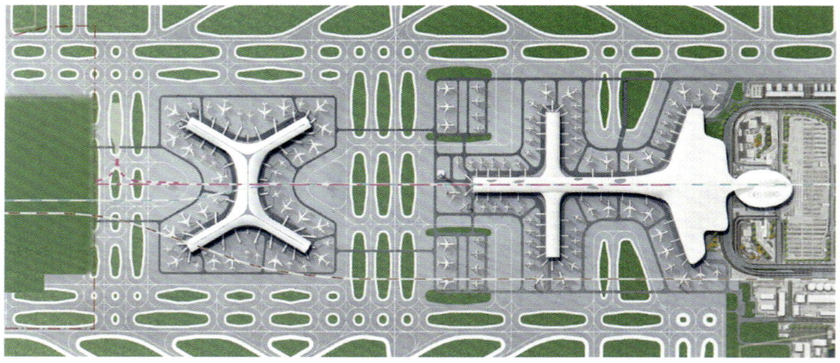

项目业主：深圳市机场股份有限公司
建设地点：广东 深圳
建筑功能：机场建筑
用地面积：163 100 平方米
建筑面积：240 000 平方米
设计时间：2017 年—2018 年
项目状态：建成
设计单位：广东省建筑设计研究院有限公司
合作单位：兰德隆与布朗、Aedas
设计团队：陈雄、罗志伟、陈艺然、林建康、区彤、周昶、罗赤宇、李村晓、黄日带、赖振贵、何花、谭坚、李琦真、张连飞、黄亦彬、戴朋森、郭林文、梁景晖、张艳辉、刘鹏

项目是深圳机场继 T3 航站楼后的又一个崭新的航站楼建筑，在建筑结构上，设计采用“X”形，内外布局紧凑，步行距离较短，机坪运行高效。建筑形态犹如蓄势待发的超级无人机，充满未来感和动感，彰显了卫星厅的个性。

在外形设计上，卫星厅采用椭圆柱的建筑形体，优雅大方。渐变的“飞鱼”遮阳百叶，使建筑具有鲜明的外观形象，与 T3 航站楼“和而不同”。玻璃幕墙和实体幕墙采用分层设计，创造一个开放、通透、明亮的候机空间，为旅客提供更好的景观资源。

在内部设计上，以“在机场、在旅行”为思想，通过引入更多的自然元素，创造丰富的空间环境，以“木色天花 + 白色墙面 + 暖色地面”为主调，打造一个现代与自然结合的鹏城新天地。

东莞市海德广场

Dongguan Hyde Plaza

项目业主：东莞市商业中心发展有限公司
建设地点：广东 东莞
建筑功能：酒店、办公、商业建筑
用地面积：51 200 平方米
建筑面积：217 000 平方米
设计时间：2006 年—2008 年
项目状态：建成
设计单位：广东省建筑设计研究院有限公司
设计团队：潘勇、陈雄、肖苑、黄科、李松柏、叶志良、钟世权、赖文彬、罗志伟、李健棠、陈高峰、郭林文、廖雪飞、李建俊、陈小辉

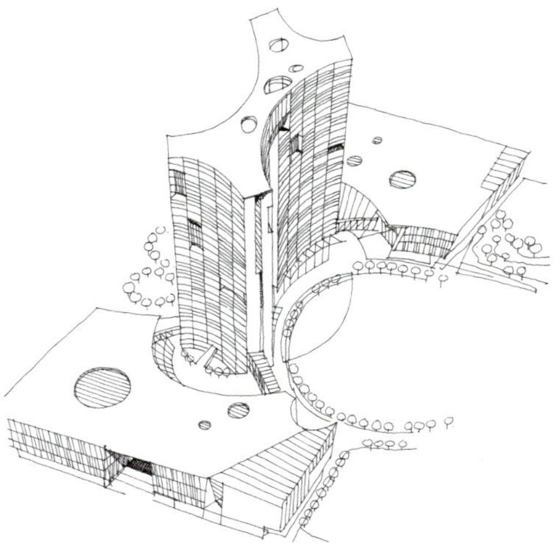

项目是一个集超五星级商务酒店、甲级写字楼、餐饮、会议、商业等功能于一体的大型商业综合体。建筑以地块中轴线展开布局，以对称的姿态与地块正对面的会展中心相呼应，使城市空间具有广泛的共融性。双“Y”形塔楼布局避免相互之间的视线干扰，建筑各种功能集约高效、分流合理。场地以中央圆形广场为“太阳”中心，各景观元素及设施以“光环”形式向外依次扩展。

建筑立面以“对称性”和“趣味性”相结合的姿态出现，以“对称性”呼应建筑群的轴线与整体城市空间，使建筑群与城市空间有很好的衔接并具有更广泛的关联性；以“趣味性”呼应商业建筑功能的多样性和复杂性。

赣州市综合文化艺术中心

Ganzhou Comprehensive Culture and Art Center

项目业主：赣州城投工程管理有限公司
建设地点：江西 赣州
建筑功能：文化建筑
用地面积：54 131 平方米
建筑面积：84 124 平方米
设计时间：2016 年
项目状态：建成
设计单位：广东省建筑设计研究院有限公司
设计团队：洪卫、陈朝阳、张小良、徐卫、蔡淳镔、林菲菲、廖雄、王晓楠、邱丽琴、黄志等

建筑布局借鉴章江与贡江的形态，建筑师巧妙地将大剧院、群众艺术馆与图书馆相互组合，使之成为赣州的文化之河。建筑内部设置内庭院，隐喻客家聚族而居、共生共享的传统生活空间，并演绎为现代文化生活的场所。项目主要特色如下。

1. 极简构筑文化高地。用简约精细的设计手法，将大空间和具有复杂功能的建筑整合成完整的城市公共文化设施。

2. 多维度城市融合。通过垂直绿化、广场、下沉庭院和室外庭院等景观设计，使文化艺术中心与周边环境相融合。

3. 结构与建筑形体结合。通过钢管桁架体系，实现大跨度屋盖的需求，既满足建筑大空间要求，又体现较好的经济性。

4. 数码肌理虚实结合。建筑外立面的竖向白色穿孔铝合金装饰条，采用数码集合影像的随机方形穿孔，在不同角度和位置得到不同的城市效果，素雅纯粹，彰显简洁。

珠海后环社区服务中心

Zhuhai Houhuan Community Service Center

项目业主：珠海高新文创投资有限公司
建设地点：广东 珠海
建筑功能：社区服务、文化建筑
用地面积：17 864 平方米
建筑面积：33 271 平方米
设计时间：2019 年—2021 年
项目状态：建成
设计单位：广东省建筑设计研究院有限公司
设计团队：洪卫、蔡淳镔、陈敬烨、潘颖、杨卓琼、张帆、袁宇鹏、乐李辉、赖定彬、何乃权、黎献纲、许汉彬、沈家宝、严国平

项目位于珠海市高新区唐家湾镇情侣北路与金云路交会处，以“便民、利民”为核心，引进“24 小时 ”特色便民服务业态，集“公共服务 + 社区消费”于一体，以文化教育为主题，功能涵盖社区商业、档案馆、图书馆、社区卫生服务中心、市民艺术中心、家庭综合服务中心、邮政所、残疾人康复托养所、微型消防站及新型菜市场等。

项目以“回旋艺社”为理念，创造了多种灵动、开放、交融的公共活动场所，便利的社区服务功能和文化设施，成为社区重要的公共交往空间。项目落成后，全天候开放的架空层、草坡、平台、观光屋顶为市民创造一个可以远眺城市公园、领略夕阳西下、欣赏街头艺术、品味美食、汲取艺术养分的休闲邻里中心。

白云绿地中心

Baiyun Greenland Center

项目业主：绿地集团广州公司　　建设地点：广东 广州

用地面积：39 700 平方米　　建筑面积：290 000 平方米

设计时间：2011 年—2012 年　　项目状态：建成

设计单位：广东省建筑设计研究院有限公司

设计团队：林登、文健、李宁、曾琳、梁志红、王华林、张敏姿、陈旭、何花、张赡、黄志明、甄庆华

设计尊重广州白云新城城市设计，依托由东侧白云山和北侧儿童公园组成的景观环境，打造一座高 200 米的城市商业综合体。

“云山秀塔”场景，塔楼由 55 米 ×35 米的长方形平面切角生成，通过形体收分、水平遮阳片、隐式通风器和角部飞翼等手法，将低区公寓分体空调外机位水平百叶线条强化，形成秀美挺拔的形态，是白云新城规划的最高建筑。

“竖向环游”场景，受限形成直线形商业主轴后，创新地利用竖向空间打造“竖向环游”动线，对景儿童公园、借景白云山、造景下沉庭院。空间通过宽窄、高低等变化，串联起零售、美食、影院、运动等多种业态。

岭南文化创意产业园

Lingnan Culture Creative Industrial Park

项目业主：广东粤新文化产业投资有限公司
建设地点：广东 肇庆
建筑功能：产业园
用地面积：160 000 平方米
建筑面积：350 000 平方米
设计时间：2022 年—2024 年
项目状态：在建
设计单位：广东省建筑设计研究院有限公司
设计团队：林登、张曦、巫仲强、陈劼、苏彦捷、李佳丽、任和、谢一可、郭达文、陈蛟龙、李清宏、江贵茹、卢佑波等

设计尊重肇庆与北江地理文化，传承新华传媒集团企业文化理念，把广东省中小学生教材教辅集散中心与新华印刷园区整合，将项目打造为粤港澳大湾区集“生产、研发、展示、体验和配套服务”等出版功能于一体的文化产业龙头示范园区。

“阅读山海，著书成策”，滨江区把 5 栋建筑作为整体考虑，整体造型沿江水平展开，仿若由一部部“经拆装”的书籍堆叠而成。物流中心与印刷中心分别以“端砚凝粹”“竹纸素练”为主题，提取符合地方文化与传统文化的元素作为建筑形态的主体。园区景观规划在满足物流与生产交通的基础上，用“瀚墨沁心，书香溢园”的理念进行平面设计，为园区实现文化创意产业功能创造优质的环境。

广州荔湾爱莎国际学校

Guangzhou Liwan Aisha International School

项目业主：广州爱莎岭南教育投资有限公司
建设地点：广东 广州
建筑功能：教育建筑
用地面积：46 000 平方米
建筑面积：65 000 平方米
设计时间：2020 年—2022 年
项目状态：建成
设计单位：广东省建筑设计研究院有限公司
主创设计：迟敬鸣、汪宁、范小周、肖键键、刘坡军、刘伟、谢金龙、刘史韬、郑锐强、陈立章、贺成成、陈淋、贺晶晶、王春晓、黄泽伟、韦佳慧、李小会、邱春霞、吴嘉杰、陈曼莎

项目是一座具有岭南特色的国际学校，从岭南风情中提取建筑景观元素规划从南往北依次布置小学、中学、综合楼、幼儿园、宿舍楼等；其中综合楼围绕 400 米球场呈半环抱式布局，室内布置有标准恒温泳池、篮球馆、图书馆、多功能厅、餐厅等公共设施。

设计力求打造兼具开放性、兼容性、多元性，继承优秀传统文化，吸收有益外来文化的国际学校。项目突出岭南建筑特色，结合骑楼空间，底层架空形成连廊。园林景观融入建筑庭院，水秀花香引入建筑各层空间。教学庭院中的岭南风情建筑与现代化的教学楼交相呼应，相得益彰。

河源市博物馆

Heyuan City Museum

项目业主：河源市文化广电新闻出版局
建设地点：广东 河源
建筑功能：文化建筑
用地面积：16 000 平方米
建筑面积：8 000 平方米
设计时间：2015 年—2017 年
项目状态：建成
设计单位：广东省建筑设计研究院有限公司
主创设计：迟敬鸣、徐达明、许振刚、张守林、罗谨、陈伟煌、谢金龙、苏云龙、范小周、赖定彬

设计充分考虑与现有龟峰塔、恐龙博物馆以及龟峰公园环境的和谐统一，结合现有地形地貌，形成与山体融为一体的覆土绿色建筑，展示河源客家地域文化特色。

项目建筑风格将现代化与地域性相结合，建筑设计遵循朴素、典雅、庄重的原则，符合其功能特性。建筑充分考虑与恐龙博物馆及龟峰塔的相互联系，屋顶绿化与山体做到无缝连接，将原山体景观小路引入屋顶，延伸了山体绿化；在西北侧布置绿化坡道，与原山路、恐龙博物馆相连。

星河发展大厦

Xinghe Development Building

项目业主：广州星泰房地产开发有限公司
建设地点：广东 广州
建筑功能：商业、办公建筑
用地面积：6 804 平方米
建筑面积：63 070 平方米
设计时间：2019 年
项目状态：建成
设计单位：广东省建筑设计研究院有限公司
设计团队：黄志明、陈赟、曾琳、李宁、陈向荣、袁永志、石挺家

项目设计在遵守城市规划导则的原则下，通过塔楼错位形成两个体块相互咬合的立面造型，构筑高端独特的总部办公大楼形象。裙楼通过多个“盒子”叠加至塔楼中端，与塔楼形成有序过渡的关系，使建筑造型逻辑清晰、完美统一。

错位的裙楼体量形成丰富的屋顶景观退台空间，为大楼使用者营造舒适的休闲观景场所。叠级退台弱化近人尺度的建筑体量，减弱大体量建筑对城市空间环境的压迫感与视觉冲击。首层设置建筑骑楼、建筑通廊等公共空间，并打通南北侧市政道路与河涌的联系，创造区域地块的慢行系统，为市民提供舒适快捷的步行环境。

中国联通华南信息产业运营中心

China Unicom South China Information Industry Operation Center

项目业主：中国联合网络通信有限公司广东省分公司
建设地点：广东 广州
建筑功能：商业、办公建筑
用地面积：34 478 平方米
建筑面积：39 000 平方米
设计时间：2019 年
项目状态：建成
设计单位：广东省建筑设计研究院有限公司
设计团队：曾琳、黄志明、陈向荣、冯智良、李宁、陈旭、蓝优生、胡运检、刘耀华、杨一洋、管海鸿、张淳 、李剑、袁永志、余洋、张嘉龙、朱斌、黎宝林、黄婉芬、翁泽松

项目以天河公园及地块内保留的山体为设计背景，结合岭南传统院落的设计理念，其主楼由四个高低错落的建筑围绕庭院布置，用回廊及风雨连廊把建筑的各部分串联起来。建筑顺应场地形成自由的布局，与中间自然山丘建立内在关联，并将自然景色引入办公空间，使场地记忆融入工作场景。

框形幕墙构件是外立面的主要造型元素，营造简练典雅的造型效果；同时构成水平和垂直遮阳系统，有效地阻挡太阳辐射。外立面结合幕墙竖向构件设置隐藏式通风扇，通风扇外侧设置岭南满洲窗风格的穿孔铝板装饰构件，既保证了室内的通风效果，又不影响建筑外观。

项目充分结合自身的场地特征，并考虑与外部城市空间的互动，与古为新，在建筑肌理与建筑空间上实现传统与现代的融合，并具有良好的社会效益和经济效益，成为老城区更新改造的一个极具示范性的项目。

广东省人民医院白云院区

Baiyun Hospital Area of Guangdong Provincial People's Hospital

项目业主：广东省人民医院
项目地点：广东 广州
建筑功能：医疗建筑
用地面积：26 000 平方米
建筑面积：254 000 平方米
设计时间：2021 年至今
项目状态：方案深化
设计单位：广东省建筑设计研究院有限公司
主创设计：麦华、陈雄、陈宇青、郑雪菲、夏莉滨、郭若梅、林玲宇

项目以“生机盎然的绿叶”为设计构思，底部裙房四面缩进弓成弧线，各角顺势伸展，其上承托着四栋叶子般轻盈的塔楼。裙楼被中央医疗街划分成医技楼和门诊楼两大块。院区延续城市肌理，打造景观及视线通廊。项目用地集约，交通复杂，采用“多首层、多入口”的设计手法，在地下形成停车落客带，有效疏解院区交通压力。建筑面向白云山和城市道路进行多层级退让，将生态环境自然地渗透到立面上和内庭中。项目以优雅舒展的形态、自然有机的景观、开放贯通的空间呈现了鲜活的生命力，成为人们的疗愈之所和白云新城的健康地标。

海口江东新区智慧综合基地

Haikou Jiangdong New Area Smart Comprehensive Base

项目业主：海口江东新区城市投资有限公司
项目地点：海南 海口
建筑功能：综合建筑
用地面积：2 631 平方米
建筑面积：5 462 平方米
设计时间：2022 年至今
项目状态：施工图完成
设计单位：广东省建筑设计研究院有限公司
主创设计：麦华、郑雪菲、林玲宇、郭若梅、黄泺槐

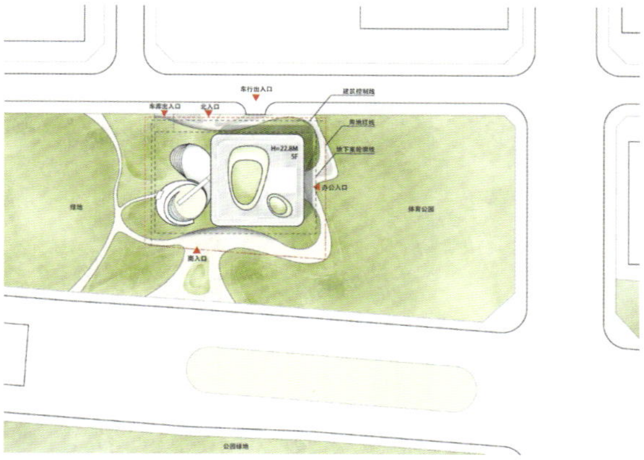

项目位于海口江东新区起步区的城市绿地中，是这一地区的门户标志和创新象征。智慧综合基地兼顾开放性和保密性，截然不同的两种特性在建筑上展示得淋漓尽致，成为一个向城市开放的场所，一个展示科技智慧的图腾之地。建筑按功能划分为开放空间和封闭空间两部分：一个是由市民服务大厅、支持空间构成的开放基座，另一个是包含数据基础设施空间、内部办公区、指挥中心的不透明立方体。独特的立方体被像素化立面包裹，采用双层表皮，起到通风遮阳作用，形成应对热带气候的温度缓冲层。面向不断变化的现代城市需求，设计师将该项目构建成一个生态开放、科技创新的智慧建筑形象。

毋剑平

职务：中国建筑科学研究院有限公司建研科技建研设计院程绍革工作室副主任
职称：研究员
执业资格：国家一级注册建筑师
注册咨询工程师（投资）

教育背景
2000 年—2003 年　中国建筑科学研究院硕士

工作经历
2003 年至今　中国建筑科学研究院有限公司

主要设计作品
北京天文馆（老馆）改造
鸿立大厦加层改造
北京青年政治学院教学楼改造
某宾馆安全改造工程
北京航空航天大学改造工程

严焯玲

职务：中国建筑科学研究院有限公司建研科技建研设计院一所建筑师
职称：工程师

教育背景
1995 年—2000 年　河北建筑工程学院建筑学学士

工作经历
2003 年—2008 年　北京中华建规划设计研究院有限公司
2009 年—2019 年　北京墨臣工程咨询有限公司
2020 年至今　中国建筑科学研究院有限公司

主要设计作品
天颐津城
北京京能电建·洺悦湾
北京牡丹宾馆改造加固工程
国家网球中心南广场廊桥项目
浙江嘉兴中山影城改造提升项目
北京航空航天大学改造工程

中国建筑科学研究院有限公司
China Academy of Building Research

中国建筑科学研究院有限公司（简称中国建研院）成立于 1953 年，原隶属于建设部，2000 年由科研事业单位转制为科技型企业，隶属于国务院国有资产监督管理委员会，是建筑行业综合性研究和开发机构，是建设行业博士、硕士学位授予点，建有土木工程博士后科研流动站，拥有院士、设计大师、数百名各领域知名专家和一大批优秀人才。中国建研院以建筑工程为主要研究对象，致力于解决我国工程建设中的关键性技术问题，负责编制与管理我国主要的工程建设技术标准和规范，开展行业所需的共性、基础性、公益性技术研究，承担国家建筑工程、空调设备、建筑节能等质量监督检验和测试任务。近年来，中国建研院又加大了绿色建筑技术、新能源应用技术、智能化集成技术等方面的研究与开发力度。多年来，中国建研院科研成果丰硕，为推动中国建设事业的科技进步做出了突出贡献。中国建研院加大创新力度，不断研发新技术、新产品，充分发挥综合技术优势，综合实力显著增强，形成了集科研与标准、建筑工程咨询与服务、规划与建筑设计于一体的多元化发展格局。

地址：北京市朝阳区北三环东路 30 号
中国建筑科学研究院 C 座 12 层
电话：13910603152
网址：www.cabr.com.cn

北京航空航天大学改造工程

Beijing University of Aeronautics and Astronautics Renovation Project

改造前

项目业主：北京航空航天大学
建设地点：北京
建筑功能：教育、办公、综合建筑
建筑面积：29 804 平方米
占地面积：5 971 平方米
设计时间：2020 年—2021 年
项目状态：建成
设计单位：中国建筑科学研究院有限公司
项目负责：毋剑平、白雪霜
设计团队：严焯玲、赵倩鑫、罗开海、保海娥、张兵、王寰、景跃、吕润泽、胡小雨、郑一鑫、王璐璇等

改造后

主楼群为砖混结构，平面呈对称的“U”形，1956 年建成并交付使用。2007 年主楼群被列入北京市第一批优秀近现代历史保护建筑。

此次改造包括结构加固、室内外装修、水暖机电设备系统更新。如何在保留历史记忆的前提下完成建筑的现代化变身成为项目团队的设计主题。经过深入的现场踏勘，掌握建筑结构现状后，项目团队对建筑结构做补足设计：尊重原有特点，结构加固不改变原有建筑布局。项目团队在建筑风貌上秉持“修旧如旧”的理念，最大限度地保持建筑外立面的比例尺度及立面风格，通过原有石材清洗矫色、真石漆仿砖表皮等方式提升外立面质感；同时，优化空间功能，增加公共空间，为共享、交流提供可能；增设先进设备设施，满足现代化教学需求。

改造后的主楼群旧貌换新颜，功能定位为现代教育教学中心，成为集课堂教学、交流研讨等为一体的多元化、专业性教学空间。

中国建研院空调楼光电建筑改造

Renovation of Optoelectronic Building in Air Conditioning Building of China Construction Research Institute

项目业主：中国建筑科学研究院有限公司
建设地点：北京
建筑功能：办公建筑
建筑面积：2 850 平方米
设计时间：2021 年
项目状态：建成
设计单位：中国建筑科学研究院有限公司
项目负责：李博佳、薛明、肖艳
设计团队：薛明、王军、齐娟、王聪辉、张莓、吕润泽、周宣彤、岳永兴、陶轶男等

项目始建于 20 世纪 70 年代中期，之后陆续对其进行过装修改造，但基本外形还保留原建筑的样貌，因为这代表着中国建研院的历史。此次改造的初衷是做一次尝试，在满足既有建筑基本功能需求的同时，探索现代光电技术与历史风貌的有机融合。项目运用国际领先水平的建筑光伏技术，打造产品研究示范基地，形成集科研、展示、体验等功能于一体的综合实验平台。

项目通过光伏发电满足建筑自身用电需求，同时还向周边建筑输送能源，室外充电桩也可消化光伏产生的多余电量，并可根据光伏的发电功率调整充电桩的充电功率。这里不仅是未来科技的示范区（玻璃幕墙是可以发电的设备），还是光伏直流技术示范区（会议室的灯、空调、冰箱、插座都使用直流电）。这既是一次技术上的创新，也是一次利用太阳能实现零碳建筑的有益尝试。

改造前

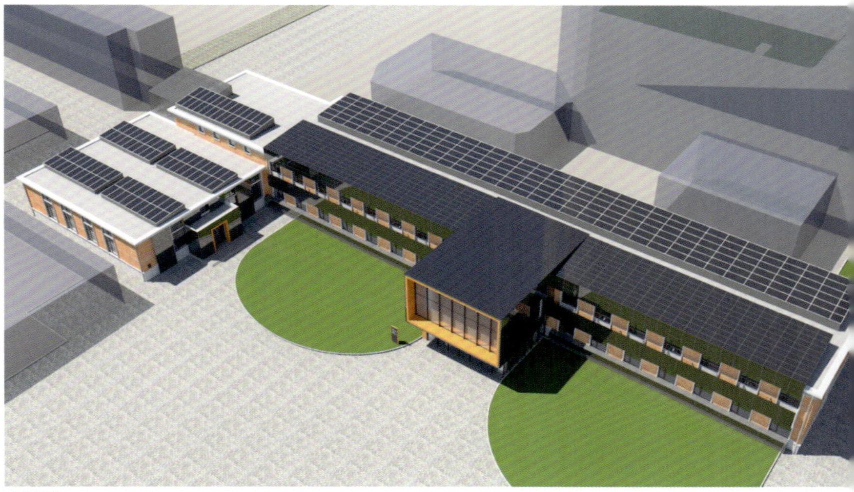

改造后

某宾馆安全改造工程

Safety Renovation Project of A Certain Hotel

建设地点：北京
建筑功能：办公、宾馆、餐饮、会议建筑
用地面积：5 490 平方米
建筑面积：19 448.5 平方米
设计时间：2018 年—2019 年
项目状态：建成
设计单位：中国建筑科学研究院有限公司
合作单位：凯基鼎世建设发展有限公司
项目负责：肖艳、白雪霜
设计团队：毋剑平、齐娟、郑东泉、张兵、王寰、景跃、徐丽暖、谢勇斌、吴华宇等

项目主体建筑始建于 1955 年，历经多次改建、扩建形成现有的规模。在此次改造前项目已停业长达 8 年。此次改造的主要内容有建筑节能改造、结构抗震加固、建筑内外装修、设备升级改造、消防工程改造、电力增容改造、热力升级改造、市政小设施改造等。方案通过改变结构体系，彻底消除该宾馆原结构体系混乱、抗震能力不足的安全隐患；同时对消防设备设施进行全面的更新、升级，彻底消除消防安全隐患。

此次工程改造特别注重建筑本身历史文化的延续。外立面采用干挂陶砖以展现原建筑的清水砖墙效果；窗槛墙镶嵌凸起的雕花，部分恢复原来的外立面效果，与周边建筑风格保持协调一致，维持原有街区形象与整体效果。内装修设计分别从装修材料、色彩、效果、物理环境等多个方面展开深化研究，突显室内空间的庄重沉稳与精致细腻。在经过内外装修改造后，项目成为集办公、会议、宾馆等诸多功能于一体的综合性建筑。

改造前

改造后

潘磊

职务：启迪设计集团股份有限公司
科技产业研究中心主任、主持建筑师
职称：工程师

教育背景
2006 年—2011 年　南京工业大学建筑学学士
2011 年—2014 年　南京工业大学工学硕士

工作经历
2014 年至今　启迪设计集团股份有限公司

个人荣誉
苏州市 2019 年重点产业紧缺专业人才
苏州市 2020 年紫金人才文化优青

主要设计作品
阳澄国际电竞馆
苏州科技城外国语学校附属幼儿园（玉屏路校区）
浙商银行苏州分行办公楼
长三角数字金融数据中心

付长赟

职务：启迪设计集团股份有限公司高级主创建筑师
职称：工程师

教育背景
2007 年—2012 年　大连理工大学建筑学学士

工作经历
2018 年—2023 年　启迪设计集团股份有限公司

主要设计作品
苏州科技城外国语学校附属幼儿园（玉屏路校区）
荣获：2023 年苏州市优秀工程勘察设计一等奖
安元路幼儿园
荣获：2023 年苏州市优秀工程勘察设计二等奖
费家村小学
荣获：2019 年江苏省土木建筑学会建筑创作奖二等奖

黄豪

职务：启迪设计集团股份有限公司主创设计师
职称：工程师

教育背景
2009 年—2014 年　南京工业大学建筑学学士
2014 年—2017 年　南京工业大学工学硕士

工作经历
2017 年至今　启迪设计集团股份有限公司

主要设计作品
阳澄国际电竞馆
荣获：2018 年江苏省土木建筑学会建筑创作奖二等奖
2020 年苏州市优秀工程勘察设计二等奖
2020 年江苏省优秀工程勘察设计二等奖
2020 年江苏省优秀工程设计三等奖
翼鸥产业园
荣获：2021 年江苏省土木建筑学会建筑创作奖二等奖
苏州狮山公园配套建筑
荣获：2021 年江苏省土木建筑学会建筑创作奖一等奖

王思睿

职务：启迪设计集团股份有限公司主创设计师
职称：工程师

教育背景
2010 年—2014 年　西安建筑科技大学建筑学学士
2014 年—2017 年　西安建筑科技大学建筑学硕士

工作经历
2017 年至今　启迪设计集团股份有限公司

主要设计作品
苏州影视产业园配套人才公寓
荣获：2018 年江苏省土木建筑学会建筑创作奖一等奖
苏州国际科技园 1 期、4 期载体提升工程
荣获：2022 年苏州市优秀工程勘察设计一等奖
元和 A35 研发办公产业园
荣获：2023 年苏州市优秀工程勘察设计一等奖
金尚路总部园区
荣获：2023 年苏州市优秀工程勘察设计二等奖

地址：苏州工业园区旺茂街 9 号
电话：0512-65150174
网址：www.tusdesign.com
电子邮箱：campus@tusdesign.com

启迪设计集团
Tus-Design Group

启迪设计集团股份有限公司创建于 1953 年，是一家以覆盖人居环境全过程的投融资、咨询、设计、建造、运维等多元化全产业链集成服务为核心，以“全过程咨询 + 工程建设管理 + 双碳新能源 + 城市更新 + 数字科技”五大板块为支撑的城乡建设科技集团。

苏州科技城外国语学校附属幼儿园（玉屏路校区）

Suzhou Science and Technology City Foreign Language School Affiliated Kindergarten (Yuping Road Campus)

项目业主：苏州科技城社会事业服务中心
建设地点：江苏 苏州
建筑功能：教育建筑
用地面积：12 700 平方米
建筑面积：15 500 平方米
设计时间：2020 年—2021 年
项目状态：建成
设计单位：启迪设计集团股份有限公司
主创设计：科技产业研究中心

"儿童通过与环境的互动和适应来建立认知结构"——让 · 皮亚杰（Jean Piaget）

如何充分利用好场地的景观优势，在山脚下搭建一所融于自然环境的"积木小屋"，加强它与环境的互动，成为团队的设计出发点。设计师尝试采用散布式布局弥补场地劣势，教学活动单元由南往北错位排开，通过组合、扭转争取良好朝向。各单元两两围合成的活动庭院，可提供丰富的活动空间，消除室内外的界限，加强幼儿与环境的互动，同时将学习、生活、游乐、探索的空间相互融合，塑造一个体量亲切、功能丰富、充满趣味的快乐学园。

设计尊重地域特色，以传统苏式坡屋面为原型推演变化，起伏的屋面与延绵的山体相呼应。若干个坡屋顶小房子置入场地，起伏曲折的屋面联动相应的活动功能，拆分大的建筑体量，形成一个个错落的"积木小屋"。

阳澄国际电竞馆

Yangcheng International Esports Hall

项目业主：苏州市高铁新城产业园发展有限公司
建设地点：江苏 苏州
建筑功能：电竞演播厅
用地面积：21 800 平方米
建筑面积：9 500 平方米
设计时间：2018 年
项目状态：建成
设计单位：启迪设计集团股份有限公司
主创设计：科技产业研究中心

设计构思来源于电子竞技中的“能量原石”理念，在总体布局上结合景观向心布置，使建筑迸发“能量”。设计旨在契合电竞行业的先锋、竞技特点，同时融入高铁新城快速发展的城市风貌，成为环秀湖畔、高铁线旁的标志性建筑。

城市尺度下，建筑体量在场地中以巨石形象散落其中，其整体形态犹如在环秀湖边散落的石块。满足赛事直、转播要求的、符合声学设计及舞美设计的半圆形演播厅为其内核。建筑在形式上纯净简洁，上部外表银灰色铝板包覆至屋面，双曲面铝板随形体扭转形成“原石”灵动漂浮的造型意象，曲线的扭转与不远处的苏州高铁北站的形态、线性方向的高铁线相呼应；下部为玻璃幕墙，相较于上部更为通透轻盈，与大厅功能相结合，凸显了上部的漂浮体量。

轻盈灵动又充满力量的雕塑般建筑形式，一方面体现了高铁站区与环秀湖片区自然融合协调发展的面貌，另一方面也展现出建设高铁新城日新月异的高铁速度。

苏州市立医院康复医疗中心

Suzhou Municipal Hospital Rehabilitation Medical Center

项目业主：苏州市立医院
建设地点：江苏 苏州
建筑功能：医疗建筑
用地面积：25 600 平方米
建筑面积：70 200 平方米
设计时间：2018 年—2020 年
项目状态：建成
设计单位：启迪设计集团股份有限公司
主创设计：科技产业研究中心

项目位于苏州市姑苏区广济路姑苏城外护城河边，为苏州市广济医院旧址，是一块狭长、不规则洼地。项目北侧毗邻苏州火车站，东南面是滨河绿化带及护城河，风景优美。因项目用地位于古城区特殊节点，地块设计条件近乎苛刻。如何在严苛的设计条件下，布局一个既尊重城市肌理，又满足苏州市立医院建设规模及康复疗愈需求的建筑，同时处理好医疗建筑复杂的流线关系，是本次设计的难点和重点。

建筑整体上呈两个高低体量并行布置，用足规划限制高度，布局尽可能地顺应地形伸展开来，使房间更易获得充足的日照，拥有最开阔的护城河景观视野，同时形成中轴对称的建筑形态。建筑形式从苏州传统建筑中提取灵感，并结合现代的处理方式将其优化。苏式韵味藏于建筑的意形之间，与古城风貌和谐相融。

费家村小学

Feijiacun Primary School

项目业主：苏州市姑苏区教育体育和文化旅游委员会
建设地点：江苏 苏州
建筑功能：教育、科研建筑
用地面积：21 000 平方米
建筑面积：23 200 平方米
设计时间：2016 年—2017 年
项目状态：建成
设计单位：启迪设计集团股份有限公司
主创设计：科技产业研究中心

项目在进行设计时秉持这一教育理念：提倡以兴趣为主导，鼓励儿童自我发现式学习与个性释放。将完整的校园空间按照活跃程度分为三类：秩序、兴趣、释放，它们分别对应基本教学空间、多样有趣的交流空间、运动游戏的空间。

交互空间：非功能空间在学校建筑中占举足轻重的地位。在校园中打造趣味丰富的交互空间，并且以“盒子”的形式错落设置，使空间个性更加突出。

色彩运用：本次设计选择橙色作为主题色，旨在营造充满活力、积极阳光的校园氛围。

安静的学习院落：在教学区通过围合一个又一个的院落空间打造安静的学习院落，体现“秩序空间”的空间个性。

流线设计：运动区即“释放”空间，属闹；教学区即“秩序”空间，属静；中间的“兴趣”空间起到了既联系又阻隔的作用。设计师们着重考虑了学生出操、中午吃饭等瞬时流量较大的情况，设置了宽阔的通过空间。

浙商银行苏州分行办公楼

Zhejiang Commercial Bank Suzhou Branch Office Building

项目业主：浙商银行股份有限公司苏州分行
建设地点：江苏 苏州
建筑功能：办公建筑
用地面积：8 700 平方米
建筑面积：42 700 平方米
设计时间：2016 年—2017 年
项目状态：建成
设计单位：启迪设计集团股份有限公司
主创设计：科技产业研究中心

项目位于苏州市湖东 CBD，与相邻地块的南京银行、邮储银行联合开发。

为彰显本案的独特性，建筑东立面塔楼居中布置，形成仪式感和标志性较强的对称界面，以建筑语汇突出浙商银行的企业形象。

裙房通过开敞的中心庭院，优化采光和通风效果，同时为使用者打造休憩、交流的场所，营造一个公开透明、为客户服务的良好氛围；裙楼屋顶花园与中心庭院相互对景、相互渗透，加强了空间的连续性与共享性。

建筑塔楼空间引入“垂直园林”的理念，在东侧每隔三层设置一个空中花园，花园景观取自苏州园林意象，设计“雾涧听松”“竹坞观石”“兰亭问泉”“溪桥望莲”四个不同的场景主题，使内部办公人员身处现代化办公场所，依然能感受小桥流水的悠闲与惬意，外部行人身处林立的高楼之间，亦可以在此驻足纵览园林景观。

任丹东

职务：杭州市城建设计研究院有限公司副总建筑师
　　　建筑第三分院常务副院长
　　　浙江省综合评标专家
　　　浙江省土木建筑师分会常务理事
职称：教授级高级工程师
执业资格：国家一级注册建筑师

教育背景
1995 年—2000 年　重庆建筑大学建筑学学士

工作经历
2000 年至今　杭州市城建设计研究院有限公司

个人荣誉
杭州市首届十佳优秀青年建筑师

主要设计作品
浙江节能环保科研开发（孵化）综合大楼
荣获：2009 年全国优秀工程勘察设计二等奖
杭政储出（2007）69 号地块
荣获：2019 年全国优秀工程勘察设计三等奖
重庆忠县电竞场馆及配套设施项目
荣获：2020 年浙江省优秀工程勘察设计二等奖

王小红

职务：杭州市城建设计研究院有限公司副总建筑师
　　　建筑第二分院副院长、消防咨询中心副主任
　　　浙江省综合评标专家
职称：教授级高级工程师
执业资格：国家一级注册建筑师

教育背景
1989 年—1994 年　浙江大学建筑学学士

工作经历
1994 年至今　杭州市城建设计研究院有限公司

主要设计作品
杭政储出（2013）116 号地块商业用房
荣获：2019 年浙江省优秀工程勘察设计一等奖
　　　2019 年杭州市优秀工程勘察设计二等奖
余杭文化艺术中心一期
荣获：2020 年浙江省优秀工程勘察设计一等奖
　　　2020 年杭州市优秀工程勘察设计一等奖
杭州市上城区行政中心及科技文化馆
荣获：2021 年浙江省优秀工程勘察设计二等奖
　　　2021 年杭州市优秀工程勘察设计二等奖

杭州市城建设计研究院有限公司
ARCHITECTURAL & CIVIL ENGINEERING DESIGN INSTITUTE CO.,LTD. HANGZHOU CHINA

杭州市城建设计研究院有限公司（以下简称公司）成立于 1952 年，是国家高新技术企业、中国勘察设计协会民营设计企业分会副会长单位、浙江省勘察设计行业协会副理事长兼民营设计企业分会会长单位。

公司拥有建筑工程甲级资质，市政行业（给排水工程、道路工程、桥梁工程等）专业甲级资质，风景园林工程设计专项甲级资质，公路行业（公路）专业乙级资质，岩土工程设计乙级资质，工程咨询、城市规划、施工图审查和建筑节能评估等资质；通过质量管理体系、职业健康安全管理体系及环境管理体系认证。公司现有职工 600 余人，其中教授级高级工程师 28 人，中高级以上职称 300 余人，各类注册师 100 余人。

公司遵循“务实、诚信、优质、创新”的经营理念，坚持“信誉第一、质量至上、产品优质、服务周到、持续为顾客创造价值”的经营方针，自改制以来，荣获詹天佑奖、中华人民共和国成立 60 周年百项经典暨精品工程奖、国家勘察设计行业优秀设计奖、市级科技进步奖等多项奖项以及省、市级优秀勘察设计奖 200 余项。

地址：杭州市江干区凤起东路 207 号
　　　中豪五福天地 B-1 座
电话：0571-87924668
传真：0571-87917516
网址：www.hcj1952.com
电子邮箱：hzscjy1952@163.com

义乌市中福广场（B 组团）

Zhongfu Square in Yiwu City (Group B)

项目业主：义乌市中福置业有限公司
建筑功能：办公建筑
建筑面积：232 000 平方米
项目状态：建成
建设地点：浙江 义乌
用地面积：16 275 平方米
设计时间：2013 年—2015 年
设计单位：杭州市城建设计研究院有限公司

项目以组团协同规划为依托，充分发挥其规模优势，旨在打造一个处于城市中心的地标性建筑综合体。

设计从城市设计的角度对建筑的高低形态和空间布局进行组织，使其呈现出较强的在地统一性。

设计运用柔和的曲线造型及刚硬的折线切割手法赋予了各建筑截然不同的外在性格，使得整个建筑组团富有变化和活力，具有鲜明的科技感和个性。

杭州市上城区行政中心及科技文化馆

Hangzhou Shangcheng District Administrative Center and Science and Technology Cultural Center

项目业主：杭州市上城区行政中心工程建设筹建办公室、
杭州市上城区科技文化中心工程建设筹建办公室
建设地点：浙江 杭州
建筑功能：办公建筑
用地面积：13 400 平方米
建筑面积：108 854 平方米
设计时间：2012 年—2014 年
项目状态：建成
设计单位：杭州市城建设计研究院有限公司

项目由 3 幢 19 层主楼及 4 层裙房组成。通过中心对称的弧形布局，设计将行政中心与科技文化馆裙房连成一体，喻示政府强大的向心力和凝聚力。建筑功能众多，交通流线复杂，设计通过合理的交通组织，解决了不同需求的人行和车行问题。

建筑造型庄重简洁，加之立面上的点缀式宋式元素，具有较高辨识度，使其成为该区域形象中心。

优先生态

描绘宏伟蓝图 开创发展新局 在高水平推进社会主义现代化建设中展现上城风采

余杭文化艺术中心一期

Yuhang Cultural and Art Center Phase I

项目业主：杭州余杭城市建设集团有限公司
建设地点：浙江 杭州
建筑功能：文化建筑
用地面积：52 954 平方米
建筑面积：82 546 平方米
设计时间：2014 年—2016 年
项目状态：建成
设计单位：杭州市城建设计研究院有限公司

项目包含三大建筑功能：1 200 个座位的甲级中型大剧院和 500 个座位的黑盒剧场、架空城市平台、展览中心及配套商业。

设计从良渚先人礼仪广场——堆土高筑的城台汲取灵感，高筑的堤岸造型是对良渚文明的致敬和传承。立面冰裂纹灵感来源于中国剪纸和余杭滚灯元素。外墙采用白色不规则 GFRC 大型板材幕墙系统，内部大厅采用明黄色与白色的体块穿插。

杭州钱江新城 D-08 地块

Hangzhou Qianjiang New City Plot D-08

项目业主：浙江万银房地产有限公司
建设地点：浙江 杭州
建筑功能：城市综合体
用地面积：14 876 平方米
建筑面积：187 000 平方米
设计时间：2010 年—2012 年
项目状态：建成
设计单位：杭州市城建设计研究院有限公司

项目是一座高 200 米的城市综合体，建筑功能包括超高层办公楼、五星级酒店及配套商务服务设施，地上 44 层、地下 4 层。设计力求营造一种简洁、纯净的氛围，采用精细的外墙构件，塑造肌理感和节奏感。

孙艳

职务： 江苏省规划设计集团审查专家
南京市建筑设计研究院有限责任公司副总建筑师
职称： 正高级建筑师
执业资格： 国家一级注册建筑师

教育背景

1998 年—2003 年　合肥工业大学建筑学学士
2003 年—2006 年　南京大学建筑学硕士
2020 年—2021 年　哥伦比亚大学访问学者

工作经历

2006 年—2023 年　南京市建筑设计研究院有限责任公司
2023 年至今　江苏省规划设计集团

主要设计作品

南京富力十号
荣获：2016 年江苏省优秀工程勘察设计一等奖
2017 年江苏省优秀工程设计一等奖
南京理工大学综合实验教学楼
荣获：2016 年江苏省优秀工程勘察设计三等奖
2017 年江苏省优秀工程设计三等奖
南京南站城际空间站综合体
荣获：2020 年江苏优秀工程设计二等奖
2020 年江苏省优秀工程勘察设计二等奖
南京中冶盛世滨江
荣获：2019 年江苏省优秀工程勘察设计二等奖
2020 年江苏省优秀工程设计三等奖
南京铂悦金陵江边路以西 3 号地
荣获：2019 年江苏省优秀工程勘察设计三等奖
2020 年江苏省优秀工程设计三等奖
常州市武进区淹城初级中学体育馆
荣获：2022 年江苏省优秀工程勘察设计三等奖
2022 年南京市优秀工程勘察设计二等奖
江宁开发区社区中心
扬子江金茂悦
九龙湖商业中心
紫京熙院
绿地城际空间站南广场 E、F、G 座
南京葛洲坝中国府
南京金马路站上盖建筑项目
融信铂岸中心
扬州雅居乐・兰亭公馆
升龙天汇
九著坊
南京精神卫生中心病房楼
安徽和县人民医院门急诊楼

学术研究成果

1.《浅析提挈诺学派》载于《南方建筑》(2006)
2.《永恒的建筑——浅析阿尔多・罗西的建筑观》载于《华中建筑》(2006)
3.《从“图”说起——浅析古代中西方建筑绘图观念的差异》载于《南方建筑》(2006)
4.《因思而变——以招商银行南京分行招银大厦项目方案策划为例》载于《安徽建筑》(2013)
5.《从建筑立面的变化浅析建筑现代性和后现代性》载于《安徽建筑》(2013)
6.《城市化进程中的建筑设计实践与思考》载于《房地产世界》(2021)
7.《从舒适到幸福——浅谈可持续发展的人居环境设计》载于《居舍》(2021)

江苏省规划设计集团
Jiangsu Provincial Planning and Design Group

江苏省规划设计集团整合资源后是省内专业齐全、资质较高的规划设计行业龙头企业，拥有完善的管理体系和较强的行业竞争力。业务领域涵盖空间规划、城市更新、城市设计、宜居城市建设、历史文化保护规划、小城镇及乡村规划设计、风景园林规划设计、旅游规划设计、建筑工程设计、交通规划设计、市政规划设计、智慧城市规划服务以及相关的技术研究、咨询、培训，工程总承包及项目管理，工程监理等；服务对象覆盖全省，遍布国内，远及海外。

集团以“全国领先的规划设计咨询机构、城乡建设集成服务旗舰平台”为愿景，立足江苏、面向全国，聚焦城乡建设发展领域空间规划和设计主业，通过优化整合资源，发挥规模和集聚效应，为江苏省规划设计行业走在全国前列发挥示范引领作用，为“强富美高”新江苏建设事业及国家城乡建设高质量发展做出贡献。

地址：南京市建邺区云龙山路 1 号 1 栋
电话：025-83781126
网址：www.jspdg.com
电子邮箱：www.jspdg.com

南京理工大学综合实验教学楼

Nanjing University of Technology Comprehensive Experimental Teaching Building

项目业主：南京理工大学
建设地点：江苏 南京
建筑功能：教育建筑
用地面积：24 720 平方米
建筑面积：93 600 平方米
设计时间：2010 年
项目状态：建成
设计单位：南京市建筑设计研究院有限责任公司
主创设计：孙艳、王晖、唐昕、唐志勇

南京理工大学校园绿树环绕，幽远深邃，项目设计从建筑场地的现状出发，力求协调大体量建筑群与原生环境的关系。设计对原有树木的保护，采用异地保护待项目建成后回迁的方法。通过研究实验室的空间构成尺度确定合适的柱网模数，采用回字形空间组合，形成 4 个互相嵌套的矩形中庭空间。

建筑地上部分为 9 层和 7 层，地下为 1 层，主要出入口设计在西面，顺应校园主要人流方向。项目分两期建设，外立面造型采用两层通高富有韵律的开窗设计，既解决了建设方为控制成本提出的分体式空调系统外机安装问题，又有利于细化石材分隔，以确保在较长建设周期内对石材立面的颜色控制。

常州市武进区淹城初级中学体育馆

Yancheng Junior High School Gymnasium in Wujin District, Changzhou City

项目业主：淹城初级中学
建设地点：江苏 常州
建筑功能：体育建筑
用地面积：2 569 平方米
建筑面积：3 900 平方米
设计时间：2016 年
项目状态：建成
设计单位：南京市建筑设计研究院有限责任公司
主创设计：孙艳、蓝健、王晖、蔡权、杜东风

项目是国内最大的单层大跨木结构体育馆，采用绿色环保材料建造。造型设计意向来自中国传统木建筑元素，通过斗拱、屋脊、筑台等形神兼备的建筑语言，塑造经典三段式构图。

设计采用现代木结构技术，选用十根拼接木柱支撑上部屋盖。屋盖采用主次木桁架形式，支撑节点为改进后现代斗拱形式，造型简洁，受力合理。层层递进的节点横梁有效减小了柱间的跨距，是结构受力的二道防线，同时与整个体育馆外型完美融合。项目为整体装配式，精细化设计，工厂加工，现场组装，大大缩短了工程周期，并取得了良好的社会效益。

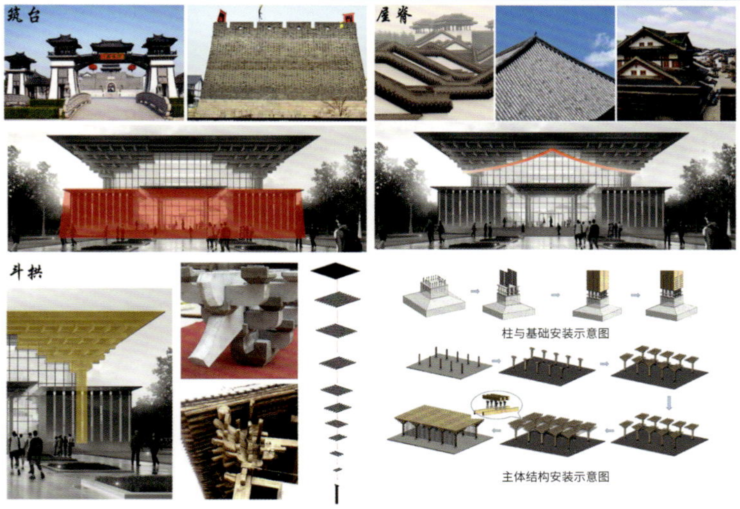

南京葛洲坝中国府

Nanjing Gezhouba Zhongguo Fu Community

项目业主：葛洲坝唯逸（南京）房地产开发有限公司　建设地点：江苏 南京
建筑功能：居住建筑　用地面积：26 369 平方米
建筑面积：114 033 平方米　设计时间：2016 年
项目状态：建成
设计单位：南京市建筑设计研究院有限责任公司
主创设计：蓝健、孙艳、王晖、高晓叶、马歆煜、张海鸥

项目是一座主动式高端绿色科技住宅小区，采用国内领先技术自主创新设计，并获德国 DGNB 绿色建筑认证大区金奖和联合国“全球人居环境示范区”等荣誉称号。设计在传统地缘热泵毛细管辐射技术基础上，突破原有技术设计壁垒，创新实现超大窗地比设计的舒适宜居、绿色环保低能耗的主动式科技住宅，引领时代潮流。

南京南站城际空间站综合体

Nanjing South Station Intercity Space Station Complex

项目业主：绿地集团南京宝地置业有限公司
建设地点：江苏 南京
建筑功能：商业、办公建筑
用地面积：13 151 平方米
建筑面积：69 759 平方米
设计时间：2013 年
项目状态：建成
设计单位：南京市建筑设计研究院有限责任公司
主创设计：孙艳、邹式汀、高晓叶、杜东风、马歆煜

项目位于南京南站北广场的中心区域，是该地区的标志性建筑。建筑造型简洁、高雅、形象鲜明且极具现代感，墙体采用金属加竖向玻璃窗与横向分隔的玻璃幕墙组合。底层商业区域采用全玻璃幕墙的处理手法，增加建筑的通透感；二层以上采用金属和玻璃幕墙相结合的立面处理手法，通过立面金属和玻璃的划分比例和线条产生强烈的虚实对比，增加建筑外观的雕塑感和现代感。

宋靖华

职务：武汉大学城市设计学院数字建筑研究所所长
职称：副教授

教育背景

1992 年—1996 年　华中科技大学建筑学学士
2000 年—2003 年　华中科技大学建筑学硕士
2004 年—2009 年　武汉大学建筑学博士
2007 年　访问德国斯图加特大学
2009 年　访问意大利罗马大学、米兰理工大学
2013 年—2014 年　访问美国加州大学伯克利分校

工作经历

1996 年—2000 年　长江水利委员会勘察设计研究院
2010 年至今　武汉大学城市设计学院

社会职务

全国高等学校建筑专业教学指导委员会建筑数字技术教学工作委员会委员
中国人工智能学会社会计算与社会智能专业委员会委员
中国建筑学会计算性设计学术委员会委员
中国建筑师学会数字建筑设计专业委员会武汉分会会长
中国城乡未来社区评价标准委员会编委
国家自然科学基金评审专家
教育部智库专家
湖北省艺术家设计协会乡村旅游专业委员会委员
武汉勘察设计协会 BIM 专业委员会委员
钟祥市政府规划委员会专家顾问

个人荣誉

获得湖北省优秀城市规划设计三等奖
湖北省第一届“美丽乡愁”乡村建筑设计创新大赛三等奖
全国优秀高等工程教育研究论文三等奖
指导学生获得国内外大学生建筑设计竞赛 26 项（其中特等奖 1 项、一等奖 5 项、二等奖 5 项）

主要设计作品

东风汽车博物馆
重庆市南岸区滨江绿道设计
钟祥水上运动中心
长江左岸城市阳台城市设计
马来西亚绿色森林社区
江夏丛霖田园综合体

学术研究成果

主持工程实践项目 50 余项，发表学术论文 45 篇，其中被 SCI、SSCI、AHCI、T1 收录 3 篇，出版专著 2 部。主持国家自然科学基金项目 1 项，参与 2 项；主持省部级项目 2 项，参与 2 项。

武汉大学城市设计学院
SCHOOL OF URBAN DESIGN
WUHAN UNIVERSITY

武汉大学城市设计学院数字建筑研究所长期从事数字孪生、智慧城市、乡村振兴、未来社区营造等方向的设计及研究工作，拥有一支经验丰富、技术能力强的团队，包括数字化建筑设计师、工程师、复杂系统分析专家等，与国内外多家知名高校及建筑设计院所合作，在数字化建筑领域具有一定的知名度和声誉，专业性强，研究成果丰富。武汉大学城市设计学院数字建筑研究所的研究成果广泛应用于智慧城市、智慧校园、智慧社区等数字化领域及大健康产业园区、乡村振兴、文旅小镇、城乡未来社区规划及建筑设计。

地址：湖北省武汉市东湖南路 8 号
武汉大学城市设计学院
电话：027-68776025

东风汽车博物馆

Dongfeng Automobile Museum

项目业主：十堰东博建设运营有限公司
建设地点：湖北 十堰
建筑功能：博物馆
用地面积：252 000 平方米
建筑面积：160 000 平方米
设计时间：2022 年
项目状态：方案
设计单位：武汉大学城市设计学院数字建筑研究所
主创设计：宋靖华

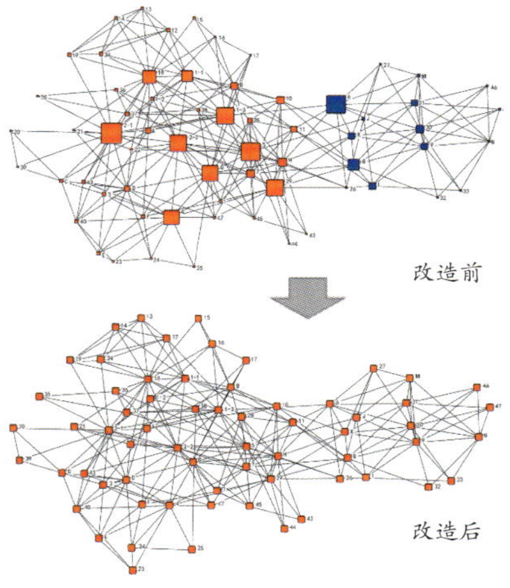

基于复杂网络的空间结构分析图

项目位于湖北省十堰市东风汽车厂旧厂区内。近年来，工业遗产建筑的适应性再利用受到越来越多的关注。东风精神是时代的缩影，见证了从我国制造业“中国制造”到“中国创造”的转变。其独特的核心价值观背后的精神力量不仅具有巨大的政治意义，还能够唤起民众对国家发展的记忆以及增强民众的民族自豪感与文化归属感。

改造方案主题概念是“东风脊梁”。东风汽车厂厂区内原有的红色雕塑象征着从人到车都具有的一种自主创新的“脊梁”精神。方案将这一主题延伸至整个改造后的园区，以原狭长库房改造而成的红色钢架屋面和钢制地砖为主轴线，象征时代的脊梁精神。该主轴线成为贯通南北园区的“新汽车生态圈”的活力主轴。园区呼应城市独特的山形地貌，使“东风精神”与十堰的“山的脊梁”融为一体。园区规划遵循新旧融合、大社区化的设计原则，活化历史，吸引市民参与体验，促进城市的更新与有机发展，强调独立自主、多元包容，体现“民族脊梁”的价值观。方案用复杂的网络分析法对空间节点的活力进行了数字化分析，为项目改造提供科学的评估和优化依据。

重庆市南岸区滨江绿道设计

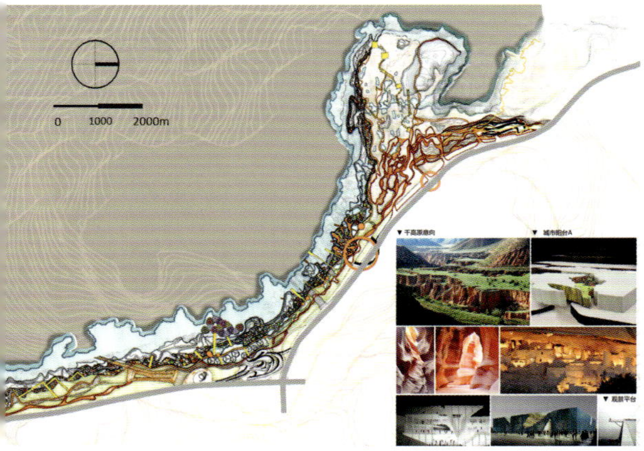

Design of Binjiang Greenway in Nan'an District, Chongqing

项目业主：重庆市南岸区城乡建设委员会
建设地点：重庆
建筑功能：滨江绿道景观
用地面积：768 000 平方米
建筑面积：25 000 平方米
设计时间：2017 年
项目状态：方案
设计单位：武汉大学城市设计学院数字建筑研究所
主创设计：宋靖华

项目位于重庆市南岸区滨江带，方案寓意“千高原”，用建筑及防波堤等景观手法展现出一种俯瞰千座高原的意境，即山川沟壑被江水波涛冲蚀浸泡、泼洒簇集，呈现出一种根茎状的、多维的、被挤压、被消融、被穿透，继而与其他物象形态聚散交杂、恣肆汪洋、层层涌动的复杂形态。设计体现了西南地区经过上亿年地质演化形成的参差错落、岩脉贯穿的高原台地的独特地貌景观。独特的地貌景观赋予消逝的瞬间以形式感，粗壮生长的肌理以短促有力的节奏感打破时间的禁锢，表现物象以外的意蕴，从而渲染出一个复杂的、流动的、主动的、积极的、创造性的、非中心性的、非整体化的图像。垂直挡墙用崖居式处理方法，与千高原相呼应，以雄奇精巧的三峡瀑石为底景肌理。大大小小的石室，上下叠加，错落相通，方圆无定形，表现出强烈的层层叠叠的山地建筑特征，呈现一种雄浑的力量感与审美情趣。项目如同无字的书，再现巴文化中让人惊叹的人与自然演替交融、浑若天成的鬼斧神工。

钟祥水上运动中心

Zhongxiang Water Sports Center

项目业主：钟祥市城市发展投资集团有限公司
建设地点：湖北 钟祥
建筑功能：文体建筑
用地面积：84 000 平方米
建筑面积：15 000 平米
设计时间：2019 年
项目状态：方案
设计单位：武汉大学城市设计学院数字建筑研究所
主创设计：宋靖华

项目位于钟祥市莫愁湖北岸，场地内精心布置的建筑与丘陵、水系、垸田自然交织映衬，共同营造出多元化、差异化、充满楚文化浪漫情怀的、具有标志性的水上娱乐及运动中心。场地的入口门区采取抽象的玉玦造型符号，在地面层形成 3 个拱形的门洞，屋顶采用缓缓的弧形坡道，与环湖绿道自然地结合在一起。主体游泳馆建筑采用抽象的、灵动飞舞的、楚文化独特的凤鸟造型线条，翘起的曲面造型形成主次入口，立面采用凤羽纹理的半透膜材质，端雅庄重又充满现代感。酒店式公寓屋面参考钟祥特有的地理特征造型，观景塔采用鹤形造型，突出钟祥楚文化的地域特色和山水自然环境的肌理特征。

长江左岸城市阳台城市设计

Urban Design of Urban Balconies on the Left Bank of the Yangtze River

项目业主：武汉市城市建设投资开发集团有限公司
建设地点：湖北 武汉
建筑功能：城市阳台
用地面积：20 000 平方米
建筑面积：2 000 平方米
设计时间：2018 年—2019 年
项目状态：方案
设计单位：武汉大学城市设计学院数字建筑研究所
主创设计：宋靖华

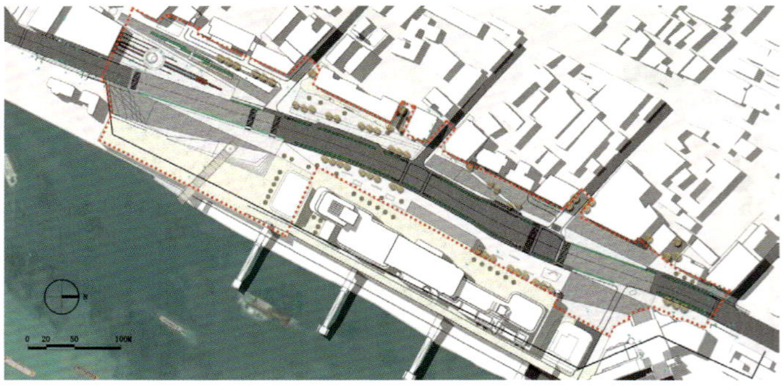

为满足打造长江主轴作为交通、经济、生态、文化、景观“五轴一体”的要求，进行长江江滩景观提升以及城市阳台、左右岸大道等长江主轴核心景观带城市设计。武汉关钟声广场和长江二桥节点广场作为示范段，其设计方案以钟声的抽象和符号化表达，表现具有百年历史的汉口形象及汉口深厚的文化底蕴。

马来西亚绿色森林社区

Malaysia Green Forest Community

项目业主：Country Garden Pacific View
建设地点：马来西亚依斯干达特区
建筑功能：综合经济区
用地面积：55 000 平方米
建筑面积：425 000 平米
设计时间：2016 年
项目状态：方案
设计单位：武汉大学城市设计学院数字建筑研究所
主创设计：宋靖华

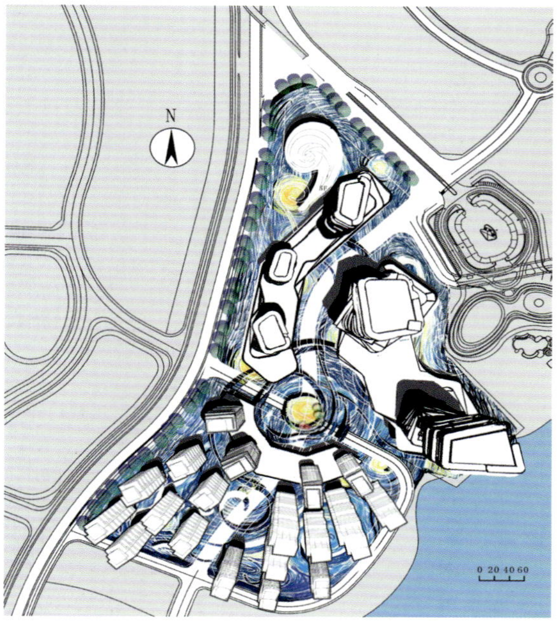

项目位于马来西亚依斯干达特区与新加坡隔海相望的人工岛屿上。几乎未受污染的蔚蓝色海洋与热带雨林构成了项目独特的资源特色。方案追求生态和谐的理念，设计灵感来源于梵高的名作《星月夜》，希望在蓝色、宁静的原始生态文明与黄色的躁动着的人类文明的涡旋中寻找人类家园的平衡与和谐，寻找人类栖居的浪漫与自由，寻找灿烂星河下人类精神独特的光与色的体验。设计运用垂直农业和海绵城市的一系列概念，使整个小区浮于海岸湿地景观之上，采取新颖的立体步行交通，实现了人行与车行的和谐共存。设计在小区高层建筑之间打造大尺度的开放空间，充分利用景观绿篱、水面、立体步行道及景观小品重构出传统邻里的宜人空间尺度，并用数字分析技术，将传统社区的树状空间结构转变成开放的半网络空间结构，充分利用小区中的“失落”空间，丰富空间层次，激活空间体验。

江夏丛霖田园综合体

Jiangxia Conglin Rural Complex

项目业主：湖北丛霖农业生态有限责任公司
建设地点：湖北 武汉
建筑功能：田园综合体
用地面积：4 220 000 平方米
建筑面积：8 000 平方米
设计时间：2021 年
项目状态：在建
设计单位：武汉大学城市设计学院数字建筑研究所
主创设计：宋靖华

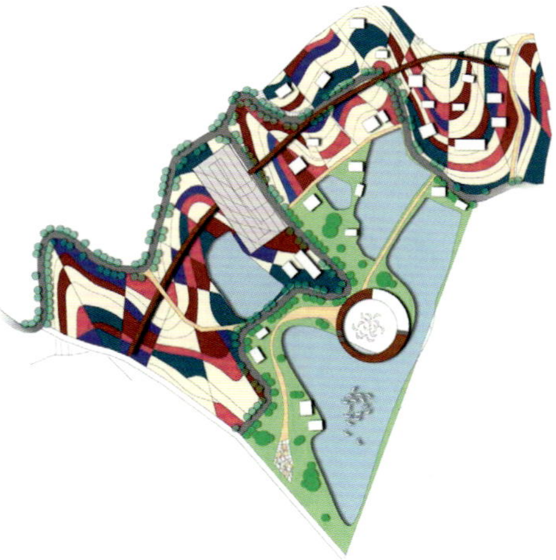

方案突出了湖北独具特色的原生垸田与乡村田园的地貌特征，以生态环保的理念，打造以渔歌和薯香为特色的种苗基地与水产业开发平台，探索养生、乡村旅游相结合的农、旅、文、商四位一体的乡村田园新模式。田园综合体以七彩薯园、特色渔业、钢木装配式民宿群等项目星罗棋布于 4 220 000 平方米的山丘与水田之中，各个园区及聚落各具特色，通过对乡村振兴展示、民俗文化体验、创客办公空间规划的梳理，推动乡贤返乡、创客下乡、游客恋乡。

宋铁成

职务：上海翌德建筑规划设计有限公司总建筑师
职称：高级工程师
执业资格：国家一级注册建筑师

教育背景

2005 年—2008 年　哈尔滨工业大学建筑学硕士

工作经历

2000 年—2006 年　黑龙江省教育建筑设计研究院
2006 年—2009 年　哈尔滨理工大学建筑设计研究院
2009 年至今　上海翌德建筑规划设计有限公司

个人荣誉

2021 年上海优秀青年工程勘察建筑师
2006 年哈尔滨市建设工程质量管理先进工作者

主要设计作品

开封双龙巷历史街区核心区规划及院落修缮工程
荣获：2017 年河南省优秀城乡规划设计三等奖
世博会水门秦皇岛路站周边改造及环境整治设计
荣获：2009 年上海市优秀城乡规划设计二等奖
黑龙江大学体育馆
荣获：2003 年黑龙江省优秀工程勘察设计二等奖
黑龙江大学实验楼
荣获：2003 年黑龙江省优秀建筑工程三等奖
小厂村乡村振兴示范村落改造规划及村客厅建筑设计
广饶西关文化商业街
上海闵行 2030 青年社区
陕西府谷中学
陕西府谷职业中学
陕西府谷中医院
河北科技广场
上海闵行区沪闵路 277 号公租房
上海芦潮港海滨国际花城
人民大学附属中学大厂校区
北京顺义行政中心

翌德国际设计机构是城市规划、建筑设计、景观设计和文物保护工程领域的实践先锋与思想先行者，其设计的项目遍布中国、法国、西班牙、美国、韩国等国家和地区。

近 20 年来，翌德国际设计机构在中国的 50 余座大中城市主持完成了 300 余个项目。其中，上海 2010 年世博会水门、上海市南外滩地区、上海市张家浜楔形绿地、上海市东方城市花园二期、上海芦潮港海滨国际花城、上海市外高桥商务别墅区，以及应用绿色建筑技术设计的北京鼎嘉恒苑、上海市金地・格林郡、成都市华新锦绣尚郡、宁波盛世天城等项目的建成和投入使用，充分体现了翌德国际设计机构“适用・和谐・动人”的创作理念和对社会的高度责任感与洞察力，以及在新技术、新材料的运用方面的领先地位。翌德国际设计机构坚持对生态景观的研究，将“设计尊重自然”这一概念贯穿设计始终，努力维护大地景观格局和自然过程的连续性。迄今为止，该机构荣膺国家级、省部级奖励 30 余项，并先后获得了由联合国人居署、中国建筑学会颁发的集体与个人国际贡献嘉奖。

翌德国际设计机构拥有完善的项目管理体系、健康活泼的企业文化和创作氛围。多年来，翌德国际设计机构致力于将欧洲先进的设计理念与中国的实际情况相结合，为中国的城市建设提供高质量的专业服务和可持续发展的技术方案。其国际化的专业协作团队将对社会、经济、环境与时效的综合考虑融入创作过程，为每个项目带来超凡的品质和长远的效益。全方位的效益评估和缜密的设计思路，使翌德国际设计机构成为许多地方政府和投资集团的理想合作伙伴。

地址：上海市静安区乌鲁木齐北路
480 号万泰国际 21 层
电话：021-53082775
传真：021-53082776
网址：www.etelee.com
电子邮箱：etelee@163.com

小厂村乡村振兴示范村落改造规划及村客厅建筑设计

Xiaochang Village Rural Revitaliztion Demonstration Village Reconstruction Planning and Architectural Design of Village Living Room

项目业主：河北省大厂回族自治县大厂镇人民政府
建设地点：河北 大厂
建筑功能：文旅、商业、办公建筑
用地面积：1 000 平方米
建筑面积：1 500 平方米
设计时间：2018 年—2019 年
项目状态：建成
设计单位：上海翌德建筑规划设计有限公司
主创设计：宋铁成
参与设计：危梦妮、王晓永、王炳科

小厂村位于河北省大厂回族自治县大厂镇。基于对乡村历史的梳理以及对现状肌理和空间节点的分析，设计师试图延续乡村原有的生长方式，通过现有规划与乡村道路改造升级、水系疏浚、建筑景观提升完善等方式，引导乡村有机更新。方案着力于对小厂村聚落的重塑，从传统自然村落与回族文化中寻找文脉关联，营造华北民居与回族文化大融合的氛围。

设计以小厂村文化客厅建筑为“引爆点”，“针灸式”辅以多个改造提升项目，从而达到以点带面的效果；强调建筑与场地融合共生的地域特色文化及华北民居建筑风格的现代转译，塑造出“折板屋顶”的村庄形态。

项目采用全装配式钢结构，基于前期策划的准确定位和后续设计与改造的持续跟进，通过设计赋能乡村振兴，使大厂回族自治县小厂村再次迎来了“春天”，小厂村也成为大厂回族自治县乡村振兴的“明星村”。

开封双龙巷历史街区核心区规划及院落修缮工程

Core Area Planning and Courtyard Renovation Project of Shuanglong Lane Historical Block in Kaifeng

项目业主：开封市宋都古城建设投资有限公司
建设地点：河南 开封
建筑功能：文旅、商业建筑
用地面积：150 600 平方米
建筑面积：40 100 平方米（核心区部分）
设计时间：2015 年至今
项目状态：部分建成使用
设计单位：上海翌德建筑规划设计有限公司
主创设计：宋铁成
参与设计：王晓永、乐翔羽、周文佳、马江、陈楷

改造前

双龙巷是河南省政府公布的首批省级历史文化街区之一，是开封“七角八巷七十二胡同”之首，被誉为“天下第一巷”。目前启动的双龙巷历史街区核心区总用地面积 23.08 万平方米，净用地面积 15.06 万平方米，双龙巷全长 540 米，核心区内共有 54 个传统院落、省级文保单位及不可移动文物 15 处。

双龙巷由于历史上经济繁荣，街面寸土寸金，其院落有别于一般北方的方形四合院，多以狭长为主。设计师通过对河南民居的大量调研及比对，按尺度及空间关系确定三进及两进院落布局。

在建筑单体修复上，整个片区除了几套门头还保留着当时的比例关系之外，很多建筑细节已经模糊不清，或者完全不存在了。设计师先通过学习营造法式、走访当地老工匠、查找史料，整合信息，确定屋脊、翘起以及铺瓦的基本形式，再对片区内所有的砖雕、木雕、格栅、挂落、墀头花式进行统计分类，然后落实到每套院子里，所以核心区的 54 套院落没有完全一样的。目前，双龙巷已经开街运营，成为开封的“网红打卡地”，内部业态也已经陆续营业，期待“金翠耀目，罗绮飘香”的盛景能够再现。

上海闵行 2030 青年社区

Shanghai Minhang 2030 Youth Community

项目业主：上海申顺橡胶电器厂
建设地点：上海
建筑功能：公寓、创客孵化
用地面积：9 125 平方米
建筑面积：15 148 平方米
设计时间：2014 年
项目状态：建成
设计单位：上海翌德建筑规划设计有限公司
主创设计：宋铁成
参与设计：余弓、陈楷、王晓永

项目位于上海市闵行区沪闵路 277 号。设计引入开放街区的空间理念，借鉴柯布西耶“光明城市”理论，把地面还给城市，一层多处架空，视线通透，内外空间交融。设计试图创造城市中不同人群共融共生的“理想居住单元”，破除不同阶层相互隔阂的社区关系，最大限度地拓宽人群交流的各种渠道，让“蜗居”的打工青年尽快融入城市生活，感受到建筑对人的关怀，实现自己在“魔都”的安居梦。

设计师利用建筑体量的连续“折线 + 退台”，呈现变化丰富的造型，犹如马赛公寓朴素简洁的美学立面；表皮“2030”字样的 LOGO 肌理 + 白色框架中的彩色格子，打上时代炫彩烙印；室内走廊以红橘色调为主，充满活力，满足当下年轻人多样化的活动和服务需求。

广饶西关文化商业街

Guangrao Xiguan Cultural Commercial Street

项目业主：山东省广饶县财金建设工程有限公司
建设地点：山东 东营
建筑功能：文旅、商业建筑
用地面积：32 614 平方米
建筑面积：22 878 平方米
设计时间：2021 年
项目状态：建成
设计单位：上海翌德建筑规划设计有限公司
主创设计：宋铁成
参与设计：吕英瑾、刘锋、丁建华、王晓永、陈楷、张绍伟

项目位于广饶文化资源最为密集的区域，属于西关文化公园配套建设工程，不仅有丰富的文化资源，而且有良好的景观资源。周边有东营市历史博物馆、孙武祠、西苑植物园、傅家遗址公园、月河城市滨水景观轴等。项目利用滨水地区的商业优势增加人气，从而带动经济发展，丰富地域风貌，提高城市环境质量，是广饶的一张文化新名片。

建筑组群，以中式建筑为题材，打造街坊式现代中式院落，突出以人为本的设计理念，拉近建筑与生活的距离，融入现代元素；建筑之间通过交错的布局，创造出变换的内街空间，缝合了建筑界面及商业空间，同时也使内外的景观资源相互渗透。

苏东波

职务： 中国船舶集团国际工程有限公司设计总监
职称： 高级工程师
执业资格： 国家一级注册建筑师
国家注册城乡规划师

教育背景
1999 年—2004 年　内蒙古工业大学建筑学学士
2004 年—2007 年　西安交通大学建筑学硕士

工作经历
2019 年至今　中国船舶集团国际工程有限公司

主要设计作品
中船深远海服务保障中心
荣获：2018 年全国“人居·筑景”建筑科技杰出奖
国星光电吉利产业园
湖北华强科技虢亭共挤膜产业园
中船涿州海洋装备科技产业园
湛江湾产业园
中国动力总部大楼及研究中心

CSSC 中国船舶集团国际工程有限公司
CSSC International Engineering Co., Ltd.

地址：北京市朝阳区双桥中路北院 1 号
电话：010-85391859
传真：010-85390608
网址：www.csic602.com.cn
电子邮箱：lisihui@csic602.com.cn

中国船舶集团国际工程有限公司隶属于中国船舶集团有限公司，以服务国家战略、支撑国防建设为己任，在机械工业和船舶行业国防建设咨询设计领域处于行业领先地位，先后获得优秀成果奖、优秀设计奖、科技进步奖、技术创新奖及各类协会奖 110 余项。服务对象包括船舶系统、航天系统、电子系统、高校等单位，并与河北、山西、贵州、海南等多个省份的地方政府建立了良好合作关系。

中国船舶集团国际工程有限公司拥有 6 项甲级资质、4 项乙级资质、2 项二级资质、6 项三级资质和 7

全胜

职务： 中国船舶集团国际工程有限公司建筑规划所建筑师
职称： 高级工程师
执业资格： 国家一级注册建筑师

教育背景

2001 年—2005 年　辽宁工业大学建筑学学士

工作经历

2005 年—2013 年　中科（北京）建筑规划设计研究院有限公司
2013 年—2019 年　中国电子工程设计院股份有限公司
2019 年至今　中国船舶集团国际工程有限公司

主要设计作品

中船集团大楼重点空间改造
中船集团党校
新港 6221 老厂区控制性详细规划
湛江湾实验室专家公寓
河北燕郊中欧城开数据城
保定金融谷产业园
北京丽泽商务区湖南投资大厦
丹江口妇幼保健医院
江苏中加枫华国际学校
鄂尔多斯康巴什车管所
廊坊永清政务服务中心

项认证资质，为建设单位提供能力提升咨询设计服务，为船舶工业提供能力提升支撑保障，在工业及民用建筑领域具备较强的咨询设计服务能力。

中国船舶集团国际工程有限公司建筑规划所主要承接产业园区策划、规划及重要建筑单体设计，为客户提供优质的设计咨询成果，配合完成产业园区的工程总承包和全过程咨询的相关工作，同时致力于“设计一体化”的研究，完成项目的“专项策划—规划—重要建筑单体—景观—室内”的专业设计咨询工作。

中船集团党校

China Shipbuilding Group Party School

项目业主：中国船舶集团有限公司
建设地点：河北 涿州
建筑功能：办公建筑
用地面积：24 000 平方米
建筑面积：30 000 平方米
设计时间：2019 年—2021 年
项目状态：在建
设计单位：中国船舶集团国际工程有限公司

项目从设计需求和场地特征出发，以发扬红色精神、融合船舶文化为设计理念，遵循党校建筑的普遍特征，注重体现文化内涵。场地规划采用院落式空间布局，以科研教学楼为核心，形成“一主轴、两进院”的规划结构，强调场地空间的仪式感和文化性。

建筑布局打破单纯功能性思维，形成灵活适用的综合体功能体系，注重完善的功能设施与人文关怀，创造具有船舶人归属感的党校建筑。外立面风格、室内设计及景观体现党校建筑风格的政治性与庄严性。设计从革命旧址中吸取建筑元素，以体现党校的红色基因，并充分融合中国船舶集团有限公司船舶与海洋的文化元素，打造属于船舶人的标志性建筑。

中船邯郸北湖科技园产业园

China Shipbuilding Handan North Lake Science and Technology Park Industrial Park

项目业主：中国船舶集团有限公司
建设地点：河北 邯郸
建筑功能：科研、办公建筑
用地面积：131 000 平方米
建筑面积：106 500 平方米
设计时间：2020 年—2021 年
项目状态：待建
设计单位：中国船舶集团国际工程有限公司

项目场地被大面积水域环抱，景观环境优越，因此项目以“环境友好”“绿色生态”为设计理念。规划布局力求与周边环境形成对话与互动，通过有机的空间布局和建筑尺度的把控，使建筑群落成为区域环境中的一景，与区域风貌形成和谐的关系。建筑空间形式取义邯郸丛台的空间特征，研发综合楼架设于纵横交错的裙房之上，象征“武灵丛台”，统领整个建筑群。顶部设计通透的视窗，由此可观览四周的景色。

中国船舶海洋信息装备产业园

China Shipbuilding Marine Information Equipment Industrial Park

项目业主：中国船舶集团有限公司
建设地点：浙江 杭州
建筑功能：科研、办公建筑
用地面积：157 000 平方米
建筑面积：430 000 平方米
设计时间：2019 年—2021 年
项目状态：待建
设计单位：中国船舶集团国际工程有限公司

项目位于杭州市西湖区，周边配套完善，地理位置优越，用地范围内环境优美、绿树成荫，北侧、东侧均有水系环绕。园区规划依据科研生产的工艺需求，形成围合式的空间组团。建筑形似大型船舰，寓意领航巨舰满载企业希望和科学智慧，在启航后定能乘风破浪。产业园区整体建筑反映船舶行业科技文化的时代特征，成为企业迈入新阶段的标志性建筑。

中国当代青年建筑师 XII
（上下册）

下册

何建国　主编

天津大学出版社
TIANJIN UNIVERSITY PRESS

图书在版编目（CIP）数据

中国当代青年建筑师. Ⅻ. 下册 / 何建国主编
. — 天津 : 天津大学出版社, 2024.2
ISBN 978-7-5618-7657-2

Ⅰ. ①中… Ⅱ. ①何… Ⅲ. ①建筑师－生平事迹－中国－现代②建筑设计－作品集－中国－现代 Ⅳ. ①K826.16②TU206

中国国家版本馆CIP数据核字(2024)第012983号

封面：中建八局第二建设有限公司设计研究院/作品
——吴兴区乡村振兴培训中心
（世界乡村旅游大会承办会址）
（详见上册内文P117）

中国当代青年建筑师Ⅻ（上下册）下册
ZHONGGUO DANGDAI QINGNIAN JIANZHUSHI Ⅻ（SHANGXIACE）

顾　　问　程泰宁　何镜堂　黄星元　刘加平　罗德启　马国馨　张锦秋
主　　任　彭一刚
委　　员　戴志中　蒋涤非　李保峰　刘克成　刘宇波　梅洪元
　　　　　覃　力　仝　晖　吴　越　徐卫国　翟　辉　郑　炘
编　　辑　中联建文（北京）文化传媒有限公司
统　　筹　何显军
编辑部主任　王红杰
编　　辑　丁海峰　雷　方　沈　严　宋　玲　唐　然　赵晶晶
美术设计　何世领
策划编辑　郭　颖
责任编辑　油俊伟
投稿热线　13920487878
媒体支持　微信公众号“青年建筑师”

封底：中建八局第二建设有限公司设计研究院/作品
——吴兴区乡村振兴培训中心
（世界乡村旅游大会承办会址）
（详见上册内文P117）

出版发行　天津大学出版社
地　　址　天津市卫津路92号天津大学内（邮编：300072）
电　　话　发行部：022-27403647　邮购部：022-27892072
网　　址　www.tjupress.com.cn
印　　刷　北京盛通印刷股份有限公司
经　　销　全国各地新华书店
开　　本　1000mm×1400mm　1/16
印　　张　36
字　　数　833千
版　　次　2024年2月第1版
印　　次　2024年2月第1次
定　　价　596.00元（上下册）

前言

PREFACE

中国当代的青年建筑师是一股不可忽视的力量，他们在建筑界声名鹊起，他们所承接项目的分量也在日渐增加，他们在中国建筑高质量发展的时代背景下，有更多的机会施展才华，有理论和实践紧密结合的成长轨迹，必将成为未来建筑设计的中坚力量！

他们作为中国建筑史发展新阶段的一个充满活力的群体，展现出了这个层面应有的风貌。面对激烈的市场竞争，在复杂的建筑行业链条中，许多青年建筑师执着追求、蓄势待发，他们也需要更多的肯定和鼓励！

今天，关注青年建筑师的发展，不仅是市场需求，更是中国设计崛起的标志！

编者

中国当代青年建筑师XII（上下册） 下册 战略合作伙伴

CHINESE CONTEMPORARY YOUNG ARCHITECTS XII (VOLUME 1 AND VOLUME 2)

中国当代青年建筑师 XII（上下册）

下册
目录

CHINESE CONTEMPORARY YOUNG ARCHITECTS XII (VOLUME 1 AND VOLUME 2)

中国当代青年建筑师 XII（上下册）

CHINESE CONTEMPORARY YOUNG ARCHITECTS XII (VOLUME 1 AND VOLUME 2)

下册目录

478

翟国静

九易庄宸科技（集团）股份有限公司

488

朱晓宇

中建八局上海工程设计研究院

494

朱乃伟

广州市设计院集团有限公司

500

赵文斌

中国城市建设研究院有限公司

504

赵园生

中国建筑设计研究院有限公司

510

张翼鹏

广东省建筑设计研究院有限公司

516

张万龙

中建海峡建筑规划设计研究院

522

张国威

GWP建筑事务所

528

张艳

上海现代建筑装饰环境设计研究院有限公司

534

张红

清华大学建筑设计研究院有限公司

544

张力

同济大学建筑设计研究院 (集团) 有限公司

552

周红雷

江苏省建筑设计研究院股份有限公司

史国雷

职务： 浙江大学建筑设计研究院有限公司
建筑专业三所副主任建筑师
职称： 高级工程师
执业资格： 国家一级注册建筑师

教育背景
2005 年—2010 年　浙江大学建筑学学士
2010 年—2013 年　浙江大学建筑学硕士

工作经历
2013 年至今　浙江大学建筑设计研究院有限公司

个人荣誉
UAD 首届新锐计划获得者
浙江大学建筑与规划学科实践导师

主要设计作品
宁波鄞州中学体育中心
荣获：2017 年浙江省优秀工程勘察设计二等奖
2017 年全国优秀工程勘察设计三等奖
浙江大学舟山校区（海洋学院）
荣获：2017 年教育部优秀工程勘察设计一等奖
江山烈士纪念馆
荣获：2019 年教育部优秀工程勘察设计一等奖
2019 年全国优秀工程勘察设计二等奖
2021 德国国家设计奖特别表彰奖
浙江大学国际联合学院（海宁国际校区）教学北区
荣获：2021 年教育部优秀工程勘察设计二等奖
2021 年全国优秀工程勘察设计三等奖
2022 年意大利 A' 设计大奖银奖
之江实验室一期工程 4#、11# 楼
中国矿业大学徐海学院新校区
杭临城际铁路广场站地块开发项目
杭政储出〔2017〕82 号住宅 (设配套公建) 用房项目
萧政储出〔2018〕21 号地块
杭政储出〔2019〕57 号地块商业商务用房项目

建筑思想
追求建筑本体与其周边环境的融合、渗透、互动，以诗意的场所体验激发人们的情感共鸣。

陈治宇

职务： 浙江大学建筑设计研究院有限公司
建筑七院副主任建筑师
职称： 高级工程师
执业资格： 国家一级注册建筑师

教育背景
2005 年—2010 年　浙江大学建筑学学士
2010 年—2013 年　浙江大学建筑学硕士

工作经历
2014 年至今　浙江大学建筑设计研究院有限公司

个人荣誉
UAD 首届新锐计划获得者
浙江大学建筑与规划学科实践导师

主要设计作品
杭政工出〔2021〕2 号游卡滨江产业基地
海康威视数字音视频产品产业化基地
荣获：2020 年杭州市优秀工程勘察设计 BIM 专项三等奖
杭州太平金融大厦
荣获：2020 年全国建筑信息模型 BIM 应用大赛三等奖
2020 年杭州市优秀工程勘察设计 BIM 专项三等奖
诸暨市文化产业中心投资建设项目
嘉兴学院梁林校区扩建工程二期
山东师范大学综合科研楼
山东师范大学长清校区艺体综合楼
浙江大学紫金港校区西区理工农组团（二期）“1211”工程
吉利集团研发设计和试验中心

建筑思想
设计与技术并行，理想与现实平衡。

浙江大学建筑设计研究院有限公司
The Architectural Design & Research Institute Of Zhejiang University Co., Ltd

地址：浙江省杭州市天目山路 148 号
浙江大学西溪校区东一楼
电话：0571-85891018
传真：0571-85891080
网址：www.uad.com.cn

浙江大学建筑设计研究院有限公司（简称 UAD）始建于 1953 年，是国家重点高校中最早成立的甲级设计研究院之一，至今已有 70 年的历史。

UAD 坚持“营造和谐、放眼国际、产学研创、高精专强”的办院方针，以“高品位的文化、高宽远的视野、高效能的管理、高素质的人才、高精专的技术、高质量的作品”为发展战略，坚持将设计、教学、

黄柯杰

职务：浙江大学建筑设计研究院有限公司
建筑四院院长助理、副主任建筑师
职称：高级工程师
执业资格：国家一级注册建筑师

教育背景
2006 年—2011 年　浙江工业大学建筑学学士
2011 年—2014 年　同济大学建筑学硕士

工作经历
2014 年至今　浙江大学建筑设计研究院有限公司

个人荣誉
UAD 第二届新锐计划获得者
浙江大学建筑设计研究院十佳员工
浙江大学建筑设计研究院先进工作者

主要设计作品
杭州高新区（滨江）阳光家园社会福利中心
荣获：2018 年浙江省优秀工程勘察设计三等奖
2018 年杭州市优秀工程勘察设计二等奖
杭州亚运会棒垒球体育文化中心
荣获：2022 年美国 IDA 国际设计奖金奖
2022 年美国 AIA 上海分会中国杰出设计奖优胜奖
杭州市第一社会福利院迁建工程
杭州汽车西站公交枢纽工程

建筑思想
建筑不是孤立的个体，它应有助于创造积极的公共空间，促进多样的城市生活和包容各类的使用人群。

朱恺

职务：浙江大学建筑设计研究院有限公司
联合一院副主任建筑师
职称：高级工程师
执业资格：国家一级注册建筑师

教育背景
2006 年—2011 年　浙江大学建筑学学士

工作经历
2011 年至今　浙江大学建筑设计研究院有限公司

个人荣誉
UAD 第二届新锐计划获得者
浙江大学建筑与规划学科实践导师

主要设计作品
开化县 1101 工程及城市档案馆
荣获：2018 年杭州市优秀工程勘察设计一等奖
2018 年浙江省优秀工程勘察设计一等奖
2019 年全国优秀工程勘察设计二等奖
杭州市滨江区奥体单元小学及幼儿园
荣获：2021 年浙江省优秀工程勘察设计二等奖
2021 年全国优秀工程勘察设计三等奖
2022 年世界建筑新闻网大奖金奖
杭政储出〔2016〕38 号地块社会停车楼
荣获：2022 年浙江省优秀工程勘察设计三等奖
2022 年世界建筑新闻网大奖银奖
第四届中国设计大展及公共艺术专题展作品
西湖大学建设工程（一期）
西湖大学建设工程（三期）
嘉兴国际金融广场

建筑思想
石匠精神。

科研相结合，以“平衡建筑”学术理论指导设计实践，2020 年与浙江大学共同成立校级研究机构——浙江大学平衡建筑研究中心。

UAD 始终坚持走创作路线和精品路线，在各个设计领域均有大量的优秀作品问世，历年来共获得 1 700 余项国际、国家级、部级、省级优秀设计奖、优质工程奖及科技成果奖。

UAD 先后荣获当代中国建筑设计百家名院、中国勘察设计行业创新型优秀企业、杭州市十佳勘察设计企业、杭州市首批十大产业企业技术创新团队等称号，并被认定为国家高新技术企业、杭州市十大产业重点企业，是第一批国家级工程实践教育中心建设单位。UAD 取得了较好的社会声誉和经济效益，得到了社会各界和建设单位的赞扬和好评。

江山烈士纪念馆

Jiangshan Martyrs Memorial Hall

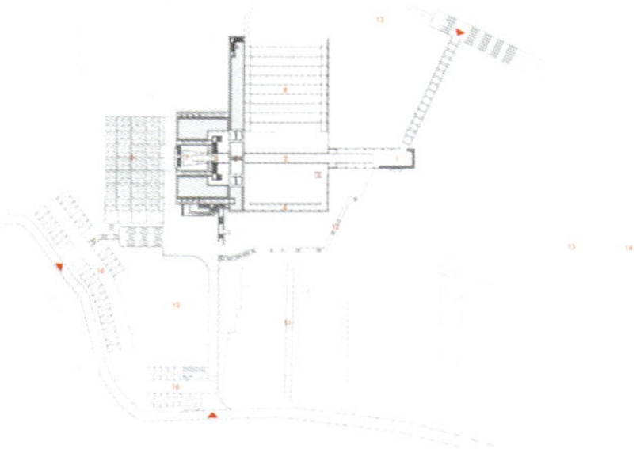

项目业主：江山市民政局
建设地点：浙江 江山
建筑功能：文化建筑
用地面积：13 132 平方米
建筑面积：1 680 平方米
设计时间：2013 年
项目状态：建成
设计单位：浙江大学建筑设计研究院有限公司
主创设计：叶长青、史国雷

项目位于江山城市西侧，设计以普通战士的短暂生命作为纪念对象，抽象展现战争中“战士”的生死壮举，进而引发参观者对战争和生命的思考，从而使其更为珍惜和维护当下的和平环境。因此，设计最终选择以“生命的折枝”作为创作立意。

按地形高差，建筑随形就势，较好地呼应了城市和山体。设计试图将纪念馆打造成更为开放的公共空间，在各个方向建立与外部环境的顺畅接入关系。建筑通过“生命之轴”、纪念广场、纪念长廊、大尺度折枝悬板及纪念方庭、白玉花环、玉兰树阵、和平塔等纪念要素，塑造当代纪念性。

浙江大学国际联合学院（海宁国际校区）教学北区

Zhejiang University International Union College (Haining International Campus) Teaching North Area

项目业主：海宁市社会发展建设投资集团有限公司
建设地点：浙江 海宁
建筑功能：教育建筑
用地面积：666 700 平方米
建筑面积：54 000 平方米
设计时间：2014 年
项目状态：建成
设计单位：浙江大学建筑设计研究院有限公司
主创设计：董丹申、叶长青、史国雷、王欣、胡卿、李丽

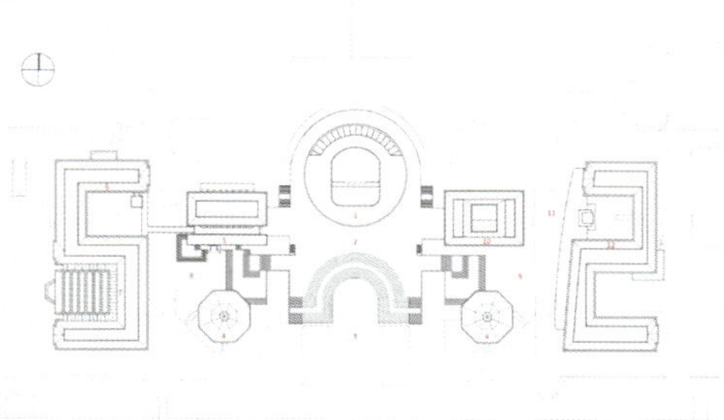

项目位于海宁市鹃湖北侧，教学北区位于国际联合学院中轴核心区，是集校园文化、会议、教学、办公于一体的校园公共中心之一。

教学北区以圆厅学术大讲堂为组团核心，商学院与公共教学楼分列东西两侧，各单体通过中心架空平台、连廊多维互通，共同打造“圆厅讲堂、开放院街”的核心理念。设计在对国外大学及浙江大学传统校园空间与立面形制研究的基础上，提出应借鉴中外相关空间与立面形制的基本形式，并将其融入国际校区的实际需求中。建筑立面在传统英式红砖立面的基础上加入了浙江大学之江校区立面的建筑符号，也增加了些许中式元素，如中式砖花、木结构半亭戏台、玻璃拱形印花等，从而使中西、古今产生共鸣。

海康威视数字音视频产品产业化基地

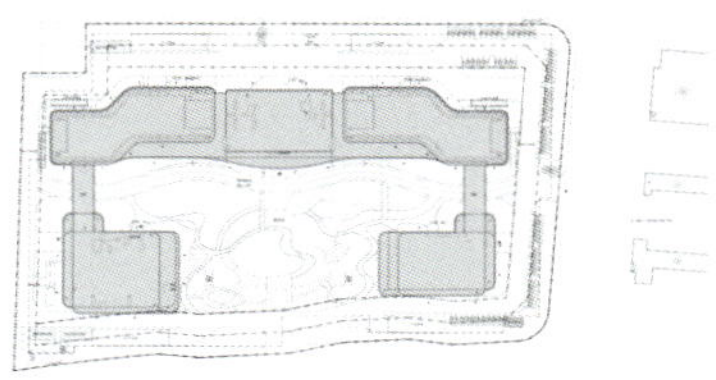

Hikvision Digital Audio and Video Product Industrialization Base

项目业主：杭州海康威视数字技术股份有限公司
建设地点：浙江 杭州
建筑功能：办公建筑
用地面积：36 668 平方米
建筑面积：168 956 平方米
设计时间：2018 年
项目状态：建成
设计单位：浙江大学建筑设计研究院有限公司
设计团队：黎冰、杨易栋、黄廷东、陈治宇、林再国

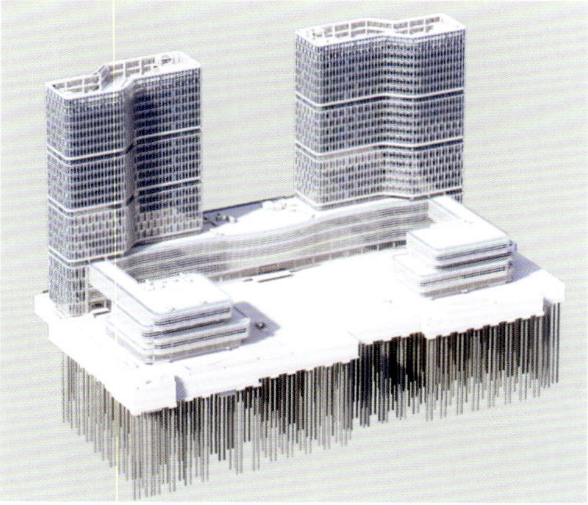

项目位于杭州市滨江区，是海康威视数字技术股份有限公司杭州总部四期。建筑整体力图展现大企业形象，以南北中轴对称的方式布局主楼及裙房，围合形成中央景观。主楼采用六边形元素的凹凸玻璃幕墙，错落有致；体块叠加的裙房采用连续的横向铝板线条，简洁大气。

园区以“活力空间和有机联系”为设计理念。主楼通过裙房和连廊联系为一个整体，其集办公研发、实验、会议、培训、餐厅厨房、员工活动等功能于一体。综合性的总部园区空间为企业创新赋能。

在施工图设计方面，建筑和结构专业采用 BIM 正向设计，在 Revit 平台进行三维协同设计，实现模型、图纸、数据、设计和建成效果高度一致性。

嘉兴学院梁林校区扩建工程二期

Jiaxing University Lianglin Campus Expansion Project Phase II

项目业主：嘉兴学院
建设地点：浙江 嘉兴
建筑功能：教育建筑
用地面积：397 718 平方米
建筑面积：230 835 平方米
设计时间：2017 年
项目状态：建成
设计单位：浙江大学建筑设计研究院有限公司
设计团队：黎冰、杨易栋、滕美芳、骆靖巍、张衡、陈治宇、韦兴利、邓延龙、王越盈、张鹏飞、林哲涵

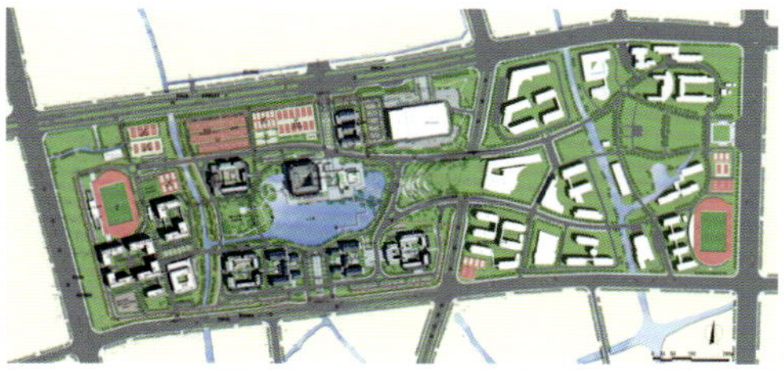

项目位于嘉兴市西部的嘉兴学院主校区。校园规划秉承“一横四纵”的规划格局和人文化、生长化、生态化、整体化的整体设计目标。

在规划中强调以院落来组织建筑群体，通过建筑围合营造相对具有内聚性的教学和生活空间，使校园建筑回归传统的“书院”形态，创造蕴含求学精神的大学校园，并通过传统空间的传承、传统形式的建构、传统文化的植入来反映大学校园的文化追求。

建筑设计打造丰富的院落空间和层层入境的空间序列，同时通过对灰砖、黛瓦、条石以及灰褐色金属装饰等具有传统质感的当代建筑材料的重构，将碧、青、黛、褐、白等朴实素雅的色彩融入建筑群落，创造出传统江南书院场景。

杭州市第一社会福利院迁建工程

Hangzhou First Social Welfare Institute Relocation Project

项目业主：杭州市第一社会福利院
建设地点：浙江 杭州
建筑功能：福利院
用地面积：92 064 平方米
建筑面积：36 880 平方米
设计时间：2019 年
项目状态：建成
设计单位：浙江大学建筑设计研究院有限公司
设计团队：钱锡栋、黄柯杰、吴晶晶、张梦芸

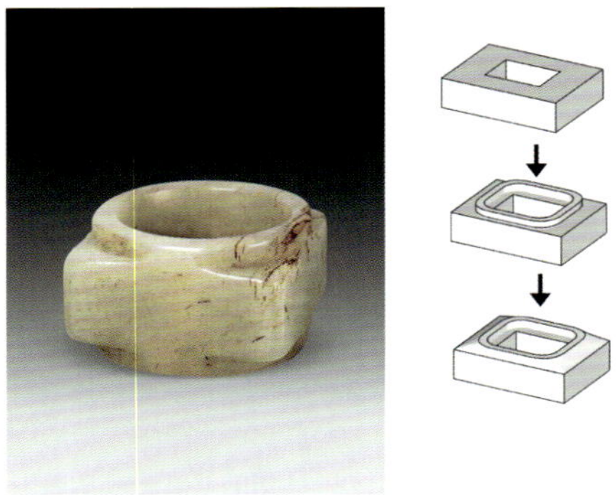

设计理念

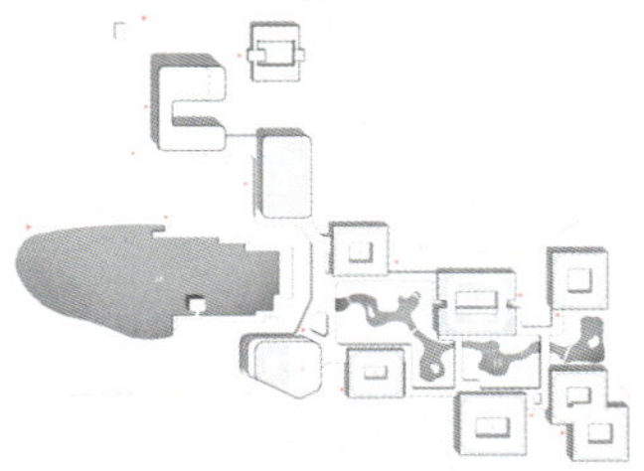

总平面图

杭州市第一社会福利院是杭州市唯一一家由政府托底，承担社会“三无”人员、年满 18 周岁孤儿和查无着落流浪乞讨人员安置功能的福利机构，其中将近 85% 的服务对象存在精神、智力、肢体障碍，缺乏自主生活的能力。绝大部分服务对象都在此终其一生，这里就是他们的全部世界。设计师希望为这些特殊人群营造一个全新的、充满关爱的家园。

在管理模式上，设计摒弃了以往实墙围合的封闭模式，提出了院落围合的“院中院”半开放模式，底层架空，为服务对象提供足够的室外活动场地。在安全防护设计中，设计师希望打破封闭的牢笼印象，取消了房间内的铁栏杆，采用钢化夹胶玻璃窗，既能起到防护作用，又能为室内带来良好的景观视野，使服务对象可以像普通人一样亲近自然、感受阳光。

杭州亚运会棒垒球体育文化中心

Hangzhou Asian Games Baseball and Softball Sports Culture Center

项目业主：绍兴市棒垒球场建设运营有限公司
建设地点：浙江 绍兴
建筑功能：体育建筑
用地面积：161 638 平方米
建筑面积：160 139 平方米
设计时间：2020 年
项目状态：建成
设计单位：浙江大学建筑设计研究院有限公司
设计团队：钱锡栋、黄柯杰、叶山峰、朱程远、郑怡霖、张梦芸、茅呈琳、孙政和、吴晶晶

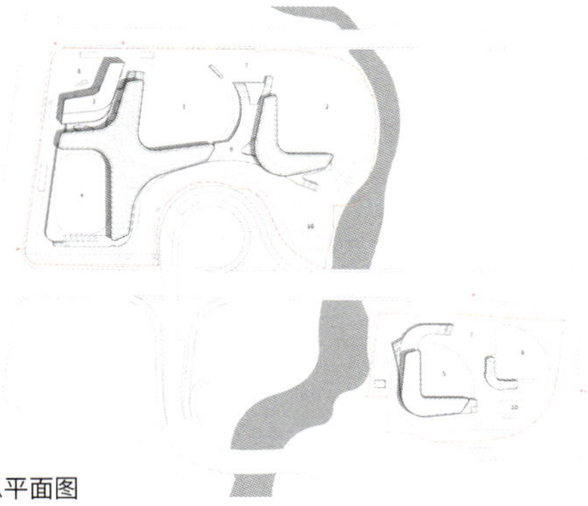

总平面图

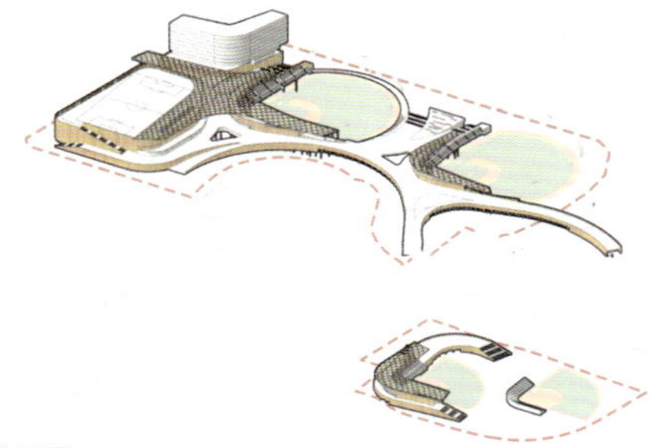

功能分区图

项目是 2020 年杭州亚运会比赛场馆，是国内规模最大、设施最先进、符合国际赛事要求的棒垒球场馆。设计综合考虑了亚运会比赛时和比赛后双阶段的运行管理可行性，巧妙地将场地内部公共空间开放，与周边社区有机关联。云波纹样的膜结构顶棚兼具张力和漂浮感，就好像空中的云朵一般，展现出轻盈舒展的姿态。顶棚之下，半开放式的体育文化商业街形成了一个串联公众日常生活与竞技比赛的平台，成为激发场馆持久生命的核心动力。

设计从绍兴水乡意境和纺织文化中汲取灵感，展示出契合地域的独特构想。建筑立面从绸带、书卷、瓦顶等传统文化符号中提取曲线元素，延续江南诗意，唤起民众对地域文化的集体记忆。

西湖大学建设工程（一期）

West Lake University Construction Project (Phase I)

项目业主：西湖大学
建设地点：浙江 杭州
建筑功能：教学、科研建筑
用地面积：422 449 平方米
建筑面积：456 501 平方米
设计时间：2017 年
项目状态：建成
设计单位：浙江大学建筑设计研究院有限公司
合作设计：HENN 海茵建筑
设计团队：董丹申、黎冰、陈瑜、范须壮、邝洋、叶长青、胡慧峰、张元升、朱恺、陈冰、徐新华、于海涛、彭荣斌、王豪、吴韵、吴松霖、徐高婷、江胜涛、徐荪、柳青、黄巍巍、张子权、黄迪奇、马博、王钰萱、刘佳宁、李丽、张丹峰、余钊炳

项目包含学术科研岛、校前区组团、师生生活区组团、讲席教授周转公寓等。核心区学术环组团是目前国内高校中单体规模最大的科研建筑群，建成后可同时满足 300 个不同学科、不同研究方向的学术带头人和四大公共实验平台使用。学术环四大学院的平面功能既要考虑现有学术带头人的个性化需求，也要考虑未来实验室不断改变的灵活性和通用性的要求，同时还要兼顾实验室和科研办公对房间面积和层高的要求。设备管井、交通体和卫生间都采取模块化设计。屋顶结合建筑造型可充分满足各种尺寸的屋顶设备的设置和隐藏，实现了完整的第五立面建筑效果。

嘉兴国际金融广场

Jiaxing International Financial Plaza

项目业主：嘉兴国际商务区投资建设有限公司
建设地点：浙江 嘉兴
建筑功能：商业、办公建筑
用地面积：57 068 平方米
建筑面积：441 628 平方米
设计时间：2021 年
项目状态：在建
设计单位：浙江大学建筑设计研究院有限公司
设计团队：黎冰、陈瑜、陈冰、朱恺、章昕、吴松霖、王豪、范真悦、刘佳

嘉兴国际金融广场是嘉兴城市中轴线上最为重要的建筑组群，是嘉兴中心城区与沪杭等大都市外联的交通枢纽和重要门户。

项目以“金融核芯，城市阶梯”为设计意向，延续上位城市设计街区式组团概念，沿着地块周边用裙房构建 5 层以内的城市街墙，中间则形成合院。随后降低沿中心超高层内界面的裙房高度并与外围进行连接，加强外界面的整体性与连续性。这样裙房围绕中心超高层形成近低远高的变化，再在裙房上立高层，形成“一主四副”的建筑格局。高层通过形体变化，错动推拉而成不同高度的空中花园，形成城市阶梯承接环境，塑造独特个性。

宋照方

职务：上海日清建筑设计有限公司董事、合伙人
职称：高级工程师

教育背景

1998 年—2003 年　英国牛津布鲁克斯大学建筑学硕士

工作经历

2000 年—2002 年　上海日建建筑设计公司
2003 年—2006 年　北京市中机一院工程设计公司
2006 年—2008 年　英国伦敦 PRP 建筑师事务所
2008 年至今　上海日清建筑设计有限公司

社会职务

中国建筑学会居住建筑专业委员会委员
美国建筑师协会国际会员

个人荣誉

2022 年“Pro+Award 普罗奖”年度杰出设计师
2021 年上海市优秀青年工程勘察设计师

主要设计作品

中国铁建西派国樾时代艺术中心
荣获：2019 年地产设计大奖居住地产项目优秀奖
2019 年美尚奖生活美学设计类建筑设计专项奖
2019 年艾特奖上海赛区公共建筑设计铜奖
北京卓越万科翡翠山晓
荣获：2019 年地产设计大奖居住地产项目优秀奖
2019 年美尚奖地产人居类创新体验空间入围奖
2019 年上海市建筑学会建筑创作奖佳作奖
苏州世茂铜雀台龙胤
荣获：2019 年英国 IPA 国际房地产大奖中国区优胜奖
2019 年 IDA 国际设计大奖银奖
2019 年地产设计大奖居住地产项目优秀奖
2019 年美尚奖地产人居类创新体验空间银奖
2019 年上海市建筑学会建筑创作奖提名奖
2019 年艾特奖公共建筑优秀奖
太原万科紫郡
荣获：2019 年艾特奖上海赛区住宅建筑设计银奖
首钢贵州之光
荣获：2019 年艾特奖上海赛区公共建筑设计铜奖
苏州金辉姑苏铭著
荣获：2019 年上海市建筑学会建筑创作奖提名奖
济南万科如园
荣获：2019 年上海市建筑学会建筑创作奖提名奖
张家口京城上方
荣获：2020 年德国标志性设计大奖优秀奖
2020 年 A&D 大奖最佳混合使用项目类别入围奖
2019—2020 年度美尚奖优秀奖
石家庄万科翡翠书院
荣获：2019—2020 年度美尚奖优秀奖
天津世茂浪花艺术馆
荣获：2020 年“Pro+Award 普罗奖”地产奖银奖
2020—2021 年度美尚奖优秀奖
2021 年德国标志性设计大奖至尊奖
2021 年天津市优秀工程勘察设计一等奖

日清設計
LACIME ARCHITECTS

从 1997 年开始，上海日清设计一直以项目公司的形式在上海承接建筑设计工程，至 1999 年，正式注册成为一家从事建筑和土木设计与监理、城市规划及与此相关的调查计划咨询等业务的综合性设计咨询机构。

长期以来公司始终坚持独立创新的原则，以设计至上为根本宗旨，致力于反映时代特征的新技术与新材料的运用，并以此为契机，将文化的概念反映到设计作品中，试图体现文化脉络的传承，彰显时代的特征。

公司自成立以来，积极参与国内外众多大型项目的设计，并实践完成了其中的大部分。公司传承原境外公司的管理模式，积极参与施工的安装设计管理过程，关注建筑的最终建成效果。经过 20 多年的发展，公司已扩展到北京与重庆地区，共有 500 多名建筑师，秉承建筑景观一体化设计模式。公司获得众多大型地产公司的认可，和万科、华润置地、龙湖、金地、中铁建、华侨城、招商蛇口、保利、金辉、融创、绿地、建业等大型集团公司有多方面的合作，开发了众多大型项目，在业界赢得了良好的口碑和信誉；与西安曲江管委会、湖州市城市建设发展总公司等政府机构建立了合作关系；与户田芳树风景计画研究所、意大利福克萨斯建筑事务所、伍兹贝格建筑师事务所、斯特恩建筑事务所、理查德·罗杰斯建筑事务所、梁志天室内设计公司、李玮珉建筑师事务所、上海越界建筑设计咨询有限公司等国内外知名设计机构保持着合作关系。目前，公司建成住宅项目面积约 1 亿平方米，公共建筑面积约 1 000 万平方米。项目涉及文化教育、商业、金融、民建、工业等多个领域，获国内外设计领域表彰 200 余项。公司在学术期刊上发表文章 60 余篇，取得专利认证 11 项。公司希望通过自身的不懈努力与研究，凭借已有的经验积累，更好地为客户提供专业性的服务，为中国的城市建设及土地规划贡献力量。

公司现有总建筑师 1 人、副总建筑师 10 人，高级顾问（教授级高工）3 人、资深设计总监 38 人、主创建筑师 100 余人，有 17 个设计事业部以及 1 个核心技术团队。在设计的过程中，公司积极与其他大型公司合作，充分交流，并结合自身特点，取长补短，在国际化水准的专业服务领域，将室内设计和景观设计的先进技术引入国内市场，建立一个建筑及其相关专业的服务网络，形成能满足客户各种需求的完善服务体系。

地址：上海市虹口区吴淞路 328 号
电话：13859671589
电子邮箱：550618472@qq.com

太原万科公园大道

Taiyuan Vanke Park Avenue

项目业主：太原南馥房地产开发有限公司
建筑地点：山西 太原
建筑功能：办公、商业建筑
用地面积：32 449 平方米
建筑面积：139 500 平方米
设计时间：2018 年
项目状态：建成
设计单位：上海日清建筑设计有限公司
设计总负责：宋照方
设计团队：潘小波、李俊超、沈晨云、胡敏娜
建筑摄影：行知摄影

项目位于太原市晋阳湖东岸的生态居住景观区，在环湖东路以东、健康北路以北，处于山西省体育中心视线通廊之上，作为太原市最重要的滨水区域，在东岸城市风貌总体设计中显得尤为关键。

项目以地标性的美学建筑、多元化的商务平台，融入晋阳湖发展经济带，打造总部基地、滨湖酒店、商圈业态等商业办公地产，为商务精英提供全新的办公体验。

“三面环山、一水中分、一湖点睛、九水环绕”的水韵格局给予龙城最为独特的城市浪漫。规划上以城市客厅为主线，为城市换新境，统筹优化晋阳湖东岸的环境要素。建筑上以水为镜，以云为介，创造“水云之间”的场所精神，演绎当代艺术的刚与柔，塑造地标式的城市名片。

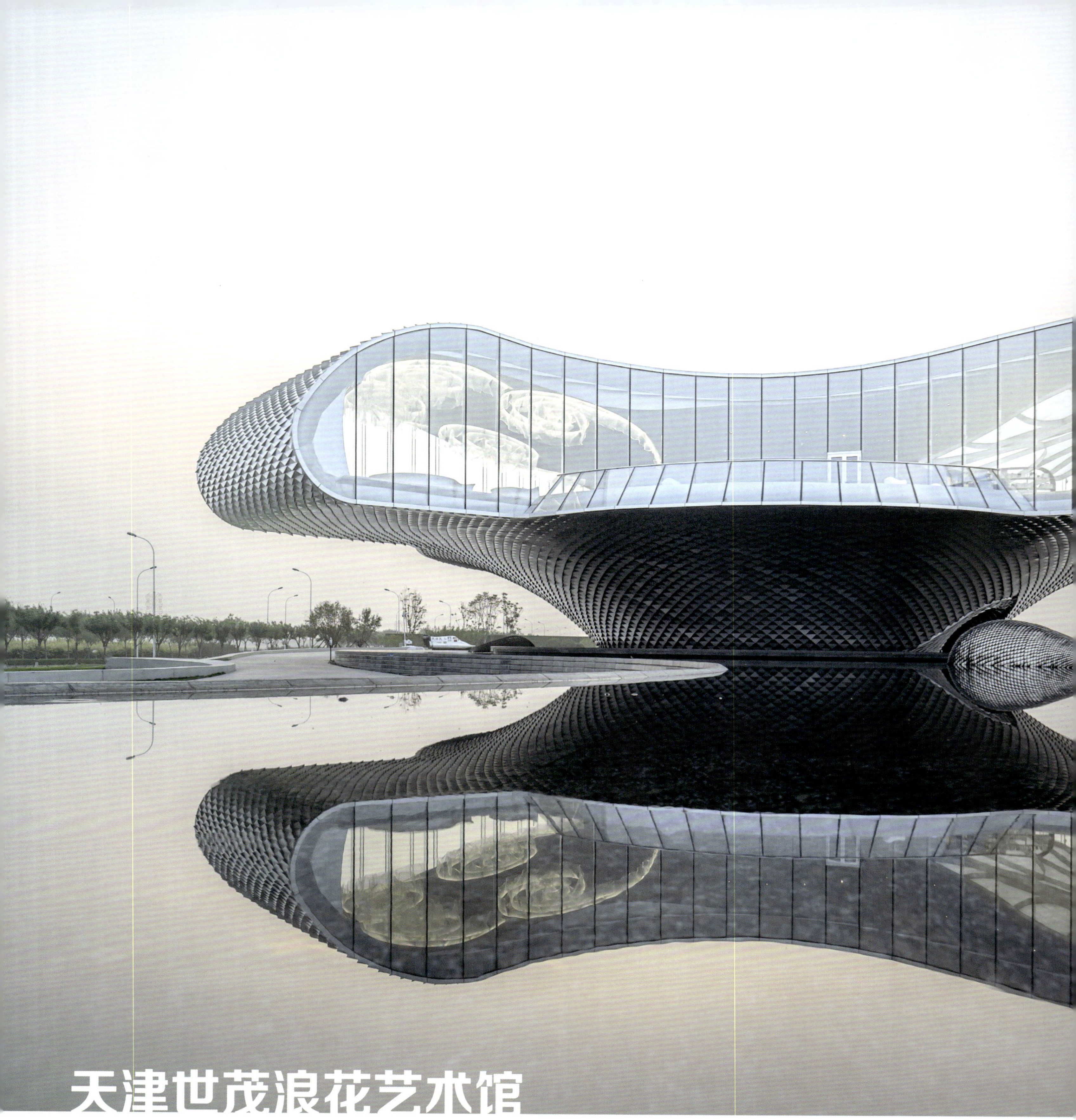

天津世茂浪花艺术馆

Tianjin Shimao Wave Art Museum

项目业主：世茂地产控股
建设地点：天津
建筑功能：文化建筑
用地面积：48 417 平方米
建筑面积：3 563 平方米
设计时间：2019 年
项目状态：建成
设计单位：上海日清建筑设计有限公司
主创设计：宋照方团队

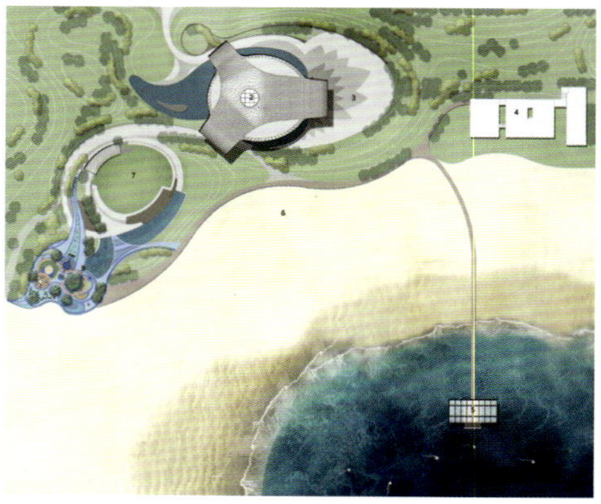

项目规划以点、线、面为基本逻辑，构建人、海、天之间的当代城市空间序列。建筑以浪花为意象，切入“水”的主题，从海浪中提取“水滴和浪花”的概念。浪花作为原型生成建筑的整体特征，使建筑和自然之间产生对话。在大海与土地的交会之处，建筑具备了新的符号意义。

空间多维曲面的浪花形体整体性极强。30 米悬挑与无柱大跨空间的构想，使结构体系的创新成为必须要解的难题。经过数月的方案研讨与计算论证，通过核心筒锚固的三向悬挑结构，最终建筑以端部梁高仅 600 毫米的轻盈姿态呈现。楼屋面充分利用形态本身的薄膜效应和形效结构，楼面各桁架间“喇叭花”式的形效令钢板和变截面梁紧密咬合，形成简单而高效的结构形式。建筑在观感上轻薄飘逸。结构与室内一体化设计，上翻梁隐藏在家具中，成就了空间与体量的双重极简。

中国铁建西派国樾郦苑与湖苑

CRCC Xipai Guoyue Li Yuan and Hu Yuan

项目业主：中铁建集团
建设地点：云南 昆明
建筑功能：居住、商业建筑
用地面积：14 652 平方米（郦苑）、21 888 平方米（湖苑）
建筑面积：221 500 平方米
设计时间：2017 年
项目状态：建成
建筑设计：上海日清建筑设计有限公司
设计总负责：宋照方
主创设计：潘小波、任悦、刘文峰

基地位于昆明巫家坝，基于生态之城，以智能现代为设计理念，致力于为居住者创造绿色健康生活。

商业立面延续以建筑幕墙和形体的变化形成空间节点，通过各种新奇的构造方式，使商业中心的调性和品味得以显著提升，这也代表了都市群体的审美倾向，精准地呼应客户群体的文化认同，实现了商业立面的价值。住宅公寓则作为独立的一部分，首层沿街部分的商业空间采用常规沿街配套的设计手法，塔楼立面协调稳重。

住宅立面以线条与宽景观视野作为设计的重点，回归精细化，强化线条感。立面的竖向肌理井然有序，塑造建筑简洁现代、典雅端庄的气质。

青岛万科海潮云起

Qingdao Vanke Clouds of Bay

项目业主：青岛万科房地产有限公司
建设地点：山东 青岛
建筑功能：居住建筑
用地面积：2 500 平方米
建筑面积：1 515 平方米
设计时间：2021 年
项目状态：建成
设计单位：上海日清建筑设计有限公司
设计总负责：宋照方
设计团队：李昂、孙达、赵彤、王毅刚、李飞

项目位于东方之滨青岛的城阳区，属于主城北扩核心区稀缺的低密度优质住宅，承载着成为青岛城北生活样本的使命。同时，项目所在的胶州湾区域，使地块带有海与云的城市基因。在现代主义城市化进程的影响下，建筑师尝试通过对“边界”的重新定义，给社区和城市带来积极的双向回馈，也是对主城区未来生活方式的诠释。

设计团队在大区局部利用邻里中心做了一个小小的尝试，用发现、消解、重塑边界的设计方式，打破传统社区与城市之间的边界，并让这个区域被多样化的体验空间与生活场景填充。设计营造积极的社区与城市的关系，同时也助力万科在青岛城阳主城区打造城市理想人居的生活样本。

唐权

职务： 湖南省建筑设计院集团股份有限公司
建筑一院主任建筑师
职称： 高级工程师
执业资格： 国家一级注册建筑师

教育背景
2006 年—2011 年　西北工业大学建筑学学士

工作经历
2011 年—2021 年　黄山市建筑设计研究院
2021 年至今　湖南省建筑设计院集团股份有限公司

社会职务
湖南省综合评标专家库评标专家

何庆健

职务： 湖南省建筑设计院集团股份有限公司
建筑一院副主任建筑师
职称： 高级工程师

教育背景
2004 年—2009 年　湖南城市学院建筑学学士

工作经历
2009 年—2011 年　广东省建筑设计研究院
2011 年—2016 年　华阳国际长沙公司
2016 年—2019 年　湖南省建筑设计院集团股份有限公司
2019 年—2021 年　湖南宝信云建筑
2021 年至今　湖南省建筑设计院集团股份有限公司

湖南省建筑设计院集团股份有限公司
HUNAN ARCHITECTURAL DESIGN INSTITUTE GROUP Co., Ltd.

湖南省建筑设计院集团股份有限公司（简称湖南设计，英文简称 HD）成立于 1952 年，前身为湖南省建筑设计院，是国内首批成立、综合实力位居全国省级设计院前列的大型综合性设计院之一，总部位于历史文化名城长沙。

自成立以来，HD 始终以设计精品工程为己任，致力于向社会提供高品质技术与工程管理服务，传递以人为本、绿色节能环保设计理念，先后参与设计湖南省博物馆、长沙黄花国际机场、贺龙体育场、橘子洲头毛主席雕像、长沙国际金融中心等一大批国内知名工程，业务遍布国内 27 个省市及海外 42 个国家和地区，累计完成国内外建筑工程服务超过 15 000 项，荣获国际、国家级、省部级科技进步奖、优秀工程设计及咨询奖 760 余项。

地址：湖南省长沙市岳麓区福祥路
65 号
电话：0731-85166229
网址：www.hnadi.com.cn
电子邮箱：office@hnadi.com.cn

黄博文

职务：湖南省建筑设计院集团股份有限公司
建筑一院副主任建筑师
职称：工程师

教育背景

2015 年—2018 年　昆明理工大学建筑学硕士

工作经历

2010 年—2013 年　中国建筑上海设计研究院
2013 年—2015 年　英国 UA 国际建筑设计有限公司
2017 年—2019 年　中联筑境（程泰宁）上海公司
2019 年至今　湖南省建筑设计院集团股份有限公司

易长文

职务：湖南省建筑设计院集团股份有限公司
建筑一院副主任建筑师
职称：工程师

教育背景

2015 年—2018 年　华南理工大学建筑学硕士

工作经历

2018 年至今　湖南省建筑设计院集团股份有限公司

团队主要设计作品

长沙国际金融中心
荣获：2019 年湖南省优秀工程勘察设计一等奖
2021 年全国优秀工程勘察设计二等奖
湖南省城陵矶临港高新产业园
荣获：2021 年湖南省优秀工程勘察设计全过程工程咨询二等奖
汇景发展环球中心
荣获：2022 年湖南省优秀工程勘察设计二等奖
雅礼丁江中学
荣获：2022 年湖南省优秀工程勘察设计二等奖
国防科技大学一号院数据中心用房新建工程
荣获：2022 年湖南省优秀工程勘察设计全过程工程咨询一等奖
新楚擎天广场
衡山县体育馆
湖南移动工程公司生产调度楼
长沙观沙岭南雅中学
梅溪湖创美大厦
武冈职业中专学校扩建项目
衡阳陆港枢纽（一期）总部产业园
湖南城陵矶华为新金宝高端制造基地
湖南城陵矶新港多式联运物流园
海口国家高新区降解塑料生产研发平台

湖南移动工程公司生产调度楼

Hunan Mobile Engineering Company Production Scheduling Building

项目业主：湖南中移通信技术工程有限公司
建设地点：湖南 长沙
建筑功能：办公建筑
用地面积：14 346 平方米
建筑面积：26 000 平方米
设计时间：2022 年
项目状态：在建
设计单位：湖南省建筑设计院集团股份有限公司
设计团队：唐权、黄博文、何庆健、易长文、许世和、吴亚林、赵心怡、曾行、吕俊贤、朱优恒、钱鹏、杨忞

项目场地位于长沙市开福区，地块东临雅雀湖路、南抵三一大道，用地周边交通便捷，地理位置优势明显。

设计从移动公司的企业文化中汲取灵感，结合科技型公司不断探索的精神，以流畅的线条隐喻了移动通信的互联互通、沟通全球的企业特征，并用端正、简洁的设计手法使整栋大楼体现出凝聚、向上、未来的设计美感，从而将“互联互凝、正德厚生”的设计理念融入建筑设计。

设计通过高低错落的玻璃体块使每个建筑立面都有差异，形成不对称的美感。在夜晚，建筑的泛光设计强化了建筑的结构，将简洁的美感展现得淋漓尽致。同时通过从内到外、表情丰富、布置灵活的空间方式，创造超越传统办公环境的场所，构建出一个集实用、美感和创意于一体的全新办公社区。

梅溪湖创美大厦

Meixihu Chuangmei Building

项目业主：湖南数字梅溪湖医疗产业管理有限公司
建设地点：湖南 长沙
建筑功能：医疗、商业、养老、酒店建筑
用地面积：13 351 平方米
建筑面积：89 303 平方米
设计时间：2021 年—2022 年
项目状态：在建
设计单位：湖南省建筑设计院集团股份有限公司
设计团队：黄博文、唐权、何庆健、易长文、唐卓瑾、李婉玲、文泽球、宋楚天

项目定位为湖南首家商业医疗综合体，致力于塑造有更好就医体验、以共享医技为前提的“去中心化”医疗产业，打造集健康、医美、门诊、商业、酒店、办公于一体的多元化综合体。创美大厦在某种程度上承载着狭长地块上的城市修补功能，但建筑的意义在于解决城市问题、缓解街道矛盾、创造建筑情感。创美大厦在有限且不规则的用地上，极大程度地满足建筑功能需求，使两栋塔楼高低协调、立面风格相互呼应，并对裙房进行架空、悬挑、错位等空间处理，植入庭院、天井等空间序列，打造多层次多维度的自由开放的城市空间，使拥挤的城市界面更加柔和，并通过大虚大实的体块关系，化解建筑体量，结合城市广场创造更多的共享互动平台。

海口国家高新区降解塑料生产研发平台

Haikou National High tech Zone Degradable Plastic Production and Research Platform

项目业主：海口国家高新区发展控股有限公司
建设地点：海南 海口
建筑功能：产业园
用地面积：26 210 平方米
建筑面积：69 128 平方米
设计时间：2020 年
项目状态：建成
设计单位：湖南省建筑设计院集团股份有限公司
设计团队：易长文、唐权、黄博文、何庆健、白依鑫、黄雅君

项目将生产、生活及研发功能整合于“未来方舟”形象中，承载着生物降解塑料产业“绿色创新”的设计理念、海南绿岛降塑产业示范基地的璀璨未来。

设计策略一：共享共用——设计将园区参观流线与员工活动流线相结合，通过共享廊道将生产、生活及研发区域紧密衔接，功能清晰、便捷高效、易于管理。设计打造多层次的自然景观系统和多界面的园区公共空间，营造出开放舒适的研发生产平台。园区员工可自由穿行于各功能区之间，以“产业社区”的方式共建一个产、城、人三者融合的“幸福共同体”。

设计策略二：可分可合——设计根据生产工艺对建筑形体进行切割，再利用共享空间进行联系，使建筑可以灵活分隔，具有良好的适应性。建筑可作为不同规模的可降解塑料材料研发、可降解塑料制品生产等产业承接场地，灵活的建筑平面布局可满足多种降解塑料的生产需求。

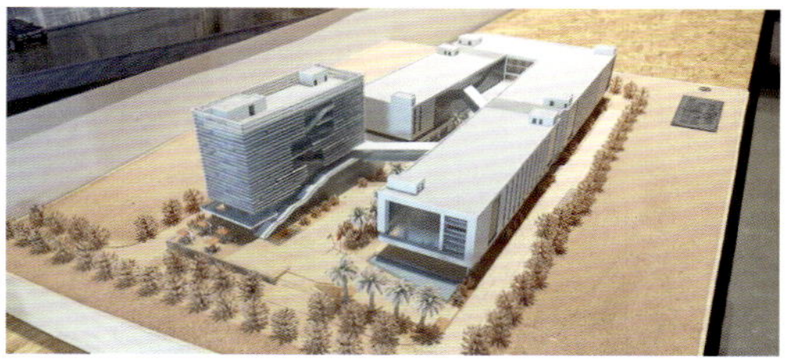

湖南广播电台二〇三台迁建工程

Hunan Radio Station 203 Relocation Project

项目业主：湖南广播电台二〇三台
建设地点：湖南 长沙
建筑功能：办公建筑
用地面积：易家冲地块 14 127 平方米
跳马山地块 15 405 平方米
建筑面积：易家冲地块 3 712 平方米
跳马山地块 992 平方米
设计时间：2022 年
项目状态：在建
设计单位：湖南省建筑设计院集团股份有限公司
设计团队：何庆健、易长文、唐权、黄博文、文泽球、李艳

易家冲技术基地：位于长沙市长沙县，场地为回填土形成的小山丘。项目由综合用房、辅助用房、发射机房三部分组成。设计立足于“环境、空间、形式”三者统一，使群体形象和个体形象都能表现出一种内在的含蓄和协调，并通过高低、虚实的造型元素和设计手法的充分运用打造独特、现代、简洁的建筑风格。

跳马山发射基地：位于长沙市跳马镇，为改造项目。设计结合场区特点，充分挖掘景观资源，将景观融入其中的同时，建筑也成为景观的一部分。设计力求一个兼具功能和美观的建筑，同时有利于工作、生活和管理。

两个地块建筑的外立面均采用清水混凝土与玻璃两种材料，在粗犷与纯净之间取得良好的平衡，打造独特的雕塑般的立面形象。

中国建筑西北设计研究院有限公司
CHINA NORTHWEST ARCHITECTURAL DESIGN AND RESEARCH INSTITUTE CO.,LTD.

第四建筑设计研究院方案创意部

中国建筑西北设计研究院有限公司（简称中建西北院）成立于1952年，是中华人民共和国成立初期国家组建的六大区建筑设计院之一，现已发展成为全国资质较全、规模较大、实力较强的甲级建筑设计单位之一，隶属于世界500强企业中国建筑集团有限公司。

中建西北院第四建筑设计研究院方案创意部是中建西北院最具设计实力的方案创作型团队之一，是中建西北院第四建筑设计研究院为持续推进深化改革，加速推进专业化发展，秉持设计创造价值的理念而成立的专业方案设计团队，同时具备国际化设计理念与丰富的本地设计经验。

方案创意部能够独立完成各类大型民用与工业项目的设计工作，尤其擅长教育文化、居住、城市更新、医疗等类型项目的创作设计。业务主要涵盖前期策划、方案创作、项目报建配合、初步设计等，并可提供施工图设计、施工现场配合、竣工后保障等全过程设计咨询服务。方案创意部关注建筑全生命周期，为业主提供一站式服务。

方案创意部现有建筑及规划专业设计人员30余人，其中国家一级注册建筑师2名。团队成员以中青年为主，活力高效，充满创造力。方案创意部充分吸收中建西北院内资源，由国内相关领域首屈一指的专家、大师、院士对项目进行把关。方案创意部实施“方案主创+项目负责人”制，确保为业主提供专业、优质的设计咨询服务。

●**企业精神**

忠诚担当，使命必达

●**企业使命**

拓展幸福空间

●**核心价值观**

品质保障，价值创造

●**经营理念**

精心设计，诚信服务

●**发展目标**

成为国内领先、国际知名的全过程工程咨询设计企业

●**特色文化**

“和合”文化（和谐传承共生，合作创新共赢）

地址：西安市经开区文景路中段98号　电话：029-68515801　网址：nwin.cscec.com　电子邮箱：11738614@qq.com

平凉市体育运动公园

Pingliang Sports Park

项目业主：平凉中交惠民体育产业发展有限公司
建设地点：甘肃 平凉
建筑功能：体育建筑
用地面积：431 076 平方米
建筑面积：91 528 平方米
设计时间：2016 年— 2020 年
设计单位：中国建筑西北设计研究院有限公司
设计团队：满晓青、马力、刘奚青、王海亮、毛坤、陈祥云

项目包含体育场、体育馆、游泳馆。三个场馆沿滨河路依次展开，呈分散式的布局，只在二层人行空间以平台进行串联。体育场布置在场地西北侧，最大限度地顺应城市人流朝向并与两条城市主要道路相接，满足大量人流的瞬时集散功能。游泳馆布置在场地南侧，与运动公园相邻，共同组成利于市民活动的空间。三者以人行平台及顶部的“飘带”相连，共同形成灵动飘逸的“一带三馆”空间布局。

“一带三馆”的空间布局方式与泾河交相呼应，有利于自身形象的塑造以及成为城市地标。设计考虑大型赛事及日常运营需要，北侧设主广场，同时在各个方向上均有道路可达；整体场馆设计合理控制高度，丰富城市天际线；各馆完全独立，仅屋顶形断意连，屋面构件以铰接方式连通，可独立施工、分期开发而不影响整体形象。

设计立足场馆运营，充分体现市民参与、市民共享，广场空间充足，有利于人流集散。

西安高新区第三初级中学扩建工程

Xi'an High tech Zone No.3 Middle School Expansion Project

项目业主：高新区第三初级中学
西安高新区交通投资建设有限公司
建设地点：陕西 西安　　建筑功能：教育建筑
用地面积：36 361 平方米　　建筑面积：71 064 平方米
设计时间：2019 年—2020 年（一期）
2021 年—2022 年（二期）
项目状态：建成
设计单位：中国建筑西北设计研究院有限公司
设计团队：李子萍、马力、刘奚青、区昊羽、陈歌、陈祥云、高扬、原晓敏、李国栋

项目地处西安市最大的城中村与不同时期建设的高档社区交界地带，凝聚了城市化进程留下的时代缩影。

项目以融合共享为核心目标，以立体校园为设计策略，以下沉庭院、一层、二层形成的“三叠院”为标志特征，构成高密度、高容积率的高容量学校。设计在创造性地解决极端场地条件下功能复杂、安全疏散、高绿化率等需求的同时，营造多重路径、线性展开的传统空间意境和步移景异的丰富空间体验，并将绿建二星、巨型框架、预应力结构、钢板混凝土、装配式、减隔震设计等先进技术植入其中。

通过合理分区与流线组织，校园部分景观和公共设施可错时或局部向城市开放，惠及周边居民。项目为城中村与高档社区中的孩子提供了交往融合、公平竞争、共同成长的校园环境，是教育公平的助推器，为所在区域构建积极向上的精神文化高地。

光山县乡村振兴暨四馆一中心

Guangshan County Rural Revitalization and Four Pavilions and One Center

项目业主：光山县融媒体中心及光山县交通运输发展有限公司
建设地点：河南 光山　　　　　建筑功能：文化建筑
用地面积：65 994 平方米　　　建筑面积：55 959 平方米
设计时间：2020 年—2022 年
项目状态：在建
设计单位：中国建筑西北设计研究院有限公司
设计团队：吕成、马力、彭浩、陈祥云、李乐、陈歌、区昊羽、郭铭帅、穆彦晓、黎烨

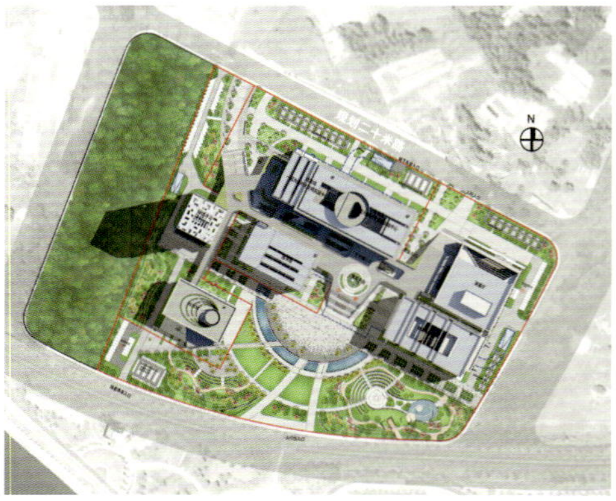

规划布局

场地选址于滨河之畔，并靠用地北侧布局，南侧留出开阔的市民广场。各单体通过二层文化平台有机串联，平台下布置一层局部商店。

设计特色

①树林之境：以自然林木为灵感，设计了一种独特的“树拱”单元，阳光从单元之间的天窗温和撒下，形成室内光影。图书馆的书架墙与“树拱”相对应，形成通透而模糊的空间边界，给公众提供安静、自由的精神场所。②乡土之忆：弧形的“树拱”底面与具有仪式感的连续折墙在阳光下呈现出曼妙的光影渐变效果；“树拱的”出檐、外墙的石材格构又为建筑提供了被动式的遮阳环境。粗犷的混凝土与自然石等乡土材料呈现出地域魅力。③低碳之城：每个场馆均围绕室内或室外中庭展开，创造空灵的“呼吸之馆”。方案采用了多项生态低碳措施：光伏发电、光导照明系统、可调节活动外遮阳、雨水花园、光电幕墙、空气源热泵等。其中，建成后的图书馆将成为豫南地区第一个近零能耗文化建筑。

田野

职务：中船第九设计研究院工程有限公司
创作室主创建筑师
职称：高级工程师
执业资格：国家一级注册建筑师

教育背景
2004 年—2009 年　武汉理工大学建筑学学士
2009 年—2012 年　南京大学建筑学硕士

工作经历
2012 年至今　中船第九设计研究院工程有限公司

个人荣誉
2019 年上海市首届乡村振兴新锐设计师库设计师

主要设计作品
西安航天动力研究所新区整体规划
江苏科技大学
中船三亚深远海实验保障中心
青浦东湖中学
上海青西郊野公园能级提升规划及单体设计

李兆年

职务：中船第九设计研究院工程有限公司
创作室主创建筑师
职称：工程师
执业资格：国家一级注册建筑师

教育背景
2005 年—2010 年　沈阳建筑大学建筑学学士
2011 年—2014 年　同济大学建筑学硕士

工作经历
2014 年至今　中船第九设计研究院工程有限公司

个人荣誉
2020 年华东师范大学入库设计师

主要设计作品
上海市崇明区三星镇稻田驿站
荣获：2019 年上海首届乡村振兴设计大赛崇明站一等奖
深圳市特种设备安全检验测试基地
荣获：2020 年“龙图杯”全国 BIM 大赛三等奖
上海船厂研发大楼
涪陵五中艺术楼

薛思雯

职务：中船第九设计研究院工程有限公司
创作室主创建筑师
职称：高级工程师
执业资格：国家一级注册建筑师

教育背景
2005 年—2010 年　同济大学建筑学学士
2010 年—2013 年　同济大学建筑学硕士

工作经历
2013 年至今　中船第九设计研究院工程有限公司

个人荣誉
2020 年中船第九设计研究院工程有限公司优秀质量工作者

主要设计作品
江苏科技大学
青浦东湖中学
上海质量检验公共服务平台质检综合实验基地一期
上海崇明东滩科研中心
上海青西郊野公园能级提升规划及单体设计
徐州市徐商公路北侧 D 地块
上海市金山卫镇 01 街坊安置基地

NDRI INSPIRED STUDIO
创　作　室

中船第九设计研究院工程有限公司
China Shipbuilding NDRI Engineering Co.,Ltd.

中船第九设计研究院工程有限公司（以下简称中船九院）创作室成立于 2018 年，是中船九院全力打造的方案创作核心团队。中船九院创作室主要承接包括科研办公、文化教育、体育医疗、工业试验、酒店商业、乡村振兴等各类型公共建筑的方案设计工作，依托中船九院深厚的全过程工程技术储备，实现原创方案的高质量实施。中船九院创作室旨在为客户提供创新、前瞻、可持续的精品建筑解决方案。

地址：上海市杨浦区河间路 1280 号
中船第九设计研究院 10 楼
电话：021-62549700-8273
18616150065
网址：www.ndri.sh.cn
电子邮箱：ndriinspire@163.com

上海交通大学海洋装备研究中心

Shanghai Jiaotong University Marine Equipment Research Center

项目业主：上海交通大学
建设地点：上海
建筑功能：科研、办公建筑
用地面积：91 570 平方米
建筑面积：125 400 平方米
设计时间：2021 年
项目状态：在建
设计单位：中船第九设计研究院工程有限公司
主创设计：中船九院创作室团队

项目总体布局兼顾内外、统筹协调，设计结合基地内地块特点，对研发实验、交流学习等功能进行合理组织布局，形成“一轴线、三片区”的总体空间布局。“一轴线”即南北贯穿的景观通道。“三片区”由南至北依次为：南部实验片区（4# 智能制造实验室、5# 智能设备实验室），中部科研片区（1# 数字化实验中心、2# 数字化设计中心、3# 数据中心），北部学习交流片区（6# 科研人员公寓、7# 国际交流中心、8# 科研楼）。三大片区既相对独立而又相互渗透、紧密联系，形成“产、研、学”一体化空间布局。

金湖文化艺术中心

Jinhu Cultural and Art Center

项目业主：江苏省淮安市金湖县人民政府
建设地点：江苏 淮安
建筑功能：文化建筑
用地面积：39 819 平方米
建筑面积：55 000 平方米
设计时间：2014 年
项目状态：建成
设计单位：中船第九设计研究院工程有限公司
主创设计：中船九院创作室团队、中船九院建筑二院方案室

设计本着创建金湖县公共文化活动空间、提升城市整体文化氛围、改善金湖人居生活品质的原则，深入挖掘金湖本土历史文脉，将荷文化、水文化、尧文化以及剪纸文化等融入建筑的空间表达中；结合功能要求将大剧院、档案馆、文化宫、青少年活动中心等空间融为一体，并对其赋以“莲”的外在形象。建筑外表皮采用金湖剪纸的镂空处理方式，将传统手工艺术与现代建筑相结合，形成一个饱含地域特色、突显金湖精神文明风貌的城市标志性建筑。

上海市青浦区莲湖综合为民服务中心

Lianhu Comprehensive Service Center for the People in Qingpu District, Shanghai

项目业主：上海青浦新城发展（集团）有限公司
建设地点：上海
建筑功能：文化建筑
用地面积：1 000 平方米
建筑面积：1 923 平方米
设计时间：2019 年
项目状态：建成
设计单位：中船第九设计研究院工程有限公司
主创设计：中船九院创作室团队

项目在满足建筑使用功能的基础上，将一个大尺度的公共服务空间融入莲湖村现有的传统村落肌理之中，最大限度地降低对原始村落尺度的破坏，并实现快速建造。设计采用化整为零的方式，对建筑进行解构重组。解构重组围绕屋顶及山墙展开，以连续错落的折板屋面和延续民居尺度的山墙形成整个建筑的外部形象，并结合景观、庭院、回廊、露台等开放空间，共同建造一处与环境友好对话、与村庄自然融合的公共建筑群。

青浦东湖中学

Qingpu Donghu Middle School

项目业主：上海淀山湖新城发展（集团）有限公司、上海市青浦区校产管理中心
建设地点：上海
建筑功能：教育建筑
用地面积：47 083 平方米
建筑面积：34 012 平方米
设计时间：2019 年
项目状态：在建
设计单位：中船第九设计研究院工程有限公司
主创设计：中船九院创作室团队

项目位于青浦新城，设计团队巧妙利用楔形用地的特点，合理布置出入口和建筑功能，沿楔形的纵深方向形成东西贯通的视觉通廊，以充满动感的形体塑造自由流畅的校园基调，使建筑空间与校园环境自然渗透、交融。

规划布局将核心功能空间在形式上凝聚为一个紧密的整体，以寻求稳定性；将辅助功能空间在形式上化整为零，以塑造流动感，从而形成以小体量辅助空间围合大体量核心空间、主辅空间形式分离的布局模式。实践证明，这种模式对不规则形状的用地具有较好的适应性，并使建筑与环境形成更为积极的对话关系。

王佳

职务： 北京市建筑设计研究院有限公司
第八建筑设计院副院长
职称： 高级工程师
执业资格： 国家一级注册建筑师

教育背景

1998 年—2003 年　重庆大学建筑学学士

工作经历

2003 年至今　北京市建筑设计研究院有限公司

主要设计作品

海军总医院内科医疗楼
荣获：2015 年全国优秀工程勘察设计三等奖
特立尼达和多巴哥斯卡伯罗总医院改造
荣获：2017 年全国优秀工程勘察设计二等奖
北京小汤山医院升级改造应急工程
北京市残疾人职业康复和托养服务中心
荣获：全国首次（2020）无障碍设施设计十大精品案例奖
2021 无障碍环境建设优秀典型案例
首都医科大学附属北京天坛医院迁建工程
荣获：2021 年北京市优秀工程勘察设计一等奖
首钢西集重大活动应急场所工程
蚌埠医学院第一附属医院心脑血管中心
阜阳市中医医院
新乡医学院第一附属医院
丰台区残疾人职业康复中心
北京东方艺术文化中心
北京中国国际新闻中心

张圆

职务： 北京市建筑设计研究院有限公司
第八建筑设计院建三所总监
职称： 高级工程师
执业资格： 国家一级注册建筑师

教育背景

1998 年—2003 年　北京建筑工程学院建筑学学士

工作经历

2003 年至今　北京市建筑设计研究院有限公司

个人荣誉

全国优秀抗疫人物奖

主要设计作品

首都医科大学附属北京天坛医院迁建工程
荣获：2021 年北京市优秀工程勘察设计一等奖
北京小汤山医院升级改造应急工程
特立尼达和多巴哥斯卡伯罗总医院改造
荣获：2017 年全国优秀工程勘察设计二等奖
海军总医院内科医疗楼
荣获：2015 年全国优秀工程勘察设计三等奖
北京市残疾人职业康复和托养服务中心
荣获：全国首次（2020）无障碍设施设计十大精品案例奖
2021 无障碍环境建设优秀典型案例
首钢西集重大活动应急场所工程
蚌埠医学院第一附属医院心脑血管中心
阜阳市中医医院
新乡医学院第一附属医院
华北石油总医院新建内科病房楼
当代时光里养老项目

地址：北京市西城区骡马市大街 8 号
泰和国际大厦十层
电话：010-88049022
传真：010-88049000
网址：www.biad.com.cn

BIAD 北京市建筑设计研究院有限公司
BEIJING INSTITUTE OF ARCHITECTURAL DESIGN

北京市建筑设计研究院有限公司（简称 BIAD）第八建筑设计院是 BIAD 率先开展建筑设计总承包的综合设计部门，是 BIAD 十大综合设计院之一。

第八建筑设计院现有主体设计人员 160 余人，年产值近 1 亿元，规模和产值均位于 BIAD 各部门前列。

第八建筑设计院业务范围包括城市规划、投资策划、大型公共建筑设计、民用建筑设计、室内装饰设计、园林景观设计、建筑智能化系统工程设计、工程概预算编制等。第八建筑设计院在医疗健康建筑、城市商业综合体、居住建筑、总部办公建筑、文化会展建筑等设计领域具有领先优势，承接的城市综合体项

姜薇

职务：北京市建筑设计研究院有限公司
　　　第八建筑设计院建三所副所长
职称：工程师

教育背景
2004 年—2009 年　四川美术学院建筑学学士

工作经历
2009 年至今　北京市建筑设计研究院有限公司

个人荣誉
北京市青年突击队队长

主要设计作品
首都医科大学附属北京天坛医院迁建工程
荣获：2021 年北京市优秀工程勘察设计一等奖
北京小汤山医院升级改造应急工程
北京市残疾人职业康复和托养服务中心
荣获：全国首次（2020）无障碍设施设计十大精品案例奖
　　　2021 无障碍环境建设优秀典型案例
首钢西集重大活动应急场所工程
海军总医院 9106 工程
蚌埠医学院第一附属医院心脑血管中心
阜阳市中医医院
新乡医学院第一附属医院
泌阳市人民医院
丰台区残疾人职业康复中心
天水市麦积山游客服务中心
山西省农业科学院

张豪

职务：北京市建筑设计研究院有限公司
　　　第八建筑设计院建三所副所长
职称：高级工程师
执业资格：国家一级注册建筑师
　　　　　注册城乡规划师

教育背景
2006 年—2011 年　山东大学建筑学学士
2011 年—2014 年　天津大学建筑学硕士

工作经历
2014 年至今　北京市建筑设计研究院有限公司

主要设计作品
北京小汤山医院升级改造应急工程
首钢西集重大活动应急场所工程
蚌埠医学院第一附属医院心脑血管中心
阜阳市中医医院
济南黄金时代广场 A 座
昆玉市文化中心
成都佛罗伦萨小镇奥特莱斯
上海佛罗伦萨小镇奥特莱斯（二期）
武汉佛罗伦萨小镇奥特莱斯

目合同额及完成规模连续多年位居 BIAD 第一。

第八建筑设计院主体部门设有建筑设计所、建筑工作室、结构设计所、设备设计所、电气设计所、景观工作室、经济工作室和市场前期部。

第八建筑设计院秉承 BIAD“建筑设计服务社会、数字科技创造价值”的企业核心理念，以设计为源、智慧为本，为城市的美好未来贡献力量。

首都医科大学附属北京天坛医院迁建工程

Relocation Project of Beijing Tiantan Hospital Affiliated to Capital Medical University

项目业主：首都医科大学附属北京天坛医院
建设地点：北京
建筑功能：医疗建筑
用地面积：100 192 平方米
建筑面积：267 931 平方米
设计时间：2013 年—2014 年
项目状态：建成
设计单位：北京市建筑设计研究院有限公司
主创设计：第八建筑设计院医疗设计团队

天坛医院是中华人民共和国成立以来首个从中心城区整体搬迁的三级甲等综合性医院，是世界三大神经外科研究中心之一、亚洲神经外科临床科研及教学基地。项目突破其在原址发展的禁锢，使以神经科学集群为特色、以神经外科为先导的“国内一流、国际知名”大型三级甲等综合性教学医院的目标成为可能。项目本着如下设计理念：立足神经外科特色，面对不同患者分设专科楼及综合门诊楼；模块化布局适应未来发展需求；人性化的功能空间最大限度地满足患者需求；围绕医技区域布局的诊疗体系，实现医疗资源共享；共享生命抢救体系，搭建生命抢救绿色通道；专业的医疗流程设计保证医院感控措施的实施；现代化物流体系实现医院的智能运输；先进的智慧医疗系统，实现数字化医院。

北京小汤山医院升级改造应急工程

Beijing Xiaotangshan Hospital Upgrading and Renovation Emergency Project

项目业主：北京小汤山医院
建设地点：北京
建筑功能：医疗建筑
用地面积：39 000 平方米
建筑面积：53 122 平方米
设计时间：2020 年
项目状态：建成
设计单位：北京市建筑设计研究院有限公司
主创设计：第八建筑设计院医疗设计团队

项目是北京市为应对突如其来的疫情而建设的容纳 1 500 个床位的临时医院，按照传染病房标准设计建造。病房区 50 个护理单元全部采用模块化设计，以缩短施工周期。安全为根，医疗流程上进行针对性设计，机电系统均按照永久性传染病医院标准设计。以人为本，通过设计手段，有效阻断病毒传播，降低感染风险，确保医护零感染，体现对医患和医护人员的人性化关怀。项目设计智能化病房、开敞式病医走廊、医护休息区、采光天井等人性化建筑。结构外立面和室内公共空间采用一系列色彩设计，缓解医患精神压力，并方便辨识病区位置，杜绝防疫工程模块化形成的冰冷方盒子即视感。

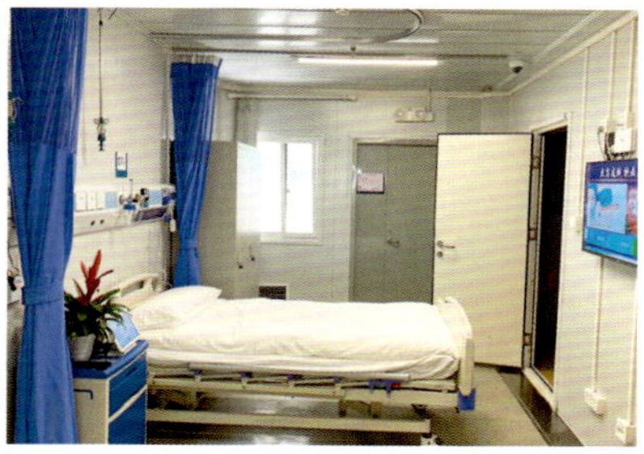

病房单元BIM模型

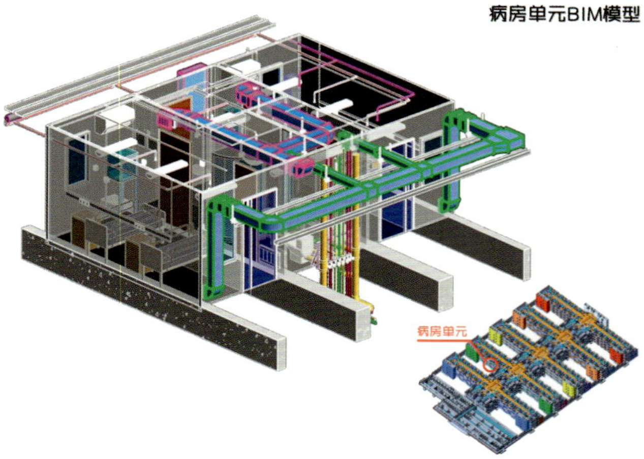

蚌埠医学院第一附属医院心脑血管中心

Cardiovascular and Cerebrovascular Center of the First Affiliated Hospital of Bengbu Medical College

项目业主：蚌埠医学院第一附属医院
建设地点：安徽 蚌埠
建筑功能：医疗建筑
用地面积：179 240 平方米
建筑面积：420 675 平方米
设计时间：2020 年—2021 年
项目状态：在建
设计单位：北京市建筑设计研究院有限公司
主创设计：第八建筑设计院医疗设计团队

项目为三级甲等综合性医院，面向未来，着力于山水之间打造一座集智慧数字化、生态化于一体的第五代医疗之城。规划以“生命之脉”医疗街作为整个院区的中枢。医疗街贯穿基地南北，将各功能区串联起来。各功能区沿“生命之脉”向周边有机生长，形成医养建筑群落。设计在保证医院合理的规划布局与功能分区的基础上，重点打造特点鲜明的建筑形象、优美舒适的绿化环境、丰富多样的空间层次和悠久深远的文化内涵。项目建成后将立足蚌埠，服务安徽，辐射苏、鲁、豫，成为功能完备、专业学科突出、诊疗技术精湛、环境优美的现代化省级医疗服务中心。

王岗

职务：山东省建筑设计研究院有限公司设计三院院长

职称：工程技术应用研究员

执业资格：国家一级注册建筑师

教育背景

1986 年—1991 年　北京建筑工程学院建筑学学士

工作经历

1991 年至今　山东省建筑设计研究院有限公司

个人荣誉

山东省建筑工程大师

中国医疗建筑设计年度杰出人物

全国十佳医院建筑设计师

山东省百优注册建筑师

主要设计作品

呼伦贝尔人民医院新区分院

荣获：2013 年全国人居经典建筑规划设计方案竞赛规划金奖

佛山市妇幼保健院

荣获：2014 全国人居经典建筑规划设计方案竞赛综合大奖

连云港市妇幼保健中心

荣获：2015 全国人居经典建筑规划设计方案竞赛综合大奖

广州暨南大学第一临床医学院教学楼

荣获：2015 年全国优秀工程勘察设计二等奖

深圳石岩人民医院

荣获：“十一五”期间全国医院建设优秀规划设计奖

深圳大学总医院

荣获：2018 年金拱奖建筑设计金奖
2019 年全国优秀工程勘察设计二等奖
2019 年全国综合医院示范工程
“十一五”期间全国医院建设优秀规划设计奖
2019 年度鲁班奖

山东省公共卫生临床中心

荣获：2020 年全国优秀工程勘察设计二等奖

宁夏工人疗养院

荣获：山东省优秀建筑设计方案三等奖
山东省（BIM）技术应用竞赛一等奖
第八届“创新杯”（BIM）技术应用大赛优秀奖

江苏大学附属医院

荣获：“十一五”期间全国医院建设优秀规划设计奖

枣庄市妇幼保健院

荣获：“十三五”期间全国妇幼保健院建设标志工程
2019 年山东省优秀工程勘察设计三等奖

学术研究成果

参与《妇幼保健机构建筑设计指南》编制行业标准，提出“四大部”设计概念，指导全国妇幼保健院的建设。《妇幼保健机构建筑设计指南》成为评价全国妇幼保健院学科建设、建筑设计、功能流线的标准。参与《方舱式临时医院技术导则》编制标准，2020 年指导山东省应急医院改造设计，做到科学、高效、快速、安全地建设方舱式临时医院。

山东三院

山东省建筑设计研究院有限公司是国家甲级勘察设计单位、全国重信用守合同单位、全国建筑设计行业诚信单位、当代中国建筑设计百家名院，是山东省建筑设计行业的龙头企业。

公司现设有 9 个综合设计分院、7 个驻外分支机构、6 个职能管理部门，现有职工 1 000 余人，其中专业技术人员 900 余人（高级职称人员近 300 人、工程技术应用研究员 70 余人、国家一级注册建筑师及其他专业注册工程师 260 余人、山东省工程设计大师 9 人）。

公司立足于山东，积极开拓国内和国际市场，设计成果遍布全国及亚洲、非洲、大洋洲、北美洲的十几个国家；累计完成 7 000 余个工程设计项目，设计总面积达 1.65 亿平方米，其中有上千个优秀医院建筑设计项目；连续多年被评为“中国医院建设十佳医院设计供应商”“中国医院建设品牌服务企业”。

公司重视建筑创新，技术力量雄厚，设计手段先进，设计质量和服务水平深得业内好评；在建筑设计及科研领域荣获国家及省部级科技进步奖、优秀勘察设计奖等千余项奖项。公司依靠雄厚的技术实力，成为山东大学、山东建筑大学的教学实践基地和工程硕士培养基地，是全国 19 个学术团体的理事单位，山东省 12 个专业学术团体的挂靠单位；同时，先后与德国、加拿大、澳大利亚、日本、韩国等国的设计机构建立了技术合作关系，并开展了卓有成效的交流合作。

山东省建筑设计研究院有限公司设计三院，不断践行医疗建筑理念，打造了一支业务精湛、服务优良、具有前瞻性的设计团队；作为国内优秀的医疗建筑设计团队，创造性地开拓医疗建筑市场，利用优化的资源来服务客户；通过整合人的需求、环境管理、价值创造、科学和艺术相结合，提供卓越的设计和解决方案，寻求内部功能与基地环境、气候、文化等需求的平衡，赋予建筑、景观新的意义。经过 37 年的发展，山东省建筑设计研究院有限公司设计三院现已成为国内医疗建筑设计行业的翘楚。

地址：山东省济南市市中区经四路
小纬四路 4 号
电话：0531-87913086
传真：0531-87913036
网址：www.sd3s.net
电子邮箱：wgang9999@vip.sina.com

孙菲

职务：山东省建筑设计研究院有限公司设计三院
　　　建筑副总工程师
职称：正高级工程师
执业资格：国家一级注册建筑师

教育背景
2003 年—2008 年　昆明理工大学建筑学硕士

工作经历
2008 年至今　山东省建筑设计研究院有限公司

个人荣誉
全国十佳医院建筑设计师

主要设计作品
山东省公共卫生临床中心
荣获：2020 年全国优秀工程勘察设计二等奖
深圳大学总医院
荣获：2018 年金拱奖建筑设计金奖
　　　2019 年全国优秀工程勘察设计二等奖
　　　2019 年全国综合医院示范工程
　　　“十一五”期间全国医院建设优秀规划设计奖
　　　2019 年度鲁班奖
枣庄市妇幼保健院
荣获：“十三五”期间全国妇幼保健院建设标志工程
　　　2019 年山东省优秀工程勘察设计三等奖

贾秋玉

职务：山东省建筑设计研究院有限公司设计三院
　　　建筑副总工程师
职称：高级工程师
执业资格：国家一级注册建筑师

教育背景
2002 年—2007 年　青岛理工大学建筑学学士
2007 年—2010 年　北京建筑工程学院建筑与规划学院硕士

工作经历
2010 年至今　山东省建筑设计研究院有限公司

个人荣誉
筑医台青年领袖建筑师

主要设计作品
仪征市滨江新城整体城镇化一期
荣获：2021 年山东省优秀工程勘察设计一等奖
长沙县人民医院
荣获：第六届山东省优秀建筑设计方案三等奖
　　　第十届“创新杯”（BIM）技术应用大赛第三名
广东医科大学顺德妇女儿童医院
荣获：第七届山东省优秀建筑设计方案三等奖
宝鸡市中医院

高忠

职务：山东省建筑设计研究院有限公司设计三院
　　　建筑方案创作室主任
职称：工程师

教育背景
2009 年—2014 年　山东建筑大学建筑学学士

工作经历
2014 年至今　山东省建筑设计研究院有限公司

主要设计作品
乌鲁木齐儿童医院
荣获：第五届山东省优秀建筑设计方案三等奖
　　　2017 年山东省（BIM）技术应用大赛二等奖
保定市第四中心医院整体搬迁项目
荣获：第七届山东省优秀建筑设计方案三等奖
广东医科大学顺德妇女儿童医院
荣获：第七届山东省优秀建筑设计方案三等奖
宝鸡市中医院

仇梦圆

职务：山东省建筑设计研究院有限公司设计三院
　　　建筑方案创作室副主任
职称：工程师

教育背景
2012 年—2017 年　山东建筑大学建筑学学士

工作经历
2017 年至今　山东省建筑设计研究院有限公司

主要设计作品
陕西省汉中兴汉医院
荣获：第七届山东省优秀建筑设计方案二等奖
乌鲁木齐儿童医院
荣获：第五届山东省优秀建筑设计方案三等奖
　　　2017 年山东省（BIM）技术应用大赛二等奖
广东医科大学顺德妇女儿童医院
荣获：第七届山东省优秀建筑设计方案三等奖
宝鸡市中医院

江南大学附属医院

Jiangnan University Affiliated Hospital

项目业主：江南大学附属医院
建设地点：江苏 无锡
建筑功能：医疗建筑
建筑面积：210 000 平方米
床位数量：1 200 个
设计时间：2014 年（一期），2020 年（二期）
项目状态：建成
设计单位：山东省建筑设计研究院有限公司
设计团队：王岗、田少斌、巩晓昆、孙菲

规划采用城市主义设计手法，从宏观的视角解读基地与城市的关系，赋予新院区全新的场所精神，在递退、围合、顺应之间有序地回应场地。方案以“太湖明珠”为立意，将主医疗区建筑体量做圆形表达，统筹三块基地的形体构图，并与城市文脉相契合，使规划结构在城市环境中得到清晰与合理的呈现。

广东医科大学顺德妇女儿童医院

Shunde Women's and Children's Hospital of Guangdong Medical University

项目业主：广东医科大学顺德妇女儿童医院（佛山市顺德区妇幼保健院）
建设地点：广东 佛山
建筑功能：医疗建筑
建筑面积：160 000 平方米
床位数量：800 个
设计时间：2021 年
项目状态：施工图阶段
设计单位：山东省建筑设计研究院有限公司
设计团队：王岗、蒋龙、綦振、贾秋玉、高忠、仇梦圆

方案以“蜂巢”形象为创作理念。以自然构造为模型设计的蜂巢建筑，带给人一种亲近自然的感受，具有亲和力和“甜蜜感”。孕育是生命的象征，以蜂巢为设计载体，寓意每个孩子都像独特的精灵备受呵护。“蜂巢”内既分工明确又紧密合作，代表了医院专业严谨、一丝不苟、认真服务的工作态度。设计结合功能需求和气候特点，构建“花”式建筑布局，合理安排医疗流程，七组门诊模块呈放射状围绕医技核心布置，在共享中心庭院景观和医技核心资源的同时又保持组团的相对独立性。

宝鸡市中医院

Baoji Traditional Chinese Medicine Hospital

项目业主：宝鸡市中医院
建设地点：陕西 宝鸡
建筑功能：医疗建筑
建筑面积：150 000 平方米
床位数量：1000 床
设计时间：2020 年
项目状态：在建
设计单位：山东省建筑设计研究院有限公司
设计团队：王岗、綦振、贾秋玉、高忠、仇梦圆

医院建筑屋顶两侧面向建筑中轴，形成了“飞檐反宇”“四水归堂”的空间意向。外立面的设计源自“琼楼玉宇”的独特意境，结合现代材料和技术，以舒展的长轴画面展现现代东方韵味。通过对空间、肌理、尺度和色彩的处理，方案建立了“合、隐、妙、怡”的空间秩序，打造“闲适散淡，不滞于物，栖止从容”的中医院建筑。空中步道与西南侧景观及渭河景观连成一个整体，形成中医院主题公园。该主题公园成为病人日常康复的后花园。

宁夏工人疗养院

Ningxia Workers' Sanatorium

项目业主：宁夏回族自治区总工会
建设地点：宁夏 银川
建筑功能：医养建筑
建筑面积：60 000 平方米
床位数量：700 个
设计时间：2016 年
项目状态：建成
设计单位：山东省建筑设计研究院有限公司
设计团队：王岗、蒋龙、巩晓昆

规划设计取意“凤凰来仪”的概念，借凤凰这一吉祥图腾暗喻工人疗养院美好的发展前景，同时也与银川“凤凰城”这一传统称谓相得益彰。结合地块及路网特点，院区整体规划采用曲线结构，如同“来仪”之凤凰仙鸟，整体形象生动有趣。

设计采用“山水园林”的手法，汲取银川当地湿地的形态特色，延续银川“塞上湖城”城市肌理，体现银川“七十二连湖”的地域特色。景观营造上，本案采用移步易景的园林设计手法，将曲径之中的多重界面分层次展现，使湖面景观成对景姿态。

淄博市中心医院西院区

West Campus of Zibo Central Hospital

项目业主：淄博市中心医院
建设地点：山东 淄博
建筑功能：医疗建筑
建筑面积：300 000 平方米
床位数量：2 500 个
设计时间：2014 年
项目状态：建成
设计单位：山东省建筑设计研究院有限公司
设计团队：王岗、田少斌、孙菲、巩晓昆、綦振

项目是符合国际 JCI 医院评审标准的超大建筑规模的三级甲等综合性医院。“环形轴线”的设计理念，将各个分中心紧密结合在一起，使建筑造型水平舒展，建筑立面简洁明快。下沉广场的立体交通设计，给地下空间提供必要的通风和采光，也带动了地下空间的商业氛围。

1.“一个绿化中心”：门诊医技楼、病房（一期）、病房（二期）、静宁路围合的中央花园为全院区的绿化中心。

2.“两条发展轴线”：一条为东西向的医院主入口轴线，另一条为医疗区的南北主医疗街。

3.“三个功能片区”：东部主医疗区、中部康复住院区、西部院内生活区。东部主医疗区邻近上海路，面对主要来访人流方向。

王锴

职务： 福建省建筑设计研究院有限公司
梁章旋工作室副主任、室总建筑师
职称： 高级工程师
执业资格： 国家一级注册建筑师

主要设计作品

彭州市群众艺术馆和图书馆
荣获：2013 年福建省优秀工程勘察设计三等奖
福建省图书馆改扩建工程
荣获 :2016 年福建省优秀建筑创作奖三等奖
万新商务区
荣获：2018 年福建省优秀建筑创作奖三等奖
海峡青年交流营地
荣获：2019 年福建省优秀工程勘察设计二等奖
清华附中福州学校
荣获：2020 年福建省优秀建筑创作奖三等奖
中国银行安泰支行营业大楼保护及改造
荣获：2021 年福建省优秀工程勘察设计三等奖
泉州官桥祥和幼儿园
荣获：2022 年福建省优秀建筑创作奖三等奖
福州融侨・外滩壹号
荣获：2023 年福建省优秀工程勘察设计二等奖
福州清华紫光科技园
荣获：2023 年福建省优秀工程勘察设计二等奖

李杨

职务： 福建省建筑设计研究院有限公司
建筑设计一院建筑师

主要设计作品

福州国惠国际大酒店
荣获：2021 年福建省优秀建筑创作奖三等奖
福州滨海新城租赁住房一期
荣获：2021 年福建省优秀工程勘察设计二等奖
福州滨海新城智慧城市运营管理中心
荣获：2023 年福建省优秀工程勘察设计二等奖
福州滨海新城那迪广场
荣获：2019 年福建省优秀建筑创作奖三等奖
漳州交通集团指挥中心

郑硕

职务： 福建省建筑设计研究院有限公司
建筑设计二院建筑五所所长
职称： 高级工程师
执业资格： 国家一级注册建筑师

主要设计作品

莆田火车站站前广场
荣获：2014 年福建省优秀建筑创作奖二等奖
淮安规划中学
荣获：2020 年福建省优秀建筑创作奖二等奖
漳州一中高中部
荣获：2020—2021 年度国家优质工程奖
2021 年福建省优秀工程勘察设计二等奖
南安市福新路幼儿园
荣获：2021 年福建省优秀建筑创作奖三等奖
福州金融街总部大楼
荣获：2021 年福建省优秀建筑创作奖三等奖
中国科学院海西研究院三期
荣获：2021 年福建省优秀工程勘察设计三等奖
福建师范大学旗山校区德旺基础教育研究院综合楼

福建省建筑设计研究院有限公司

FUJIAN PROVINCIAL INSTITUTE OF ARCHITECTURAL DESIGN AND RESEARCH CO., LTD.

福建省建筑设计研究院有限公司成立于 1953 年，是一家技术力量雄厚、专业资质齐全、设计领先、人才齐备的综合性勘察设计单位，被评为福建省建筑业龙头企业、全国工程勘察设计先进企业。

公司以“创建卓越工程，设计美好人居”为己任，思考建筑本身如何传承历史文脉，既融入城市又彰显特色，创造了一批经典作品，包括福建会堂、中国闽台缘博物馆、福建省人民剧场、福建邮电大楼、福州火车站等。发展至今，公司积极承接省市重点项目，包括福建省委党校（福建行政学院）新校区、漳州市职业教育园区、福建省图书馆改扩建工程、福建省儿童医院（区域儿童医学中心）、福建省妇产医院等，以一个又一个优质工程，为城乡生活留下美好记忆。

地址：福州市鼓楼区洪山园路华润置地中心 A 座写字楼 8-19 楼
电话：0591-87503579
网址：www.fjadi.com.cn
电子邮箱：fjadi@fjadi.com.cn

徐倖

职务：福建省建筑设计研究院有限公司
建筑设计三院建筑三所副总建筑师
职称：高级工程师
执业资格：国家一级注册建筑师

主要设计作品
长乐市人民检察院办案技术用房
荣获：2011 年福建省优秀建筑创作奖二等奖
莆田市荔城区西庚片区改造设计
荣获：2014 年福建省优秀建筑创作奖三等奖
龙海四馆一中心
荣获：2017 年福建省优秀建筑创作奖二等奖
武夷绿洲项目
荣获：2018 年福建省优秀建筑创作奖三等奖
福建省十佳住宅设计方案奖
台江广场
荣获：2019 年福建省优秀工程勘察设计三等奖
片仔癀科技大楼
福建工程学院旗山校区文体综合馆

林岸立

职务：福建省建筑设计研究院有限公司
建筑设计四院高级设计师
职称：工程师

主要设计作品
福州市科技馆新馆
荣获：2018 年福建省优秀建筑创作奖一等奖
福建平潭限山岛度假综合体项目
荣获：2020 年福建省优秀建筑创作奖一等奖
福州滨海新城智慧城市运营管理中心
南平第一中学武夷新区高中部
福州南江滨沙滩排球场改造项目
厦门同安旧城城市更新
福州三宝城
国家法官学院福建分院暨福建法院司法警察教育训练基地

林鑫

职务：福建省建筑设计研究院有限公司
建筑设计六院建筑二所总建筑师
职称：高级工程师
执业资格：国家一级注册建筑师

主要设计作品
武夷山风景区南入口游客中心
荣获：2012 年福建省优秀建筑创作奖三等奖
福建省电子信息集团产业基地
荣获：2021 年福建省优秀工程勘察设计二等奖
宁德厦钨年产 4 万吨锂离子正极材料生产项目
荣获：2021 年福建省优秀工程勘察设计三等奖
福州两园安置房二期（南港花园）
五四北岭下塘道省直单位公共租赁住房
未来城紫阳学校
福州市台江区社会福利中心
海运集团生产调度中心

公司专业配置齐全，获评福建省首批 78 家房屋建筑和市政基础设施的工程总承包试点企业，是福建省唯一一家入选住房城乡建设部全过程工程咨询试点企业。业务领域涵盖建筑设计、工程总承包、全过程咨询、城乡规划、市政设计、岩土工程勘察与设计、工程检测、风景园林设计、室内外装修设计与施工、房屋改造加固、工程监理、施工图审查等。近年来，公司坚持以技术和服务赢信誉，力求以建设工程承载美好未来，以创新驱动新活力，继续朝着覆盖工程建设产业链全程的勘察、设计、咨询、工程总承包、专业施工、监理等综合业务模式升级的方向发展。公司以技术、管理、投资等综合能力为支撑，塑造开放、创新、包容的企业文化，打造服务、产品、能力及资源整合的品牌优势，努力实现“成为国内一流的综合型建设技术服务商”的企业愿景，为推动城市与美丽乡村建设做出更大的贡献。

清华附中福州学校共享体育地块

Tsinghua Affiliated Middle School Fuzhou School Shared Sports Land

项目业主：清华附中福州学校
建设地点：福建 福州
建筑功能：体育建筑
用地面积：89 973 平方米
建筑面积：33 965 平方米
设计时间：2019 年—2020 年
项目状态：建成
设计单位：福建省建筑设计研究院有限公司
合作单位：清华大学建筑设计研究院有限公司
设计团队：梁章旋、王锴、黄建英、郑文涛、傅超

项目位于福州三江口板块，体育场馆类别丰富，规格高，建有篮球馆、冰球馆、游泳跳水馆以及室外标准的足球场、篮球场、排球场、极限运动场等运动场所。各场馆均能满足国内一流专业赛事要求。设计理念紧扣福州地域文化特征、地方气候特点与清华校园建筑文脉传承。整体建筑风格借鉴了福州传统民居，提取“粉墙黛瓦”的元素进行传统与现代的融合，塑造出一个充满人文气息的“山水生态校园”。

中国银行安泰支行营业大楼保护及改造

Protection Renovation of the Business Building of Bank of China Antai Branch

项目业主：中国银行鼓楼支行
建设地点：福建 福州
建筑功能：商业建筑
用地面积：650 平方米
建筑面积：2 000 平方米
设计时间：2015 年—2016 年
项目状态：建成
设计单位：福建省建筑设计研究院有限公司
设计团队：梁章旋、王锴、郑文涛、何嘉、蒋枫忠

中国银行安泰支行位于福州历史文化主轴八一七北路的西侧，是三坊七巷历史风貌街区的重要景观节点。建筑风貌的保护更新尊重传统地貌，遵循修缮可逆性、资料收集严谨性、古今关联性与可识别性等原则，从历史沿革、价值评估、外貌残损评价、需求更新等角度分别进行评价，分点分步提出相应的解决方案。项目秉承“保护与更新，演绎与发展”的策略，融入中国银行的鲜明特色，经过修复改造后于 2019 年 9 月被列入福州第二批历史建筑名录。

福州滨海新城智慧城市运营管理中心

Fuzhou Binhai New City Smart City Operation Management Center

项目业主：福州市大数据产业基地开发有限责任公司
建设地点：福建 福州
建筑功能：文化、会展、办公建筑
用地面积：21 263 平方米
建筑面积：54 619 平方米
设计时间：2019 年—2020 年
项目状态：建成
设计单位：福建省建筑设计研究院有限公司
设计团队：温蓓、李杨、林岸立、唐珑珑、马沁沁、李茂林

项目位于福州滨海新城文武砂镇，包括智慧城市运营中心、智慧服务中心、规划展示中心、研究研发空间、IDC 机房五大建筑功能。项目引进“交流平台”的设计理念，各功能在竖向高度上交叉形成围合交错的布局，既独立又互相联系，同时平台也为各功能提供了多层次的交流及复合空间。建筑体量在功能竖向变化的节奏下创造了丰富的层次，使建筑与城市的对话丰富而有力。独创的侧向幕墙开窗体系，使得整个建筑的城市展示界面干净整洁。

福州滨海新城租赁住房一期

Fuzhou Binhai New City Rental Housing Phase I

项目业主：福州市大数据产业基地开发有限责任公司
建设地点：福建 福州
建筑功能：居住建筑
用地面积：43 500 平方米
建筑面积：125 800 平方米
设计时间：2018 年—2020 年
项目状态：建成
设计单位：福建省建筑设计研究院有限公司
设计团队：温蓓、杨俊、李杨、张敦耘、马沁沁、李茂林

该项目位于福州滨海新城渡湖路东侧湖畔，是福建省首个租赁住房项目，开创式地提出了社区全天候共享港湾的概念，打造了以青春港湾为主题的租赁住房新模式。建筑共设计 9 栋住宅楼，3 栋 1~2 层社区配套建筑与其他服务设施，分别为社区餐饮中心、社区运动中心、社区文化中心。建筑群东西向轴线贯通，沿轴线两侧渐次布置活动区、观景区、休憩区与楼栋底层多功能灰空间，丰富了社区的休闲生活。

福建建工商务大厦

Fujian Construction Engineering Business Building

项目业主：福建省工业设备安装有限公司
建设地点：福建 福州
建筑功能：办公建筑
用地面积：6 706 平方米
建筑面积：37 657 平方米
设计时间：2020 年—2023 年
项目状态：在建
设计单位：福建省建筑设计研究院有限公司
设计团队：陈子颖、郑硕、林敏燕、王敏、周嘉伦

项目位于福州市老城区，是一栋新建办公楼，用于承载集团各类分支机构的总部集合办公功能。设计以福州传统民居穿透式的“厅堂”为灵感，于楼栋之中设置较大面积的镂空区域，并置入多样化的共享盒子，形成层叠变化的交互联合体。项目在有限的空间中实现功能的多样性以及环境的舒适性，设计相应的公共空间，从而实现多业态融合办公的诉求，并将成为公司的新总部。

南安市数字化卫浴产业园

Nan'an Digital Bathroom Industrial Park

项目业主：南安市国投资产管理有限公司　　建设地点：福建 泉州
建筑功能：工业建筑
用地面积：177 353 平方米
建筑面积：397 456 平方米
设计时间：2022 年—2023 年
项目状态：在建
设计单位：福建省建筑设计研究院有限公司
设计团队：陈子颖、郑硕、陈勋、王敏、林敏燕、张妙妍、
汪靖荷、曾思筠

项目由既有厂房改造与二期新建合并组成，是南安市 2022 年度重点工程，也是南安市单项面积最大的工业改扩建项目。设计以“工业泡泡”为概念主体，畅想着形态多样的虚拟泡泡，附着于改造与新建的楼宇之中。设计以肌理、空间为实现方案，通过不同的尺度、色彩与材质组合，将“数字化、智慧化”的工业理念，带入园区的日常运维中，创造出一座时尚、新颖的新时代工业产业园。

龙海四馆一中心

Longhai Four Pavilions and One Center

项目业主：漳州市龙海区城投房地产开发有限公司
建设地点：福建 漳州
建筑功能：文化、观演、会展、办公建筑
用地面积：42 500 平方米
建筑面积：102 100 平方米
设计时间：2017 年—2018 年
项目状态：建成
设计单位：福建省建筑设计研究院有限公司
设计团队：李旺、徐倖、郑昌永、陈艳艳、翁平、陈逞逞、吴晓锋、张享福、陈佳玲

项目位于漳州市龙海区，建筑功能包括新闻中心、博物馆、档案馆、图书馆、工人文化馆、会议中心。项目引进“文化平台”的设计理念，各功能围绕平台形成围合布局，既独立又互相联系，同时平台也为各功能提供了多层次的复合空间，各场馆能共享室外公共交流空间。建筑组群以灵动、多变、富有层次的空间迎接来自城市的人流，以干净简约的界面面向沈海复线高架桥，内部形成向心的聚拢态势，使各场馆之间的联系更为紧密。

片仔癀科技大楼

Pianzaihuang Science and Technology Building

项目业主：漳州片仔癀药业股份有限公司
建设地点：福建 漳州
建筑功能：办公、商业、会展建筑
用地面积：16 872 平方米
建筑面积：100 213 平方米
设计时间：2020 年—2022 年
项目状态：在建
设计单位：福建省建筑设计研究院有限公司
设计团队：李旺、徐倖、郑昌永、翁平、陈逞逞、张享福、刘欢

项目位于漳州市芗城区九龙江畔，为漳州市在建第一高楼。建筑外部造型飘逸灵动，富有现代感，建筑细部装饰构件以及建筑内部隐隐透出传统建筑的色调，体现传统中医药企业的精神内涵，同时也赋予其现代、科技、高效、简约的企业办公形象。裙房以主楼为核心，沿南北两翼展开，呼应企业的“一核两翼”策略。场地设计以“涟漪”为母题，由建筑边缘向外扩散，体现“上善若水”的企业文化。

福州南江滨沙滩排球场改造项目

Nanjiangbin Beach Volleyball Field Renovation Project, Fuzhou

项目业主：福州市城乡建总集团有限公司
建设地点：福建 福州
建筑功能：观景台、商业配套建筑
用地面积：3 000 平方米
建筑面积：3 000 平方米
设计时间：2021 年—2022 年
项目状态：建成
设计单位：福建省建筑设计研究院有限公司
设计团队：林岸立、刘春健、王骏一

项目主要功能为闽江观景台及沙滩排球场配套设施。更新后一层大厅在平时也可以作为群众的活动场所，后期配套部分商业。二层平台和道路直接相连，游园群众可以便捷地进入公园，通过悬挑出江面的观景平台，远眺北江滨 CBD 建筑群。观景平台主体由双曲面 PTFE 膜结构包裹，形成自由、通透、轻盈的立面效果。“彩虹”拱门坐落于平台之上，外覆幻彩铝板，亦真亦幻，夜晚变身为激光水幕，成为福州南江滨新的打卡点。

南平第一中学武夷新区高中部

Nanping No. 1 Middle School Wuyi New Area High School Department

项目业主：福建省南平第一中学
建设地点：福建 南平
建筑功能：教育建筑
用地面积：126 752 平方米
建筑面积：115 427 平方米
设计时间：2018 年—2021 年
项目状态：在建
设计单位：福建省建筑设计研究院有限公司
设计团队：徐丽瑾、林岸立、郑平、陈航宇、陈亚月、陈琳君、梁朝炜、李超、陈柳

学校规划设计以“书院的现代演绎”作为出发点，平面布局汲取了传统建筑的四个重要元素：院、园、廊和圃。教学楼平面继承合院模式，营造静谧的学习环境；在校园中心围合出中心大花园，为学生提供交往互动的空间。设计通过对这些传统空间元素的提取和运用，营造出富有传统意味又满足当代教育理念的校园空间，实现传统书院空间的现代演绎。

未来城紫阳学校

Future City Ziyang School

项目业主：龙岩市新罗区教育局　　建设地点：福建 龙岩
建筑功能：教育建筑　　用地面积：98 549 平方米
建筑面积：96 536 平方米
设计时间：2020 年—2021 年
项目状态：建成
设计单位：福建省建筑设计研究院有限公司
设计团队：林鑫、崔育青、林晓嵩、陈璋颖、王凌航、林榕星、江杰英

项目是一所幼儿园至高中学段的学校，建设规模大。项目采用公建民营方式，各方需求复杂；场地为山地，高差极大。设计依山就势，通过合理的台地与地景设计，使得幼儿园、小学、初高中部分处不同的标高台地，形成不同的独立教学区域；同时将体育馆、图书馆及专用教室成组设置，形成小学与初高中部的共享教学区，有效配置教学和公共资源。整体建筑以现代学院风为主，造型简洁大气，结合景观台地营造人文校园。

海运集团生产调度中心

Shipping Group Production Dispatch Center

项目业主：福建省海运集团有限责任公司　　建设地点：福建 福州
建筑功能：办公建筑　　用地面积：9 856 平方米
建筑面积：46 623 平方米　　设计时间：2019 年
项目状态：在建
设计单位：福建省建筑设计研究院有限公司
设计团队：崔育青、林鑫、林晓嵩、林宇翔

项目作为福建省海运集团自有的企业办公楼，设计在东侧每三层引入挑高的绿色边庭，为员工提供舒适宜人的室外休闲区域。西侧略微内凹，使得主楼形体更为挺拔的同时，减少东西侧办公面积，增加南北侧办公面积，最大限度地满足福建省海运集团各部门生产办公的需求。

建筑立面造型取意海运文化，柔美细腻的铝板线条将主楼与附属楼连为一体，通过连续的白色铝板线条将各层通风器、遮阳系统、主入口出挑雨棚、夜景灯带等功能结合在一起，形成连续统一、完整简洁的福建省海运集团办公楼形象。

王莹超

职务： SEA 东南设计资深合伙人
创研一所所长
职称： 高级工程师
执业资格： 国家一级注册建筑师

教育背景
2004 年—2009 年　浙江工业大学建筑学学士

工作经历
2010 年至今　SEA 东南设计

主要设计作品
东阳总部中心
荣获：2019 年杭州市优秀工程勘察设计二等奖
兰溪市梅江镇龙门休闲度假区越龙西城详细规划
荣获：2019 年金华市优秀城乡规划设计三等奖
杭州紫萱海悦中心
荣获：2023 年杭州市优秀工程勘察设计一等奖
2022 年 IAI 全球设计奖金奖
台州永宁半岛
金华越龙山塔利亚度假酒店
杭州市救助管理站迁扩建项目
上饶浙商总部中心
武义融创四季和鸣（二期）
极乐汤温泉中心
杭州铁牛大厦
温州青山医学与科技中心
彭埠股份经济合作社商务中心
浙江之心·雷迪森温泉度假酒店

滕云

职务： SEA 东南设计合伙人
创研三所所长
职称： 高级工程师
执业资格： 国家一级注册建筑师

教育背景
1995 年—2000 年　南京建筑工程学院建筑学学士
2015 年—2020 年　浙江大学建筑学硕士

工作经历
2019 年至今　SEA 东南设计

主要设计作品
杭州天恒大厦
荣获：2011 年杭州市优秀工程勘察设计三等奖
中国铁建花语堂
荣获：2020—2021 年度 CREDAWARD 地产设计大奖
优秀奖
中天钱塘银座
荣获：2021 年杭州市优秀工程勘察设计二等奖
2021 年浙江省优秀工程勘察设计二等奖
杭州丰盛九玺
陕西汉中海洋馆
中国横店影视城梦上海景区
衢州白沙小学
滨江龙湖东潮府
杭州滨江君品名邸
杭州滨江潮映华岸府
杭州滨江揽潮华庭
杭州滨江星翠澜庭
宁波滨江誉品
湖州滨江鸣翠里
杭州万科良语久园
荣安金地万卷风华
荣安瑞安荣安府
杭州招商湖翠晓印轩
杭州招商望娴潮华庭原
湖州卓越晴翠府
湖州卓越春熙里
杭州融信傲世邸
杭州地上庆樾上府

地址：浙江省杭州市西湖区双龙街
119 号东南设计大厦
电话：0571-85880606
传真：0571-85822500
网址：www.seadesign.cn
电子邮箱：brand@seadesign.cn
微信公众号：SEA 东南设计

SEA 东南设计

浙江东南设计集团有限公司（简称 SEA 东南设计）始建于 1998 年，坚持“把技术变成艺术，让产品成为作品”的企业使命。经过 25 年的经验积累，SEA 东南设计已具有建筑工程、风景园林甲级，城乡规划、市政工程、工程咨询乙级等资质，形成建筑、结构、机电、规划、景观、室内、幕墙、BIM 技术等多专业

黄彬彬

职务：SEA 东南设计创研六所所长
职称：高级工程师
执业资格：国家一级注册建筑师

教育背景
1993 年—1998 年　浙江工业大学建筑学学士

工作经历
2019 年至今　SEA 东南设计

主要设计作品
东原满庭芳
荣获：2021 年上半年浙江十大品质产品奖项
2021 年 GA Awards 亚洲新城市地标台地洋房大奖
众安滨和印
荣获：2022 年环球地产设计大奖城市商业先锋设计奖
众安瑞源邸
荣获：2022 年金盘奖浙江地区最佳豪宅空间奖
杭州滨江拥翠府
杭州滨江望涛月明
杭州滨江翠语华庭
丽水滨江兴耀观品轩
武义融创四季和鸣（二期）
杭州众安蒲荷云邸
绍兴华发金融城未来社区
武汉绿城凤起乐鸣
青岛绿城理想之城（七期）
舟山宋都柏悦府
长沙蓝城桃李春风

高鹏程

职务：SEA 东南设计建筑五所主任建筑师
职称：高级工程师
执业资格：国家一级注册建筑师

教育背景
2004 年—2008 年　中国美术学院建筑艺术设计学士

工作经历
2021 年至今　SEA 东南设计

主要设计作品
凯迪新城博科园
荣获：2022 年环球地产设计大奖城市地产生活美学设计奖
中国铁建未来视界
荣获：2023 年 MIX AWARDS 环球卓越设计大奖
温州乐清胜利未来社区
温州鹿城茶花未来社区
上海佘山精品度假酒店
鹰潭龙虎山雷迪森庄园酒店
鹰潭天师酿酒文化产业园
南京浦口码头及铁路北站区块城市设计
滨江锦翠金宸府
安吉天使小镇浅山明月
绿城成都川菜小镇
杭州绿城晓风印月
杭州绿城桂语听澜轩

协同、多领域共享的产业体系。SEA 东南设计在居住建筑、酒店建筑、商业建筑、办公建筑等领域奉献了不少优秀的作品，同时在未来社区、EPC、全过程咨询、低碳数字领域也有大量的工程经验，逐步实现从单一到多元的全方位发展。

杭州紫萱海悦中心

Hangzhou Zixuan Haiyue Center

项目业主：杭州海悦地产有限公司
建设地点：浙江 杭州
建筑功能：办公、商业建筑
用地面积：19 149 平方米
建筑面积：99 552 平方米
设计时间：2017 年—2018 年
项目状态：建成
设计单位：SEA 东南设计
主创设计：王莹超、胡岳建
参与设计：周浩、李嘉诚、季家立、傅静

项目希望从城市空间和区域环境入手，打破园区边界，将内向型的空间释放出来，形成多元开放的城市空间界面，成为一个集办公、商业和运动于一体的“国际青年未来社区”综合体。设计以运动为纽带激发周围活力，为当下年轻人营造青春社区。

设计在低成本理念引导下，通过建筑体量的简单变化以及百叶创新性的横竖向关系梳理，通过对各种建筑元素的灵活组合运用，实现了相对灵动的城市界面效果。项目独特的设计语言和开放性的场景营造为周边提供了活力，有望成为未来城市空间发展的催化剂。

中国铁建花语堂

China Railway Construction Corporation Huayue Hall

项目业主：中铁房地产集团华东有限公司
建筑功能：居住建筑
建筑面积：12 808 平方米
项目状态：建成
设计单位：SEA 东南设计
主创设计：滕云
参与设计：殷龙啸、肖景武、马文灵、胡兢春、刘鹏

建设地点：浙江 绍兴
用地面积：20 836 平方米
设计时间：2018 年—2019 年

设计引水入园，次第展开，规制上的起承转合形成了“四水归堂”之势。本案以四进贯穿九象，小桥流水，屋宇飞檐，缦廊长庭，壮丽的中轴下不失江南的婉约柔情，建筑与景观相互交融，似园实居，唤醒人们对园林文化的场所记忆，开启全新的精神文化居住模式。园林的空间序列通过院落、水、墙、植被展开，以有限空间营造无限意境。步移景异，每次驻足，每一个画面都如山似水，在形、境、韵的层次上进行感官的叠加。

武义融创四季和鸣（二期）

Wuyi Sunac Four Seasons Harmony (Phase II)

项目业主：融创集团、金城房产、飞神谷
建设地点：浙江 金华
建筑功能：酒店、商业建筑
用地面积：72 070 平方米
建筑面积：75 425 平方米
设计时间：2019 年—2020 年
项目状态：建成
设计单位：SEA 东南设计
主创设计：黄彬彬、王莹超
参与设计：马俊杰、刘玉惠、余国成、陆进云、季家立

项目位于金华市武义县温泉旅游度假区，基于周边的地理特征，因地制宜、依坡就势，屋顶层层跌落，消减了建筑的体量感。沿山设置酒店、游客中心、商业街和创意体验园，逐渐展开界面，串联起整个度假区。建筑师一改对传统建筑营造手段的简单模仿，强调从江南村落中提取组团空间原型，构建多层次的公共空间，营造丰富的游览体验。

酒店建筑单体沿用坡屋面，呼应周边文脉，运用“质感相宜”的设计策略，将石材、铝板、玻璃等现代建筑常用材料和日式平瓦、文化石、夯土涂料等巧妙结合，形成“大隐隐于市”的隐秘感和细致入微的精致感。酒店接待四方游客，提供集传统文化、自然景观、现代服务于一体的度假体验。

游客中心和商业街成了周边居民的城市客厅，丰富的城市场景已经并将持续地融入老城。

创意体验园延续东方审美下的造园方式及空间元素，将传统庭院的布局和组合关系拆分，并结合实际体验与功能进行重组，同时引入现代设计形式。传统江南园林空间的宜人而雅致与现代混凝土建筑的硬朗而简洁共同形成了这组建筑的基调。不同层次的庭院，更注重与自然之间的关系，多面环景的空间形成被自然包裹的态势。

中国铁建未来视界

China Railway Construction Corporation Future Vision

项目业主：中国铁建城市开发有限公司
建设地点：浙江 金华
建筑功能：未来社区
用地面积：166 200 平方米
建筑面积：568 600 平方米
设计时间：2021 年—2022 年
项目状态：在建
设计单位：SEA 东南设计
主创设计：李小兰、高鹏程
参与设计：孔丹、卢凯、封华军、蒯梦、刘忠卫、段景龙、谢嘉莹、雷杨、赵振、丁炬明、易成静、李晴、杨坚炜

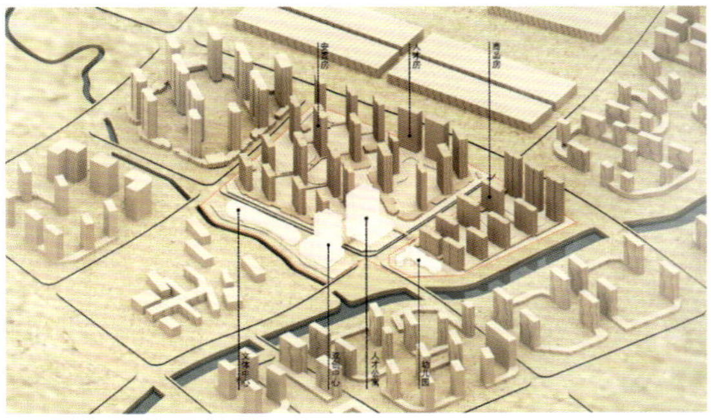

总体规划

项目位于金华金义新区城市主动脉核心节点上，是浙江省首个自贸区未来社区项目。规划注重建筑与城市之间的关系，利用场地双溪环抱、公园围绕的优质资源，结合建筑高低错落的空间形态，营造舒适宜居的山水意境。

形与意相结合：形与山水共生，项目沿城市主干道依次展开，形成高低错落、水平延展的公建群落，运用形体切分、线条勾勒等造型手法，搭配玻璃、铝板等材料，营造简约、精致、现代的建筑特质和城市形象。意与文化辉映：设计师在延续传统“天人合一”的生活智慧的基础上，以未来社区的设计理念创造了全新的生活价值。

未来场景

未来视界打造双创办公空间、文体中心、人才公寓、幼儿园、商品住宅、人才安置空间等多功能复合的未来社区空间；以“人民美好生活”为核心，在“三化九场景”指引下，植入品质生活六大系统，包括社区配套系统、共享空间系统、归家动线系统、立体绿化系统、立面控制系统和高效节能系统。

设计师尝试营造有文化内涵与传承的理想人居生活空间，回应人们对美好生活的向往，将生活服务配套融入社区，对内衔接住区花园空间，向外形成与城市界面空间的过渡，为社区和城市注入活力，形成居服融合、智能活力的未来社区，打造金华城市新名片。

王欣

职务： 湖南大学设计研究院有限公司
王欣工作室负责人
职称： 高级工程师
执业资格： 国家一级注册建筑师

教育背景

1999 年—2004 年　湖南大学建筑学学士
2004 年—2007 年　湖南大学建筑学硕士
2023 年至今　湖南大学建筑学博士

工作经历

2007 年至今　湖南大学设计研究院有限公司

社会职务

湖南省优秀工程勘察设计奖专家库专家
湖南省综合评标专家库专家
湖南省发展改革委建设项目委托评审专家库专家
长沙市勘察设计管理专家

个人荣誉

湖南大学设计研究院有限公司先进个人
湖南大学设计研究院有限公司优秀共产党员
花垣县十八洞村设计援建金奖

主要设计作品

花垣县十八洞村传统村落风貌提质改造工程
荣获：2019 年湖南省优秀城乡规划设计一等奖
2019 年教育部优秀工程勘察设计一等奖
2019 年湖南省优秀工程勘察设计一等奖
2021 年全国优秀工程勘察设计一等奖
坪塘中学
荣获：2022 年湖南省优秀工程勘察设计一等奖
江华瑶族水口镇如意村文化服务中心及特色工坊
荣获：2023 年教育部优秀工程勘察设计一等奖
刘廷芳公馆保护利用与活化设计项目
荣获：2023 年教育部优秀工程勘察设计二等奖
世界计算・长沙智谷
咸宁市咸安区文体中心
湖南文理学院综合实习实训大楼
衡阳汇方雁归来
娄底高新区小学、幼儿园
长沙巡抚学校（博才桐溪小学）
汝城县公共卫生体系建设项目
湖南新化文印科技产业园文印会展中心主展馆

湖南大學设计研究院有限公司
Hunan University Design And Research Institute Co.,Ltd.

湖南大学设计研究院有限公司（简称湖大设计研究院），为湖南大学设计研究院改制后的国有高新企业，是依托湖南大学土木建筑等学科优势于 1979 年成立的甲级设计研究院。湖大设计研究院是一家治理结构严谨、管理体系健全，集科研、教学、工程咨询、工程勘察、设计、工程总承包、项目管理为一体的大型综合性勘察设计院，于 2000 年通过了质量管理体系认证，2018 年通过了环境管理和职业健康安全管理体系认证、知识产权管理体系认证。

湖大设计研究院是中国勘察设计协会理事单位、中国勘察设计协会传统建筑分会常务理事单位、中国勘察设计协会高校分会常务理事单位、湖南省勘察设计协会副理事长单位、湖南省土木建筑学会副理事长单位、教育部 U7+DESIGN 中青年建筑师设计论坛联盟成员、湖南省建设工程造价协会理事长单位、湖南省代建行业协会理事单位、湖南省规划学会常务理事单位、湖南省建筑节能与科技协会常务理事单位、湖南省 BIM 创新联盟副理事长单位、湖南省工程咨询协会理事单位、长沙市勘察设计协会副理事长单位、长沙市国土空间规划学会副会长单位、湖南省设计艺术家协会理事单位，还是全国百强建筑设计院。

湖大设计研究院现有 20 余个城乡规划、工程勘察设计、工程造价等专业设计研究所，20 余个研究中心、若干教授设计团队和工作室，还有以施工图审查与咨询为主的子公司——湖南湖大工程咨询有限责任公司。

地址：长沙市岳麓区西湖街道石佳冲
109 号枫林路与财院路交汇处
电话：0731-88823464
传真：0731-88824092
网址：www.hdsjy.cn
电子邮箱：zhb@hndxsjy.com

世界计算·长沙智谷

World Computing · Changsha Smart Valley

项目业主：长沙麓谷城市发展建设有限公司
建设地点：湖南 长沙
建筑功能：办公、商业、科研建筑
用地面积：608 660 平方米
建筑面积：2 800 000 平方米
设计时间：2021 年至今
项目状态：在建
设计单位：湖南大学设计研究院有限公司
主创设计：魏春雨、王欣、欧阳胜
参与设计：陈宇韬、刘大为、杨博艺、陈晨、何韬、王慧军、黄晶、姚志凌、张青林、谢凌云、任倩等

项目是一座综合性科技园区，集研发办公、园区配套、人才公寓、 酒店、实训中心、商业综合体等功能于一体，设计用不同的区域形态刻画各部分功能，通过中央生态“绿毯”（综合配套轴）将各组团串联，使各部分既相对独立又整体联动，打造集约高效的园区整体功能布局形态。

设计以创新、协调、绿色、开放、共享为目标，强调组团的产品搭配，形成高层办公、小高层办公、多层办公与生态独栋的多重组合，丰富产品组合形式，强调功能的聚合与使用的集约。考虑到开发的时序性，设计师按照合理分期、科学分布的原则，对各单元分别进行设计，形成整体形态连续、功能交融又相对独立的组团形式，以满足灵活开发的需求。

长沙巡抚学校（博才桐溪小学）

Changsha Xunfu School (Bocai Tongxi Primary School)

项目业主：长沙恒大童世界旅游开发有限公司
建设地点：湖南 长沙
建筑功能：教育建筑
用地面积：27 292 平方米
建筑面积：19 147 平方米
设计时间：2018 年—2019 年
项目状态：建成
设计单位：湖南大学设计研究院有限公司
主创设计：王欣、黄勋
参与设计：谢凌云、任倩、周志民、张星、范艺漫等

项目位于长沙市岳麓区，办学规模为 24 个班级，是一所布局科学合理、空间适度、功能齐全、环境优雅舒适的学校。学校布局为“北部教学区、南部运动区”的规划结构。

建筑设计突出“地域性、生态性、人性化、现代化”的理念，充分利用现有周边环境和地形高差，遵循适用、经济、美观的原则。设计以保障学校安全为根本宗旨，以营造安全、安静、自然、开放的学习环境为最终目标，希望未来的教育模式由经典教育模式（教学空间相对独立、单维度、缺少人文关怀）向现代教育模式（教学空间细化且互融、多维度、生态性、体验性更强）转变，形成更多交流共享空间及自然开放场所，调动、激发学生的学习兴趣与求知欲。

咸宁市咸安区文体中心

Xian'an District Sports Center, Xiangning City

项目业主：咸宁恒辉旅游投资开发有限公司
建设地点：湖北 咸宁
建筑功能：文体建筑
用地面积：156 960 平方米
建筑面积：66 995 平方米
设计时间：2018 年—2020 年
项目状态：建成
设计单位：湖南大学设计研究院有限公司
主创设计：王欣、甘强
参与设计：张星、谢红艳、陶志荣、范艺漫、袁瑶等

项目位于咸宁市咸安区青龙路与银桂路交会处，地理位置优越，交通便利。它是一座集剧场、图书馆、文化馆、体育馆、游泳馆、田径足球场等建筑功能为一体的公益性市政设施，可开展文艺演出、文化娱乐、体育比赛、培训辅导、图书借阅等文体活动，具备会议、会展、商务等多种综合功能，是咸宁市地标建筑，也是一张靓丽的城市名片。

设计师根据建筑开放而活跃的性格特性，将建筑划分为五个彼此相对独立体量，让市民与建筑的互动界面更加丰富和开放。用地南北均为城市道路，适合布置公共集散广场，给市民提供驻足观看的场所，同时也是建筑与城市之间的缓冲地带。建筑五个分区之间形成的文体广场，环绕串联五个体量，易于辨识、使用高效。

王珏

职务： 中国建筑西南设计研究院有限公司广东院执行院长
职称： 高级建筑师
执业资格： 国家一级注册建筑师

教育背景

2003 年—2008 年　天津大学建筑学学士
2008 年—2010 年　英国谢菲尔德大学建筑学硕士

工作经历

2010 年—2013 年　中国建筑西南设计研究院有限公司设计一院
2013 年—2016 年　中国建筑西南设计研究院有限公司前方工作室
2016 年至今　中国建筑西南设计研究院有限公司广东院

主要设计作品

广州南沙青少年宫
灵山岛九年一贯制学校
遵义新蒲汇商业综合体
白云金控大厦
哈尔滨工业大学（深圳）国际设计学院
南沙国际贸易中心（ITC）
天津华录未来科技园

中国建筑西南设计研究院有限公司
China Southwest Architectural Design and Research Institute Co., Ltd.

中国建筑西南设计研究院有限公司（以下简称中建西南院）始建于 1950 年，是中国同行业中成立时间较早、专业较全、规模较大的国有甲级建筑设计院之一，隶属于世界 500 强企业——中国建筑集团有限公司。

建院七十多年来，中建西南院设计完成了万余项工程设计任务，项目遍及全国及全球 20 多个国家和地区，是我国拥有独立涉外经营权并参与众多国外设计任务的大型建筑设计院之一。近年来，中建西南院以建筑产业链为中心，坚持“技术 + 管理 + 投资”发展模式，以设计树品牌、以总包创规模、以投资增效益，实现了从分散性、单一性经营向集约化、品牌化的全过程和全产业链经营转轨，在全国同类企业中走在了前列。

在中国建筑西南设计研究院有限公司设计二院孵化并代管下，中国建筑西南设计研究院有限公司广东院于 2016 年成立，是中建西南院设立于粤港澳大湾区的直属分支机构，服务范围涵盖整个华南区域，是深化中建西南院全国性“区域化”战略布局的重要支撑点，专业涵盖建筑、景观、结构、给排水、电气、智能化、暖通、市政、造价、幕墙等业务板块。中国建筑西南设计研究院有限公司广东院先后多次荣获中建西南院区域开拓奖，2019 年被评为中国建筑集团有限公司先进集体。

地址：广州市海珠区暄悦东街
保利中悦 24 楼
邮箱：cswadi_gdfy@163.com

白云金控大厦

Baiyun Financial Holding Building

项目业主：广州白云金融控股集团有限公司
建设地点：广东 广州
建筑功能：办公建筑
用地面积：12 649 平方米
建筑面积：63 900 平方米
设计时间：2019 年
项目状态：建成
设计单位：中国建筑西南设计研究院有限公司
设计团队：王珏、田朝炜、王诗旭、廖文彰、郭珊凰、刘梦豪、黄圣哲、黄健博

项目位于广州市白云新城总部经济聚集区，是政府规划发展的重点区域。设计注重建筑与城市空间、肌理和景观要素相互协调统一。建筑融入镂空窗花、骑楼柱廊、园林造景等独具匠心的岭南元素和设计手法，搭配石材和暖白色系，体现现代、简洁、优雅的地域性建筑风格，契合粤港澳大湾区视野下金融行业办公的新格局。

项目以生态融合作为设计出发点，在人与环境和谐共生的可持续发展理念下，践行建筑景观一体化设计，将生态理念和建筑空间进行整合，提供绿色公共空间和人性化办公环境。白云金控大厦项目是白云新城总部经济聚集区的示范工程，它将积极促进粤港澳大湾区金融协同发展与合作，为推动广州对外交流与国际合作贡献力量。

广州南沙青少年宫

Guangzhou Nansha Youth Palace

项目业主：广州市南沙区建设中心
建设地点：广东 广州
建筑功能：文化建筑
用地面积：30 036 平方米
建筑面积：50 600 平方米
设计时间：2017 年
项目状态：建成
设计单位：中国建筑西南设计研究院有限公司
设计团队：刘艺、王珏、朱健、刘梦豪、王硕、肖凌骁、祁志谦、赖纯翠、齐志博

获奖情况：
ADA 亚洲设计大奖
四川省优秀工程勘察设计一等奖
“科创杯”全国 BIM 大赛一等奖
中国建设工程 BIM 大赛二等奖
全国“创新杯”BIM 应用大赛第三名
中国绿色建筑三星认证
广东省 BIM 应用大赛一等奖
广州市工匠杯金奖

项目融合了青少年活动中心、教育研修、文化科技博览、户外拓展训练、对外交流等功能，是南沙区青少年校外素质教育基地、粤港澳大湾区青少年和国际来往交流青少年的专属文化港湾。

设计以海星造型融合岭南地域特色与海洋文化特点，以教展结合新模式组织多变的空间。项目按照绿色建筑三星标准进行设计，采用 BIM 技术及装配式施工技术，是全国一流的低能耗、绿色生态、智慧化的青少年宫。

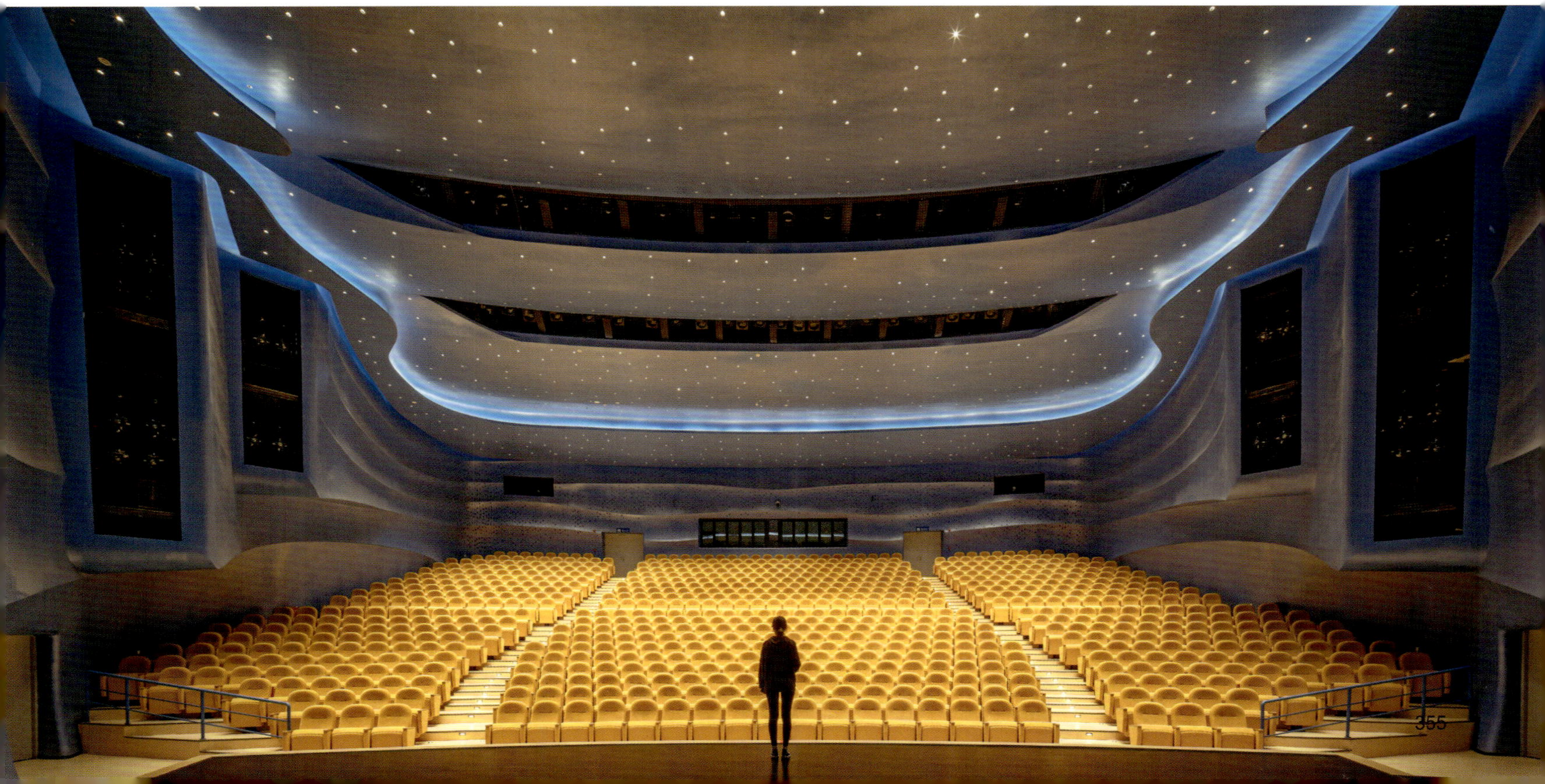

南沙国际贸易中心（ITC）

Nansha International Trade Center (ITC)

项目业主：广州南投房地产开发有限公司
建设地点：广东 广州
建筑功能：办公建筑
用地面积：72 859 平方米
建筑面积：12 562 平方米
设计时间：2019 年
项目状态：在建
设计单位：中国建筑西南设计研究院有限公司
设计团队：钱方、郭颖、王珏、周雪峰、朱健、甘旭东、肖凌骁、李建明、田朝炜、彭浩晖、范朝、蒋明伟、宋永登、周骁、孙婉玲、肖威、谢钦、钟易岑、周宇琪

项目处于灵山岛尖的门户位置，是明珠湾区提升土地价值和功能配套服务水平的重点项目，将被打造成南沙涉外综合贸易服务平台，形成标识性功能效应。它为核心小湾区的整体土地价值提升奠定基础，是提升明珠湾中央商务区的整体价值的主导项目。项目将建成 5A 标准绿色生态高品质建筑，包括总部办公、国际贸易办公、综合服务、国际会议、配套商业等建筑功能，树立南沙新区明珠湾区灵山岛尖区域门户形象。

灵山岛九年一贯制学校

Lingshan Island Nine Year Unified School

项目业主：广州市南沙区建设中心
建设地点：广东 广州
建筑功能：教育建筑
用地面积：67 550 平方米
建筑面积：74 090 平方米
设计时间：2017 年
项目状态：建成
设计单位：中国建筑西南设计研究院有限公司
设计团队：王珏、朱健、田朝炜、王硕、祁志谦、赖纯翠、戴朝卫、杨春达、高明利、萧毅煜、王锡桂、何颖怡
获奖情况：2021 年广东省优秀工程勘察设计二等奖
2020 年广州市优秀工程勘察设计一等奖

为体现广州城市副中心和国际化城市的定位以及明珠湾区“绿色生态、低碳节能、智慧城市、岭南特色”的建设理念，灵山岛九年一贯制学校将不同功能分区通过连廊连接，各功能之间相对独立又保持联系。设计充分考虑建筑各功能区之间的整体性、协调性，通过不同体量的组合、立面的虚实结合，营造具有现代感、富有活力且颇具归属感的校园空间。

王剑涛

职务：中建八局发展建设有限公司设计研究院总建筑师
职称：高级工程师

教育背景
2012 年—2014 年　青岛理工大学建筑与土木工程硕士

工作经历
2021 年至今　中建八局发展建设有限公司设计研究院

主要设计作品
青岛·上合之珠国际博览中心
上合示范区核心区配套服务项目
软控智融绿谷
南海重工集团总部
安徽农作物创新产业园
兰陵中医院
银丰九玺城九年一贯制学校

邱意顺

职务：中建八局发展建设有限公司设计研究院
方案创作中心负责人
职称：高级工程师

教育背景
2006 年—2011 年　山东建筑大学建筑学学士

工作经历
2021 年至今　中建八局发展建设有限公司设计研究院

主要设计作品
中德工业设计创新园区
青岛潍县路 19 号
青岛中山路 72~74 号
山高智能装备厂区
日照科技创新园
黄岛“凤凰之声”大剧院
开平火车站
济南新海航国际学校

刘洋

职务：中建八局发展建设有限公司设计研究院
方案创作中心负责人
职称：高级工程师

教育背景
2006 年—2011 年　山东建筑大学建筑学学士

工作经历
2021 年至今　中建八局发展建设有限公司设计研究院

主要设计作品
马尔代夫固废转运站
马尔代夫住房部新办公楼
青岛·上合之珠国际博览中心
中德工业设计创新园区
书香小学
青岛李哥庄市民中心

刘骁莹

职务：中建八局发展建设有限公司设计研究院
方案创作中心室内负责人
职称：工程师

教育背景
2006 年—2011 年　山东艺术学院环境艺术设计专业

工作经历
2022 年至今　中建八局发展建设有限公司设计研究院

主要设计作品
重庆前沿科技城办公楼
高新区公共卫生服务能力提升工程
烟台开发区半山酒店改造
中建八局发展建设有限公司总部
济南市卧虎山水库至锦绣川水库连通调水工程
淄博市文化创意产业园
中德工业设计创新园区

中建八局发展建设有限公司
THE DEVELOPMENT CONSTRUCTION CO., LTD. OF CHINA CONSTRUCTION EIGHTH ENGINEERING DIVISION

中建八局发展建设有限公司设计研究院成立于 2021 年 5 月 17 日，作为中建八局发展建设有限公司高质量发展的“新引擎”，承担着设计引领、转型升级的重任。目前设计院拥有设计人员近 200 人，其中各类注册人员占比 34%，中高级职称人员占比 66%，业务范围涵盖规划、方案、建筑、景观、室内、幕墙、智能化等专业领域，着力打造“精设计、懂施工、通商务、善管理、知客户”的复合型设计团队。

地址：山东省青岛市崂山区秦岭路 8 号
金石博物馆 16 楼
电话：0532-66062607
电子邮箱：cscec8bfzsjy@163.com

某商业办公综合体概念设计方案

Conceptual Design Scheme for a Commercial Office Complex

建筑功能：商业、办公建筑
用地面积：74 000 平方米
建筑面积：196 500 平方米
设计时间：2021 年
项目状态：方案
设计单位：中建八局发展建设有限公司

项目处于居住区与产业园区的过渡地带，位于主干道周边，轨道交通条件优越，拥有良好的形象展示面与天然的跨界属性以及发展成为地区标杆的潜力，将被打造成高品质的商业空间。设计聚合地块优势，顺应发展潮流打造城市首个“人、产、城、融、合”、宜居宜业的产业综合体标杆。依据定位，项目融合商业、办公和培训中心三大业态，内部设置项目企业总部、配套商业内街、会议主题酒店，专家公寓（员工住宅）。建筑形象设计灵感源于腾云，构建昌盛腾飞的建筑形态，寓意产业的锐意进取与高效升级。

中德工业设计创新园区

Sino-German Industrial Design Innovation Park

建筑功能：科研、教育建筑
用地面积：407 996 平方米
建筑面积：308 900 平方米
设计深化时间：2022 年至今
项目状态：在建
设计深化单位：中建八局发展建设有限公司

项目东侧为大型湿地公园，绿水环绕，生态环境优越。规划设计以环形水系为核心，融合自然、智慧、人文、开放的元素，打造“环”理念，整体规划布局为“一环一心、两轴四区”。中心岛区域以综合服务为主，建有体育馆、游泳馆、标准操场、交流中心及图书馆。“弘毅、博学、求真、至善”四区集人才培养、科学研究、科技服务于一体，产业与教学密切结合，相互支持，相互促进。

项目以创新的设计形式，打造新时代背景下的产教融合典范。设计以人为本，全面思考建筑的易用性、易达性和易识别性，处处体现人文关怀，打造高品质的产学研基地。

项目作为校地合作示范样板，其科研及教学中心、工业设计创新研究院、工业设计成果推广中心、服务中心等项目，将吸引重点研究机构和独立运行科研平台入驻，走在了产教融合领域的前列。

中德工业设计创新园区（室内）

Sino-German Industiral Design Innovation Park (Indoor)

建筑功能：科研、教育建筑
精装面积：308 900 平方米
设计深化时间：2022 年至今
项目状态：在建
设计深化单位：中建八局发展建设有限公司

项目遵循包豪斯的设计理念，方案团队注重功能性和实用性，强调形式追随功能，去除不必要的装饰。建筑以简单而优雅的几何形状为主，打造一个理性、简洁的设计空间。室内设计采用常见且环保的材料，注重实用性，避免不必要的华丽装饰，最大限度地满足用户的使用需求。

某工业互联网展示（体验）中心

An Industrial Internet Exhibition (Experience) Center

建筑功能：文化、办公建筑
用地面积：106 000 平方米
建筑面积：25 000 平方米
设计时间：2023 年
项目状态：方案
设计单位：中建八局发展建设有限公司

项目位于某工业互联网产业新城核心地段。该片区未来发展以开发低效用地为切入点，注重生态文明建设，倡导绿色低碳、高效集约、智能创新，以“先进制造业集群 + 智能产业平台”为目标，依托工业互联网技术，提供产业全流程解决方案，打造集“孵化—研发—设计—生产—运输”于一体的现代化新城区。

项目以“5G+ 工业互联网 + 智能制造”为主题，融入市民活动功能，打造综合性、领先性的工业互联网公共服务平台和全天候、全场景的工业应用展示中心。建筑群及周边整体设计体现科技创新、数字化城市特色，实现展览展示、体验、休闲等多功能融合以及建筑与景观融合，打造国际一流的地标性建筑。

某公共卫生服务能力提升工程

A Public Health Service Capacity Enhancement Project

项目业态：酒店、办公建筑
精装面积：30 497 平方米
设计深化时间：2022 年至今
项目状态：在建
设计深化单位：中建八局发展建设有限公司

设计师将现代、简约、低碳、共生等多个设计关键词融合在一起，使其同时满足酒店、办公、医疗隔离等多种功能业态的需求，同时结合《道德经》中“无界”的概念，打破传统的界限和限制，创造出更加开放、包容、自由的设计空间。

某公司办公楼

Office Building of A Compang

建设地点：山东 青岛
建筑功能：办公建筑
精装面积：6 000 平方米
设计深化时间：2022 年至今
项目状态：在建
设计深化单位：中建八局发展建设有限公司

项目室内设计旨在通过开放、合理的布局，用简单的方式抒写空间的形态美与意境美，以流畅的动线营造雅致的艺术氛围和自在的空间环境，通过材质分割设计和空间的色彩浓淡搭配将场域的气息与格局形成整体，同时满足办公、会议、接待、洽谈等多重需求。

王行

职务：中石化广州（洛阳）工程有限公司项目负责人
道大全工務組创始人

职称：高级工程师

执业资格：（美国）绿色建筑委员会 LEED AP BD+C
（美国）绿色建筑委员会 LEED AP O+M
（美国）国际 WELL 建筑研究所 WELL AP
（美国）项目管理协会 PMP

教育背景

2004 年—2009 年　西安建筑科技大学工学学士
2009 年—2012 年　长安大学工学硕士

工作经历

2012 年至今　中石化广州（洛阳）工程有限公司

个人荣誉

洛阳市优秀青年志愿者

主要设计作品

中石化塔河分公司档案馆、文体中心、综合办公楼
中石化洛阳商储基地综合办公楼
中海石油东营石化有限公司销售中心
山东神达化工有限公司中心化验室、中心控制室、消防站及配套工业建筑
富德（常州）能源化工发展有限公司中心化验室及配套工业建筑
恒力石化（大连）炼化有限公司中心化验室
中科（广东）炼化有限公司中心化验室
中石化北海炼化有限责任公司配套工业建筑
中石化北海 LNG 工程配套工业建筑
中石化长岭分公司配套工业建筑
内蒙古中煤蒙大新能源化工有限公司配套工业建筑
浙江石油化工有限公司配套工业建筑
浙江浙能温州液化天然气有限公司配套工业建筑
北方华锦联合石化有限公司配套工业建筑
中石化北海炼化有限责任公司商储油库消防站及配套工业建筑
中石化冠德印尼巴淡岛光伏发电制绿氢项目综合办公楼及配套工业建筑

中国石化
SINOPEC

中石化广州（洛阳）工程有限公司（以下简称公司）成立于 1956 年 10 月，是中石化炼化工程（集团）股份有限公司的全资子公司，其前身为石油工业部抚顺设计院。公司现已成长为以能源化工行业为主的集技术开发、工程设计、工程总承包于一体的国家高新技术企业，拥有工程设计综合甲级资质，为国家首批业务涵盖 21 个行业的工程咨询企业之一，拥有工程总承包、工程设计、工程咨询和环境影响评价等甲级资格证书，通过 QHSE 管理体系、ISO10015 培训管理体系认证。2012 年，根据中国石化集团公司华南战略布局需要和炼化工程板块重组改制要求，公司核心业务由洛阳整体迁至广州，实行广州、洛阳两地一体化管理。

公司现有在职员工 1 752 人，其中有我国炼油催化裂化工程技术的奠基人、中国科学院院士陈俊武和国家设计大师 4 人、石油化工行业设计大师 8 人、教授级高级工程师 66 人、高级工程师 1 011 人、享受国务院政府特殊津贴专家 24 人、有突出贡献的科技和管理专家 25 人，有各类注册工程师 530 余人、PMP 持证人员 220 余人。

1985 年，公司成为国内首批实施以工程设计为主的工程项目总承包试点单位，自实施工程总承包以来，共完成了 106 项总承包项目。高峰期，公司同时实施 26 项总承包项目（其中 23 项境内项目、3 项境外项目），现场施工人员达 23 300 人。公司在中国勘察设计协会公布的“工程总承包营业额 2019 年排名”中位列第 3 名，“境外工程总承包营业额 2019 年排名”中位列第 5 名。公司累计获国家级优秀设计奖 25 项、省部级优秀设计奖 125 项，获中国建设工程鲁班奖 1 项、国家级优质工程奖 12 项、省级优质工程奖 45 项，获全国优秀总承包金、银钥匙奖共 9 项，获国家级科技进步奖和发明奖共 55 项、省部级科技进步奖和发明奖共 359 项，拥有国内外有效授权专利 928 项。公司连续荣登中国工程设计企业 60 强榜单，先后获“全国五一劳动奖章”“全国模范劳动关系和谐企业”“全国模范职工之家”“河南省五好基层党组织”等荣誉。

道大全工務組
TAOTECTON Studio

道大全工務組作为试验型先锋团队，在城市设计、建筑设计、景观规划、室内设计、工业及传播设计等多个领域进行整合布局，并依托中石化炼化工程（集团）股份有限公司建筑技术中心站开展多项专有建筑构造技术专利的研发以及各类标准规范的编制工作，如今亦着手开展包括“零能耗建筑”在内的绿色建筑设计咨询、建筑“通用化设计（Universal Design）”咨询以及包括“CCER 开发”在内的各类碳中和咨询业务。

道大全工務組创始人带领团队在工作中不断对民族传统哲学在现实层面中的影响及其映射方式进行深入探讨，以期在民族伟大复兴的辉煌时代贡献自己的力量！

地址：广东省广州市天河区体育西路
191 号中石化大厦 A 塔
电话：020-22192991
微信：taotecton
电子邮箱：taotecton@hotmail.com

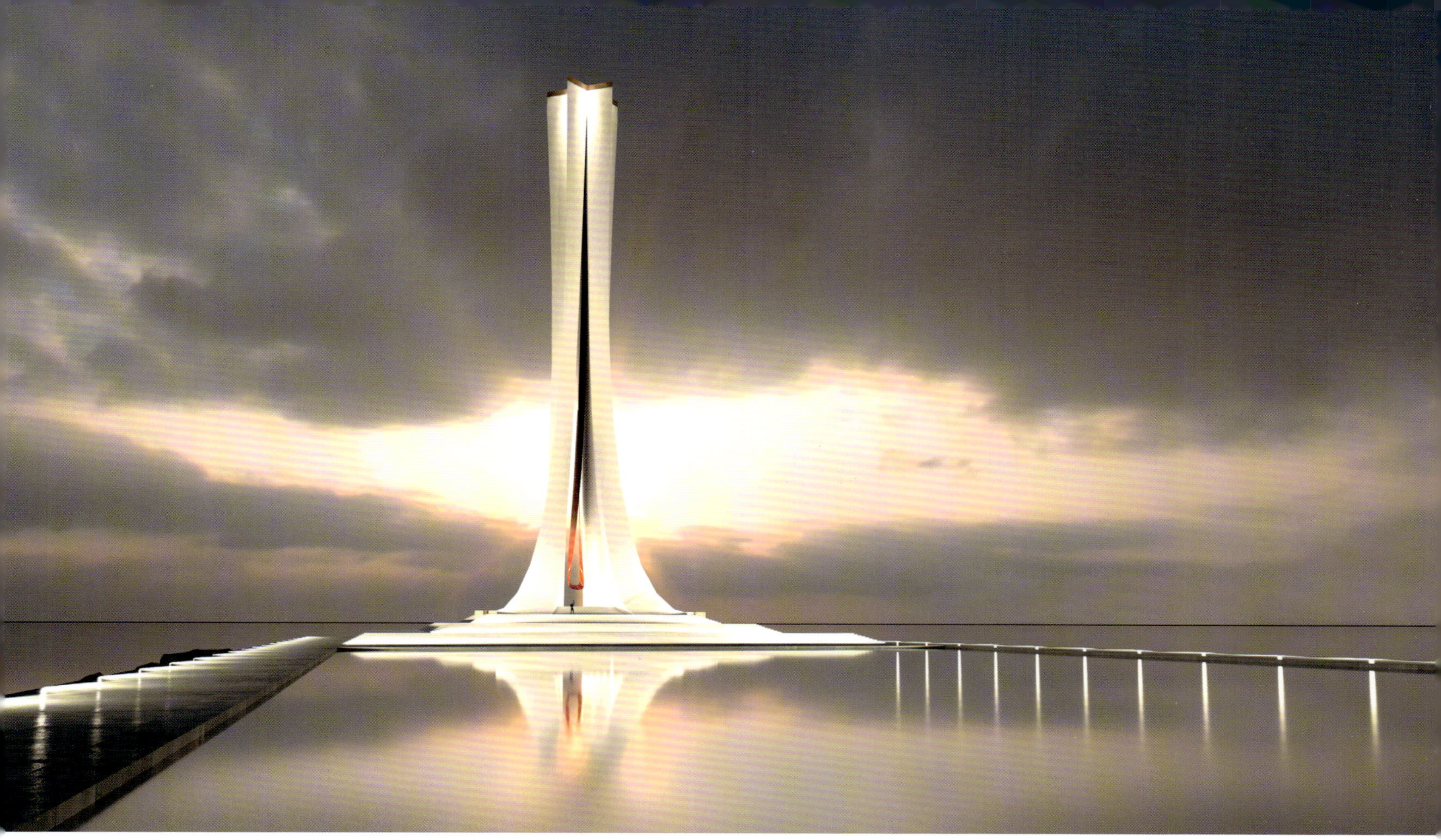

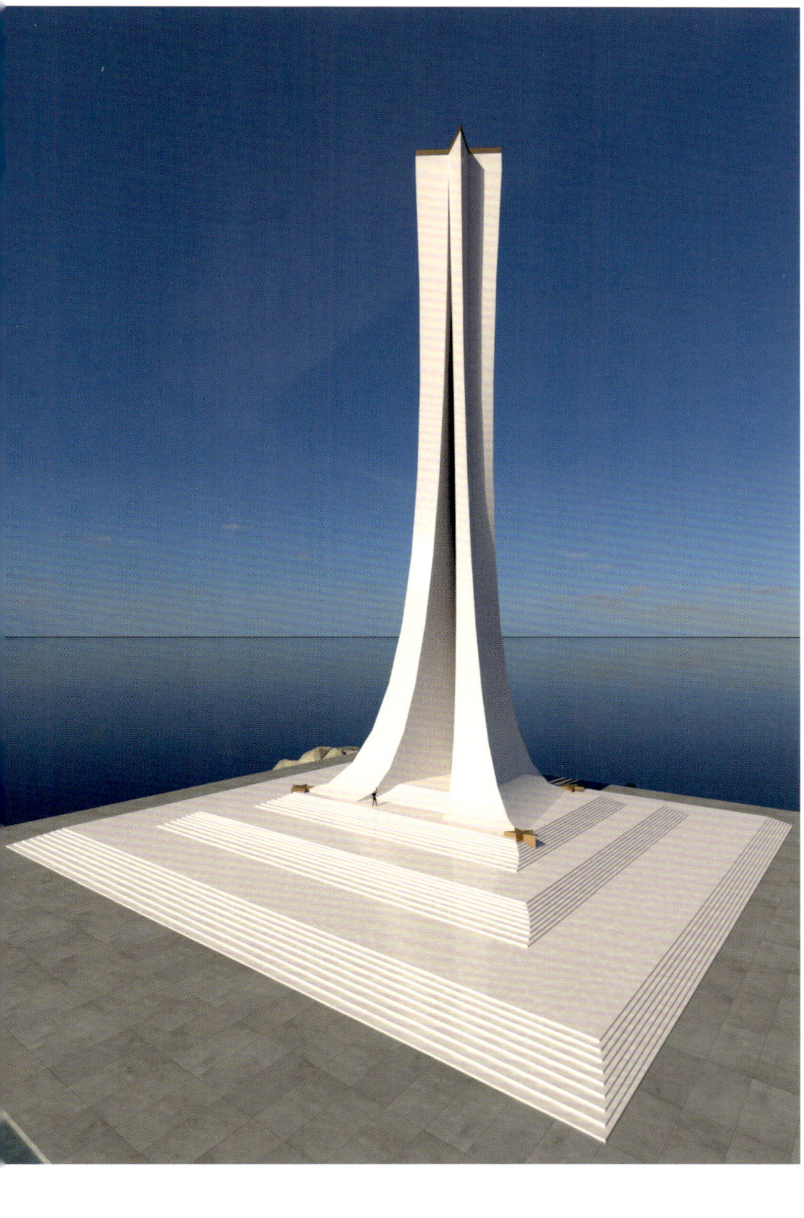

正立面

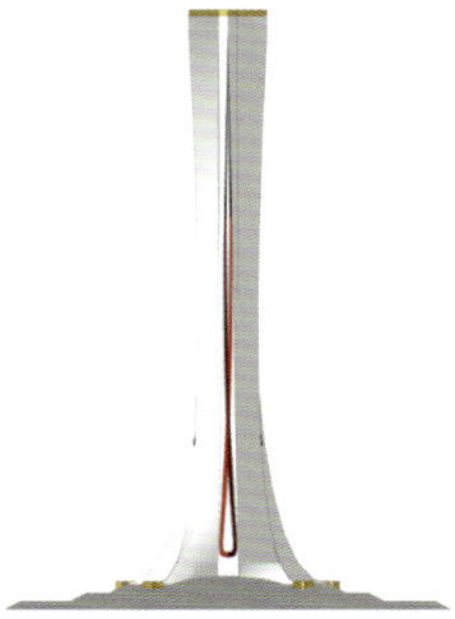

背立面

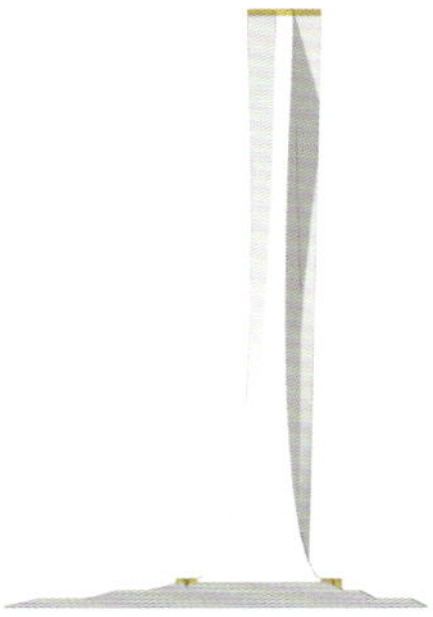

侧立面

统一纪念碑

Unified Monument

设计时间：2023 年
项目状态：方案
设计单位：中石化广州（洛阳）工程有限公司
道大仝工務組
主创设计：王行

纪念碑主体由左右两体块组合而成，代表海峡两岸；两体块基础部位有四颗金色小五角星造型，代表两岸人民；两体块向中央聚拢、上升，最终合二为一，化为金色大五角星造型，代表两岸统一；两体块中央包藏一个红色螺旋丝带造型，代表两岸人民流着相同的血脉；整个纪念碑底部有四组——每组九级台阶，代表中华人民共和国于（一九）四九年成立。

平面

关陇会馆

Guan-Long Guild Hall

设计时间：2023 年
项目状态：方案
设计单位：中石化广州（洛阳）工程有限公司道大仝工務組
主创设计：王行

项目为技术发展研讨项目。

目前全球范围内新式木结构（包括钢—木结构在内的混合木结构）高层建筑的新技术、新案例风起云涌。作为一贯以精妙的木造建筑闻名于世的中国，在这汹涌的浪潮中何去何从值得设计师们思索。

一方面，随着城市核心用地的日趋紧张，建筑高层化及城市天际线的碎片化在所难免；另一方面，木材以其无与伦比的“可持续性”及“低碳属性”，在当今“双碳”时代背景下从一众建筑材料中脱颖而出。这也就意味着传统木造建筑在当下既面临挑战，亦存在机遇。

挑战很明显，即传统的木造建筑，其礼法、形制、规模乃至内在灵魂与当下工业化、城市化浪潮难以契合；而机遇，亦不言自明——设计师们所处的新时代，必然是木结构建筑大放异彩的时代！

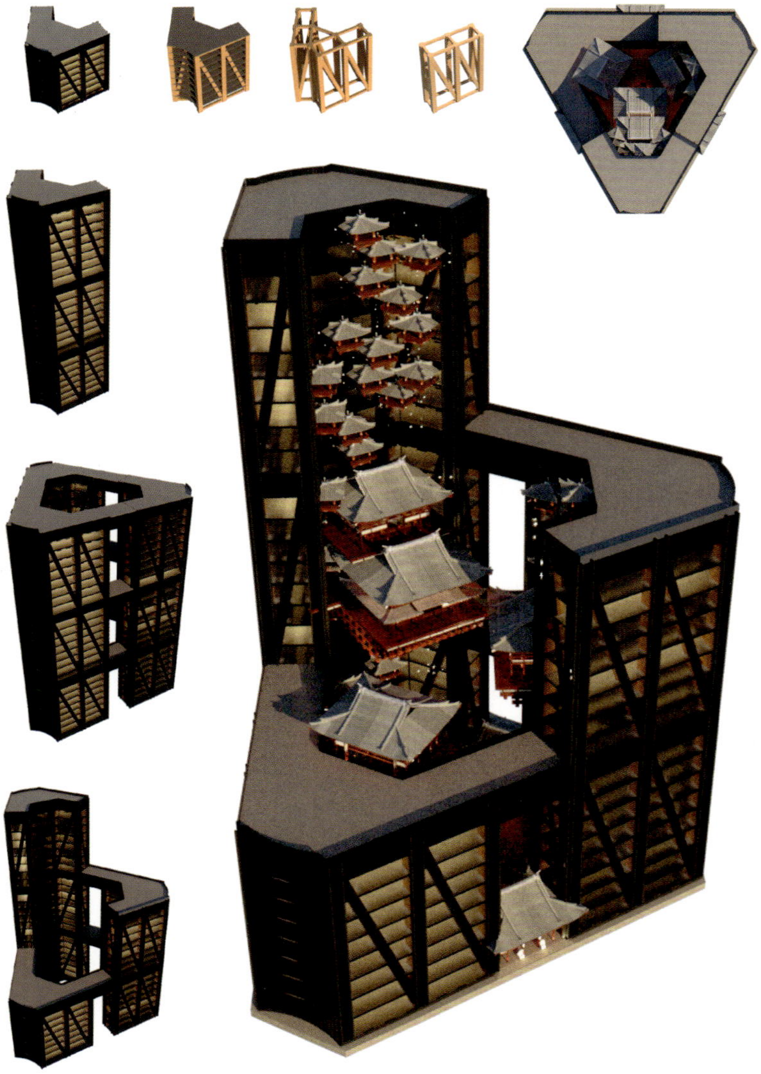

在拥抱这个新时代之前，设计师们也清楚地认识到——轻易地对传统木造建筑的内在或外在进行深入解构再拟合以适应当下社会发展之举其实并不明智，盖因传统建筑其符号化的印象深深根植于他们，乃至每一个深受中华文明影响熏陶的人心中，故而他们当时寻求一种温和、沉稳的步调前进。

藉由与几家木业协会及相关学术组织共同研讨之契机，基于假想的用地与功能信息（关陇会馆），设计师们提出了一个组设想——全木结构的塔楼建筑，即在以现代木结构框架工法施作的高层摩天楼内嵌入传统木结构工法施作的宗庙、挑台及山门。

技术方面，现代工法的主体框架采用了与“Oakwood Timber Tower”及“Brock Commons”类似的技术措施，而传统工法部分则采用了畿内地区的典型样式；形制方面，建筑主体坐北朝南，其层数北面最高、其次为东、再次为西，其整体形式遵循传统，主次有序、尊卑有别。

伍几

Wu Ji

设计时间：2017 年
项目状态：方案
设计单位：中石化广州（洛阳）工程有限公司道大仝工務組
主创设计：王行

随着传统茶道之风日盛，越来越多的人愿意尝试在自家设计一间小小的“茶室”。但那些希望在茶室中席地而坐待客饮茶的人却发现市面上合适的家具并不多，于是这个小家具组合应运而生。

这组家具共五款，依卦序，分别以“同几”“有几”“谦几”“豫几”“随几”命名。

“同几”为小博古，其上可置静物邀友同赏，借此浅露心迹、暗点主旨。

“有几”为小茶棚，有容茶具物件。

“谦几”为小条桌，宽窄适当、尺度亲密；黯然不章、谦和有意。

“豫几”为小凭几，聊至兴起时身心放松，凭之倚之，悦豫且康。

“随几”为小挂架，随主人位布置，有挂晾之用，本体亦可随茶室空间形制灵活布设。

这组家具采用简单的金属框架及板材制作，批量生产方便，物流及组装亦极为便捷。其中金属框架的造型在结合传统纹样的同时亦充分考虑力学性能，其空间图形“一笔画成”，含“一心”之意；而板材着意在横断边采用斜切收口处理，有“斧祓”之意。

方舱 140 项目

Fangcang 140 Project

设计时间：2021—2023 年
项目状态：方案
设计单位：中石化广州（洛阳）工程有限公司道大仝工務組
主创设计：王行

为纪念黑川纪章先生具有划时代意义的建筑——“中银舱体大厦”以“被拆除”的形式走向终结，在与日本“中银舱体大厦保护及再利用计划”合作并实地走访之后，项目组以其 A-904 室及 A-1304 室的勘测数据为原型，建立了一个标准舱体的虚拟模型，并进一步借助 AI 生成技术、虚拟人及元宇宙社交平台，将无生命的虚拟模型活化——畅想出一个个饱含不同风格、功能或形制的胶囊舱体在充满未来建筑的城市、深邃的外太空抑或更遥远的时空中为人所使用的场景，让这个具有相当未来主义风格的建筑作品，展现它在被设计之初所赋予的使命及意义。

【本页部分内容涉及 AIGC（人工智能生成内容）】

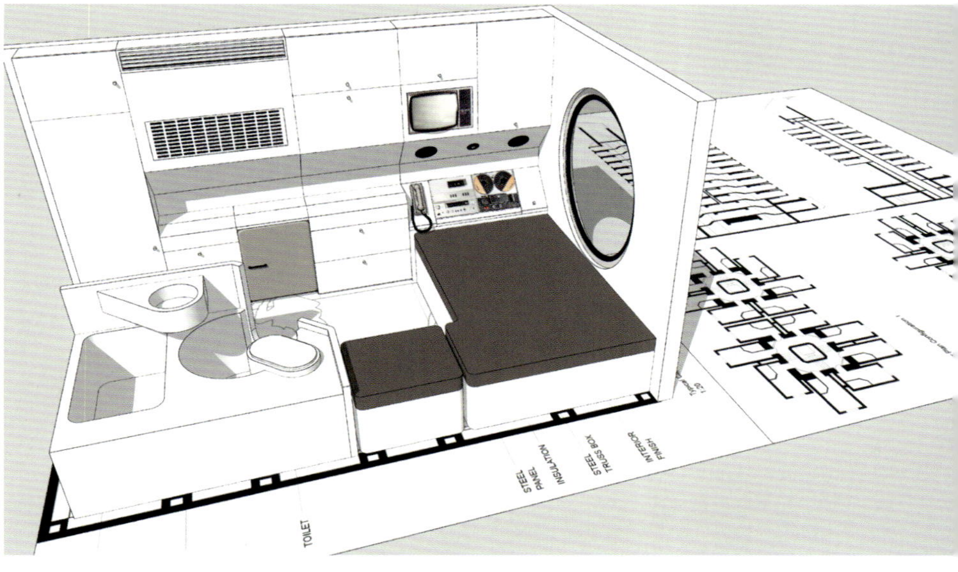

吴左宾

职务：西安建大城市规划设计研究院有限公司院长
职称：正高级工程师
执业资格：国家注册城乡规划师
国家注册咨询工程师（投资）

教育背景
1993 年—1998 年　西安建筑科技大学城市规划本科
1998 年—2002 年　西安建筑科技大学城市规划硕士
2006 年—2013 年　华南理工大学建筑历史与理论博士

工作经历
2002 至今　西安建大城市规划设计研究院有限公司

社会职务
中国科协联合国咨商可持续城市、社区与历史遗产保护专委会委员
中国城市规划学会规划实施分会委员
中国城市经济学会生态修复与绿色发展专业委员会副主任委员
陕西省土地学会理事
陕西省自然资源标准化技术委员会委员
陕西省工程建设建设标准专家

主要设计作品
秦巴山脉绿色城乡空间建设战略研究
荣获：2017 年全国优秀城乡规划设计（城市规划）一等奖
2017 年陕西省优秀城乡规划设计一等奖
环青海湖地区城镇人居环境提升计划（战略研究）
荣获：2021 年全国优秀城市规划设计一等奖
2021 年陕西省优秀城乡规划设计一等奖
洛南 8·6 洪灾灾后重建与振兴规划——秦巴山区人居韧性适灾规划探索
荣获：2021 年全国优秀城市规划设计二等奖
2021 年陕西省优秀城乡规划设计一等奖
商洛市北宽坪镇美丽乡村建设规划
荣获：2017 年全国优秀城乡规划设计（村镇规划）二等奖
2017 年陕西省优秀城乡规划设计一等奖
陕西省历史文化保护传承体系规划研究
荣获：2021 年全国优秀城市规划设计一等奖
咸阳市旬邑县太村镇总体规划（2009—2020）
荣获：2011 年全国优秀城乡规划设计（村镇规划）三等奖
2011 年陕西省优秀城乡规划设计二等奖
西安市纺织城地区振兴发展规划专项研究
荣获：2011 年全国优秀城乡规划设计三等奖
2011 年陕西省优秀城乡规划设计二等奖
新时代文化空间创新性发展探索与实践——延安新区文化规划设计方案
荣获：2021 年全国优秀城市规划设计三等奖
2021 年陕西省优秀城市规划设计一等奖
河津市总体城市设计
荣获：2019 年全国优秀城乡规划设计三等奖

学术研究成果
1. 国家自然科学基金面上项目，51378421，人地和谐视角下的陕北黄土高原地区小城镇空间形态节地模式研究，已结题，主持。
2. 国家自然科学基金面上项目，52178055，水土生态涵养视角下的黄土沟壑区城市空间布局韧性模式与规划方法，在研，主持。
3. 国家重点研发计划课题，2022YFC3802803，黄河中上游地区县域国土空间规划模式与技术，在研，主持。
4. 国家自然科学基金面上项目，51278411，耦合于分形地貌的陕北能源富集区城镇空间形态适宜模式研究，已结题，参加。
5. 国家自然科学基金面上项目，51178370，黄土高原历史城市人居智慧及其当代应用研究，已结题，参加。
6. 国家自然科学基金面上项目，51178371，基于空间绩效评价的西北地区中小城市空间扩展及结构优化研究，已结题，参加。
7. “十二五”国家科技支撑计划课题，2013BAJ10B08，西北地区历史文化村镇社区功能提升技术集成研究与示范，已结题，参加。
8. 陕西省自然科学基金面上项目，2016JM5069，节地导向下的陕北黄土高原丘陵沟壑区小城镇空间发展适宜模式研究，已结题，主持。
9. 陕西省自然科学基础研究基金面上项目，2020JM-470，基于水文格局的陕南河谷城市空间布局适应性模式研究，已结题，主持。

西安建大城市规划设计研究院有限公司
XI'AN JIANDA INSTITUTE OF URBAN PLANNING & DESIGN CO.,LTD.

西安建大城市规划设计研究院有限公司（原西安建筑科技大学城市规划设计研究院）成立于 1994 年，隶属于西安建筑科技大学，于 2022 年 8 月完成公司改制。

作为西安建筑科技大学教学、科研、产业三位一体的重要组成部分，西安建大城市规划设计研究院有限公司始终秉持“知行合一，创新致远”的发展理念，累计完成了两千余项规划设计项目，发表 500 余篇研究论文，出版 20 余部专业著作，培养了近 400 名博士和硕士研究生，是重要的人才培养基地和创新成果转化基地；荣获国家级、省级优秀规划设计奖和重要国际规划设计竞赛奖 120 余项，并获得教育部科技成果奖以及首届中国规划科技进步奖。

展望未来，西安建大城市规划设计研究院有限公司将立足西部、辐射全国、面向“一带一路”，不断追求创新，以科学的规划、热忱的服务，为城乡高质量发展、高品质生活做出更大贡献。

地址：陕西省西安市碑林区雁塔路13 号
电话：029-82202043
传真：029-82202043
网址：www.jdup.com
电子邮箱：xajdup@xauat.edu.cn

田达睿

职务：西安建筑科技大学建筑学院城乡规划系副主任、博士生导师
职称：教授
执业资格：国家注册城乡规划师

教育背景
2011 年—2016 年　西安建筑科技大学城乡规划学博士
2019 年—2021 年　西安建筑科技大学建筑学从事博士后研究工作

工作经历
2011 年至今　西安建筑科技大学城乡规划系

主要设计作品
城镇空间的分形测度与优化——基于陕北黄土高原城镇案例的研究
荣获：陕西高校人文社会科学研究优秀成果三等奖
分形视角下黄土高原沟壑区城乡空间发展适宜路径研究——以陕北米脂为例
荣获：2019 年西安市自然科学优秀学术论文三等奖
陕西省西咸新区现代田园城市建设标准
荣获：2016 年全国优秀城乡规划设计表扬奖
西安白鹿原城市公园规划设计
荣获：2015 年陕西省优秀城乡规划设计一等奖

张雯

职务：西安建大城市规划设计研究院有限公司项目负责人
职称：工程师

教育背景
2007 年—2012 年　西安建筑科技大学城乡规划学士
2012 年—2015 年　西安建筑科技大学城乡规划硕士

工作经历
2015 年至今　西安建大城市规划设计研究院有限公司

主要设计作品
环青海湖地区城镇人居环境提升计划（战略研究）
荣获：2021 年全国优秀城市规划设计一等奖
2021 年陕西省优秀城乡规划设———秦巴山区人居韧性适灾规划探索
荣获：2021 年全国优秀城市规划设计二等奖
　　　2021 年陕西省优秀城乡规划设计一等奖
新时代文化空间创新性发展探索与实践——延安新区文化规划设计方案
荣获：2021 年全国优秀城市规划设计三等奖

刘业鹏

职务：西安建大城市规划设计研究院有限公司项目负责人
职称：工程师

教育背景
2018 年　西安建筑科技大学城乡规划学博士在读

工作经历
2016 年至今　西安建大城市规划设计研究院有限公司

主要设计作品
秦巴山脉绿色城乡空间建设战略研究
荣获：2017 年全国优秀城乡规划设计（城市规划）一等奖
　　　2017 年陕西省优秀城乡规划设计一等奖
洛南 8 · 6 洪灾灾后重建与振兴规划——秦巴山区人居韧性适灾规划探索
荣获：2021 年全国优秀城市规划设计二等奖
　　　2021 年陕西省优秀城乡规划设计一等奖
延安市老城区及南关街片区城市设计

蒋蕾莉

职务：西安建大城市规划设计研究院有限公司
职称：工程师
执业资格：国家注册城乡规划师

教育背景
2008 年—2013 年　西安建筑科技大学城乡规划学士
2013 年—2016 年　西安建筑科技大学城乡规划硕士

工作经历
2016 年至今　西安建大城市规划设计研究院有限公司

主要设计作品
延安市老城区及南关街片区城市设计
荣获：2019 年全国优秀城市规划设计表扬奖
　　　2019 年陕西省优秀城市规划设计二等奖
黄陵县“生态修复、城市修补”总体规划
荣获：2021 年陕西省优秀城市规划设计三等奖
紫阳县县城概念规划
荣获：2021 年陕西省优秀城市规划设计优秀奖
乌兰浩特市“生态修复、城市修补”规划
荣获：2019 年内蒙古自治区优秀城乡规划设计二等奖

秦巴山脉绿色城乡空间建设战略研究

Strategic Research on Green Urban Rural Space Construction in Qinba Mountains

项目业主：中国工程院
建设地点：陕西、四川、湖北、河南、甘肃、重庆
用地面积：308 600 平方千米
设计时间：2015 年—2019 年
项目状态：在建
设计单位：西安建大城市规划设计研究院有限公司

合作单位：清华大学建筑学院
设计团队：周庆华、吴左宾、吴唯佳、雷会霞、武廷海、吴晨、敬博、牛俊蜻、郭乾、徐滢、王丁冉、吴锋、胡永红、孙英良、李炬、魏书威、杨彦龙、田达睿、刘业鹏

秦巴山脉区域涉及国土面积约30.86万平方千米，人口6 164万人，承担我国南水北调的核心水源涵养的重要功能，是生物多样性生态功能区的重要承载地，也是众多城市的生态涵养区和生存依赖区。在“一带一路”倡议背景下，强化秦巴山脉生态保护，推进绿色循环发展，构建绿色城乡人居环境，对于全面建成小康社会、实现中华民族伟大复兴中国梦具有重大意义。

研究针对秦巴山区发展现状，系统认知秦巴山脉价值，揭示秦巴地区绿色崛起的国家战略意义，丰富绿色循环发展理论，建构以绿色驱动为机制、教育创新为基础、空间整理为导向、文化彰显为形象的山地特色城镇化模式；依托秦巴山脉的生态本源和文化根基，构建由神农架、华山、太白山、武当山、小三峡等多个景区组成的秦巴国家公园体系，组织史前遗迹、宗教文化、地域民俗、自然景观、生物资源五大主题游线，建立泛秦巴自然保护地体系，促进生态本底保护和文化精神传承；结合秦巴山脉生态环境和城市发展特征，构建以山脉腹地为绿心、以串珠状分布的外围城市地区为外环的秦巴绿心空间组织模式；依托秦巴绿色循环发展理论，构建集绿色空间、绿色产业、绿色城乡于一体的山地全域绿色循环发展人居模式，划定全绿、深绿、中绿、浅绿四种绿色循环城乡空间单元，形成管控、疏解、整理、优化四大绿色空间建设路径。

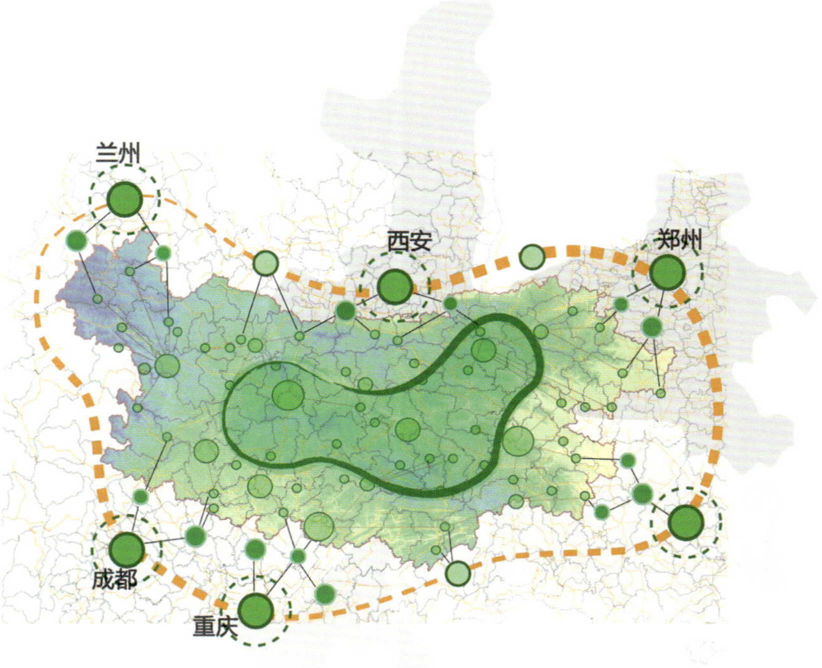

秦巴山脉绿心发展模式图

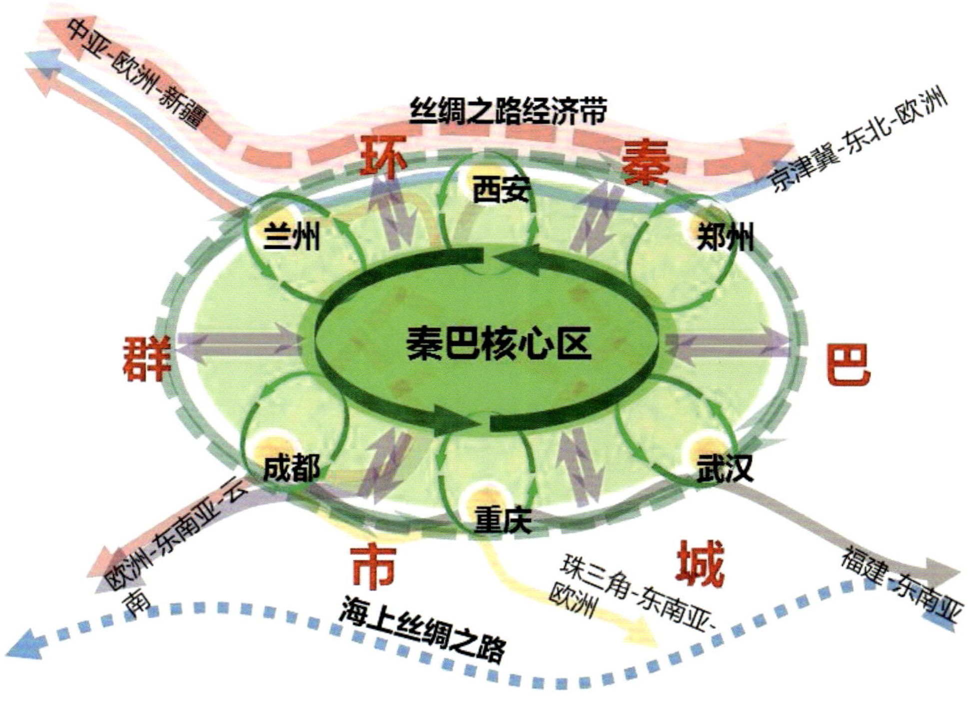

绿心模式互动机制示意图

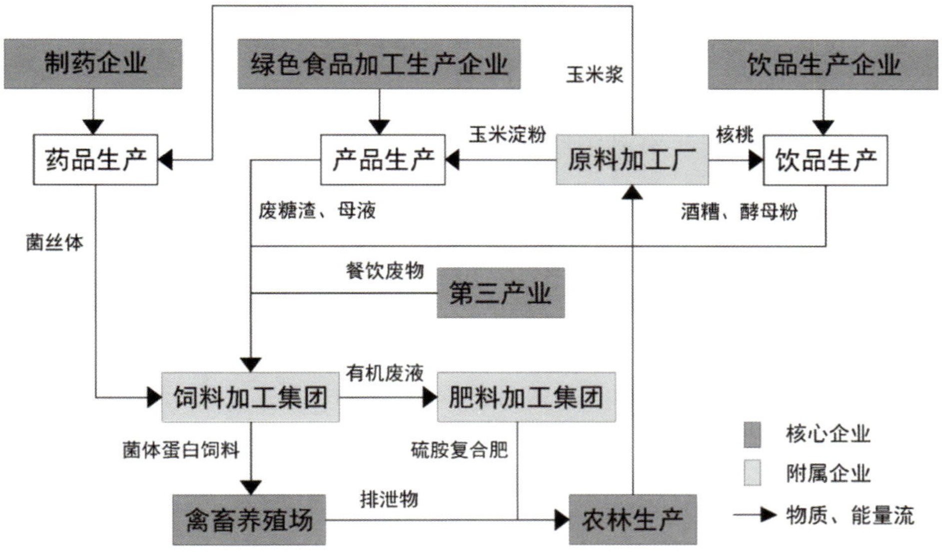

秦巴山脉跨产业绿色循环理论模式图

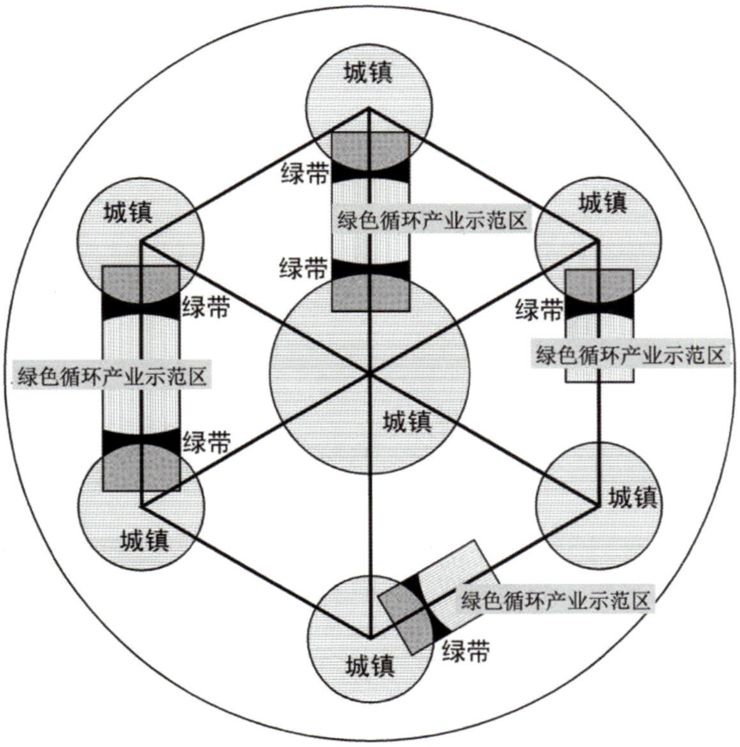

秦巴山脉跨城乡绿色循环理论模式图

秦巴蟒岭绿道建成实景图

秦巴蟒岭绿道美丽乡村图

秦巴蟒岭绿道游客服务中心图

秦巴蟒岭绿道局段效果图

洛南产业园规划图

环青海湖地区城镇人居环境提升计划（战略研究）

Improvement Plan for Urban Residential Environment in the Qinghai Lake Region (Strategic Study)

项目业主：青海省人民政府
建设地点：环青海湖地区三州、四县、十四个乡镇
用地面积：17 250 平方千米
设计时间：2020 年—2022 年
项目状态：在建
设计单位：西安建大城市规划设计研究院有限公司
合作单位：西安建筑科技大学
设计团队：王树声、吴左宾、王发昌、刘晖、张雯、严少飞、白宗科、孙强、陈晓键、王军、陈荣、于军琪、王成、李玲燕、罗西、蒋蕾莉

环青海湖地区包括三州、四县、十四个乡镇，是我国乃至世界上生态环境较为敏感、旅游风景较为优美、高原人居较为典型的区域之一，在国家生态安全保护和新型城镇化发展格局中具有重要的战略地位。为进一步落实“美丽中国”建设，推进省部共建高原美丽城镇示范省工作，厘清区域人居价值、明晰生态保护与城镇发展关系、提升人居环境品质，进而探索新时代高原美丽城镇高质量发展新实践是规划关键所在。

规划系统地梳理了青海湖特质，挖掘环青海湖地区城镇人居世界级价值，提出“高原湖境、大美人居”的发展愿景。首先，规划优先统筹生态与发展关系，综合考虑人为活动影响因素，利用压力、状态、污染模型，构建与人居关联的生态安全格局，确立“安全—人文—诗画—幸福—宜居”全维的提升发展战略。其次，规划立足于高原寒旱特征，构建“生态—城镇—风景—旅游—设施”一体的新型人居单元，划分“离散型”“一体型”“双核型”三种模式，切实保护青海湖生态环境、强化城镇职能。最后，规划整合多元化治理主体，搭建省部联合指导、省市县校联合规划、省县联合建设、社区居民联合参与、专家设计团队联合服务的“五联”协同模式，探索“指导—规划—建设—参与—服务”协同的保障机制。

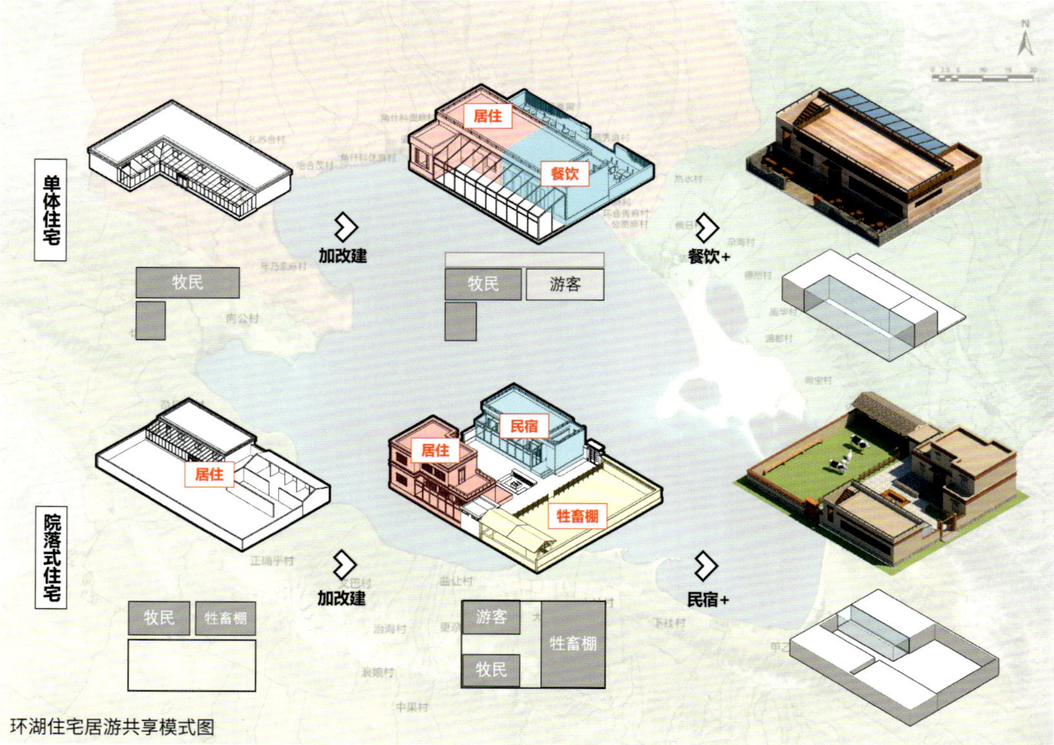

环湖住宅居游共享模式图

刚察县新区效果图

果洛村庄效果图（一）

果洛村庄效果图（二）

果洛村庄效果图（三）

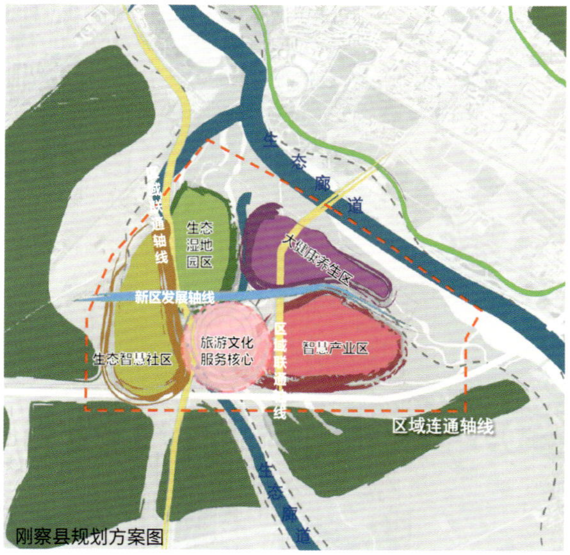

刚察县规划方案图

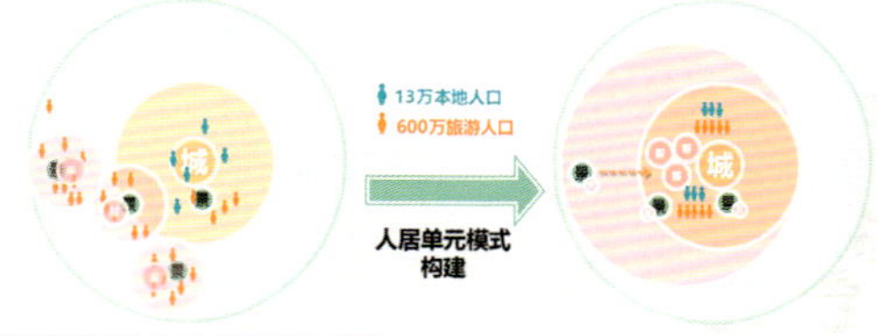

环青海湖人居单元模式图

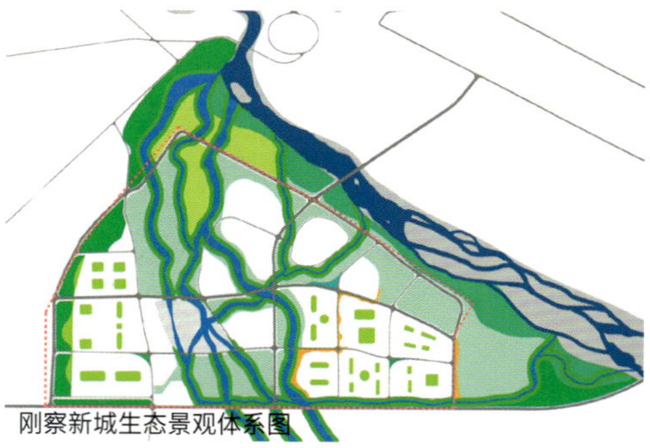
刚察新城生态景观体系图

环湖村庄效果图

洛南 8·6 洪灾灾后重建与振兴规划——秦巴山区人居韧性适灾规划探索

Reconstruction and Revitalization Plan after the 8·6 Flood in Luonan——Exploration of Resilience and Disaster Adaptability Planning for Human Settlements in Qinba Mountain Area

项目业主：洛南县人民政府
建设地点：陕西 商洛
用地面积：970 平方千米
设计时间：2020 年
项目状态：在建
设计单位：西安建大城市规划设计研究院有限公司
合作单位：西北综合勘察设计研究院
中国建筑西北设计研究院有限公司
设计团队：吴左宾、李运军、刘安定、李炬、李岳岩、郝春艳、安丽丽、李晨、黄鹏洛、刘世超、朱建军、李虹、陈军、王安平、刘业鹏、张雯

洛南县地处秦巴山区，北依华山，南接蟒岭，区域内河沟纵横且密度大，易受洪水等自然灾害的侵袭。2020 年 8 月 6 日，突发百年一遇的特大暴雨，洛南县北部山区的石门河、麻坪河等 4 条河流水位暴涨，河堤、道路等设施被严重冲毁，致使石门、麻坪、巡检等 8 个乡镇 2.8 万户受灾，群众的生命安全受到严重威胁，基本生活难以为继，生态环境严重受损，生产活动全面暂停。

规划在总结致灾成因的基础上，坚持以人民为中心，以“沐水重生，洛南新颜”为愿景，以韧性适灾为理念，提出包含“灾时—灾后—长远发展”三个阶段、“生活保障—生态修复—生产发展—生命教育”四个维度的规划路径；通过紧急恢复避难场所、积极开展就地就近异地安置以及远期结合流域水文安全优化村庄布点等，组织“灾时安顿—灾后安置—长远安排”的生活保障体系；结合灾害风险排查、雨洪淹没分析，建构“隐患排查—综合治理—保育修复”的生态修复路径；加快修复水损农田，鼓励改种补种利于水土保持的经济作物，远期发展乡村田园观光及民俗旅游，探索“一产增效、二产转型、三产提质”的生产发展路径；结合灾害实时监测、生命线工程建设、纪念展示教育等，架构“灾前预警—灾时应急—灾后警示”的生命教育体系。

洛南灾后重建纪念广场鸟瞰图

洛南灾后重建纪念广场总平面图

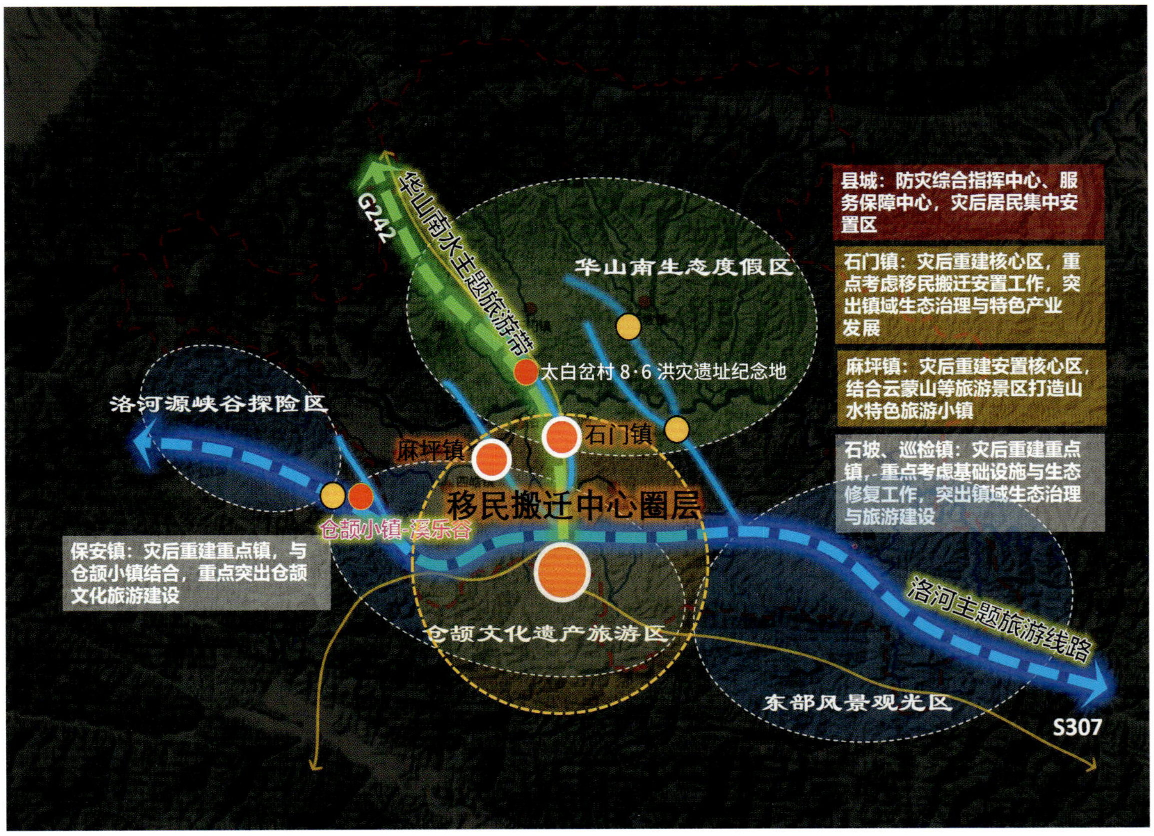

灾后重建总体格局

麻坪安置小区建成后

灾害纪念广场

河道综合治理

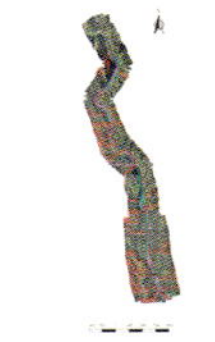

居民生活安置

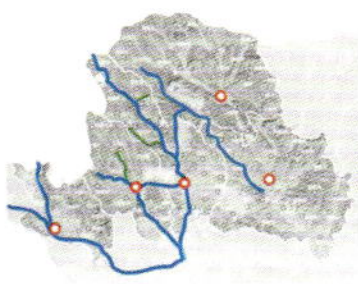

基础设施重建

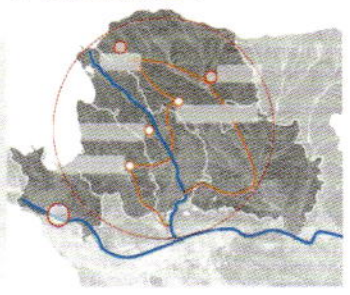

产业重振提升

吴泽颢

职务：成都西南交通大学设计研究院有限公司
项目负责人、主创建筑师、BIM 项目总监
职称：工程师

教育背景
2004 年—2009 年　西南交通大学建筑学学士
2009 年—2012 年　西南交通大学建筑学硕士

工作经历
2015 年至今　成都西南交通大学设计研究院有限公司

主要设计作品
西南交通大学犀浦校区三号教学楼
成都东软学院新建图书馆 & 风雨操场
成都佳骋电子工程技术研究中心
康定市第二中学
富顺高铁站
西南交通大学宜宾产教融合实训基地
成都曹家巷工人村有机更新
宜宾市蜀南竹海改造项目
四川省重点科学大装置多态耦合轨道交通动模试验平台
四川省重点科学大装置准环对称仿星器项目
成都市自来水有限责任公司智慧水务中心

童娜

职务：成都西南交通大学设计研究院有限公司
项目负责人、主创建筑师
职称：高级工程师
执业资格：国家一级注册建筑师

教育背景
2001 年—2005 年　西南科技大学城市规划学士
2007 年—2010 年　西南交通大学建筑学硕士

工作经历
2010 年至今　成都西南交通大学设计研究院有限公司

主要设计作品
西南交通大学犀浦校区九号教学楼
西南交通大学宜宾产教融合实训基地
西南交通大学工程训练中心二期及大学生实践训练基地
成都市万家湾公交场站综合体
成都市金泉公交场站综合体
成都市公交集团公司犀浦保养场迁建
四川省综合应急训练救援基地
四川开放大学青白江校区

谭文远

职务：成都西南交通大学设计研究院有限公司
项目负责人、主创建筑师

教育背景
2004 年—2009 年　西南交通大学建筑学学士

工作经历
2015 年至今　成都西南交通大学设计研究院有限公司

个人荣誉
2022 年单位优秀员工

主要设计作品
成都市新都区天元小学
成都市新都区毗河小学
成都市新都区政务服务中心
成都市新都区木兰客家文化聚落
成都双流花田别苑
天宇观澜湖
雅安荥经两河新城一期
邛崃市高铁三期

地址：成都市二环路北一段 111# 西南交通大学创新大厦 5-7 楼
电话：028-87600501
传真：028-87600501
网址：www.jiaodadesign.com
电子邮箱：swjusjy@163.com

交大设计

成都西南交通大学设计研究院有限公司，成立于 1958 年，为西南交通大学全资企业。公司具有铁道行业甲级、建筑行业（建筑工程）甲级、工程勘察（岩土工程）专业甲级、城乡规划编制甲级、市政行业（桥梁工程）专业甲级、市政行业（道路工程）专业甲级、市政行业（给水工程、排水工程）专业乙级、工程测量乙级、风景园林工程设计专项乙级、铁路工程监理甲级、市政公用工程监理甲级、房屋建筑工程监理甲级等资质，并取得了工程咨询单位（建筑、铁路、城市轨道交通、市政公用工程）甲级资信，现已成为高校设计院中唯一涵盖铁路、市政、建筑、规划、勘察、监理等行业资质，有强大的专家团队参与的科技型、创新型综合勘察设计咨询国有独资企业。

刘文睿

职务：成都西南交通大学设计研究院有限公司
项目负责人、主创建筑师

职称：工程师

教育背景

2007 年—2011 年　四川建筑职业技术学院专科

工作经历

2011 年至今　成都西南交通大学设计研究院有限公司

主要设计作品

西南交通大学九里校区茅以升图书馆改造
草科温泉酒店
富顺县客运中心东城货运站
成都万家湾公交场站综合体
汶川县第二幼儿园扩建工程
中国联通四川凉山通信枢纽新建工程
宜宾市蜀南竹海改造项目
遂宁市安居区柔刚街道老旧小区改造
雅安市荥经县政府前区

李敦

职务：成都西南交通大学设计研究院有限公司
院长助理、项目负责人、建筑专业负责人

职称：工程师

教育背景

2001 年—2005 年　西南科技大学城市规划学士

工作经历

2005 年至今　成都西南交通大学设计研究院有限公司

个人荣誉

2019 年单位优秀项目设计团队及项目负责人

主要设计作品

成都市万家湾公交场站综合体
都江堰市 24 小时启用方舱医院改造项目
会东县文化演艺中心
富顺高铁站

许波静

职务：成都西南交通大学设计研究院有限公司
施工图建筑专业负责人

职称：工程师

教育背景

2010 年—2015 年　西安科技大学城市规划学士

工作经历

2019 年至今　成都西南交通大学设计研究院有限公司

个人荣誉

2021 年单位优秀员工

主要设计作品

天宇・观澜湖
四川开放大学青白江校区
草科温泉康养小镇
四川省重点科学大装置多态耦合轨道交通动模试验平台
成都市自来水有限责任公司智慧水务中心

西南交通大学犀浦校区三号教学楼

No. 3 Teaching Building, Xipu Campus, Southwest Jiaotong University

项目业主：西南交通大学
建设地点：四川 成都
建筑功能：教育建筑
用地面积：20 000 平方米
建筑面积：76 000 平方米
设计时间：2016 年—2018 年
项目状态：建成
设计单位：成都西南交通大学设计研究院有限公司

西南交通大学犀浦校区三号教学楼是百年交大建设的最高、最大的综合性教育建筑。项目尊重并立足于校区总体规划，总体布局设计合理。设计一改传统教学楼空间构成制式，以裙房通高中庭为核心打造现代化学习中心，深受师生欢迎。教学楼结合地形，呈围合布置，在增加内外空间的通透性和建筑与周边环境的融合性上做了充分考虑；功能布置以竖向分区；首层设计呼应水景，营造建筑独特的总体环境。

富顺高铁站

Fushun High Speed Railway Station

项目业主：川南城际铁路公司
建设地点：四川 自贡
建筑功能：交通建筑
用地面积：12 480 平方米
建筑面积：8 000 平方米
设计时间：2018 年—2021 年
项目状态：建成
设计单位：成都西南交通大学设计研究院有限公司
合作单位：同济大学建筑设计研究院（集团）有限公司

富顺高铁站设计汲取县内著名景点“富顺文庙”的建筑特点，采用厚重的屋顶与敦实的建筑体量。舒展的屋顶线条寓意着富顺平稳发展的态势。四坡屋顶从中间向四角跌落，勾勒出清晰的屋顶轮廓线，气魄宏伟。站房立面采用文庙前棂星门的建筑形式，简洁有力的竖向立柱支撑，配合疏密有致的木色百叶，以及轻盈通透的候车厅透明玻璃幕墙，营造出意蕴悠长的建筑美感。此外，设计将小篆中的“富”“顺”二字进行抽象提取，分别作为站房两侧出站口及售票口立面上的镂空形式，描绘出一座体现富顺地域特征的现代化车站。

西南交通大学宜宾产教融合实训基地

Yibin Industry Education Integration Training Base of Southwest Jiaotong University

项目业主：西南交通大学
建设地点：四川 宜宾
建筑功能：产教实训基地
用地面积：140 000 平方米
建筑面积：120 000 平方米
设计时间：2020 年—2022 年
项目状态：建成
设计单位：成都西南交通大学设计研究院有限公司

园区按照综合教学区、师生生活区、中心景观区进行总体布局。中央广场正对产研院综合楼，学生宿舍、食堂及风雨操场沿景观主轴西侧布置，研究生院、图书室及国际学院综合楼沿景观主轴东侧布置。培训中心、教师周转房沿江自东向西依次布局。建筑布局沿用了西南交通大学老唐山学院的规划布局特点。场地的西侧集中布置师生生活区和体育运动区。生活区与教学区联系紧密，沟通便捷，缩短了师生上下课行走距离，避免了高峰时段出现拥挤的现象，减轻了校园内部的交通压力。同时园区中间最大限度地进行园林式景观设计，并结合东侧预留建设用地，为整个园区提供了良好的教学、科研及生活环境。

成都曹家巷工人村有机更新

Organic Renewal of Workers' Village in Caojiaxiang, Chengdu

项目业主：成都市政府
建设地点：四川 成都
建筑功能：旧城改造
项目规模：工人村老旧片区涉及有机更新院落 22 个、房屋 51 栋、户数 2 789 户
设计时间：2020 年—2021 年
项目状态：方案
设计单位：成都西南交通大学设计研究院有限公司

项目通过对工人村的有机更新，建设属于本土片区 AAAA 旅游目的地以及金牛区特色片区。单纯改造，可以在一定程度上改善民生，但很难激活整个社区，设计师希望跳出工人村，站在更高的角度看问题。道路系统遵循“步行优先、人车分流”原则，片区内原则上不进车，车辆由马鞍路驶入智慧停车场；着力构建尺度宜人、安全便捷的人车交通体系。同时，项目也在探索长租公寓等创新、适宜片区发展的模式，推进保障性住房建设。

万力

职务：奥意建筑工程设计有限公司副总经理
职称：高级工程师

教育背景

1997 年—2002 年　华中科技大学建筑学学士
2003 年—2005 年　乌珀塔尔大学建筑学硕士

工作经历

2011 年至今　奥意建筑工程设计有限公司

主要设计作品

吉林图书馆
荣获：2013 年世界华人建筑师协会优异奖
深圳市蛇口沿山路宝耀片区二、三、四期
荣获：2014 年深圳市优秀工程勘察设计一等奖
2015 年深圳市原创建筑设计奖铜奖
2015 年深圳市建筑创作奖银奖
2015 年两岸四地建筑设计论坛及大奖银奖
上海联影高端医疗影像设备生产及示范基地
荣获：2014 年深圳市建筑工程施工图编制质量铜奖
2016 年深圳市建筑创作奖银奖
2017 年中国建筑学会优秀工业建筑设计三等奖
金立科技大厦
荣获：2017 年深圳市建筑创作奖二等奖
深圳市南和城市更新
荣获：2017 年深圳市建筑创作奖二等奖

张连鹏

职务：奥意建筑工程设计有限公司
第一建筑工作室主持建筑师
职称：工程师

教育背景

2005 年—2010 年　合肥工业大学建筑学学士

工作经历

2012 年至今　奥意建筑工程设计有限公司

主要设计作品

上海联影高端医疗影像设备生产及示范基地
荣获：2014 年深圳市建筑工程施工图编制质量铜奖
2016 年深圳市建筑创作奖银奖
2017 年中国建筑学会优秀工业建筑设计三等奖
深圳市第十一中学
荣获：2019 年广东省建筑设计奖建筑方案三等奖
2019 年两岸四地建筑设计大奖卓越奖
2020 年深圳市优秀工程勘察设计三等奖
深圳市第十三高级中学
荣获：2020 年全国绿色建筑设计竞赛优秀奖

王岚兮

职务：奥意建筑工程设计有限公司
第一建筑工作室总建筑师
职称：高级工程师
执业资格：国家一级注册建筑师

教育背景

2000 年—2005 年　西安建筑科技大学建筑学学士

工作经历

2005 年至今　奥意建筑工程设计有限公司

主要设计作品

深圳山语清晖花园（一、二期）
荣获：2016 年深圳市优秀工程勘察设计一等奖
东莞振兴中心大厦
荣获：2017 年深圳市建筑创作奖铜奖
深圳博今商务广场
荣获：2022 年深圳市优秀工程勘察设计一等奖
大疆创新科技厂房
深圳市福田区公办幼儿园
荣获：2022 年深圳市优秀工程勘察设计二等奖

地址：深圳市福田区华发北路 30 号
电话：0755-83006666
传真：0755-83005666
网址：www.ae-design.cn
电子邮箱：office@ae-design.cn

奥意建筑工程设计有限公司（简称 A+E 奥意建筑），原为成立于 1983 年的深圳市电子院设计有限公司，是国投集团中国电子院控股子公司。

A+E 奥意建筑聚焦粤港澳大湾区，完成各类电子工程、建筑工程设计和项目管理超过 3 亿平方米；荣获国家级金奖、银奖、科技进步奖和省部、市级等各类优秀设计奖 700 多项；主编、参编国家规范、标准 20 余项；坚持“专业化、一体化、数字化”的发展策略，拥有近 800 名优秀员工，汇聚了多名享受国务院特殊津贴专家、省级超限高层建筑审查专家等业内领军人才。A+E 奥意建筑秉承“慧筑城市，绘筑梦想”的企业愿景，坚持“工业 + 民用”双驱并进，聚焦先进电子信息产业和智慧城市建设领域，为客户提供从项目咨询到全过程工程设计的综合解决方案，通过持续领先的专业技术和卓越服务，创造优质智慧城市空间，助力产业高质量发展。

深圳市蛇口沿山路宝耀片区更新单元二期

Shenzhen Shekou Yanshan Road Baoyao Area Renewal Unit Phase II

项目业主：深圳市招商创业有限公司
建设地点：广东 深圳
建筑功能：工业建筑、配套设施
用地面积：17 243 平方米
建筑面积：58 110 平方米
设计时间：2011 年
项目状态：建成
设计单位：奥意建筑工程设计有限公司

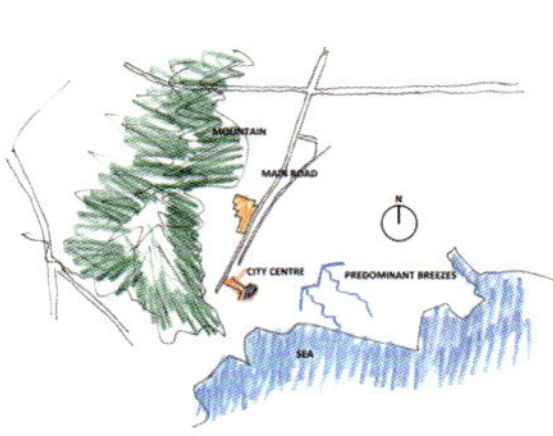

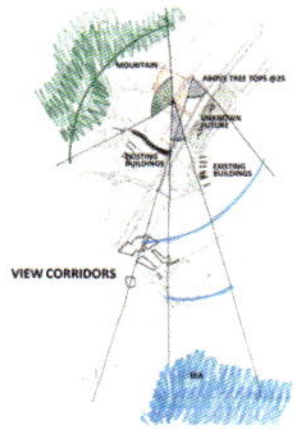

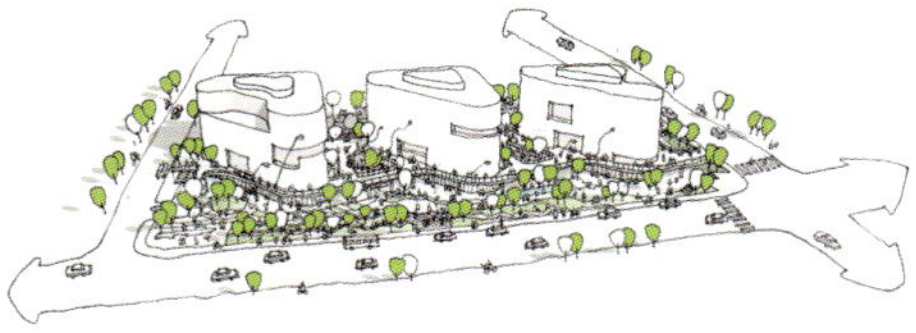

项目规划布局将 3 栋三角形塔楼平行布置，打破原有旧厂房的矩阵布局，通过新的城市肌理为蛇口注入新的活力。

为工业区提供令人驻足的空间。通过由工业五路延伸出来的平台串联建筑群体，同时解决了场地高差问题；平台之上，是回馈城市的公共开放空间；平台之下，为城市提供配套及绿化服务，成为活力灰空间。场地面向城市完全开放，模糊了城市景观与建筑景观的边界，以此表达蛇口新产业开放的态度。

为网谷提供升级版的企业空间。3 栋塔楼彼此之间形成内部庭院，改善了企业的办公环境，创造了宜人的交流空间。相同的建筑母题元素在秩序中求变化，从而达到极富视觉感染力的艺术效果，诠释了“蛇口网谷”的时代意义。

上海联影高端医疗影像设备生产及示范基地

Shanghai Lianying High End Medical Imaging Equipment Production and Demonstration Base

项目业主：上海联影医疗科技有限公司
建设地点：上海
建筑功能：工业建筑
用地面积：66 439 平方米
建筑面积：119 797 平方米
设计时间：2011 年—2012 年
项目状态：建成
设计单位：奥意建筑工程设计有限公司

项目规划立足于创造工业园区新生活，突出以人为本的理念。通过对园区各功能的分析，方案中的三个地块分别布置了生产研发、办公、居住后勤等建筑功能。

方案以河流为景观中心，在基地三个地块的交汇处设计了一道环廊。漂浮的环廊跨过河道以纽带的形式连接三个地块，各方人流不再受河道限制。通过环廊员工可以便捷地到达园区任何位置，另外环廊本身作为休闲、交流的公共空间，员工可以在其上散步慢跑、喝茶谈话、欣赏风景，能进行各种活动，为园区带来了活力。在围绕环廊的周边河道，布置了休闲景观步道，提供公园式的活动场地，为员工的工作生活创造舒适的环境。

联影医疗武汉总部基地

Lianying Medical Wuhan Headquarters Base

项目业主：武汉联影医疗科技有限公司
建设地点：湖北 武汉
建筑功能：工业建筑
用地面积：96 937 平方米
建筑面积：177 829 平方米
设计时间：2017 年—2019 年
项目状态：建成
设计单位：奥意建筑工程设计有限公司

建筑形象简洁、大气。生产综合大楼、生产主体大楼（二期）、生活配套大楼三者呈“品”字形布局，满足各区需求的同时让整个园区形成一个完整的生产和生活体系，实现生产、研发、生活之间的高效运行。

建筑风格体现了科技型工业建筑风采，大气、简约、优美、清新，充分展现高科技产业园区的文化内涵和现代化气息。在建筑材料和设计细节上体现出项目的高品质要求 。生产部分大楼采用铝板幕墙系统，研发部分采用智能 U 玻双层表皮系统，打造绿色、智能和人文的工业建筑，为使用者提供全新标准的生产环境，并改变传统工业园区呆板的形象，力求成为科技型工业园区典范。

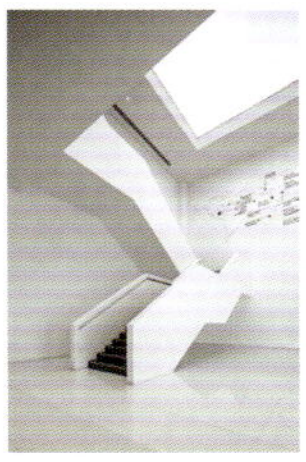

深圳市第十三高级中学

Shenzhen 13th Senior High School

项目业主：深圳市工务署
建设地点：广东 深圳
建筑功能：教育建筑
用地面积：87 085 平方米
建筑面积：109 696 平方米
设计时间：2020 年—2021 年
项目状态：建成
设计单位：奥意建筑工程设计有限公司

项目是深圳市政府重点规划建设的全寄宿制公办高中，包括教学楼、多功能报告厅、航天科技体验馆、图书馆、体育馆、师生食堂、学生宿舍、教师公寓等建筑功能。

项目原始地形为中间狭窄用地所连接的南北两地块，最大高差接近 30 米。校园空间规划顺应地形，将分布在不同标高地段的公共功能区、教学区、生活区和运动区有机地联系起来。

活力带将展示、交流、演讲、讨论、阅读、学习融于一体，结合绿化景观和庭院空间形成一条多功能、开放的交流共享活力轴线。庭院、连廊、广场等公共空间为学习、生活、交流提供了一个有机的容器。这里是激发思想交流、分享互动和创造发明的平台。趣味在这里发生，知识在这里得到延续，人才在这里成长。

深圳博今商务广场

Shenzhen Bojin Business Plaza

项目业主：深圳市大汉王置业有限公司
建设地点：广东 深圳
建筑功能：商业、办公、科研建筑
用地面积：13 788 平方米
建筑面积：158 550 平方米
设计时间：2013 年—2015 年
项目状态：建成
设计单位：奥意建筑工程设计有限公司
合作单位：V×3 Architects. Strategists. Urban Design

项目是一座城市产业更新建筑，建筑功能复杂，体量大。在建筑布局上，双塔布置最大化塔楼间距，减少对视影响；利用周围景观资源提升研发空间价值。

裙楼底层架空，在裙楼边界设置骑楼空间，从地面至裙楼屋顶设置多层级公共空间，室内外互相渗透，既为公共空间提供遮蔽，又为配套产业提高人气，增加价值，塑造人性化、延续性的城市开放空间系统。

塔楼采用方形体量，提高空间使用效率，力求创造具有高品质的经典建筑形象。立面以垂直线条为主，构件采用模数化设计。顶部展厅利用退进设计形成变化，增强建筑标识性。材料采用高品质玻璃幕墙、石材与金属，现代简约，在形象化、经济性、可持续性发展等方面都得以优化。

席宏伟

职务：北京市建筑设计研究院有限公司
第五建筑设计院建筑一所副所长
职称：高级工程师
执业资格：国家一级注册建筑师

教育背景
2001 年—2006 年　河北建筑工程学院建筑学学士

工作经历
2006 年—2011 年　中国城市建设研究院有限公司
2011 年—2015 年　北京容观国际建筑设计有限公司
2015 年至今　北京市建筑设计研究院有限公司

个人荣誉
2021 年 BIAD 优秀青年设计师

主要设计作品
龙湖地产・高碑店列车新城
荣获：2021 年北京市优秀工程勘察设计二等奖
北京首开保利・熙悦林语
北京凯文国际学校
北京龙湖亦庄天街
新首钢国际人才社区地块
琼海官塘水郡居住区
菏泽科技产业园
榆林市科创新城凤城九号小区

BIAD 北京市建筑设计研究院有限公司
BEIJING INSTITUTE OF ARCHITECTURAL DESIGN

北京市建筑设计研究院有限公司第五建筑设计院（以下简称第五建筑设计院）是北京市建筑设计研究院有限公司直属的大型设计院，秉承“开放、包容、合作、共赢”的理念，凝聚了多层级、多领域的优秀设计人才近 200 人，涵盖策划、规划、建筑、结构、设备、电气、室内、经济等专业。

第五建筑设计院在医疗养老、数据中心、城市综合体、总部及园区办公、酒店、人居、教育、城市设计、特色小镇等多个领域有所建树，并以建筑、结构、机电三大中心为核心，拓展了前期策划及可研分析、规划设计、室内设计、结构机电咨询、经济咨询、建筑数字设计等全产业链条，为建设方提供更加完善便捷的服务。“客户导向，产品导向”引导第五建筑设计院不断改进设计管理，通过“营销—运营—技术”的分工协作模式以及不断更新的设计与管理的信息化手段，推动产品和设计流程的不断优化。

顺应北京市建筑设计研究院有限公司做“国际一流建筑设计科创企业”的发展战略，第五建筑设计院直面行业发展对设计团队提出的要求与挑战，不断更新自我，持续打造智慧、开放的平台型设计团队。

地址：北京市西城区骡马市大街 8 号
泰和国际大厦 8 层
电话：010-88045688、57366333
传真：010-57366332
网址：www.biad.com.cn
电子邮箱：biadtsh-sw@vip.sina.com

李衡

职务： 北京市建筑设计研究院有限公司
第五建筑设计院创研中心设计总监
职称： 高级工程师
执业资格： 国家一级注册建筑师

教育背景

2001 年—2008 年　天津大学建筑学学士、硕士

工作经历

2008 年—2017 年　北京市建筑设计研究院有限公司
2017 年—2018 年　北京邑匠建筑设计有限公司
2018 年至今　北京市建筑设计研究院有限公司

主要设计作品

北京航空航天大学北区学生集体宿舍、食堂及物业用房
荣获：2021 年北京市优秀工程勘察设计三等奖
中国有色工程有限公司科研办公楼
荣获：2019 年全国优秀工程勘察设计一等奖
2019 年北京市优秀工程勘察设计二等奖
北京航空航天大学南区科技楼
荣获：2017 年全国优秀工程勘察设计一等奖
2017 年北京市优秀工程勘察设计一等奖
2016 年工程建设项目优秀设计成果二等奖
北京民用飞机技术研究中心 101 号科研办公楼
荣获：2015 年北京市优秀工程设计三等奖
北京日化二厂厂区改造
德阳数字小镇概念规划
昆明滇池南湾
苏州空天动力研究院
中国联通雄安互联网产业园
北京市京西“一线四矿”项目

主要设计作品

综合类项目
北京新航城临空经济总部园
天津旺海广场
大族广场
蓝色港湾
银河 SOHO
新中关
鸿坤理想城商业中心
大兴创依荟商业中心
鄂尔多斯亿利城
大兴临空区国际航空总部园
长沙五矿广场
德阳数字小镇

办公类项目
南海子体育公园产业园区
北京经济技术开发区科技园 BDA 国际企业大道
亚信联创研发中心
济南浪潮科技园
丽泽 SOHO
荣华国际中心

医院类项目
中国医学科学院阜外医院深圳医院三期
深圳市孙逸仙心血管医院二期
北京首都儿科研究所附属儿童医院通州院区
小汤山医院
雄安宣武医院
首都医科大学宣武医院
中国医学科学院北京协和医院
北京天坛医院
达美颐养中心
国寿健康公园

酒店类项目
大连鲁能四季酒店
北戴河华贸喜来登酒店
长白山万达假日酒店
北海银滩皇冠假日酒店
崇礼翠云山皇冠假日 & 智选酒店
平谷御马坊希尔顿逸林 & 花园酒店
郑州阳光城希尔顿花园酒店
桂林万达文华 & 嘉华酒店
四川自贡希尔顿酒店

人居类项目
高碑店·列车新城
新首钢国际人才社区
保利首创旧宫
天津旺海公馆
华瀚国际公寓
西山壹号院
百旺杏林湾
沧州天成·熙园·名著
威海财信保利名著
廊坊金融街金悦府

文教类项目
北京凯文国际学校
北大附中朝阳未来学校
人大附中初中部
北京信息科技大学新校区
中央党校（国家行政学院）大有书馆
中央党校（国家行政学院）南校区会议中心、报告厅改造工程
保定“三校一基地”项目

文旅项目
融创江心岛概念规划及首开区建筑设计
融创抚仙湖概念规划
橄榄坝傣族水乡特色小镇核心游憩商业区
长白山万达国际旅游度假区商业街
崇礼太舞四季文化旅游度假区
崇礼太舞度假酒店公寓雪皓居
新雪国一期公寓

数据中心
中国建设银行内蒙古和林格尔新区数据中心
万国数据浦江镇智能云服务大数据产业园
智能科技云计算数据中心
智慧产业融合与创新云计算数据中心
通州网络安全技术研发及应用平台厂房及配套设施
智能创新产业云计算数据中心

中国医学科学院阜外医院深圳医院二期

Chinese Academy of Medical Sciences Fuwai Hospital Shenzhen Hospital Phase III

项目业主：深圳市建筑工务署
建设地点：广东 深圳
建筑功能：医疗建筑
用地面积：176 060 平方米
建筑面积：13 220 平方米
设计时间：2021 年—2022 年
项目状态：在建
设计单位：北京市建筑设计研究院有限公司
第五建筑设计院
合作单位：柏瑞云上（深圳）设计有限公司

中国医学科学院阜外医院深圳医院是深圳市唯一一所市属的集医疗、科研、教学、保健和预防为一体的公立心血管病专科医院。通过三期建设，医院将成为现代化、国际化、智慧化的立足深圳、服务粤港澳大湾区、辐射东南亚，国际先进、国内一流的高水平心血管病诊疗中心、临床医学研究中心和重点疾病防治中心。三期项目可容纳床位数850个，由南、北住院塔楼及共享医技设施的医疗裙楼组成。建筑高度为99.3米，地上21层、地下4层。

设计从场地条件出发，结合医院特色，以“心系自然，守护自然”为设计主题，在有限的用地空间内最大限度地引入自然景观，打破室内外空间界限，创造亲近自然、与环境共生的现代生态医院。

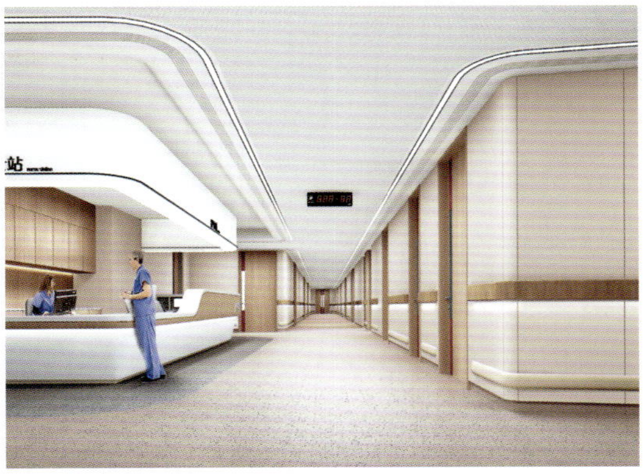

国家盐碱地综合利用技术创新中心

National Center for Technological Innovation in Comprehensive Utilization of Saline Alkali Land

项目业主：山东盐碱地现代农业有限责任公司
建设地点：山东 东营
建筑功能：办公、科研、会展、酒店建筑
总用地面积：158 279 平方米（东地块 84 398 平方米、西地块 73 881 平方米）
总建筑面积：234 245 平方米
其中东地块：124 797 平方米
西地块：109 448 平方米
设计时间：2022 年—2023 年
项目状态：投标方案
设计单位：北京市建筑设计研究院有限公司第五建筑设计院

项目位于山东省东营市黄河三角洲农业高新区内，是一座由国内多个顶尖盐碱地治理科研机构共同组成的国家级盐碱地综合利用技术创新基地。项目由科研用房（科研、办公功能）和辅助用房（会议、展览、酒店功能）两部分组成，分别位于基地东、西两个地块。

设计以“黄河之环”为愿景，提出绿色自然、休闲运动、科学社交几大理念，通过在用地内布置“科学环、社交环、核心主楼”等建筑体量，形成主轴线。设计加强科研创新、科研展示功能的共享交流空间，最大限度地促进基地内多家科研机构的交流与协调，促进科研单位与社会的互动与沟通，打造国内一流、国际先进的科创示范标杆项目。

南京银行股份有限公司北京分行大楼装修改造

Decoration and Renovation of the Beijing Branch Building of Nanjing Bank Co., Ltd.

项目业主：南京银行股份有限公司北京分行
建设地点：北京
建筑功能：办公建筑
用地面积：3 553 平方米
建筑面积：16 728 平方米
设计时间：2018 年—2021 年
项目状态：在建
设计单位：北京市建筑设计研究院有限公司第五建筑设计院

项目地处北京中轴线保护规划控制范围内，规划要求不得大面积拆改结构、不得突破原有建筑轮廓和高度，同时要融入前门大街历史街区风貌。因此，在外部改造中采用了如下策略。①优化城市形象：将琐碎的立面细部整理优化，形成庄重大气、现代典雅的立面造型。②营造城市空间：面向城市道路的建筑首层打造灰空间，梳理现状场地内零散构筑物，整体提升品质。

此外，现状内部格局条件较差。原建筑功能为商场，平面进深大，且标准层层高仅为 3.4 米。因此，在内部改造中设计师采用了如下策略。①入口位置优化：避开北侧现有风井天桥，将主入口挪至正南和东北角，以获得相对开阔的入口空间。②功能最优布局：将层高较高的 1~3 层作为营业厅和员工配套，层高较低的 4~6 层作为开敞办公空间。③中庭打造：在 4~6 层局部挑空楼板形成内部小中庭，有效改善采光通风条件，缓解压抑感。

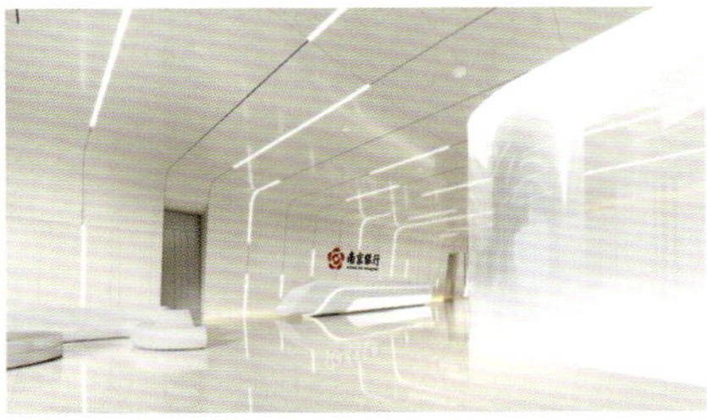

北重科技文化产业园一期

Phase I of Beizhong Science and Technology Cultural Industrial Park

项目业主：北京重型电机厂有限责任公司
建设地点：北京
建筑功能：办公建筑
用地面积：98 840 平方米
建筑面积：76 152 平方米
设计时间：2021 年—2022 年
项目状态：在建
设计单位：北京市建筑设计研究院有限公司第五建筑设计院

项目采用用“复合型产业生态圈”新模式为城市创建集高端制造、科技、文化、商业于一体的城市生活体验区，是北京市第一个落地的建筑师负责制试点项目。

项目为典型的以工业遗存为基底的城市更新项目，在加大产业引领、落实高品质建设原则的指引下，提出保留主要工业遗存、拆除零散既有建筑的改造方案，在提升环境品质的同时释放了低效建筑面积。在项目推进过程中，重点探讨以设计牵头的建筑全生命周期的管理与服务，主张权责对等、合理取酬以及完善建筑师信用评价、职业保险、教育培训等配套制度的建设，体现建筑师负责制在建筑行业高质量发展中的积极作用。

榆林市科创新城凤城九号小区

Fengcheng No. 9 Community, Science and Technology Innovation New City, Yulin City

项目业主：榆林市凤城房地产开发有限公司
建设地点：陕西 榆林
建筑功能：居住建筑
用地面积：68 000 平方米
建筑面积：200 000 平方米
设计时间：2022 年—2023 年
项目状态：在建
设计单位：北京市建筑设计研究院有限公司第五建筑设计院

项目位于榆林市科创新城东部，地处科创新城与高新开发区交界处。科创新城是服务于榆林能源产业升级的现代化智慧新区，被定位为“创新发展引领区、能源革命示范区、生态智慧宜业城”。基地位于科创新城生活服务区，属于片区门户位置，拥有绝佳的地理环境。

总规划包括 16 栋高层住宅楼，它们围合成南北三个院落组团。东侧沿街布置商业与住宅贴建，北侧设置三层社区服务用房及商业。建筑布局平衡自身与场地公共空间关系，最大限度地使建筑主体保持南北朝向，确保建筑主体的自然采光和通风。结合立面层次分明的处理，南北通透的板式户型及其组合，有利于组织场地通风和户型内空气流通，有助于改善和提高室内空气质量和舒适度。

徐钦

职务：湖南省交通规划勘察设计院有限公司建筑设计院总工程师

职称：正高级工程师

执业资格：国家一级注册建筑师

教育背景

1999 年—2004 年　中南大学建筑学学士

工作经历

2004 年至今　湖南省交通规划勘察设计院有限公司

个人荣誉

2017 年湖南省交通运输行业“芙蓉百岗明星”

主要设计作品

湖南省平江至益阳高速公路汨罗服务区
荣获：2023 年法国 DNA 巴黎设计奖建筑类别大奖
凤凰县易地扶贫搬迁禾库镇安置区
荣获：2022 年湖南省优秀工程勘察设计二等奖
吉首美术馆
荣获：2021 年全国优秀工程勘察设计二等奖
2020 年湖南省优秀工程勘察设计一等奖
2022 年全国交旅融合创新项目
悬浮・树亭（湖南省凤凰磁浮文化旅游项目古城揽胜站）
荣获：2020 年首届全国绿色建筑设计竞赛优秀奖
2019 年首届湖南省绿色建筑设计竞赛银奖
汨罗客运总站
荣获：2022 年中国公路交通优秀工程设计三等奖
怀化客运枢纽汽车站
荣获：2020 年中国公路交通优秀设计二等奖
2016 年湖南省优秀工程咨询成果二等奖
湘潭荷塘综合客运枢纽站
荣获：2018 年湖南省优秀工程咨询成果二等奖
凤凰县风、雪、雨、雾桥
荣获：2017 年湖南省优秀工程勘察设计三等奖
长沙燕坡汽车站
荣获：2016 年中国公路交通优秀设计三等奖
湖南省交通科学研究院有限公司试验检测研发中心
湖南省平江（湘赣界）至伍市至益阳高速公路房建工程
湘阴虞公港一期
长沙港铜官港区二期工程陆域项目
永州市园林局片区安置小区
永顺文旅综合体暨五星级酒店
湖南财政经济学院新建学生公寓 16、17 栋建设项目
湖南海驿智能物流中心一期
宁韶高速公路项目房建工程
隆回县第一（紫阳）芙蓉学校建设项目全过程咨询
隆回大健康产业园
郧阳云盖寺绿松石国家矿山公园一期绿松石博物馆
衡阳中心汽车站
武广高铁王江汽车站

学术研究成果

1. 湖南省交通运输厅科技创新项目：“新发展理念下高速公路服务区适宜性技术研究”；
2. 地方标准：《高速公路服务区设计规范》《高速公路服务区服务管理规范》《汽车客运站建设管理导则》《乡镇运输服务站和城乡客运首末站建设指引》《160km/h 短定子磁浮交通设计技术要求》《湖南省绿色建筑工程设计要点》（2021 年版）《湖南省绿色建筑工程审查要点》（2021 年版）《湖南省高速公路服务区公共卫生间建设指南》；
3. 软著：智能识别的交通规划资料收集系统、湖南省综合交通规划管理平台、高速公路服务区规模计算器、项目管理数据云平台；
4. 专著：《湖南省普通国省道勘察设计手册》；
5. 专利：高速公路标准收费站综合楼、一种盥洗池废水利用系统、一种大跨网壳仓储结构。

湖南建投

湖南省交通规划勘察设计院有限公司

HUNAN PROVINCIAL COMMUNICATIONS PLANNING, SURVEY & DESIGN INSTITUTE CO., LTD.

建筑设计院公众号

湖南省交通规划勘察设计院有限公司（以下简称公司）成立于 1960 年，是具有对外经济合作经营资格的国家甲级综合大型勘察设计企业、湖南省高新技术企业，现为湖南建设投资集团旗下企业，入围全国工程勘察设计企业百强榜单和中国建设系统综合实力企业百强榜单。

公司具备策划咨询、规划研究、勘察设计、项目管理、运营管理等全过程综合服务能力；业务涵盖交通与城乡规划、公路、水运、市政、轨道、建筑、水利环保、工程勘察、试验检测、全过程咨询等核心板块，遍及全国，涉足多个国家和地区。

公司持有国家工程勘察综合类、公路全行业、水运全行业、市政行业(含道路工程、桥梁工程、城市隧道工程、公共交通工程、轨道交通工程)、建筑行业(建筑工程)、风景园林专项、环境工程专项等甲级勘察设计资质及国家工程咨询、城乡规划、工程测量、试验检测、地质灾害防治等甲级资质及资信。

公司秉承“让世界更畅通，让我们更优秀”的企业使命，坚守“为社会作贡献、为股东增权益、为客户创价值、为企业求发展、为员工谋幸福”的核心价值观，致力于实现“成为国内领先、国际知名的综合型工程技术集成服务商”的企业愿景。公司全体员工衷心希望与国内外朋友合作交流，精心绘通天下，共创美好未来！

交通设计院公众号

地址：湖南省长沙市望城区月亮岛路一段 598 号
电话：0731-84367012
传真：0731-84367001
网址：www.hnjtsjy.com
电子邮箱：hnjtsjy@hnjtsjy.com

湖南省平江至益阳高速公路汨罗服务区

Miluo Service Area of Pingjiang Yiyang Expressway in Hunan Province

项目业主：湖南省平益高速公路建设开发有限公司　建设地点：湖南 岳阳

建筑功能：交通建筑　用地面积：119 156 平方米

建筑面积：11 003 平方米（其中综合楼：4 797 平方米）

设计时间：2020 年—2022 年

项目状态：建成

设计单位：湖南省交通规划勘察设计院有限公司

主创设计：徐钦、石东浩、朱武双

设计团队：付惠成、郝子娟、邱凌、龚凯、张国顺、田三平、王凯军、陈珊、丁敏、周曦、黄泽斌、王奇文、周清波、李爱民、姜菲菲、胥灿辉、李俊纯、文彦人、刘洋、冯再明

项目位于湖南省平江至益阳高速公路桩号为 K108 的汨罗服务区，是湖南省打造的首个屈原非遗文化主题服务区。汨罗服务区位于龙舟故里汨罗，分为南北两区，其中北区综合楼包含停车加油、餐饮如厕、娱乐休闲、特色商业等功能。项目将龙舟文化融入地景建筑，在满足高速公路用路者需求的同时，为汨罗市民路地共享提供服务综合体。

汨罗服务区的设计实践意在通过梳理人与环境、场所、文化之间的需求与互动关系，将基础性空间向复合型空间转变，探索一种共生、共享、共情之状态。

共生——界限模糊：通过斜坡面打破竖向上对于水平空间的约束，构建远（水面）与近（服务区）相结合的景观共同体。

共享——场所融合：路衍（路衍经济）、城延（城郊公园）的路地一体化。

共情——时空体验：基于龙舟的拟态空间引导对于非遗文化的感知，形成历史延续性。

湖南省平江至益阳高速公路长寿服务区

Changshou Service Area of Pingjiang Yiyang Expressway in Hunan Province

项目业主：湖南省平益高速公路建设开发有限公司

建设地点：湖南 岳阳

建筑功能：交通建筑

用地面积：95 292 平方米

建筑面积：12 136 平方米（其中综合楼：4 116 平方米）

设计时间：2020 年—2022 年

项目状态：建成

设计单位：湖南省交通规划勘察设计院有限公司

主创设计：石东浩、徐钦、付惠成

设计团队：郝子娟、邱凌、胡君成、董明、张国顺、粟宇佥、王凯军、莫非、田三平、周曦、黄泽斌、王奇文、周清波、杨颖、胥灿辉、李俊纯、姜菲菲、李爱民、文彦人、刘洋、崔海婷、冯再明

项目位于平江县长寿镇，是外省车辆入湘的第一个休息驿站。长寿服务区分为东西两区，作为平益高速公路的配套设施，有着其绝对的交通属性及在地环境特征。设计团队因地制宜，从环境、场景、功能等方面体现其价值。

环境——映：山映斜阳天接水，通过空间的体块削切、错缝组合，建筑如同从当地典型特色地貌的白色丹霞群落环境衍生的砾岩一般，因山得势，借石言情，构筑与环境相映衬的“丹霞夹明月，华星出云间”之意境。

场景——吟：建筑错列的体块及缝隙形成了峡谷空间中不断变幻的光影和风吟，给往来过客营造一个可以“风乎舞雩，咏而归”的场所。

功能——迎：建筑以“九嶷缤兮并迎”的造型，提供经营、展示、如厕等服务，摆脱了服务区作为高速公路的配套空间的封闭性印象，为司乘人员感受所在空间的地域特色提供引导，并为路地共享、交旅融合提供衔接，实现“灵之来兮如云”。

湖南省交通科学研究院有限公司试验检测研发中心

Hunan Provincial Transportation Science Research Institute Co., Ltd. Test and Testing R&D Center

项目业主：湖南省交通科学研究院有限公司
建设地点：湖南 长沙
建筑功能：办公建筑
用地面积：15 484 平方米
建筑面积：39 555 平方米
设计时间：2019 年—2021 年
项目状态：建成
设计单位：湖南省交通规划勘察设计院有限公司
主创设计：徐钦、石东浩、杜钊
设计团队：胡君成、雷湘闵、陈珊、姜菲菲、谢细亮、谭智斌、周曦、李俊纯、刘洋、郭庆、伍晨

项目作为长沙“强省会”战略重大项目之一，定位为全新智慧楼宇标杆工程，集企业办公、科研实验等功能于一体。设计范围涉及绿色建筑设计、装配式结构设计、海绵城市设计、BIM 信息化模型设计等多个专项工程。设计从城市角度出发，“借外景，塑内景”，运用轻盈的玻璃表皮材质，使整个体块通过“L”形元素的穿插对比来突出现代感；综合运用点、线、面、体等造型元素，形成有节奏的韵律感；大面积玻璃幕墙则采用明快通透的分割形式，与周边环境互相渗透。设计突出现代建筑风格，塑造大气典雅的建筑形象，在突出自身特点的同时注重环境协调，追求线条感和力度，体现现代建筑的时代精神。

湘阴虞公港一期

Xiangyin Yugonggang Phase I

项目业主：湖南省虞公港建设投资有限公司
建设地点：湖南 岳阳
建筑功能：办公建筑
用地面积：19 390 平方米
建筑面积：12 677 平方米
设计时间：2023 年
项目状态：在建
设计单位：湖南省交通规划勘察设计院有限公司
主创设计：徐钦、李爱民、刘洋
设计团队：石东浩、姜菲菲、冯再明、杜钊、雷湘闵、张国顺、王志波、刘思缘、何继运、尹攀、周曦、樊欣钰

虞公港位于湖南湘江新区湘阴片区，湘江与资水在此汇聚，奔涌向洞庭湖，直入长江，是湖南省地理条件较优越的内河港口。项目设计以港口扬帆起航的未来方舟为设计理念，营造出“一叶扁舟凌碧波”的传统意境。

瞰江——瞰虞公蝶变之貌，眺江水碧波之势：通过顺势而起、迎风起帆的形体，呈瞰江之势，屋顶展厅空间采用框景手法，将碧波江水收入“画框”之中，描绘中国山水画的意境。

绘境——塑张帆远航之意，绘新港未来之境：建筑形体取“帆舟”的神态，浮于碧波港口，寓意远眺城市发展的窗口，仿佛驶向未来的方舟。

聚气——聚场域核心之气，呈自然共生之态：设计尝试以微介入的方式融入环境，建筑体量由港口水域的曲形水岸线切出内凹的形体，建筑与水域呈环抱之势，以水域为中心的建筑景观运用向心布局，凝聚场域核心之气，与自然环境呈共生之态。

湖南省凤凰磁浮文化旅游项目古城揽胜站

Hunan Fenghuang Maglev Cultural Tourism Project Ancient City Range Rover Station

项目业主：凤凰磁浮文化旅游有限责任公司
建设地点：湖南 湘西
建筑功能：交通建筑
用地面积：6 800 平方米
建筑面积：4 152 平方米
设计时间：2019 年—2021 年
项目状态：方案
设计单位：湖南省交通规划勘察设计院有限公司
主创设计：石东浩、徐钦、刘洋
设计团队：付惠成、王健、雷湘闵、张国顺、姜菲菲、李爱民、冯再明

项目位于湖南湘西自治州凤凰县，是全国首个“磁浮＋文旅”的磁浮观光项目。该观光项目利用磁浮交通灵活的技术性能，依山就势，伴沱江而行，与古城相望，通过生态选线串联高铁站、城北游客站、古城揽胜站和民俗园站。绿建设计以古城揽胜站为例，该站位于凤凰塘坳山南麓、沱江北岸，是仰攀苗山、俯瞰边城的观景车站。设计以“悬浮・树亭”为主题，采用“借绿、筑绿、融绿、寻绿”的策略，使建筑于山水之间亭亭玉立，借绿融景、因时生境，营造宜旅的情境体验。

借绿：以避开敏感地段的生态选线、占天不占地的吊脚架空营造最小干涉、最佳景观的原生态绿色环境。

筑绿：以适应地形的错列单元、对话环境的坡顶斜阶、呼应气候的细节构造打造可持续被动式绿色建筑。

融绿：以内外交融、吐纳有节的开放形态营造主动适应时序波动的绿色空间。

寻绿：以立交路径、多维视点的宜旅场所让游客体验到健康态的绿色情感。

徐建卓

职务：江苏龙腾工程设计股份有限公司
绿色建筑设计院院长
职称：高级建筑师
执业资格：国家一级注册建筑师
注册一级防护工程师

教育背景
2004 年—2009 年　河南城建学院建筑学学士
2009 年—2012 年　南京工业大学建筑学硕士

工作经历
2013 年至今　江苏龙腾工程设计股份有限公司

主要设计作品
西花岗西地块保障房 E 地块基底社区中心
荣获：2020 年南京市优秀工程勘察设计二等奖
仙林湖社区服务中心
荣获：2020 年江苏省优秀工程勘察设计三等奖
2020 年江苏省优秀建筑设计三等奖
2020 年南京市优秀工程勘察设计三等奖
南京外国语仙林分校江宁紫东学校
荣获：2021 年南京市优秀工程勘察设计二等奖
2021 年江苏省优秀工程勘察设计表扬奖
沿江 150 亩经济适用房（拆迁安置房项目）
荣获：2021 年江苏省优秀工程勘察设计二等奖

张天明

职务：江苏龙腾工程设计股份有限公司
建筑产业现代化设计院副院长
职称：高级工程师

教育背景
2006 年—2010 年　南华大学建筑学学士

工作经历
2017 年至今　江苏龙腾工程设计股份有限公司

主要设计作品
南京软件园研发总部基地一期
荣获：2020 年江苏省土木建筑学会建筑创作奖三等奖
康管家 -BOX
荣获：2020 年江苏省优秀工程勘察设计三等奖
六合经济开发区科创园一期
荣获：2021 年南京市优秀工程勘察设计三等奖
六合新城茉湖第一幼儿园
荣获：2022 年江苏省优秀工程勘察设计三等奖

谌宏伟

职务：江苏龙腾工程设计股份有限公司主创设计师
职称：高级建筑师
执业资格：国家一级注册建筑师

教育背景
2006 年—2011 年　燕山大学建筑学学士

工作经历
2017 年至今　江苏龙腾工程设计股份有限公司

主要设计作品
新余市抱石学校
荣获：2021 年江西省第二届 BIM 大赛二等奖
六合经济开发区科创园一期
荣获：2022 年江苏省优秀工程勘察设计二等奖
六合新城茉湖第一幼儿园
荣获：2022 年江苏省优秀工程勘察设计三等奖
南京沿江街道天华东路幼儿园
荣获：2022 年江苏省优秀工程勘察设计二等奖

江苏龙腾工程设计股份有限公司
JIANGSULONG-LEAPING ENGINEERING DESIGN CO., LTD.

江苏龙腾工程设计股份有限公司（以下简称龙腾设计），创建于 1985 年，2003 年经历企业改制，2012 年认定为国家高新技术企业，2017 年正式挂牌新三板，同年进入创新层，2020 年入选住房城乡建设部国家装配式建筑产业基地（设计研发类），是一家学习型、知识型、创新型的工程设计企业，是江苏省第一批全过程工程咨询和 EPC 试点企业。

龙腾设计总部设在南京，已在上海、四川、江西、贵州、河北、安徽、江苏等地设立分公司，在全国范围内提供基于大数据、虚拟现实等先进技术和创新理念的人居环境设计，业务涵盖规划建筑、市政交通、电力能源、水利生态环境、风景园林设计，同步开展 EPC 和全过程工程咨询。龙腾设计深耕装配式建筑、绿色建筑、环境治理、数字设计、绿色电力等优势领域，位列中国民营设计企业绿色建筑设计专业领先企业第一名、建筑工业化专业领先企业第二名、环境工程专业领先企业第二名、教育建筑专业第四名、BIM 设计专业领先企业第五名，综合实力位列江苏省建筑设计企业前十名。

龙腾设计以持续为客户创造最大价值为使命，紧密围绕碳达峰碳中和、长三角一体化倡议等国家重大发展战略，聚焦建筑低碳化、新型建筑工业化、数字经济、乡村振兴、城市更新、能源改革、产业光伏等方向，在服务项目中融入 ESG 先进理念，以人居环境设计集成引领者、绿色低碳技术卓越服务商为愿景，持续为城乡建设领域绿色低碳发展和高质量转型升级提供技术支持和智力服务。

地址：江苏省南京市秦淮区永丰大道
36 号 6 栋
电话：025-84869728
网址：www.lg-lg.com
电子邮箱：jiaochunlan@lg-lg.com

南京外国语仙林分校江宁紫东学校

Nanjing Foreign Language Xianlin Branch Jiangning Zidong School

项目业主：南京地铁小镇开发建设集团有限公司
建设地点：江苏 南京
建筑功能：教育建筑
用地面积：74 351 平方米
建筑面积：78 932 平方米
设计时间：2017 年
项目状态：建成
设计单位：江苏龙腾工程设计股份有限公司
主创设计：徐建卓、曲国华
参与设计：梁佳锁、潘健、吴战飞、黄晔

中、小学部建筑群位于整个场地中部，形成秩序感较强的对称体系，打造明快又不失庄重的公共入口空间及形象广场。同时，中小学部建筑群结合各自操场形成独立性较强的校园空间，以普通教室为核心，方便通往各功能空间，以实现管理的可控性及使用的便捷性。

设计着重打造收放有序的院落空间以及便捷舒适的交往通廊。为满足学生需要充分交流的需求，校园设计的交往空间让交流无处不在。同时“非功能空间”被赋予极大的潜力，道路、走廊、平台、空地，甚至上课、下课、吃饭、活动的“必经之路”都被精心地布局，以激发学生更热切的学习与交流的愿望和动力。

南京百家湖文化中心（美术馆）

Nanjing Baijiahu Cultural Center (Art Museum)

项目业主：南京江宁经济技术开发总公司
建设地点：江苏 南京
建筑功能：展览建筑
用地面积：15 502 平方米
建筑面积：30 528 平方米
设计时间：2017 年—2018 年
项目状态：建成
设计单位：江苏龙腾工程设计股份有限公司
主创设计：张天明、陈媛媛
参与设计：袁华安、杨康、胡军平

项目具有绿色二星建筑标识，着重结合所处的地域环境和气候特点，创造一个生态、健康的美术活动文化中心。项目以“为人们提供健康、适用、高效的使用空间”和“最大限度地实现人与自然和谐共生”的可持续发展为最终目标，最大限度地节约资源，保护环境和减少污染。建筑由虚实两个体量构成。虚实体量立面强调竖向分割。实体量开窗部分与虚体量构架形成一一对应的关系。南立面相对封闭，满足展览空间对光线控制的要求；北立面面向广场空间，通透的立面与内部的大楼梯可以使内外活动产生对话。同时，北向玻璃幕墙可减弱日照对内部空间的影响。

六合经济开发区科创园一期

Liuhe Economic Development Zone Science and Technology Innovation Park

项目业主：南京六合经济开发区科技创业有限公司
建设地点：江苏 南京
建筑功能：办公建筑
用地面积：31 359 平方米
建筑面积：170 068 平方米
设计时间：2017 年—2018 年
项目状态：建成
设计单位：江苏龙腾工程设计股份有限公司
主创设计：谌宏伟、练智勇
参与设计：赵曜、毕新业、朱孙颖

设计采用“云合谷”理念，打造城市地标。南区由 4 栋高层办公建筑及裙房组成。地块西南角布置一栋 23 层甲级写字楼，主要功能为总部经济及国际中心。东侧为三栋 16 层板式办公楼，主要功能为研发中心。单体错落布置，围合出中心步行景观区，人们可由南侧、北侧景观中轴线进入园区，抵达各栋单体。

建筑造型采用现代简洁风格，立面采用石材和仿石材涂料，色彩选用素雅的象牙白色，简洁美观。外立面以竖向线条为主，横向线条穿插错落，大气而不呆板。局部通过玻璃幕墙点缀，实现建筑的通透轻盈感。建筑轮廓为规整的塔楼和板楼，以实现极高的空间利用率。

江苏大学京江校区规划设计

Planning and Design of Jiangsu University Jingjiang Campus

项目业主：镇江市高校投资建设发展（集团）有限公司
建设地点：江苏 镇江
建筑功能：教育建筑
用地面积：540 699 平方米
建筑面积：290 337 平方米
设计时间：2015 年—2017 年
项目状态：建成
设计单位：江苏龙腾工程设计股份有限公司
主创设计：张天明、练智勇
参与设计：袁华安、杨康、胡军平

规划以“理水”“拥山”“环路”“组团”为空间组织逻辑和城市设计手法，结合地形地貌条件和功能布局要求，形成“一脉一核、两带两廊、三区三轴”的总体布局结构。其中，“一脉”即贯穿南北的中央生态景观水脉，“两带”即东部外向型功能带、西部内向型功能带，“三区”即管理与对外交流区、教学与公共服务区和后勤与体育运动区三个建筑功能板块。“一脉、两带、三区”形成整个校区的功能组织框架。“一核”即校园公共服务核，“两廊”即东部功能共享走廊、西部景观联系走廊，“三轴”即北侧主入口景观轴、东侧次入口景观轴、南侧次入口景观轴三条入口景观轴线。“一核、两廊、三轴”形成整个校区的空间组织框架。

南京市江北新区大新中学

Nanjing Jiangbei New Area Daxin Middle School

项目业主：南京广德置业有限公司
建设地点：江苏 南京
建筑功能：教育建筑
用地面积：34 455 平方米
建筑面积：34 652 平方米
设计时间：2018 年—2019 年
项目状态：建成
设计单位：江苏龙腾工程设计股份有限公司
主创设计：谌宏伟、朱孙颖
参与设计：陈媛媛、赵曜、毕新业

方案充分考虑用地的节约特点，在保证主体朝向的前提下与用地红线周边地形相契合，通过一系列的广场、开放与半开放空间营造校园空间的序列，打造校园文化。总体布局动静分区，教室、办公室和阅览室等功能设置于校园北侧，运动场、风雨操场和食堂等相对喧闹的功能置于校园南侧。在地形角度不利的情况下，通过建筑形体的扭转，让各教室都能有较好的日照条件，且各普通教室均正南正北设置，满足日照要求。建筑以学校中央的综合楼为中心向四周延展，通过连廊保证流线的畅通，保证各功能“形离神合”，方便使用。

许丹

职务：上海电子工程设计研究院有限公司副总经理
职称：高级工程师
执业资格：国家一级注册建筑师

教育背景
1993 年—1997 年　南京建筑工程学院学士

工作经历
2011 年至今　上海电子工程设计研究院有限公司

个人荣誉
2020 年获得上海市奉贤区总工会五一劳动奖章

主要设计作品
戴尔（厦门）有限公司新工厂
荣获：2007 年四川省优秀工程勘察设计“四优”三等奖
苏州阿特斯阳光电力科技有限公司一期工程
荣获：2009 年四川省优秀工程勘察设计“四优”三等奖
洛阳尚德太阳能电力有限公司一期工程
荣获：2010 年全国优秀工程项目管理和优秀工程总承包项目奖
2009 年四川省优秀工程勘察设计“四优”一等奖

冯双龙

职务：上海电子工程设计研究院有限公司副总工程师
职称：高级工程师
执业资格：国家一级注册建筑师

教育背景
1995 年—2000 年　兰州理工大学建筑学学士

工作经历
2012 年至今　上海电子工程设计研究院有限公司

主要设计作品
国家纳米科学中心
晋能光伏技术有限责任公司光伏 topcon 电池扩建工程
广西中南光电新能源有限公司百东新区高效智能光伏组件、铝边框、储能运维产业项目
国能煤制油化工研究院（产业孵化基地）概念方案设计
吉瓦级钙钛矿太阳能电池产业基地概念方案设计
郑州盛润国际广场综合体
中茵世贸广场综合体

岳彬彬

职务：上海电子工程设计研究院有限公司设计二分院方案设计负责人

教育背景
2009 年—2014 年　浙江工业大学建筑学学士

工作经历
2015 年至今　上海电子工程设计研究院有限公司

主要设计作品
蜂巢能源（遂宁）30 GW 动力电池项目
宿迁阿特斯 10 GW 光伏电池项目
滁州捷泰 16 GW 光伏电池项目
建湖高测 10 GW 大硅片项目
天合（大丰）储能工厂项目
贵阳中铁太阳谷养老社区
苏州吴江运东幼儿园
眉师附小崇礼校区
郑州国棉三厂改造

SEEDRI

上海电子工程设计研究院有限公司（简称 SEEDRI）创建于 1964 年，原隶属于上海仪电控股（集团）公司，2004 年转制成为民营设计咨询企业。

SEEDRI 是以电子信息工程与建筑工程设计为特色的综合性设计研究院，技术服务领域主要涉及当代建筑工程技术、电子工业工程以及电子系统工程技术，持有国家颁发的建筑行业建筑工程及电子行业电子综合工程甲级设计证书、工程总承包甲级资质证书、工程咨询（电子、建筑）甲级资质证书，并通过 ISO9001 质量管理体系认证。SEEDRI 还是国际工程咨询学会会员、中国工程咨询协会电子专业委员会副主任单位、上海电子学会洁净技术委员会主任单位。SEEDRI 目前可从事各类电子信息类工程项目、工业与民用建筑工程项目的规划和设计，可进行各类大中型项目工程总承包、电子工业工程以及电子系统工程的施工及项目管理服务，可承接工程项目可行性研究、工程技术咨询等业务，为客户提供项目建设全过程的优质服务。

SEEDRI 员工总数超过 500 人，其中，高中级工程师占工程技术人员的 70% 以上，涵盖工艺、规划、建筑、结构、给排水、电气、自控、暖通、动力、经济分析等专业，综合实力雄厚，专业技术水平处国内同行业领先地位。SEEDRI 始终坚持质量创优与技术创新，在项目中将技术开发与工程设计紧密结合，多年来获得国家级、省部级及市级优秀工程设计奖、优秀工程咨询成果奖、优秀规范规程编制奖近 30 项。

地址：上海市赤峰路 433 号 7 楼
电话：021-63011212
传真：021-53013170
网址：www.seedri.com.cn
电子邮箱：xinshiyun@seedri.com.cn

国家纳米科学中心

The National Center for Nanoscience and Technology

项目业主：国家纳米科学中心
建设地点：北京
建筑功能：办公、科研建筑
用地面积：19 378 平方米
建筑面积：33 915 平方米
设计时间：2013 年
项目状态：建成
设计单位：上海电子工程设计研究院有限公司
主创设计：许丹、冯双龙等

项目位于北京中关村国家纳米科学中心园区内，是我国纳米科技领域的国家级综合性研究中心。

项目为研发办公类建筑，主要功能为实验及办公。建筑平面设计方案根据使用性质、日照、采光等因素采用北面大实验室、南面小办公室的方式。

项目设计具有明显的城市特征，其规划设计考虑城市环境的整体性，保证新的建筑与所在的城市空间、原有建筑、交通体系、绿化生态等都能和谐共处。

设计师从城市总体规划和城市设计入手，通过完整统一、均衡对称的建筑布局设计及城市景观设计，使之与原有建筑主轴线形成较好的对景关系，打造集科研、办公、实验、会议、展示等多种功能为一体的名副其实的纳米研究平台。

无锡龙创汽车技术有限公司研发办公楼

Wuxi Longchuang Automotive Technology Co., Ltd. R&D Office Building

项目业主：无锡龙创汽车技术有限公司
建设地点：江苏 无锡
建筑功能：办公、研发建筑
用地面积：15 255 平方米
建筑面积：37 053 平方米
设计时间：2019 年
项目状态：建成
设计单位：上海电子工程设计研究院有限公司
主创设计：许丹、冯双龙、岳彬彬等

为了提升无锡市新区的城市形象，促进无锡市新区的可持续发展，体现公司的企业文化，此次建筑规划设计将流线造型应用于设计中，体现出标识性。建筑本身即为公司的一个展示窗口，同时也是该区域的一个示范性建筑。

项目位于无锡市新区，地块较为方正。造型中心位于地块东侧，靠近修齐路，临近主入口，以便对外展示形象和接待客户；各功能入口位于体块四周，互不干扰。研发办公楼位于地块西侧，靠近净慧东路。设计利用曲线造型，丰富沿街立面，提升城市形象，同时也是公司的城市名片。方正的造型中心和横向的研发办公楼有机地契合一起。

设计师从汽车曲线造型中提取元素，将流线型设计应用于造型和立面设计中，既丰富了天际线，也体现了公司的企业文化和内涵。研发办公楼的立面曲线和造型中心平面上错落的曲线相呼应，既体现了各自的特点，又风格统一，相辅相成。

北京中石伟业科技宜兴有限公司公办楼及厂房

JONES Tech Yixing Co., Ltd. Office Building and Factory

项目业主：北京中石伟业科技宜兴有限公司
建设地点：江苏 无锡
建筑功能：工业建筑
用地面积：37 599 平方米
建筑面积：61 327 平方米
设计时间：2020 年
项目状态：建成
设计单位：上海电子工程设计研究院有限公司
主创设计：许丹、冯双龙、岳彬彬等

项目位于江苏省无锡市宜兴经济技术开发区。此次设计的主体为一栋办公楼和工业生产车间及仓库、门卫室、化学品库、氢气站、硅烷站等辅助用房。正对主入口的是办公楼，主入口为车行入口并设置明显的车辆通行指示牌，严控机动车的流向。

设计的原则：便于车辆出入，利于企业在城市界面进行展示，有助于生产车间的流线长度延伸等。厂区内生产区布局紧凑，尽可能缩短流线；配套生活区疏密有致；厂前区宽敞大气。

建筑立面设计风格以现代、大气、简洁为原则。通过简洁有力的体型塑造，展现出现代化工厂的形象。建筑物均为框架结构，办公楼外墙采用灰蓝色玻璃幕墙，生产车间外墙为灰色岩棉夹芯板，仓库外墙为黑色岩棉夹芯板，它们共同体现了具有浓厚现代气息的工业感。

B
JONES
C
RECEPTION
P
北京中石伟业科技宜兴有限公司
JONES Tech Yixing Co.,Ltd.

B
JONES
C
A

许菁

职务：中信建筑设计研究总院有限公司
第二设计院副总建筑师
职称：高级工程师
执业资格：国家一级注册建筑师

教育背景

2001 年—2006 年　武汉理工大学建筑学学士

工作经历

2006 年至今　中信建筑设计研究总院有限公司

主要设计作品

融科天城二期
荣获：2013 年湖北省优秀工程勘察设计二等奖
2013 年武汉市优秀工程勘察设计二等奖
保利军运城
荣获：2020 年武汉市优秀工程勘察设计三等奖
中海・庐山西海希尔顿格芮精选酒店
荣获：2021 年湖北省优秀工程勘察设计二等奖
2021 年武汉市优秀工程勘察设计二等奖
湖北省中医院武东院区（一期）
荣获：2021 年湖北省优秀工程勘察设计二等奖
2021 年武汉市优秀工程勘察设计二等奖
湖北省中医院医药研究中心大楼
武汉金茂方岛览秀城
武汉长江航运中心
武汉中心书城
大华锦绣时代・武汉
武汉城投四新之光
武汉城投墨北璟苑
武汉城联投江南岸
武汉城联投誉江南

中信建筑设计研究总院有限公司
CITIC General Institute of Architectural Design and Research Co., Ltd.

中信建筑设计研究总院有限公司（原武汉市建筑设计院，以下简称公司）成立于 1952 年，为世界 500 强企业中国中信集团旗下中信工程设计建设有限公司的子公司。公司持有建筑工程施工总承包一级、建筑工程设计甲级、城乡规划编制甲级、市政设计甲级、风景园林设计甲级、工程咨询资信甲级、文物保护工程勘察设计乙级、施工图审查一类等资质，享有商务部颁发的对外经营权，是国家认定的高新技术企业，综合实力位居全国行业前列。

公司自成立以来，与多国开展了广泛的技术合作和人才交流活动，设计范围遍及全国及全球 20 多个国家和地区，创作了大批具有时代特征的地标性工程。公司连续三年入选中国勘察设计协会工程总承包营业额年度排名百强榜，在上榜的民用建筑设计院中名列前茅。

公司拥有专业技术人员 1 400 余人，其中教授级高级工程师 100 余人、高级工程师近 400 人、国家一级注册建筑师 100 余人、国家一级注册结构工程师 100 余人、其他各类注册工程师 200 余人。公司先后有 16 人享受国务院政府特殊津贴，40 余人获得湖北省、武汉市各类专家称号，2 人分别被特聘为中国工程院院士和全国工程勘察设计大师。

公司还设有国家级博士后科研工作站、院士专家工作站和武汉市博士后创新实践基地等研究机构。

作为全国创新型优秀企业、当代中国建筑设计百家名院，公司已连续十余年入选 ENR（《工程新闻记录》）“中国工程设计企业 60 强”。经过七十载的厚重积淀，公司共荣获了 800 余项国际、国家级、省级、市级优秀工程设计奖及 80 余项科技进步奖，主编或参编 50 余项国家和地方技术标准，拥有 160 余项国家发明专利和实用新型专利、40 余项软件著作权，出版 20 余部科技专著。

地址：武汉市汉口四唯路 8 号
电话：15927532201
网址：www.design.citic
电子邮箱：citicdesign@citic.com

武穴市第一人民医院整体迁建工程

Wuxue First People's Hospital Overall Relocation Project

项目业主：武穴市第一人民医院
建设地点：湖北 武穴
建筑功能：医疗建筑
用地面积：81 000 平方米
建筑面积：97 000 平方米
设计时间：2013 年
项目状态：建成
设计单位：中信建筑设计研究总院有限公司

项目位于武穴市城东新区，是武穴市的现代化医疗中心。建筑采用半集中的医院布局方式，医疗综合楼由门诊楼、急诊楼、医技楼、病房楼、后勤保障楼等区块组成。设计师秉承以人为本的规划宗旨，从满足病人需求的角度出发，围绕便捷就医流程进行设计；通过嵌入优雅的休闲空间，设置方便就医的辅助设施，营造温馨安逸的就医氛围，让病人充分体验体贴的人文关怀。

建筑功能围绕空间轴线有序展开，通过医疗主街和连廊的设置将门诊楼、急诊楼、医技楼、病房楼、后勤保障楼、办公区等融合成一个整体，引导医院人流、物流、交通流、专业流、信息流，使病人就诊、专业分隔、物品输送、车辆引导、信息传递的流线简洁、清晰，营造高效的医疗环境。医疗综合楼设有绿化庭院，使绝大多数房间可以获得自然的通风采光，为医护人员和病患人员提供人性化的办公和就诊环境。建筑通过简约的构图手法表达医院建筑形象，营造出城市转角处立体、生动、开放的城市公共空间。

中海·庐山西海希尔顿格芮精选酒店

Zhonghai Lushan Xihai Hilton Gree Selection Hotel

项目业主：中海宏洋庐山西海（九江）投资有限公司
建设地点：江西 九江
建筑功能：酒店建筑
用地面积：157 600 平方米
建筑面积：30 305 平方米
设计时间：2012 年
项目状态：建成
设计单位：中信建筑设计研究总院有限公司
合作单位：柏涛建筑设计（深圳）有限公司

项目设计以保持自然风貌为主题，结合地形特点，采用发散式布局，将内部环线与景观穿插，打造具有中国传统名居特色的度假酒店。白墙灰瓦的中式建筑、递进式的庭院与景观环境完美统一。在建筑细节中，设计对中式元素的提炼，塑造充满地域风情的社区形象。

建筑造型充分发挥文化特色，以传统民居元素为源，运用马头墙、漏窗、花格、屏风、院落、对景等，通过成熟的比例关系、优质的建筑材料与和谐的色彩搭配，塑造端庄典雅而不失现代感的整体形象。建筑形体简洁大气，建筑功能齐全，营造出富有层次感和韵律感的度假空间。

湖北省中医院武东院区（一期）

Wudong District of Hubei Provincial Traditional Chinese Medicine Hospital (Phase I)

项目业主：湖北省中医院
建设地点：湖北 鄂州
建筑功能：医疗建筑
用地面积：88 213 平方米
建筑面积：46 050 平方米
设计时间：2016 年
项目状态：建成
设计单位：中信建筑设计研究总院有限公司

项目位于鄂州经济开发区，四面临城市干道。建筑立面采用新中式的建筑风格，以内敛沉稳的传统风格为出发点，融入现代设计语言，为现代空间注入唯美的中国古典风韵，将现代和传统结合在一起。

在设计手法上，设计对传统建筑的形制、比例进行重构，以现代的技术手法、现代的材料打造满足现代人审美需求的、富有传统韵味的建筑。

在立面色彩与材质上，设计将传统红砖色与深灰色搭配，以现代材料与技术为手段，唤醒人们对传统的记忆。

在细部处理上，设计摒弃纯粹的元素堆砌，将传统符号恰当地运用到建筑立面中，使建筑造型既简洁大气又精致细腻。

中医院

武汉长江航运中心

Wuhan Yangtze River Shipping Center

项目业主：武汉长江航运中心实业有限公司
建设地点：湖北 武汉
建筑功能：城市综合体
用地面积：47 600 平方米
建筑面积：49 4000 平方米
设计时间：2015 年
项目状态：建成
设计单位：中信建筑设计研究总院有限公司

项目由一栋 66 层主体塔楼（高 363 米）和 5 层裙房组成，是一个集商业、酒店、办公等多种功能于一体的超大型城市综合体。

设计将超高层建筑庞大的人流、车流、物流体系进行有效组织，确保各功能体系既相互独立，又共享互通。建筑以核心筒的布局形式，对流线组织、标准层平面、大堂、层高、消防、结构体系、设备选型进行了精细化设计，确保超高层建筑整体的经济性与可行性。设计通过挑高入口空间、商业中庭空间、酒店中庭空间、顶层观光空间等，营造出高品质的空间环境。设计以城市视角进行形体刻画，整体造型简洁挺拔，不同角度的视觉效果富于变化，有效丰富了沿江的城市天际线，使其成为城市的焦点。

夏赤渊

职务：上海中建建筑设计院有限公司华中分公司
总经理、总建筑师
职称：高级工程师

教育背景

2003 年—2007 年　四川大学

工作经历

2007 年—2011 年　上海时代建筑设计有限公司
2011 年—2013 年　武汉理工大学设计研究院有限公司
2013 年—2014 年　武汉广雅普宜建筑设计有限公司
2014 年—2015 年　上海联创建筑设计有限公司武汉分公司
2015 年—2018 年　中国中建设计集团有限公司华中分公司
2018 年至今　上海中建建筑设计院有限公司华中分公司

社会职务

联合国工教科文组织工业遗产教席项目专员
郑州航空工业管理学院毕业课程指导教师

个人荣誉

“新浪家居”建筑领域媒体杰出贡献奖

主要设计作品

夷陵区全民健身中心（一期）
武汉天河机场旅客服务综合体
十六化建棚改项目 C 区
国投・襄阳府住宅小区 E 地块

夏赤渊先生从事建筑设计十六年，主持完成了二十余个较大型工程项目，包含住宅、酒店、商业、办公、物流、医院、学校等多种类型。

上海中建建筑设计院有限公司

Shanghai Zhongjian Architectural Design Institute Co., Ltd.

上海中建建筑设计院有限公司（以下简称公司），作为《财富》世界百强企业——中国建筑集团有限公司旗下的综合性建筑设计公司，拥有城乡规划编制、建筑工程设计、风景园林设计三项甲级设计资质及房屋建筑工程、市政公用工程两项甲级监理资质，建筑工程施工总承包一级资质，是中国勘察设计协会、中国建筑学会会员单位，2011 年被中国勘察设计协会评为首批“诚信单位”。

公司现有员工近千人，其中国家一级注册建筑师、一级注册结构工程师、注册规划师等各类注册人员百余人，其中教授级高级工程师 4 人、高级职称 140 余人、中级职称 130 余人。公司下设九家综合设计院、三个专业设计院、包括 BIM 应用中心在内的五个研究中心和八个职能管理部门，同时在国内多个省、市、自治区设有分公司。

公司致力于为客户提供项目策划、投资分析、规划编制、建筑设计、装饰设计、景观设计、项目管理，以及工程总承包等多方位、全过程的专业服务。近年来，公司完成商业综合体、高级酒店、综合办公楼、学校、医院、住宅小区、体育场馆、物流中心、科技园区以及城市设计、景观设计、室内设计等各类项目建筑面积数亿平方米。

公司设计项目遍及国内二十多个省区市及俄罗斯、泰国、柬埔寨等国家和地区，有多项设计作品荣获住房城乡建设部、科技部、上海市及中国建筑集团的各类奖项，连续多年居“中国民用建筑设计市场排名”五十强之列，并多次获评“最具品牌影响力企业”。

公司一向秉承敬业、诚信、协作、创新的企业精神，为客户价值提升呈现专业服务，为人居环境改善描绘美好蓝图。

地址：武昌区和平大道 750 号
绿地国际金融城 A02 地块一期 8 栋 3 层
电话：027-82288386
网址：www.shzjy.com

夷陵区全民健身中心（一期）

Yiling District National Fitness Center (Phase I)

项目业主：宜昌夷陵城乡投资发展集团有限公司
建设地点：湖北 宜昌
建筑功能：文体建筑
用地面积：189 168 平方米
建筑面积：59 500 平方米
设计时间：2022 年—2023 年
项目状态：中标方案
设计单位：上海中建建筑设计院有限公司华中分公司
主创设计：夏赤渊、王凯
参与设计：刘晓燕、章乐鹏、吴华松、骆仁杰、罗鹏、张晨、陈远波、张勇

建筑包含全民健身中心、体育公园等功能。项目以“山水之间”为设计导向，全面指导设计方案的规划布局、建筑形态形成、景观设计等。在此原则下，规划对内外空间进行统一整理，形成山水渗透的向心布局；充分利用场地优越的自然景观条件，营造延续自然肌理的建筑环境。建筑呈聚落式环绕山水展开，设计师采用串联的方式，利用二层平台将所有的功能体块串联起来，使这些独立的部分互相联系形成一个有机整体。规划形成的自由、多中心布局让山水景观通过建筑间的空隙渗入场地的各个角落，所谓“一层看山，二层观水”，景观平台成为自然与使用者建立联系的重要角色，最大限度地利用了场地周边的景观资源，加强了人与自然的对话。

武汉天河机场旅客服务综合体

Wuhan Tianhe Airport Passenger Service Complex

项目业主：武汉天河机场有限责任公司
建设地点：湖北 武汉
建筑功能：商业建筑
用地面积：121 028 平方米
建筑面积：87 536 平方米
设计时间：2021 年—2023 年
项目状态：在建
设计单位：上海中建建筑设计院有限公司华中分公司
合作单位：中南建筑设计院股份有限公司
主创设计：夏赤渊、王凯
设计团队：邓争鸣、罗长江、杨益胜、李镇、胡骏、王同堂、程鹏辉、钟阳、彭勇、徐莹、丁亚平、张世燕、管海亮、王炜、王珣、万俊

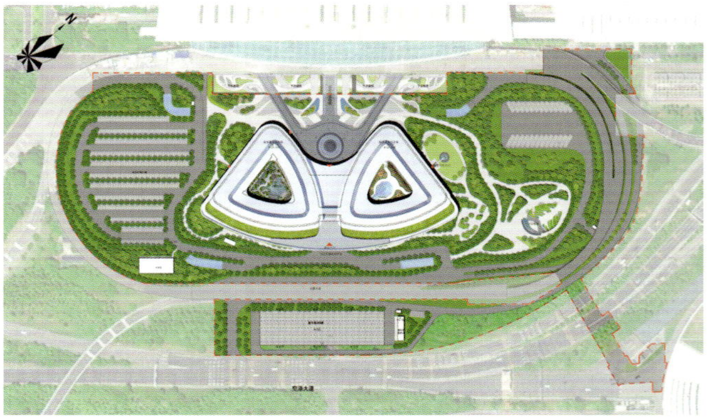

设计沿用天河机场流线型设计语言，延伸 T2 航站楼中轴线，形成两个对称的圆润三角形体。规整严谨的平面结构保证了空间的高效使用；轻柔灵动的建筑外轮廓及相同的立面材质，与航站楼相互融合。

天河机场综合交通枢纽作为全国乃至亚洲交通流线最复杂的交通枢纽之一，航空、地铁、大巴车、出租车等交通方式繁多，地下层、地面层、高架层等交通流线空间层次丰富。地面层室外场地的处理以长江流水为灵感，演绎出各种流线型道路及景观，巧妙地解决了一层流线问题，使其与建筑交相辉映，彰显城市文化。二层通过桥梁与 T2 航站楼二层落客区连接，既解决交通拥挤问题，又使得建筑如同 T2 航站楼生长出的一部分，让建筑完美地融入现状环境。

十六化建棚改项目 C 区

Zone C of the Sixteenth Chemical Shed Reconstruction Project

项目业主：中国化学工程第十六建设有限公司
建设地点：湖北 宜昌
建筑功能：超高层综合体
用地面积：14 260 平方米
建筑面积：63 739 平方米
设计时间：2021 年—2022 年
项目状态：建成
设计单位：上海中建建筑设计院有限公司华中分公司
主创设计：夏赤渊
参与设计：吴华松、骆仁杰、罗鹏、姚望林

设计作为宜昌市少有的超高层公共建筑，定位为西陵区最具品牌号召力的城市综合体，以办公为核心，以商业、酒店为支撑，以庞大居住人群为后发力，汇聚大量的人流，形成区域中心。

项目南侧为一栋 26 层的超高层主楼以及 4 层裙房，北侧为社会停车场。整体布局在保证较好的城市界面和效果的前提下，依地形而建。立面采用现代建筑风格，以简洁的竖向线条为主，强调面与线条的流畅和韵律感，整体的体量感较强。

项目为多功能综合体，包含办公、酒店、宴会厅、商超及配套零售商业等功能。其中，1~4 层为办公配套、职工餐厅和职工活动中心、酒店配套、宴会厅、商超及配套零售商业；6~14 层为五星级酒店；15~26 层为企业总部办公空间。

国投 · 襄阳府住宅小区 E 地块

Guotou Xiangyang Residential Community Plot E

项目业主：襄阳院子房地产开发有限公司
建设地点：湖北 襄阳
建筑功能：商业、住宅建筑
用地面积：93 838 平方米
建筑面积：176 900 平方米
设计时间：2021 年—2023 年
项目状态：设计中
设计单位：上海中建建筑设计院有限公司华中分公司
主创设计：夏赤渊
参与设计：吴华松、骆仁杰、章乐鹏、罗鹏、张勇、姚望林

项目位于襄阳市樊城区高新区西南部，定位为襄阳市以邓城遗址公园为核心的特色居住休闲新区、文化核心区域。项目共有 3 个地块，分别为 402 商服用地，405、406 住宅用地。项目以“一心、一廊、两轴、三区、多节点”的规划结构意在打造城市文化会客厅、生态办公街区及多重景观居住区。

商业设计提取“山谷、河流”元素，以“自然、生态”为主题，以流线型退台造型打造具有区域特色、高端品质的商业办公活力街区。住宅设计契合片区定位，意在强调远离喧嚣、寄情写意山水的私享庭院空间，注重打造生活体验轴、文化景观轴的双重礼仪空间。

邢召强

职务：同圆设计集团股份有限公司医疗二院院长
职称：正高级工程师
执业资格：国家一级注册建筑师
注册咨询（投资）工程师

教育背景
1998 年—2003 年　中南大学工学学士

工作经历
2003 年至今　同圆设计集团股份有限公司

个人荣誉
中国十佳医院建筑设计师
济南市优秀青年勘察设计师
2016 年中国医院建设匠心奖年度新锐人物
山东省妇幼保健协会基建后勤管理分会副主任委员
山东省工程咨询院专家库专家
《中国医院建筑与装备》编委
《医养环境设计》编委
济南康桥智慧养老研究院技术总监

主要设计作品
青岛大学附属医院综合病房楼及门诊实训楼
荣获：2016 年山东省优秀建筑设计方案一等奖
2019 年山东省优秀工程勘察设计一等奖
山东省千佛山医院保健综合楼
荣获：2017 年山东省优秀工程勘察设计二等奖
山东省肿瘤防治研究院放射肿瘤学科医疗及科研基地
荣获：2018 年山东省优秀建筑设计方案二等奖
乐陵市人民医院迁建项目
荣获：2021 年山东省优秀工程勘察设计二等奖
山东省千佛山医院病房综合楼
荣获：2023 年济南市优秀工程勘察设计二等奖
中信湘雅生殖医学专科医院新院区
荣获：2023 年湖南省优秀工程勘察设计三等奖
皖北（蚌埠市）儿童医院
沂水县康养医疗中心 (综合医院)
德州市国鑫医养中心

学术研究成果
1.《装配式医院病房楼标准化设计研究》（山东省住房城乡建设科技项目计划（2021-K5-21）课题，评估意见认为达到国际先进水平）
2.《建筑节能与结构一体化技术系列图集》（中国勘察设计协会标准设计一等奖 、山东省优秀勘察设计一等奖、山东建设技术创新优秀成果二等奖）
3.《加气混凝土砌块墙》（山东省优秀勘察设计二等奖）
4.《综合医院建筑设计研究（基础篇）》

吴帅

职务：同圆设计集团股份有限公司医疗二院副院长
职称：高级工程师

教育背景
2003 年—2008 年　山东建筑大学建筑学学士

工作经历
2008 年至今　同圆设计集团股份有限公司

个人荣誉
2017 年中国医院建设匠心奖年度新锐人物
2018 年中国医疗建筑设计青年领袖

主要设计作品
青岛大学附属医院综合病房楼及门诊实训楼
荣获：2016 年山东省优秀建筑设计方案一等奖
2019 年山东省优秀工程勘察设计一等奖
山东省肿瘤防治研究院放射肿瘤学科医疗及科研基地
荣获：2018 年山东省优秀建筑设计方案二等奖
商河县人民医院新院区
荣获：2019 年山东省优秀建筑设计方案二等奖
黄岛区第六人民医院
荣获：2021 年山东省优秀建筑设计方案二等奖
滨州市人民医院西院区
荣获：2023 年济南市优秀工程勘察设计一等奖

地址：山东省济南市高新区舜华路
2000 号舜泰广场 11 号楼
电话：13573794862、13864008216
传真：0531-66770026
网址：www.tyjt.cn
电子邮箱：TYYLSJ2Y@163.COM

同圆设计集团股份有限公司
TONG YUAN DESIGN GROUP CO.,LTD.

同圆设计集团股份有限公司（以下简称同圆）是一家以设计为核心的城乡建设综合性科技集团，由济南市建筑设计研究院改制、改革发展而成，至今已有 60 余年的历史，旗下拥有各分公司、事业部及专业院所等 60 余个专业团队和 10 家子公司。

同圆医疗二院专注于医疗和健康养老领域项目的前期策划、设计总包及全过程咨询服务。团队以设计医健新生活为使命，打造极致开放、分享共赢的团队文化。同圆医疗二院专业配备齐全，以追求项目的高品质为目标，聚集了一批经验丰富、勇于进取的专业带头人及其团队；秉承“合作共生”的理念，充分依托集团资源，为客户提供全过程咨询服务和整体解决方案。

青岛大学附属医院综合病房楼及门诊实训楼

Comprehensive Ward Building and Outpatient Training Building of Qingdao University Affiliated Hospital

项目业主：青岛大学附属医院
建设地点：山东 青岛
建筑功能：医疗建筑
用地面积：70 035 平方米
建筑面积：127 196 平方米
设计时间：2014 年—2015 年
项目状态：建成
设计单位：同圆设计集团股份有限公司

项目坚持“以人为本”的设计理念，考虑到分期建设的要求，通过内外部交通系统的优化、医疗功能分区、流线的重塑，以及建筑群整体形象的提升，实现建筑与城市的和谐统一。

设计借助主入口处 5 米的台地高差，布置上下两层广场及车道，合理规划五类就诊人员的交通流线；结合双层广场，在主要出入口处设计双层门厅，使就诊人员从广场上、下层进入室内，均能感受到宽敞明亮的入口空间；功能布局采取柱网模块化、服务空间集中化、空间设计人性化的原则，满足医院的长远发展及全生命周期的应变需求。

2018 年国家在青岛举办了重大外事活动，项目被指定为大会医疗保障定点单位，满足了国家领导人和外国元首的就医要求，提高了与会国际友人的就医满意度。

山东省千佛山医院病房综合楼

Shandong Qianfoshan Hospital Ward Complex Building

项目业主：山东省千佛山医院
建设地点：山东 济南
建筑功能：医疗建筑
用地面积：4 580 平方米
建筑面积：65 465 平方米
设计时间：2018 年—2019 年
项目状态：建成
设计单位：同圆设计集团股份有限公司

项目是国家呼吸疑难病症诊治能力提升工程的载体，“持续微创新”是整个项目的设计理念。规划设计通过空中连廊、地面的康复花园、地下的连通空间对院区的交通和环境进行了优化提升，在有限的场地内，很好地解决了规模庞大和功能复杂的问题。

建筑造型以“锦带”为意象，通过对院区的建筑组群进行规划，勾勒出高低起伏、绵延不绝的建筑轮廓；细部采用舒展的水平线条穿插砖红色的构件点缀，体现时代感和人文关怀，从心理和视觉上让人感觉更柔和、更自由。项目一层设置了咖啡厅、书吧，这种开放式的设计，不仅提升了患者就医时的幸福感和获得感，也提升了医院的服务品质。

山东省千佛山医院保健综合楼

Shandong Qianfoshan Hospital Health Complex Building

项目业主：山东省千佛山医院
建设地点：山东 济南
建筑功能：医疗建筑
用地面积：5 200 平方米
建筑面积：78 235 平方米
设计时间：2011 年—2012 年
项目状态：建成
设计单位：同圆设计集团股份有限公司

项目呈“U”字形布局，各科室功能分区合理，以采光中厅为联系空间。标准层病房每层分为南北两区，联系便捷。一层为矩形平面、二至六层为“回”字形平面布局、病房为“U”形设计，按“三大区、二服务”的模式配置，形成高效护理模式。

建筑立面简洁明快，屋顶连续的“锦带”成为其突出特色。设计巧妙整合院区内的主要建筑，使不同时期、不同风格的建筑呈现完整统一的城市景观。设计将南、北两个立方体进行错位组合，既使整个院区沿经十路形成统一、围合的城市界面，也使沿建筑东、西、南三面的护理单元拥有较好的通风和采光。地下停车场共计 7 层，采用仓储式设计，提高了院区土地利用率，缓解了医院停车难的问题。

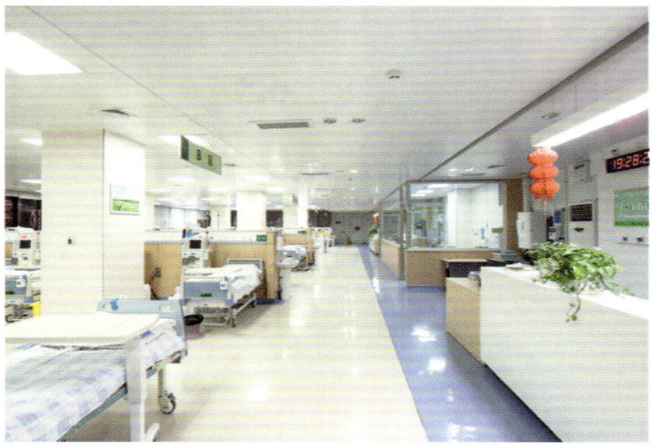

山东省泰山医院（山东省泰山疗养院）业务楼及配套楼

Business Building and Supporting Building of Mount Taishan Hospital (Mount Taishan Sanatorium, Shandong Province)

项目业主：山东省泰山医院
建设地点：山东 泰安
建筑功能：医疗建筑
用地面积：14 478 平方米
建筑面积：36 918 平方米
设计时间：2019 年—2020 年
项目状态：建成
设计单位：同圆设计集团股份有限公司

这是一座“可医”“可养”“可游”“可赏”的园林式医养建筑。以“以山赋形、以水生意”为设计理念，以泰山交横重叠的山势为建筑形体的走势，融建筑于山水之中。总体设计如下。

一廊：两栋建筑中间形成一条景观视线通廊，院区内可通过景观视线通廊，直望泰山。

两区：完善院区的医养功能区、宿舍生活区。

三轴：一条院内生活轴线；一条康复疗养轴线；一条开放医疗功能轴线。

多中心：将颐养中心、医疗中心、疗养中心穿插布局，共享医疗中心资源。

设计利用地势高差，通过建筑细节和景观空间的营造，提升整个院区的环境品质；通过建筑退台、开窗及屋顶花园，使人尽赏泰山南麓美景。

邢超

职务：中联西北工程设计研究院有限公司
　　　建筑二院创意总监
职称：高级工程师
执业资格：国家一级注册建筑师

教育背景

1999 年—2004 年　西安建筑科技大学建筑学学士
2004 年—2007 年　西安建筑科技大学建筑学硕士

工作经历

2007 年至今　中联西北工程设计研究院有限公司

个人荣誉

陕西省第二届优秀青年建筑师
中联西北工程设计研究院有限公司第二届优秀青年勘察设计师
2021 年中联西北工程设计研究院有限公司优秀干部
2015 年西安市青年岗位能手

主要设计作品

陕西省科技资源中心
荣获：2012 年机械工业优秀工程设计一等奖
　　　2013 年中国机械工业科学技术二等奖
　　　2017 年全国绿色建筑创新一等奖
秦汉新城规划展览中心
荣获：2017 年陕西省优秀工程设计一等奖
中联西北工程设计研究院有限公司科技办公楼
荣获：2018 年机械工业优秀工程设计一等奖
　　　2020 年全国绿色建筑创新奖二等奖
国家增材制造创新中心
荣获：2020 年陕西省优秀工程设计一等奖
西安交通大学曲江校区前沿科学技术大楼
荣获：2020 年陕西省优秀工程设计二等奖
陕西富平热电新建行政办公楼
荣获：2019 年全国优秀工程勘察设计二等奖
　　　2020 年中国建筑学会建筑设计二等奖
　　　2021 年机械工业部科技进步三等奖

中联西北工程设计研究院有限公司

China United Northwest Institute for Engineering Design & Research Co.,Ltd.

中联西北工程设计研究院有限公司（以下简称中联西北院）创建于 1964 年 7 月，前身为国家机械工业部第十一设计研究院，承担了国家仪器仪表行业 80% 以上骨干企业的基本建设和技术改造等历史重任，现隶属于世界 500 强中管企业——中国机械工业集团有限公司。

中联西北院具有 51 项各类资质，包含建筑（建筑工程）、机械（全行业）、市政（全行业）、电子广电通信（电子工程行业）、城乡规划、环境工程、风景园林、造价咨询等 13 项甲级资质和 5 项施工总承包资质，业务范围涵盖工程咨询、工程造价、工程设计、工程勘察、城乡规划（国土空间规划）、招标代理、工程监理（管理）、工程总包、设备承包、施工图审查、消防评估检测、节能评估评审、绿建核查、全过程工程咨询等 14 大业务类型，实现了咨询、设计、勘察、造价、招标、施工、监理等业务链的横向贯通，是首批陕西省工程总包、全过程工程咨询“双试点”企业。

中联西北院挂牌全国博士后科研工作站、中俄青年创业孵化器西安基地、陕西省博士后创新基地、陕西省能源环境与建筑节能工程技术研究中心、陕西省研究生联合培养示范工作站、陕西省众创空间孵化基地。中联西北院掌握 20 余项特色或专有技术，累计为国内外奉献 1.5 万余项精品工程，600 余项科研成果获得国家和省部级嘉奖，获批国家及陕西省科技计划项目 50 余项，授权国家专利 100 多项，主编和参编各类标准和规范 40 余项，连续 9 年被评为陕西省技术交易工作先进单位。

中联西北院先后在甘肃、河南、安徽、山东、湖北和山西设立了 6 个分公司，拥有 1 300 余名老中青相匹配、产学研相融合的员工队伍，有 4 支陕西省重点科技创新团队。现有国家各类注册工程师 400 余人次、省部级专家 100 余人次，与西安交通大学共同获批陕西省能源环境与建筑节能工程联合研发平台。中联西北院携手重庆大学、西安交通大学、西北工业大学、西安建筑科技大学、长安大学、华北电力大学共建研究生实践基地。

中联西北院的民用建筑、工业工程、规划与市政、能源与环境、工程建设、科技研发 6 大业务板块齐头并进、稳健发展，综合竞争力跻身行业咨询设计骨干企业和区域全案式工程建设第一梯队，先后被评为全国守合同重信用企业、全国信用评价 AAA 级信用企业、全国优秀勘察设计企业、全国机械行业文明单位、全国企业文化建设优秀单位、陕西省高新技术企业，并获得全国工人先锋号、陕西省先进基层党组织、陕西省“五一劳动奖状”、西安市先进集体等殊荣。

中联西北院着力打造“国内领先，国际知名”科技型工程公司，竭诚为国内外业主提供各类工程建设全方位、全过程、全生命周期的技术支撑与增值服务，矢志成为构筑精品工程的卓越者。

地址：陕西省西安市高新区
　　　丈八四路 16 号
电话：029-62351000
传真：029-62351222
网址：www.cuced.com
邮箱：cuced@cuced.net

西安高新创汇社区 C 区小学（西安高新第九小学）

Xi'an Gaoxin Chuanghui Community C District Primary School (Xi'an Gaoxin Ninth Primary School)

项目业主：西安高新技术产业开发区土地储备中心
建设地点：陕西 西安
建筑功能：教育建筑
用地面积：27 000 平方米
建筑面积：36 000 平方米
设计时间：2014 年
项目状态：建成
设计单位：中联西北工程设计研究院有限公司

在项目用地紧张的前提下，设计打破传统学校建筑的固有模式，营造具有书香氛围的传统院落空间，追求雅致静谧的建筑风格，期望在整个社区呈现一组极具地域文化特质的现代校园建筑。

设计力求师生空间相对独立，同时使其与公共共享空间相互关联；追求学校建筑的一体化设计与完善的校园整体环境；追求学校空间布局的高效性和可达性，共享空间的开放性和连续性。半开敞式的中间共享空间，由南向北贯穿整组建筑，连通各个功能空间，很好地将室外空间引入室内，它既是整组建筑的交通枢纽与集散空间，也为学生们在雨雪天气下进行室外课间活动、交流提供了场所，打破了千篇一律的教学空间模式，塑造出灵活多变、多元共享的趣味空间。

陕西富平热电新建行政办公楼

Shaanxi Fuping Thermal Power Newly Built Administrative Office Building

项目业主：陕西富平热电有限公司
建设地点：陕西 富平
建筑功能：办公建筑
用地面积：37 182 平方米
建筑面积：17 398 平方米
设计时间：2016 年
项目状态：建成
设计单位：中联西北工程设计研究院有限公司

项目位于陕西省富平县新兴产业示范园内。如何通过正确的项目立意和技术手段做出低碳绿色、空间丰富且具有地域特色的建筑是本次设计首先要解决的问题。

富平电厂是新投产的有高效、节能、环保诉求的高标准电厂，是富平市重要的基础配套设施。设计师通过设计优化和技术集成将项目打造成具有地域印迹的低碳低能耗建筑。

富平是陶艺之乡，设计通过植根于地域文化的红砖建筑来塑造质朴、高雅的空间品质。项目设计致力于找寻陶艺之乡的原生态之美，传承红色基因，传递工业之美。

西安高新区第二十小学（软件新城小学）

Xi'an High-tech Zone No.20th Primary School (Software New City Primary School)

项目业主：西安市高新区教育局
建设地点：陕西 西安
建筑功能：教育建筑
用地面积：31 300 平方米
建筑面积：42 956 平方米
设计时间：2019 年
项目状态：建成
设计单位：中联西北工程设计研究院有限公司

项目位于西安市高新区软件新城内，凭借独特的地理位置和前卫的建筑形象给人留下深刻印象。项目通过整体连续的规划布局、时尚动感的造型设计、大胆明艳的色彩搭配、多元共享的空间塑造，给学生提供绚烂多彩的校园空间，让学生享受充满憧憬的花季时光。校园建筑风格具有独特性与创新性，校园空间活泼明快。

沣东第八小学

Fengdong Eighth Primary School

项目业主：西安沣东城建开发有限公司
建设地点：陕西 西安
建筑功能：教育建筑
用地面积：36 719 平方米
建筑面积：46 534 平方米
设计时间：2018 年
项目状态：建成
设计单位：中联西北工程设计研究院有限公司

项目在规划设计上，创造性地采用“之”字形律动建筑形态，通过“编织空间”的设计理念，最大限度地实现了各功能空间的联系，促进了学生之间、师生之间的交流与互动。同时，动态的建筑空间结合架空、连廊、屋顶平台等实现了视觉上的延伸感，避免了直角空间带来的封闭感。而丰富有趣的建筑空间可以激发处于成长阶段的学生的创造性。本项目通过创新性的空间塑造、活泼的造型及明艳的色彩设计成为新时代学校建筑的新标杆。

沣东第八小学

余枫

职务：福建省骏元建筑设计有限公司董事长
职称：高级工程师
执业资格：国家一级注册建筑师

教育背景
1993 年—1998 年　福建建筑与城乡规划学院建筑学学士
2003 年—2008 年　福建工程学院建筑学硕士

工作经历
1998 年—2005 年　福州联盛建筑设计院
2005 年—2014 年　嘉博（福建）联合设计有限公司
2014 年至今　福建省骏元建筑设计有限公司

主要设计作品
万科金域荣郡
福州万科广场
阳光白金瀚宫
阳光乌山荣域
信通游艇湾
沙县东大路历史街区提升改造设计
贵安世纪城
瑞鑫翡翠滨江
福晟钱隆首府
福晟钱隆御景
融侨悦城
融侨新城泷郡
品润悦江山
长乐泰禾红誉
泰禾红悦
锦绣水乡花园
域见文旅城

池松旺

职务：福建省骏元建筑设计有限公司副总经理
职称：工程师

教育背景
2002 年—2007 年　西南交通大学建筑学学士

工作经历
2007 年—2014 年　嘉博（福建）联合设计有限公司
2015 年至今　福建省骏元建筑设计有限公司

主要设计作品
均和宬玥府
均和悦府
均和云谷福清科技港
象屿恒荣悦海湾公馆
沙县东大路历史街区提升改造设计
保利天悦花园（一期）
融侨观邸（厦门）
盈合产业园
中庚香江城
凯德数创信息大厦
贵安金源集团总部办公大楼
贵安水世界主题酒店
罗源滨海新城医院门诊大楼
信通中心商业酒店地块
品润悦江山
品润商务办公大楼
品润国宾府
景地峰域湾
景地壹号院

JUNYUAN organization 骏元机构　骏元建筑 Jun Yuan Architecture

骏元机构旗下拥有骏舍建筑事务所、骏元建筑 / 建盟设计、博林景观、骏易空间等设计团队，采用同平台、多学科、全程化的综合设计服务模式，为客户提供完整的设计产品和项目解决方案，致力于成为建筑领域全维度设计机构。

骏元机构始终坚持“建筑美好生活、创造无限价值”的企业使命，本着“专于勤、精于心”的职业精神，为客户提供高性价比的设计服务。

福建省骏元建筑设计有限公司（简称骏元建筑）成立于 2014 年，与建盟设计集团有限公司结成紧密的战略联盟，成立了建盟设计集团有限公司福州公司。骏元建筑成立以来，依托合作伙伴的努力和客户的支持，已发展成为一家包括规划、建筑、结构、水、电、暖等全专业配置、全业务覆盖的专业民营设计机构。骏元建筑实现了全体系的设计流程标准化及图纸质量标准化，业务涉及住宅、公寓、商业建筑、酒店、办公建筑、学校、养老建筑、产业园等类型。项目遍布全国，为政府部门和多家知名地产开发商提供优质的设计服务。

骏元建筑现拥有城乡规划编制甲级、建筑行业（建筑工程）甲级、人防工程乙级、风景园林工程设计专项甲级和市政行业（道路工程、给水工程、排水工程、桥梁工程）专业乙级等设计资质。

地址：福建省福州市仓山区林浦路
世纪金源大厦 6 栋 17 层
电话：0591-87815999
网址：www.junyuanjz.com
电子邮箱：982585458@qq.com

黄羽威

职务：福建省骏元建筑设计有限公司创作中心副总监、方案三所所长
职称：工程师

教育背景
2007 年—2012 年　武夷大学建筑学学士

工作经历
2012 年—2016 年　中国建筑东北设计研究院有限公司福州分公司
2016 年至今　福建省骏元建筑设计有限公司

主要设计作品
邵武客运站
福建对外经济贸易职业技术学院（二期）
福州软件园 A 区提升工程
义务中国小商品城东北市场
马尾罗星小学
马尾快安实验小学
福州大学城九年制学校
京域学府
照丰上城御园
信通游艇湾
瑞鑫壹号院
福州贵安中德足球小镇
福州一中贵安学校溪利校区
福州外国语学校改造工程
阜阳东湖世纪城九年制学校
瑞鑫翡翠滨江

陈裕平

职务：福建省骏元建筑设计有限公司方案一所所长
职称：工程师

教育背景
2014 年—2019 年　福建工程学院建筑学学士

工作经历
2009 年—2010 年　福建省集泰建筑设计有限公司
2010 年—2014 年　嘉博（福建）联合设计有限公司
2015 年至今　福建省骏元建筑设计有限公司

主要设计作品
福州万科广场
泰禾红悦
品润悦江山
天辉悦府
信通同源原动力二期综合楼
菏泽瑞海家园
景地莱蒙悦府
景地峰域湾
景地壹号院
凯龙泰悦留园
守正智园
恒荣九洲悦城
恒荣山海郡
恒荣悦海湾
品润凤鸣苑
品润悦公馆
品润凤禧园
品润朗樾城

张耀建

职务：福建省骏元建筑设计有限公司方案二所所长
职称：工程师

教育背景
2009 年—2014 年　安徽理工大学建筑学学士

工作经历
2014 年至今　福建省骏元建筑设计有限公司

主要设计作品
罗源湾滨海新城 15、17、18 区地块
罗源湾滨海新城配套综合楼
合肥北城世纪城 D 区
怀远江山御景
信通游艇湾
岳家湖世纪城
东湖世纪城
域见文旅城
瑞鑫翡翠滨江
汉晟城西北区
中联云梯
华耀首府 A、B 区
中侨江南名城
中侨山河茗著
光华国宾府
世林弘府
弘祥天晟小区
弘祥天元公馆
喜盈门富居公馆

品润悦江山

Pinrun Yuejiangshan

项目业主：玉林品润置业有限公司
建设地点：广西 玉林
建筑功能：居住建筑
用地面积：138 709 平方米
建筑面积：478 248 平方米
设计时间：2022 年
项目状态：方案
设计单位：福建省骏元建筑设计有限公司
主创设计：余枫、池松旺、陈裕平

项目位于玉林市玉东新区，毗邻龟山生态公园。地块依托得天独厚的自然景观环境，致力于成为一个高品质且极具辨识度的人居标杆项目。项目整体规划采用高、低层分区规划布局，高层住宅区以主题式花园社区为整体定位，通过围合式布局，打造超大尺度中心花园，营造社区公园概念，并在东侧结合景观步道、视线通廊与区外山体公园形成自然衔接与对话，成为区内、区外双公园体验住区。低层别墅区强调组团院落的围合感与园区景观的精致感，中部通过水系串联各组团空间，并结合外侧山体自然景观，共同强化山水人文住区的理念。

此外，整体方案设计致力于营造一种精神家园的归属感，注重社区整体居住品质及文化氛围的提升。设计合理的车行流线，同时结合绿地景观有机组织社区人行流线，在公共空间与半私密空间中制造诸多能让社区邻里偶遇的节点，从而促进社区邻里的交流以及和谐氛围的营造。

瑞鑫翡翠滨江

Ruixin Emerald Riverside

项目业主：瑞鑫（三明）地产有限公司
建设地点：福建 三明
建筑功能：商业、居住建筑
用地面积：64 459 平方米
建筑面积：170 443 平方米
设计时间：2020 年
项目状态：在建
设计单位：福建省骏元建筑设计有限公司
主创设计：余枫、黄羽威、张耀建

项目位于三明市宁化县江背路，设计师将客家建筑风格与现代装饰手法结合，重现了悬山式屋顶、穿斗式构架、窗花窗套、马头墙、客家特色栏杆等经典元素。建筑立面色彩也采用传统客家色彩意向，以米黄色为基调，裙楼搭配土黄色面砖，大线脚压顶、屋顶马头墙线脚及屋顶瓦片为青灰色，黄墙灰瓦的经典客家建筑肌理在本案中得以重现。

项目设计为大景观社区，将自然生态引入社区空间，实现景随人动，移步换景。项目引入竖向绿化，综合绿化以入口广场为主，结合屋顶绿化，将园林景观的审美享受自然地渗透到业主的内心，营造建筑与自然和谐共生的环境。

信通游艇湾

Xintong Yacht Bay

项目业主：福建信通游艇发展有限公司
建设地点：福建 福州
建筑功能：商业、居住建筑
用地面积：56 425 平方米
建筑面积：159 313 平方米
设计时间：2017 年
项目状态：在建
设计单位：福建省骏元建筑设计有限公司
主创设计：余枫、黄羽威、张耀建

项目位于福州市马尾区亭江镇英屿村，秉承“大道从简”的设计理念，以最简练的语素充分展示了传统文化与建筑结合之美，萃取新古典主义建筑的端庄与典雅，融合中式建筑的精美和底蕴。

建筑设计借鉴福州传统内院文化，规划强调礼制、街巷、里弄、府院等概念，并将中式元素融入建筑。项目充分发挥区域优势，建成后将成为福州市的游艇基地和该区域的城市名片。项目以便利的交通条件和丰富的景观资源为依托，建立复合型的游艇基地，集多种功能为一体，提供创新型的商务、休闲、度假体验，同时形成城市的新景观。

沙县东大路历史街区提升改造设计

Upgrading and Reconstruction Design of Dongda Road Historical Block in Shaxian County

项目业主：沙县城市建设投资有限责任公司
建设地点：福建 三明
建筑功能：城市更新
用地面积：36 517 平方米
建筑面积：15 326 平方米
外立面改造面积：3 200 平方米
景观面积：4 500 平方米
设计时间：2022 年
项目状态：在建
设计单位：福建省骏元建筑设计有限公司
主创设计：余枫、池松旺、陈裕平

东大路历史街区是沙县城内沙溪沿岸仅存的一片保留相对完整的文化街区，拥有良好的自然山水格局和景观资源。项目定位为树立文化地标、再现东门繁华。建筑师深入挖掘历史街区的历史文化内涵，重点展现沙县小吃等市井文化及传承至今的商贸文化等特色，营造传统风貌特征鲜明、民风民俗气息浓郁的人文氛围。项目通过植入文化、旅游、商业、休闲等多元复合功能，进一步激发街区活力与魅力；并通过整治环境、完善设施、提升服务、增强自我更新与可持续发展的能力，使之成为典范性历史文化商业步行街区、城市怀旧和深度旅游的人文游憩中心、与周边功能业态互补的时尚休闲打卡地。

鼎鑫·观澜云顶公馆

Dingxin Guanlan Yunding Mansion

项目业主：鼎鑫集团
建设地点：福建 福安
建筑功能：居住建筑
用地面积：29 998 平方米
建筑面积：90 038 平方米
设计时间：2023 年
项目状态：方案
设计单位：福建省骏元建筑设计有限公司
主创设计：余枫、王昌义、池崇洪、林剑锋、陈志强

项目位于福建省福安市新华南路东侧，场地标高较为复杂，设计对整个场地进行了整体规划，在化整为零的策略性下，尽量减少土方的挖填工作；同时以切分台地的处理方式顺应地形，通过空间的渗透、路径的安排和节点的变化，使它的规划结构顺着自然地形一层层地展开，形成带有度假感的礼仪归家流线。

设计师希望从城市关怀到细部构造，以匠人精神，打造独属福安的门户标识。在立面形象设计上，使用现代的设计手法，在界面上寻找内外场地更多的对话关系，保持设计语言的统一性。内外场空间相互延伸、界面压迫感得以削弱，使建筑景观与室内的一体化得到诠释。

余豪宇

职务： 江西省建筑设计研究总院集团有限公司
建筑一院设计一所副所长
职称： 高级工程师

教育背景

2006 年—2011 年　华东交通大学建筑学学士

工作经历

2011 年至今　江西省建筑设计研究总院集团有限公司

主要设计作品

柘林水电厂生产防汛调度楼
荣获：2017 年江西省优秀工程勘察设计二等奖
万安三峰中央城（一期、二期、四期）
荣获：2019 年江西省优秀工程勘察设计三等奖
泰和县体育中心二期——体育馆
荣获：2021 年江西省优秀工程勘察设计二等奖
九龙湖花园一区
荣获：2021 年江西省优秀工程勘察设计三等奖
赣州市第三人民医院
庐山市人民医院迁建工程
庐山市人民医院医疗服务能力提升工程
高安市瑞州医院住院部综合大楼
泰和市民之家
玉山县文旅集散中心
鹰潭市第十一中学
南昌市东湖区区域性养老中心

江西省建筑设计研究总院集团有限公司

Jiangxi Provincial Architectural Design and Research Institute Group Co. Ltd

江西省建筑设计研究总院集团有限公司创建于 1952 年，系江西省最早成立的工业和民用建筑设计院，是集工程设计、城乡规划、工程勘察、工程监理、施工图审查、市政工程、工程咨询、绿色建筑、工程造价、园林设计、特种工程、工程代建、BIM 技术、EPC 工程总承包等于一体的综合性甲级企业，业务领域覆盖建筑行业全过程。

集团公司现有职工 1 000 余人，其中专业技术人员 900 余人，拥有许多在省内外享有盛誉的杰出专家。集团公司有 350 多项工程勘察设计、科研项目荣获国家级、省部级优秀勘察设计和科技进步奖。在总结 70 多年勘察设计成果和推行全面质量管理的基础上，集团公司遵循团结、进取、开拓、务实的原则，注重信誉、效率、服务，依靠科研技术，以“繁荣建筑创作、探索建筑全过程服务、强化内部管理”为工作目标，以“精心设计、质量第一、竭诚服务、业主满意”为宗旨，勇于竞争、大胆创新，立足国内、面向世界，再创辉煌！

建筑一院于 2021 年集团公司改制后正式成立，主体构架为“三所一中心”，即设计一所、设计二所、设计三所及方案创作中心，总人数 200 余人。建筑一院的服务目标是科学地统筹设计技术与项目管理，从而形成高效的服务模式，服务范围涵盖建筑设计、城市设计、景观设计、装饰设计、BIM 咨询等，专业领域包括住宅、商业、办公、城市综合体、文化、医养等方面。建筑一院致力于为不同城市、不同客户的建设项目提供专业高效且定制化的解决方案。

地址：南昌市东湖区省府北二路 66 号
电话：0791-86225731
传真：0791-86225731
网址：www.jxsjzy.com
电子邮箱：yzyx_jxsjzy2019@163.com

宋滢

职务：江西省建筑设计研究总院集团有限公司
　　　建筑一院方案创作中心主任、主创建筑师
职称：高级工程师

教育背景

2006 年—2011 年　南昌大学建筑学学士
2012 年—2015 年　南昌大学建筑学硕士

工作经历

2015 年至今　江西省建筑设计研究总院集团有限公司

主要设计作品

泰和县体育中心二期——体育馆
荣获：2021 年江西省优秀工程勘察设计二等奖
赣州市第三人民医院
庐山市人民医院迁建工程
玉山县文旅集散中心
鹰潭市第十一中学
玉山县金沙溪体育公园配套设施（五星级酒店）
南昌市东湖区区域性养老中心
南昌长州鑫远中心
九颂山河修水江山印
景德镇中大九颂江山赋

伍璟

职务：江西省建筑设计研究总院集团有限公司
　　　建筑一院方案创作中心副主任、主创建筑师
职称：高级工程师

教育背景

2007 年—2012 年　江西师范大学建筑学学士
2012 年—2015 年　南昌大学建筑学硕士

工作经历

2015 年至今　江西省建筑设计研究总院集团有限公司

主要设计作品

泰和县体育中心二期——体育馆
荣获：2021 年江西省优秀工程勘察设计二等奖
景德镇市昌江一中改扩建
玉山县邻里中心
南昌长州鑫远中心
玉山县文旅集散中心
九颂山河修水江山印
赣江新区中医药科创城人才公寓

庐山市人民医院迁建工程

Lushan City People's Hospital Relocation Project

项目业主：庐山市人民医院
建设地点：江西 庐山
建筑功能：医疗建筑
用地面积：87 749 平方米
建筑面积：103 000 平方米
设计时间：2022 年—2023 年
项目状态：在建
设计单位：江西省建筑设计研究总院集团有限公司
主创设计：建筑一院方案创作中心

项目位于庐山市东北片区，该区域自然环境优越。设计致敬杏林文化发源地，以百年杏树为母题，并将其应用于建筑与城市的对话中。强壮的树干向上生长，在枝繁叶茂中塑造出曲直结合的动线。象征着守护生命的巨大树荫，如同这座医院一样，守护着患者并给他们带来希望。同时设计将自然疗愈的康复理念与庐山得天独厚的自然环境相融合，因地制宜，打造一所与山水相融、拥抱自然的“花园式”医院。

该医院建设标准为三级甲等综合医院，总床位 920 个。总体布局符合综合性医院的特色，实现了高效就诊、洁污分流、医患分流的合理规划。同时，设计因地制宜，南侧和西侧分别形成“双首层”概念。

医者愈人，空间视心。这里既是高效便捷的现代智能化医院，也是气韵灵动的自然花园式医院。设计师想做的不仅仅是为医患提供一处尺度怡人、空间多样的诊疗环境，更是在城市化的浪潮中，营造一方有利于医患养心、亲近自然的天地。

玉山县文旅集散中心

Yushan County Cultural and Tourism Distribution Center

项目业主：玉山县光彩体育发展有限公司
建设地点：江西 上饶
建筑功能：文化建筑
用地面积：30 388 平方米
建筑面积：41 674 平方米
设计时间：2023 年
项目状态：在建
设计单位：江西省建筑设计研究总院集团有限公司
主创设计：建筑一院方案创作中心

项目位于上饶市玉山县中心城区，为一栋由五种不同功能组合成的多层公共建筑，主要功能为图书馆、科技馆、电影院、演艺中心、商业及其配套。玉山县文旅集散中心延续了玉山的博士文化，通过抽象博士帽及竹简形态，赋予建筑灵动飞扬的气质和文化。建筑通过屋顶曲线及中间共享平台把两个体块融合为一体，共享平台和屋顶形成了一个通透的空间，犹如玉山之门。同时设计提取宋代碑刻天文图，刻印于建筑之上，象征玉山文化如浩瀚星空的寓意。

设计师考虑到作为公共文化建筑的开放性，在沿着城市主干道与建筑空间相通的位置设置两个不同尺度的城市广场，承载居民的公共活动功能，并融入玉山特色的台球文化。项目强烈的时代感与强盛的生命力呼之欲出，是城市有故事的建筑空间，在树立城市场地的历史新篇章的同时，也必将成为下一个被城市铭记的建筑。

九颂山河修水江山印

Jiusong Shanhe Xiushui Mountain Seal

项目业主：九颂山河置业集团有限公司　　建设地点：江西 九江
建筑功能：商业、居住建筑　　用地面积：290 310 平方米
建筑面积：642 548 平方米　　设计时间：2019 年—2020 年
项目状态：建成
设计单位：江西省建筑设计研究总院集团有限公司
主创设计：建筑一院方案创作中心

项目位于九江修水黄田里。幕阜山下，修河之畔，千年古村黄田里静静伫立。设计不追求覆盖历史与文脉，而是力求依附与传承，以谦逊的态度，继承与融合本区域的唐风文化，以唐代传统设计语汇，再现千年黄田里的古典之美。项目大器天成，恢弘繁盛，试图激活片区浓厚的唐风意蕴城市基因。

中央的商业大街是整体设计的重点。设计以三层的售楼处为起点，以两层的角楼为终点，在延绵 300 米左右的街道内复原长安街繁华的景象。设计师对建筑的形体不断地推敲，在有限的空间里做出更多的变化和转折，使人们在游览时形成步移景异的视觉效果。当夜晚华灯初上，强烈的烟火气就会产生时光交错的代入感。设计师希望项目能像人们期许的那样，成为居住者幸福生活的载体，成为修水黄田里标杆性的人文社区和双井旅游线路上重要的一环，也成为这座城市文化记忆的一部分。

南昌长州鑫远中心

Nanchang Changzhou Xinyuan Center

项目业主：南昌长州鑫远房地产开发经营有限公司
建筑功能：办公、酒店建筑
建筑面积：116 148 平方米
项目状态：在建
设计单位：江西省建筑设计研究总院集团有限公司
主创设计：建筑一院方案创作中心
建设地点：江西 南昌
用地面积：20 599 平方米
设计时间：2022 年—2023 年

项目位于南昌市红谷滩 CBD 中央商务区，周边塔楼林立，区域城市开发建设已基本完成。本项目包含一栋超高层办公楼和一座五星级标准酒店。

当设计师站在城市的角度审视地块的时候发现，在这么一个高密度的片区，周边已建的裙房和塔楼形成的街墙效果密不透风，如果继续延续这样的一个城市空间形态，无论是对城市界面还是对项目和产品本身都是不利的。所以设计师通过对两个相对独立的建筑体量进行错落布局，在北侧沿街面退让出一个尺度宜人的公共空间。该公共空间在为项目本身营造更好的环境品质的同时，也为城市提供了一个可呼吸的开放空间。

建筑外墙材料以蓝灰色玻璃幕墙为主，搭配深灰色铝板，勾勒出硬朗、挺拔的竖向线条，玻璃幕墙通过形体的转折形成更加丰富的外立面的细节变化。项目建成后，将成为引领区域城市天际线变化的标志性建筑，同时对于提升城市形象和完善城市配套具有重要意义。

严何

职务： 上海建筑设计研究院有限公司
城市更新设计院副总建筑师
职称： 高级工程师
执业资格： 国家一级注册建筑师

教育背景

1996 年—2001 年　沈阳建筑工程学院建筑学学士
2001 年—2004 年　同济大学建筑学硕士
2004 年—2009 年　同济大学工学博士

工作经历

2009 年—2012 年　同济大学建筑设计研究院（集团）有限公司
2012 年—2018 年　厦门大学建筑与土木工程学院
2019 年—2020 年　华东都市建筑设计总院
2020 年至今　上海建筑设计研究院有限公司

个人荣誉

2013 厦门市十佳新锐建筑师

主要设计作品

日喀则桑珠孜宗堡保存与再生工程
荣获：2011 年全国优秀工程勘察设计一等奖
景德镇陶阳里下弄片区历史街区保护更新
荣获：2022 年华建集团“华建杯”创作优秀奖
景德镇陶溪川二期为民瓷厂一号厂房改造更新
荣获：2022 年华建集团“华建杯”创作优秀奖
乌兹别克斯坦共和国三座银行总部大楼
荣获：2023 年华建集团“华建杯”综合优秀奖
常熟美术馆
中国工艺美术馆新馆
郑东新区绿地广场
九江国际金融中心
厦门市档案馆新馆
厦门大学翔安校区继续教育学院
景德镇艺术职业大学人文职业教育实训基地
长江口二号古船整体迁移与临时存放和保护工程

专著

1.《古韵的现代表达：新古典主义建筑演变脉络初探》（东南大学出版社，2010.3）
2.《建筑手绘：建筑设计的思维表达》（清华大学出版社，2015.11）

学术论文

1.《“小布达拉”的复生——西藏日喀则“桑珠孜宗堡”保护性复原方案设计研究》载于《建筑学报》(2005.12)
2.《回望萨伏伊——20 世纪 20 年代柯布西耶设计思想中的矛盾性初探》载于《建筑师》(2006.10)
3.《“石头和羽毛”——斯蒂文・霍尔的纳尔逊 - 阿特金斯博物馆新馆解读》载于《建筑师》(2013.10)
4.《近代鼓浪屿城市转型中的空间竞争与文化适应》载于《建筑师》(2017.12)
5.《历史场景的都市生活——沪、汉两地近代城市滨水空间的建筑人类学比较研究》载于《南方建筑》(2014.10)
6.《现代语境下的在地表达——乌兹别克斯坦共和国塔什干新城银行总部集群设计》载于《华建筑》(2020.10)
7.《新旧相宜，和而不同——江西景德镇陶阳里下弄片区历史街区保护再生设计浅析》载于《中国勘察设计》(2022.11)

上海建筑设计研究院有限公司（原上海市民用建筑设计院，简称上海院）成立于 1953 年，现有员工 1 600 人，是一家具有工程咨询、建筑工程设计、城市规划、建筑智能化及系统工程设计资质的综合性建筑设计院，是中国乃至世界颇具规模的设计公司之一，被评为建筑设计行业高新技术企业，并通过国际 ISO9001 质量体系认证，在国内外享有较高的知名度。上海院累计完成 20 000 多个工程设计和咨询项目，作品遍布全国 31 个省、自治区、直辖市及全球 20 余个国家和地区，其中 700 多项工程设计、科研项目、标准规范获国家、住房城乡建设部以及上海市优秀设计和科技进步奖。

上海院致力于建筑设计的专项市场研究和创新，在着眼于体育建筑、医疗建筑、酒店建筑、文化建筑、办公建筑、商业建筑、会展建筑、博览建筑、教育建筑、科研建筑、优秀历史及保护建筑、住宅建筑等核心设计领域的同时，依托雄厚的人才资源、积累的丰富经验进行多维度的技术开拓，不仅在大跨度空间结构及新型结构设计、超高层设计方面开展具有前瞻性的技术研究，更致力于绿色与节能建筑设计、低碳和可持续发展的城市规划设计、数字建筑集成设计、智能化系统设计等专项技术研究与工程应用，形成专业研发团队与设计团队相互促进、共同发展的格局，为国内外客户提供优质的一体化服务。

上海院拥有工程院院士、全国工程勘察设计大师、享受国务院政府特殊津贴专家、国家有突出贡献中青年专家、教授级高级工程师及国家一级注册建筑师、工程师、规划师、咨询师等一大批资深专家和技术人才。上海院多年来累计主编、参编各类规范 110 余项，主编、参编国家、上海市设计标准 20 余项，拥有授权发明专利 4 项、实用新型专利 10 项，拥有著作权的各专业软件 20 项，出版大量专业学术著作，有力地促进了上海及全国建筑设计行业技术水平的提高。上海院作为一家与城市同名、与国家的城市建设发展共同成长的设计院，在未来的岁月里将一如既往地以上海为原点，为全国乃至世界创作更多优秀的建筑作品。

地址：上海市石门二路 258 号
电话：021-52524567
传真：021-62464200
电子邮箱：yanhe@aisa.com.cn

乌兹别克斯坦共和国三座银行总部大楼

The Three Banks Headquarters Buildings in the Republic of Uzbekistan

项目业主：乌兹别克斯坦共和国 阿洛卡（ALOQA）、阿萨卡（ASAKA）、工业建设（PSB）商业股份银行
建设地点：乌兹别克斯坦共和国 塔什干
建筑功能：办公建筑
用地面积：36 576 平方米
建筑面积：207 496 平方米
其中：阿洛卡银行 80 033 平方米
阿萨卡银行 46 387 平方米
工业建设银行 81 076 平方米
设计时间：2019 年—2020 年
项目状态：在建
设计单位：华东建筑设计研究院有限公司
主创设计：金鹏、严何

通过对当地文化和历史传统的现代转译，塔什干新城的银行总部办公楼群以“和而不同”的特质呈现出反映当地文化基因的现代城市意向。作为“一带一路”沿线的发展中国家，当地政府及各家银行业主都力图通过建筑形式来表达财富和实力。同时，历史文化、地质条件和气候特征等方面的适应性因素又成为设计的“题眼”。最终的设计一方面为业主提供高效、舒适的办公空间，另一方面营造一处契合当地特质的城市环境，以此延续城市的发展脉络。

景德镇陶溪川二期为民瓷厂一号厂房改造更新

The Renovation and Renewal for Jingdezhen Taoxichuan Phase II Weimin Porcelain Factory Plant No.1

项目业主：景德镇陶邑文化发展有限公司
建设地点：江西 景德镇
建筑功能：商业、展示、多功能观演建筑
用地面积：8 291 平方米
建筑面积：12 044 平方米
设计时间：2020 年—2021 年
项目状态：在建
设计单位：上海建筑设计研究院有限公司
主创设计：严何

陶溪川二期为民瓷厂一号厂房是对一座 20 世纪 50 年代的瓷厂厂房进行的改造更新，使其从原有的废弃厂房转变为包括商业、展示、娱乐多功能复合的城市“活力工厂”。通过对这座厂房的外部环境、内部结构和材质进行梳理，挖掘其需要保留和延续的空间特征，植入新的功能。设计在尊重工业景观和结构秩序的前提下，形成延续环境记忆、使用灵活多维、遵循原有逻辑的更新技术策略。

更新后，建筑被“T”字形主轴分为小型现场演出观演区、租售区、美术馆及培训区三部分，主轴则交会于中心庭院。新建的体量以现代建筑语言同原有厂房形式呈现新与旧的对话；原有厂房的梁柱、高窗，甚至不同时期的历史印记则被保留下来，成为承载历史记忆和当代城市生活的载体。

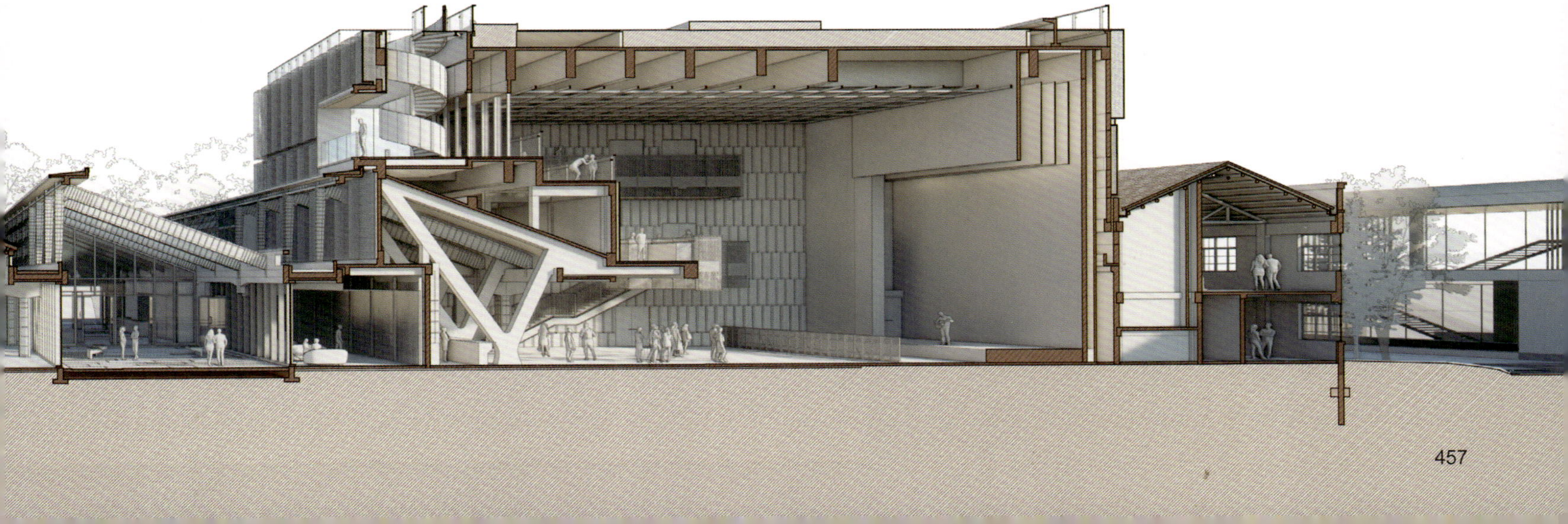

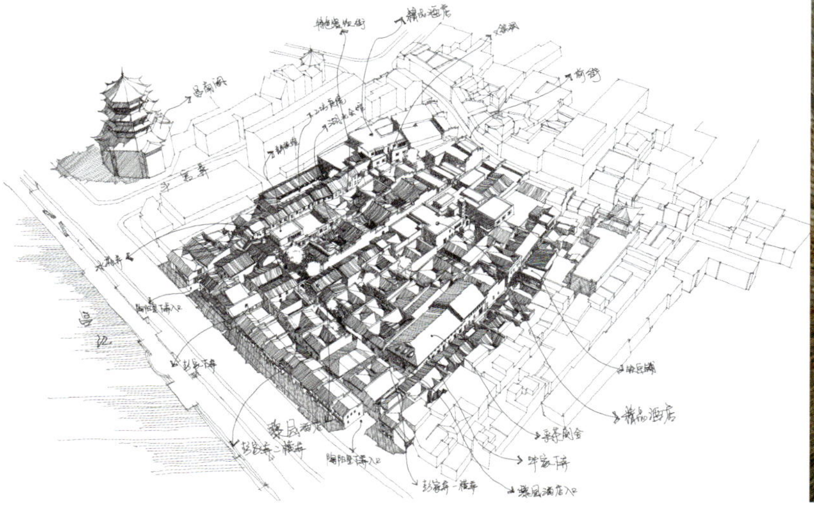

景德镇陶阳里下弄片区历史街区保护更新

Preservation and Renewal of Historical District in the Xianong Area of Taoyangli, Jingdezhen

项目业主：景德镇陶阳置业有限公司
建筑功能：酒店、商业建筑
建筑面积：7 987 平方米
项目状态：建成
主创设计：严何

建设地点：江西 景德镇
用地面积：4 496 平方米
设计时间：2020 年—2021 年
设计单位：上海建筑设计研究院有限公司

陶阳里下弄位于瓷都景德镇老城区的西部，自明代以来，就形成了以御窑厂为中心，由南北向的街道和东西向的巷弄共同构成的街巷格局。

设计在尊重、保留不同时代居住形态和历史场景的基础上，采用新旧并置、肌理缝合的方式，对建筑功能和巷弄环境进行再生，使其从原有衰败的居住片区转变为餐饮、住宿、文创多功能复合的文化体验地。

厦门大学翔安校区继续教育学院

College of Continuing Education, Xiang'an Campus, Xiamen University

项目业主：厦门大学基建处

建筑功能：教育建筑

建筑面积：16 344 平方米

设计时间：2015 年—2017 年

项目状态：建成

设计单位：厦门大学建筑与土木工程学院

主创设计：严何

建设地点：福建 厦门

用地面积：2 210 000 平方米（校区总用地）

厦门大学由著名爱国华侨陈嘉庚先生创办于 1921 年，被誉为中国最美的大学校园之一。项目地处厦门大学翔安校区东南角，结合场地内的水域整治，形成怡人的校园景观。

设计通过对不同空间的雕琢，创造由独立思考到相互交流的一系列场所。建筑空间和造型既表现厦门大学校园固有的开放包容的特征，又彰显厚德稳重的历史渊源。在探讨“嘉庚风格”当下形式表达的过程中，力图呈现一座充满学术气息和历史文脉的校园建筑。

杨第

职务：中煤科工重庆设计研究院（集团）有限公司

总建筑师、创作中心主任

职称：高级工程师

教育背景

1994 年—1999 年　重庆大学建筑学学士

2001 年—2005 年　重庆大学建筑学硕士

工作经历

2005 年至今　中煤科工重庆设计研究院（集团）有限公司

社会职务

重庆市规划专家委员会委员

重庆市城乡建设委员会专家

重庆市绿色建筑与建筑产业化协会专家委员会委员

中国建筑学会高层建筑人居环境学术委员会理事

重庆市勘察设计协会建设工程专家咨询委员会委员

重庆市土木建筑学会专家

主要设计作品

国家应急指挥总部方案设计

重庆国家应用数学中心

中国宝武西南（产业）总部

重庆轨道交通 2 号线曾家岩站 C 口改造工程

缙云县市民发展中心

贵州省毕节地区行政办公中心

中国河口国际会展中心

重庆市沙坪坝区人民医院井双院区

重庆市中医骨科医院整体迁建项目

CCTEG

中煤科工重庆设计研究院（集团）有限公司（简称中煤科重庆设计集团）组建于 1953 年，原为煤炭工业部直属设计研究院，现为中央企业中国煤炭科工集团有限公司全资子企业。

中煤科重庆设计集团总部坐落于重庆市渝中区核心地段，分为马家堡和虎头岩两个院区。在 70 年的改革发展征程中，中煤科重庆设计集团立足重庆、深耕西南、布局全国，坚持守正创新，不断深化改革，从传统部属行业设计研究院逐步发展成为特色鲜明、西南领先、全国知名的大型综合性勘察设计集团。

中煤科重庆设计集团下设 41 个勘察设计院所、2 家子公司、12 个驻外分支机构，拥有从业人员 2 300 余人，其中重庆市及煤炭行业勘察设计大师 12 人、国家突出贡献专家 26 人、中高级职称人员 700 余人，各类注册工程师 400 余人，涵盖 40 余个专业。中煤科重庆设计集团现有建筑、市政、煤炭、电力等行业甲乙级资质 50 余项，业务遍布国内 30 多个省区市，与世界 20 余个国家和地区进行过技术交流与合作。

中煤科重庆设计集团致力于为客户提供一体化、数字化工程建设综合解决方案，目前已经形成城市建设、绿色能源、生态环保、乡村振兴、咨询服务五大产品体系，产品类型涉及规划、建筑、市政、环保、煤炭、天然气、电力、公路、建材等行业，业务范围覆盖咨询、管理、勘察、设计、监理、造价、总承包等工程建设全过程、全领域。

中煤科重庆设计集团先后获得“全国文明单位”“全国工程勘察设计先进企业”“全国模范职工之家”“全国工人先锋号”“全国青年文明号”“全国和谐劳动关系创建示范企业”“全国工程勘察与岩土行业诚信单位”“中央企业思想政治工作先进单位”“煤炭行业 AAA 级企业”“重庆市五一劳动奖状”“重庆市守合同重信用单位”“重庆市建设系统先进党组织”等荣誉称号。

中煤科重庆设计集团将完整、准确、全面贯彻新发展理念，践行“让城市绿色智慧，让生活美好幸福”的使命，传承“求实、创新、奋斗、超越”的企业精神，弘扬“解放思想、勇于创新、真抓实干、马上就办”的工作作风，在建设国内一流大型综合性设计集团的新征程上奋勇前行！

地址：重庆市渝中区经纬大道 780 号

3# 楼

电话：13608386260

传真：023-68811613

网址：www.cqmsy.com

电子邮箱：yangdi@cqmsy.com

国家应急指挥总部方案设计

Design of the National Emergency Command Headquarters Scheme

项目业主：国家应急管理部
建设地点：北京
建筑功能：办公建筑
用地面积：9 309 平方米
建筑面积：45 176 平方米
设计时间：2019 年—2021 年
项目状态：建成
设计单位：中煤科工重庆设计研究院（集团）有限公司
设计指导：薛巍
主创设计：杨第
参与设计：张红、万祥富、康骏、周俊岑、徐丁、吕冰洁

项目将中国传统的“中国印”的视觉形象作为建筑的平面及立面造型的原型，用建筑形象传达建筑属性与功能特点，同时展示出项目的思想文化内涵。

建筑形象设计采用经典三段式构图，将中国传统元素与现代建筑元素相结合，立面左右对称，柱式整齐，线条厚重，具有古典美和秩序感，呈现出国家机关办公大楼的庄严肃穆及理性之美。

重庆国家应用数学中心

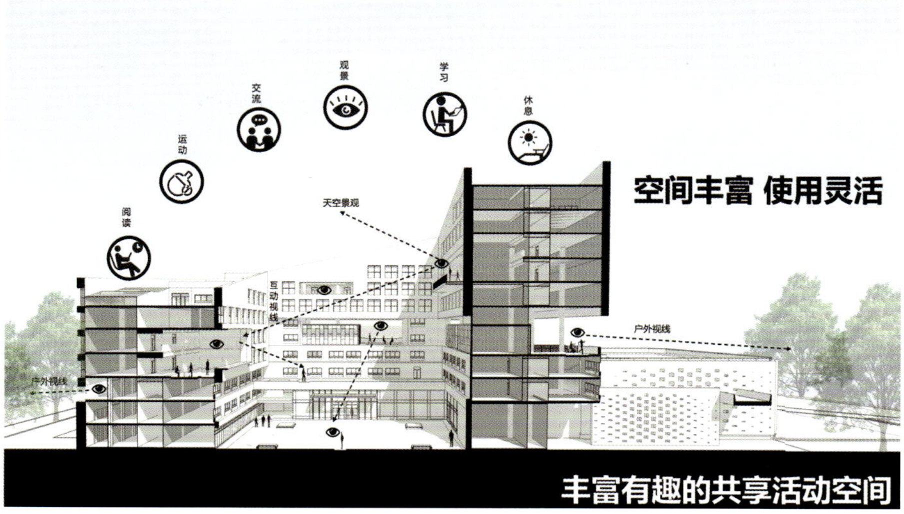

Chongqing National Applied Mathematics Center

项目业主：重庆师范大学
建设地点：重庆
建筑功能：教育建筑
用地面积：27 053 平方米
建筑面积：28 620 平方米
设计时间：2021 年—2022 年
项目状态：在建
设计单位：中煤科工重庆设计研究院（集团）有限公司
主创设计：杨第、周俊岑
参与设计：徐丁、张红、吕冰洁、余苑航

项目位于重庆师范大学东南角，校园内流线便利，出入便捷。

项目运用“螺旋线”设计理念，利用螺旋线生长趋势渐进向前的原理，寓意科学研究也是螺旋向前发展，表达学无止境、勇攀高峰的设计主题。

项目功能布局紧凑合理，总平面布局与周边协调，符合规范要求，功能分区明确，内外交通组织合理，动静分区合理；利用“回”字形空中流线，打造出便捷高效的交通流线。

项目巧用场地，增加开敞空间，创造出丰富有趣的共享活动场所，并且合理利用屋顶空间，打造“办公花园”的场景氛围，达到“建设一座建筑，呈现一个公园”的效果。

中国宝武西南（产业）总部

China Baowu Southwest (Industrial) Headquarters

项目业主：重庆工业博物馆置业有限公司
建设地点：重庆
建筑功能：办公建筑
用地面积：101 649 平方米
建筑面积：19 540 平方米
设计时间：2022 年—2023 年
项目状态：在建
设计单位：中煤科工重庆设计研究院（集团）有限公司
设计指导：薛巍
主创设计：杨第、张红
参与设计：周俊岑、吕冰洁、谢明焕

项目位于重庆市大渡口区大渡口重钢片区内，已建钢魂馆、主展馆、第三跨型钢办公楼。场地东临规划义渡路，北临工博中路，西临筑梦大道，南临 16 米宽城市绿带。

项目结合重庆“两江四岸”长江文化艺术湾区规划背景，契合城市规划，突出区域特点，融入沿江艺术美学，将钢铁工业文化与生态文化相融合，形成湾区闪耀的工业文化之美。

项目保留原设计空间布局方式，顺应场地现有建筑肌理，有机组织起纵横间的建筑联系，通过在沿江公共区域使用不同的设计方法，让空间体验更加丰富；并且通过新旧设计语言的穿插，唤醒人们对工业时期的回忆和对工业发展未来的向往。

重庆轨道交通 2 号线曾家岩站 C 口改造工程

Chongqing Rail Transit Line 2 Zengjiayan station Entrance/Exit C Reconstruction Project

项目业主：重庆市轨道交通（集团）有限公司
　　　　　重庆曾家岩大桥建设管理有限公司
建设地点：重庆
建筑功能：交通建筑
用地面积：448 平方米
建筑面积：448 平方米
设计时间：2022 年—2023 年
项目状态：建成
设计单位：中煤科工重庆设计研究院（集团）有限公司
主创设计：杨第、周俊岑
参与设计：李震、徐丁、张红、余苑航、李庚、王玺凌

项目位于重庆市渝中区中山四路。中山四路陪都历史文化街区起于上清寺转盘，止于周恩来纪念铜像广场，全长约 800 米，全街历史遗迹众多。

方案设计以“城市之星，未来之光”为设计理念，以五角星作为设计原型，用解构重组的设计手法，形成地景式建筑。项目融入城市广场的整体环境中，尊重城市肌理，呼应城市界面。

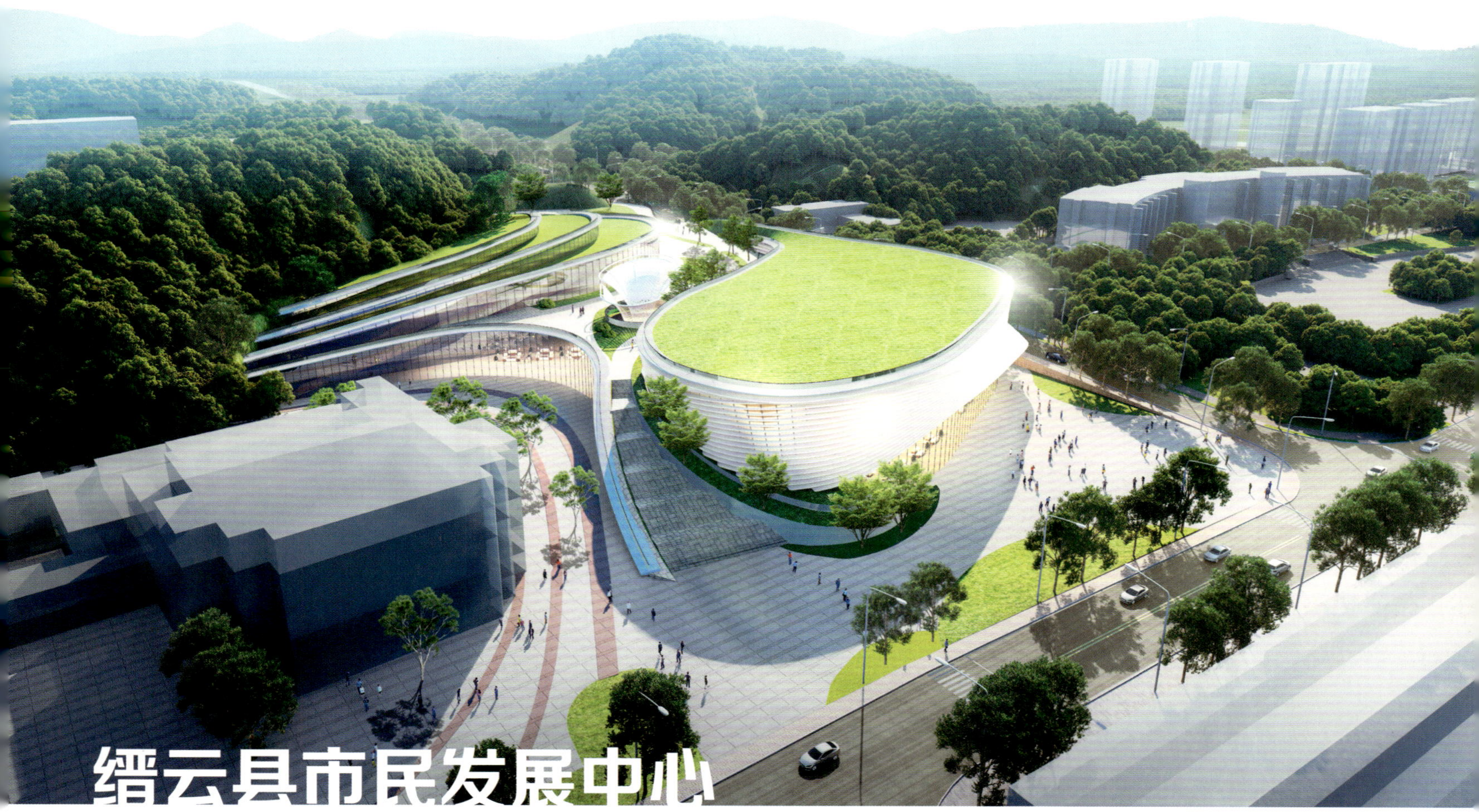

缙云县市民发展中心

Jinyun County Citizen Development Center

项目业主：缙云县文化和广电旅游体育局
建设地点：浙江 丽水
建筑功能：公共建筑
用地面积：24 304 平方米
建筑面积：46 844 平方米
设计时间：2022 年—2023 年
项目状态：在建
设计单位：中煤科工重庆设计研究院（集团）有限公司
主创设计：杨第、张红
参与设计：李震、贺雪冬、李庚、周俊岑、殷顺成、王正文、余苑航、吕冰洁

项目位于浙江省丽水市缙云县新区，与缙云县人民政府西侧相邻，地理条件优越。

项目造型取山水流线之形，流畅的线条体现运动之美，建筑形象轻柔而不失力量感。顺山体层叠之势，建筑与山体结合，体现生命与自然之和谐。建筑融于自然山体，使城市与自然紧密联系，浑然一体。建筑结合景观多层次连接城市标高，与城市空间无缝连接。内部各个功能空间互动和共享，鼓励市民更多地参与体育类活动，陶冶情操，锻炼身体。

杨宁宁

职务：青岛时代建筑设计有限公司
规划方案设计总监
职称：高级工程师
执业资格：国家一级注册建筑师

教育背景

2005 年—2010 年　三峡大学建筑学学士

工作经历

2010 年至今　青岛时代建筑设计有限公司

主要设计作品

中央美术学院青岛校区
荣获：2020 年青岛市优秀建筑设计一等奖
2020 年青岛西海岸新区优秀方案设计评选活动二等奖
东方贝壳文化博览园
荣获：2020 年青岛西海岸新区优秀方案设计评选活动三等奖
山东省智能机器人孵化基地暨产业园一期 A 区
荣获：2020 年青岛市优秀建筑设计一等奖
上马街道朝阳中学新建工程
荣获：2021 年青岛市优秀建筑设计一等奖
青岛专家工作室、专家公寓、留学生公寓创新创业孵化基地
荣获：2021 年青岛市优秀建筑设计三等奖
青岛海洋活力区项目启动区 01 地块
荣获：2022 年青岛市优秀建筑设计二等奖
中国（山东）自由贸易试验区青岛片区综合服务中心
荣获：山东省绿色建筑标识项目二星
珠江路小学扩建工程

时代设计
TIMES DESIGN

青岛时代建筑设计有限公司（简称时代设计）前身为青岛市第二建筑设计院，成立于 1985 年 7 月。30 多年来。公司始终秉承“求新、求精、求实”的时代理念，内抓管理、外树形象，从转换机制、提高质量、完善服务入手，锐意改革，开拓进取，使企业管理水平、设计能力和服务质量迅速提高，已成为山东建筑设计行业的主力军。公司具有建筑行业（建筑工程）甲级、风景园林甲级、市政行业部分专业乙级、水利

地址：青岛市黄岛区黄浦江路 57 号
电话：0532-86971928
网址：www.qdsct.com
电子邮箱：qdsct@tom.com

于永松

职务：青岛时代建筑设计有限公司主创建筑设计师
职称：高级工程师
执业资格：注册城乡规划师

教育背景
2004 年—2008 年　西安工程大学环境艺术设计学士

工作经历
2008 年至今　青岛时代建筑设计有限公司

主要设计作品
青岛西海岸新区惠康医院二期
荣获：2018 年青岛市优秀工程勘察设计二等奖
胶南市人民医院综合病房楼
荣获：2018 年青岛市优秀工程勘察设计二等奖
孟子文化产业园
根河市城市景观风貌规划
呼伦贝尔市职工文体活动中心
青岛市开发区一中整改及建设维修工程
瑞苑名嘉荷府

学术研究成果
《建筑学中绿色建筑设计的发展趋势探讨》
《建筑学中规划和设计问题解析》

行业部分专业丙级、房屋建筑工程监理甲级、市政公用工程监理甲级、城乡规划乙级、勘察岩土工程乙级等 14 项资质。公司累计获得各类建筑设计奖 200 余项，拥有发明专利、实用新型专利等有效知识产权 60 余项，是集设计、科研、监理、科贸为一体的技术密集型科技企业。

中国（山东）自由贸易试验区青岛片区综合服务中心

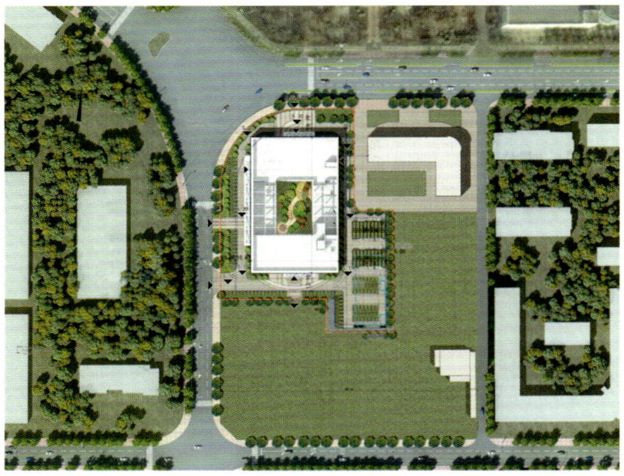

China (Shandong) Pilot Free Trade Zone Qingdao Area Comprehensive Service Center

项目业主：青岛青保城市发展有限公司
建设地点：山东 青岛
建筑功能：综合服务中心
用地面积：12 882 平方米
建筑面积：20 144 平方米
设计时间：2019 年—2020 年
项目状态：建成
设计单位：青岛时代建筑设计有限公司
主创设计：杨宁宁
参与设计：尉荣昕、张毅龙、原媛、周磊、曲敬友、赵凤帅、于超

项目以“智汇一方”为设计理念，寓意通过一个盒子将天地间的智慧和知识汇聚于此。建筑以内天井和局部架空等设计手法，实现内外空间的融合贯通，局部切角处理，减小建筑体量对主要人流方向的视觉冲击。建筑立面结合龙骨构件及玻璃幕墙进行设计，打造轻盈灵活的立面形式，具有十足的现代感。

珠江路小学扩建工程

The Pearl River Road Primary School Expansion Project

项目业主：青岛西海岸新区建筑工务中心
建设地点：山东 青岛
建筑功能：教育建筑
用地面积：27 388 平方米
建筑面积：32 612 平方米
设计时间：2022 年—2023 年
项目状态：方案
设计单位：青岛时代建筑设计有限公司
设计团队：杨宁宁、尉荣昕、原媛、张毅龙、周磊、宗宁、胡立群、刘翠翠、徐良

项目以“垂直校园”作为设计理念，意在打造一个绿色的兼具启发性、开放性和包容性的多元空间。设计以紧张的用地为切入点，通过抬升操场，将校园教学与运动功能立体叠加，为师生创造出更多的室外及半室外学习与交流空间；通过架空空间及连廊，在实现视觉上联通和渗透的同时还形成了全天候的共享开放公共空间，可提供多层次的校园空间体验。对整个立面体量进行分层处理，将现代简约的水平线条贯穿于立面设计，既符合学校建筑的性格特征，又不失自身个性。

根河市城市景观风貌规划

Urban landscape planning of Genhe City

项目业主：根河市人民政府
建设地点：内蒙古 呼伦贝尔
建筑功能：城市景观风貌规划
用地面积：20 012 平方千米
设计时间：2017 年—2019 年
项目状态：在建
设计单位：青岛时代建筑设计有限公司
主创设计：于永松
参与设计：杨永江、李忠伟、史春伍、包靖哲、李春霞

设计定位和规划目标：关注山水，打造依山望水的生态区；关注品质，打造高品质休闲区；关注文化，营造符合根河地域文化的特色。

设计以基地优越的山水资源为基础，丰富其实体空间，创造优美的迎宾景观和山地景观。项目综合原有大棚种植园和升级生态人居家园，具有会议、酒店、旅游接待、休闲娱乐、居住等多种复合功能，打造极具活力及影响力的综合性城市出入口，点亮北出入口。

城市北出入口处以“一夜星河”为设计灵感，用地形层级处理的方式将车行道与山体边坡处理成蜿蜒回环的河谷形态，定义整个空间基调；从“北斗之上”制高点处向山坡撒下成片的 LED 颗粒灯，寓意星河；道路交叉口三角地的“叶子”雕塑与之形成对景，释为“一夜（叶）星河”。

孟子文化产业园

Mencius Cultural Industrial Park

项目业主：曲阜孔子国际文化城有限公司
建设地点：山东 曲阜
建筑功能：历史文化街区
用地面积：1 910 000 平方米
建筑面积：439 050 平方米
设计时间：2009 年
项目状态：方案
设计单位：青岛时代建筑设计有限公司
主创设计：于永松
参与设计：杨永江、李忠伟、史春伍、包靖哲

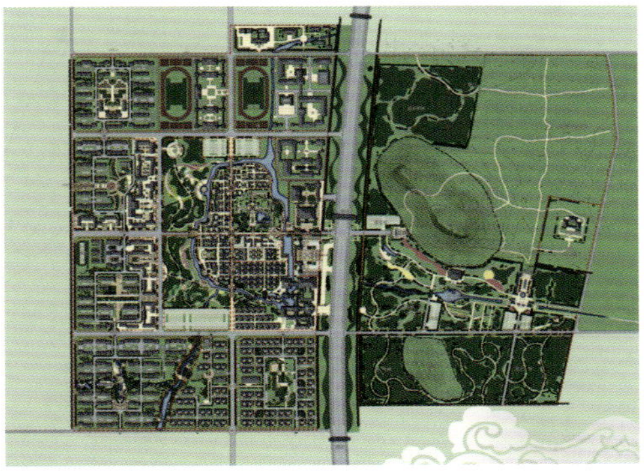

项目基地位于曲阜市城南 10 千米处，位于中华文化标志城“两城、两轴、三区”结构的孔孟文化标志轴的轴线上，凸显了孟子文化产业园的重要文化地位。

项目所在的凫村是山东省首批历史文化名村，有较多完整的历史古迹，在国内外都享有盛誉。孟子故居、孟母井、孟母池等都有完整的遗存，东侧孟母林保存完整，由小白马河环绕而形成的村落格局基本得以保留。项目周边历史文化氛围浓厚。

项目内容归纳为七个部分，利用节点、轴线、区域三种要素把各个部分联系为一个有机的整体，将之设计成为功能齐备、旅游项目完善、游览线路清晰的文化产业园。将优秀景区与周围景区相衔接，使其文化背景相互契合，将孟子文化产业园建设为未来孔孟文化圈的重要组成部分。

袁晓忠

职务：浙江恒欣设计集团股份有限公司副总经理
职称：高级工程师
执业资格：国家一级注册建筑师

教育背景
1994 年—1998 年　内蒙古科技大学建筑学学士

工作经历
2012 年至今　浙江恒欣设计集团股份有限公司

个人荣誉
2020 年浙江省嘉兴市首届“大城工匠”
西安科技大学建筑与土木工程学院客座指导教师

主要设计作品
杨柳湾幸福里菜市场
浙江图讯科技大厦
荣获：2020 年嘉兴市优秀工程勘察设计二等奖
浙江省桐庐小城镇环境整治规划
荣获：2018 年浙江省优秀城乡规划设计奖
嘉兴商务区花园大厦
荣获：2016 年嘉兴市优秀工程勘察设计一等奖
衢州三和里商业中心
宜宾市中山小学天池校区
云南省大姚县人民医院新区

浙江恒欣设计集团股份有限公司
ZHEJIANG HENGXIN DESIGN GROUP CO.,LTD

地址：
恒欣集团总部：
浙江省嘉兴市南湖区金港路 35 号
杭州基地：
杭州市拱墅区金地新科技园 16 幢（T1 栋）5 层
陕西基地：
西安市未央区龙首北路西段七号航天新都 A 座 710 室
海南基地：
海口市龙华区国贸大道 56 号北京大厦 23 层 AB 房
网址：www.sqhx.com

浙江恒欣设计集团股份有限公司，成立于 2001 年，经过 20 多年的发展，注册资本金从 10 万元增至 5 085 万元，办公场地从租赁到自有 1.7 万平方米的特色产业园，业务产值从设立之初的每年不足 200 万元跃升到每年数亿元。公司拥有员工 1 000 余名，含各类注册工程师百余名，涉及建筑、结构、给排水、暖通、电气、规划、咨询、景观、市政、勘测、装饰、概预算、监理等专业。

公司拥有建筑行业（建筑工程）设计、工程勘察、风景园林、房屋建筑工程监理等多项甲级资质，并具备工程咨询、城乡规划、市政、装饰、鉴定加固等多项综合资质。业务范围涵盖城乡规划、建筑设计、勘察勘测、工程监理、施工管理、工程总承包、司法鉴定、咨询服务等各个方面。

公司拥有多项发明专利和实用新型专利，并被评为“国家级高新技术企业”“科技型中小企业”。公司在历年来完成的各类规划、咨询、工程设计中，获各级奖项 200 多项；有各类发明专利 30 余项；在产业园规划、商业建筑、园林设计及项目管理、工程总承包等领域具有行业领先地位。

公司积极拓展国内外建筑市场，在全国各省市设立了多个总部基地和 60 余家分公司。公司注重多元化发展，先后成立了嘉兴市恒昕建设有限公司、海南五维空间科技有限公司、嘉兴市恒晔技术服务有限公司等子公司，并成功收购了具备施工总承包一级资质的浙江元通建设股份有限公司。2018 年，恒欣设计在全国中小企业股份转让系统挂牌成功，为公司的展翅腾飞、综合发展，进一步奠定了坚实的基础。

公司秉承“构建恒欣平台，共筑美好未来”的理念，目标是传承中华建筑文化，创新中国建筑科技，成为国内一流、面向世界的百年建筑设计综合服务商，为人们营造更美好的生活。

杨柳湾幸福里菜市场

Yangliuwan Xingfuli Vegetable Market

项目业主：嘉兴城市建设投资有限公司
建设地点：浙江 嘉兴
建筑功能：农贸市场
用地面积：5 000 平方米
建筑面积：2 630 平方米（改造区）
设计时间：2019 年
项目状态：建成
设计单位：浙江恒欣设计集团股份有限公司
主创设计：袁晓忠

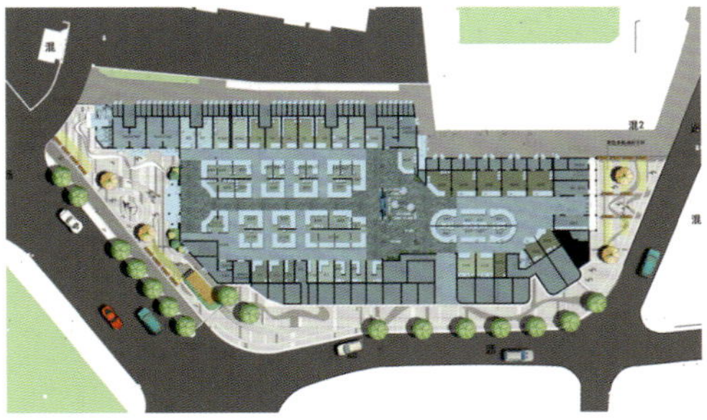

项目位于嘉兴市中心的老城区，建设采用 EPC（设计施工总承包）模式，成功实现了高品质、低成本、智慧化的建设改造目标，展现出民生工程特有的邻里、共享、烟火气及自有韵味的内涵。

设计特色：菜市场内通道采用江南特有的青石板砖，独特的中庭文化休闲休息区、山石流水配照壁剪影，将普通菜市场的购物行为提升为一种在江南街巷中的休闲采购体验。同时在软装方面，中央空调、新风系统、智慧扫码屏、LED 电子屏等设备设施，形成了独有的智慧农贸系统。

幸福里菜市场项目虽小，但在菜篮子工程、智慧化农贸、EPC 模式等方面，却极具探索研究意义。幸福里菜市场成为江南小城里极具烟火气特色和水乡文化韵味的提升改造典型案例，曾被中央电视台报道过。

浙江图讯科技大厦

Zhejiang Topinfo Technology Building

项目业主：杭州图讯实业有限公司
建设地点：浙江 杭州
建筑功能：商业、办公建筑
用地面积：9 357 平方米
建筑面积：25 437 平方米
设计时间：2015 年
项目状态：建成
设计单位：浙江恒欣设计集团股份有限公司
主创设计：袁晓忠

浙江图讯实业有限公司是一家专业从事电子政务建设与信息安全产品研发的高科技企业。项目在设计上，以水平向石材墙体与幕墙玻璃相互交错，造型简洁而富于变化，充分体现其集科技信息化、电子技术化为一体的商务办公属性。

结合项目用地狭长的特点，设计强调“开放性、高效性、绿色生态可持续性”的理念，设置南北A、B两栋楼，呈“L”形布置，形成中心的半围合内庭。底部架空层的设计，打通了内院与南面河流区域的视野。多层退台屋面结合屋顶绿化设置，打造花园式办公空间，提升商务办公楼的视觉感观，与城市景观环境有机衔接。竖向方面，南低北高，避开公建的阻挡，将南面的河道景观空间引入。

嘉兴商务区花园大厦

Jiaxing Business District Garden Building

项目业主：嘉兴国际商务区投资建设有限公司
建设地点：浙江 嘉兴
建筑功能：办公建筑
用地面积：9 252 平方米
建筑面积：26 104 平方米
设计时间：2012 年
项目状态：建成
设计单位：浙江恒欣设计集团股份有限公司
主创设计：袁晓忠

项目设计运用简洁现代的设计风格、积极向上的造型手法，采用中轴对称为主导的造型，营造出政府职能部门廉洁自律、高效服务的精神风貌。建筑庄严、稳重、大气，彰显其公正、公平、公开、廉洁的机关形象。

项目结合现有用地，尽可能后退形成宽敞的前广场，缓解人流疏散的压力，创造一个温馨的空间氛围。在功能布局定位方面，合理安排众多职能部门的工作流线、车行流线，使之互不干扰，内外分开。公、检、税、办证管理、信访接待等区域的流线经过有机组织，均有其相对独立的入口位置及办公区域。 丰富多变的内部建筑空间，充分体现了有机建筑环保、节能的特色。

衢州三和里商业中心

Quzhou Sanheli Business Center

项目业主：衢州飞驰置业有限公司
建设地点：浙江 衢州
建筑功能：商业建筑
用地面积：14 075 平方米
建筑面积：36 137 平方米
设计时间：2016 年—2017 年
项目状态：建成
设计单位：浙江恒欣设计集团股份有限公司
主创设计：袁晓忠

项目位于衢州的中心老城区，原址为东方家私家具市场，极具商业氛围与消费人气。为了进一步提升旧城文化韵味，完善区块商业业态，将原市场进行升级换代，打造成衢州未来中心老城区最具时尚特色和文化底蕴的商业街区。

项目设计思路为采用层叠的坡屋面、红砖灰瓦的街巷式风格，层层大进深的退台、错位，辅以空间连廊、自动扶梯等，形成极为丰富的内街内景，给商家带来无限可能的二次内装创意空间。建筑沿城市道路展开，交叉转角处后退形成商业广场，并引入内街巷空间。建筑以折线形的半围合空间形式布置，底层架空，局部区块设置室外音乐旱喷泉、音乐小广场等活动区。规划在用地内同时引入邻里中心、商业创业园等板块，“一街一中心”打造成新型的未来社区。

翟国静

职务：九易庄宸科技（集团）股份有限公司
创作一所所长、项目经理
职称：工程师

教育背景

2009 年—2014 年　河北大学建筑学学士

工作经历

2014 年至今　九易庄宸科技（集团）股份有限公司

个人荣誉

公司优秀工作者

主要设计作品

石家庄东胜时间山
原河云墅
石家庄凯琦华药地块
献县金悦府
磁县幸福拾光
石家庄雅居乐御宾府
白佛天海容天下
石家庄东胜紫御府
邢台紫阳天玺
石家庄高新区体育中心
方兆产业园
中瑞物流办公楼
石家庄市第二十四中学
肥乡小学
石家庄高新区电子科技园

李响响

职务：九易庄宸科技（集团）股份有限公司
创作七所所长
职称：高级工程师

教育背景

2007 年—2012 年　大连理工大学建筑学学士

工作经历

2012 年至今　九易庄宸科技（集团）股份有限公司

主要设计作品

原河云墅
石家庄雅居乐御宾府
泰丰翠屏山水
磁县望樾府
正定熙园商务中心
安平丽景名都

JYZC 九易庄宸®

九易庄宸科技（集团）股份有限公司（简称九易庄宸）成立于 2002 年，现有员工 700 余人。九易庄宸具备全过程顾问咨询、一体化工程设计、工程管理及总承包服务、施工图审查等基于项目生命周期一体化全过程服务能力，具体涵盖规划设计、建筑设计、景观设计、市政设计、空间设计、BIM 设计、装配式设计、工程咨询、工程管理、工程 EPC、机电设计、幕墙设计、产品研发和施工图审查等业务。九易庄宸目前是河北省头部民营设计企业，总部设在石家庄，面向全国市场，下设天津、唐山、雄安、合肥、南昌、海口、银川、贵阳、鞍山等多个分支机构。

集团：河北省石家庄市裕华区仓裕路 95 号 ICC 环球智汇中心 B 座 10 层
总部：河北省石家庄市裕华区建华南大街 215 号万达写字楼 C 座 21 层
电话：0311-85213110
网址：www.jyzc.net
电子邮箱：JYZCMarketing@126.com

马建龙

职务：九易庄宸科技（集团）股份有限公司
创作二所所长
职称：工程师

教育背景
2007 年—2012 年　河北工业大学建筑学学士

工作经历
2012 年—2015 年　中旭建筑设计有限责任公司
2015 年—2018 年　中科院建筑设计研究院有限公司
2018 年至今　九易庄宸科技（集团）股份有限公司

主要设计作品
石家庄经济技术开发区京津冀协同创新承载中心
石家庄经济技术开发区创业孵化园
深国际・正定智慧港项目一期
高邑县市民文化活动中心
石家庄融创城幼儿园

王恒

职务：九易庄宸科技（集团）股份有限公司
创作八所所长
职称：高级工程师
执业资格：国家一级注册建筑师

教育背景
2004 年—2009 年　西安建筑科技大学建筑学学士

工作经历
2009 年—2015 年　中国建筑东北设计研究院有限公司
2015 年至今　九易庄宸科技（集团）股份有限公司

个人荣誉
公司优秀工作者
公司优秀项目经理
公司优秀原创设计团队

主要设计作品
邢台月晟天玺台
石家庄高柱城中村改造三期商品区
河北鑫科兴业高新技术孵化器产业园
石家庄卓越中学新校区
石家庄高新区南部新城安置区项目

九易庄宸建筑创作院

九易庄宸建筑创作院是由河北建筑设计大师孔令涛领衔的大师工作室，它由十个规模不同、产品技术优势各异的创作工作室组成，是河北省规模较大、创作能力突出的方案团队。建筑创作院的作品涉及文化教育、商务办公、旅馆医疗、酒店商业、城市住区、工业交通及老旧建筑改造等领域。建筑创作院以市场为出发点，从严把控项目过程中的每一个环节，以提供高附加值的服务为宗旨，以寻求美学性与经济性的最佳结合点为目标，按时、保质、保量完成预定目标。

作为九易庄宸集团的核心竞争力之一，建筑创作院时刻注重加强成员间的交流与合作，力争通过先进的思想与大量的项目经验提升方案设计水平，为客户提供更高质量的服务。在方案创作阶段，建筑创作院采用头脑风暴的模式，制定合理的创作评审制度，从城市空间形态、竖向规划设计、土方平衡、户型合理化、公共空间营造、建筑立面等多个角度进行比选，从而对方案质量进行把控。在施工图及实施阶段，建筑创作院注重关键节点的把控，与其他专业部门进行汇总复核，对设计细节、详图细部等进行确认，进一步细化设计方案以及优化成本控制。在进度控制方面，各创作团队优化资源配置及人员构成，以满足不同项目类型的需求。

每个项目完成后，各创作团队都会进行复盘推演，总结经验，并且对设计成果进行有效控制和管理，保证高质高效地完成设计任务。

原河云墅

Villa in Clouds

项目业主：河北石药世耀房地产开发有限公司
建设地点：河北 石家庄
建筑功能：居住建筑
用地面积：163 100 平方米
建筑面积：207 500 平方米
设计时间：2021 年－2022 年
项目状态：建成
设计单位：九易庄宸科技（集团）股份有限公司
主创设计：孔令涛
参与设计：李良、李响响、翟国静、宋晓枚、张哲、张宏艳、王昭、贾雲甫、胡慧峰、张驰、谢青、郭扬帆、赵月明、张坦、李勇利、任亚峰

项目位于石家庄市长安区，为石家庄市首批立体园林试点项目。

项目依托优势资源，结合立体园林理念，将垂直绿化引入建筑内部，使每户都享有一座“空中庭院”，彻底打破“底层才有庭院，顶层方得露台”的建筑模式，打造“地面景观 + 层间绿化”多维度景观复合体系。独特的设计为业主提供前所未有的居住体验及视觉效果——家中有景、景中有家，满足人们对于院落式居住环境的特殊情结，享受自然环绕的居住乐趣。

产品突破传统平层户型布局，以餐厅为轴，LDKG 边厅与 LDKG 横厅错层设置，实现双层挑空客厅及空中庭院，改善采光和通风条件，优化室外活动空间，最大限度地将室外景观引入室内，营造多样化生活场景。

建筑采用流畅的立体线条，打造具有时尚艺术感的建筑立面，结合首层架空、空中花园和顶部收分塑造层次鲜明的立面形象，形成丰富的天际线和第五立面。

石家庄高新区南部新城安置区项目

Southern New City Resettlement Area of Shijiazhuang High-tech Zone

项目业主：河北昌泰建设发展集团有限公司
建设地点：河北 石家庄
建筑功能：社区
用地面积：673 993 平方米
建筑面积：648 660 平方米
设计时间：2021 年—2023 年
项目状态：在建
设计单位：九易庄宸科技（集团）股份有限公司
总负责人：孔令涛、花旭东
方案总监：李良、骆兵
方案负责人：崔宇平、任学春、季科、王恒、梁乙波、李响响、崔萌、赵烨超
设计团队：郑致纲、李强强、刘迎雪、任莹、刘立娜、陈玲玲、曹世远、刘伟、郭栗囡、孙墨、何从贤、张创业、李仕贤、张莎莎、张嘉璇、孟繁钰、习琼宇

规划按照小街密路原则，采用“一核、两环、四心”的规划布局。一核即配套核心，集中建设 15 分钟生活圈的配套设施；两环即运动生态配套环，规划加密路网，打造贯通整个区域的多功能环线，集小区出入口、开放空间、社区配套、生态绿地、运动健身等功能于一身；四心即在环线重要节点部位，设置集中的社区中心。设计将整个项目划分为多个风貌片区，采用差异化的现代主义建筑风格，结合建筑的高低错落分区，共同打造开合有度、层次分明的城市空间。

石家庄科技企业孵化器

Shijiazhuang Technology Business Incubator

项目业主：石家庄冀元丰房地产开发有限公司
建设地点：河北 石家庄
建筑功能：产业园
用地面积：18 900 平方米
建筑面积：41 900 平方米
设计时间：2017 年
项目状态：在建
设计单位：九易庄宸科技（集团）股份有限公司
主创设计：李良、翟国静、刘雪璐

规划布局将高层建筑布置于邻近城市主路一侧，以形成良好的形象展示效果，将多层办公成组团布置，打造花园式办公环境，提升办公效率及体验感。

建筑运用现代设计手法，采用咖色外墙材料，很好地与周边建筑色彩相融合，形成统一协调的办公集群空间。

HERMES
PRADA

方兆产业园

井陉非物质文化遗产博物馆

Jingxing Intangible Cultural Heritage Museum

项目业主：井陉县文旅局
建设地点：河北 石家庄
建筑功能：文化建筑
用地面积：21 667 平方米
建筑面积：30 000 平方米
设计时间：2019 年—2020 年
项目状态：在建
设计单位：九易庄宸科技（集团）股份有限公司
主创设计：孔令涛、骆兵
参与设计：李光昭、马建龙

项目位于井陉县陉山广场南侧，包含图书馆、文化馆、全民健身中心、行政审批及便民中心等功能建筑。设计结合使用功能将多个场馆组合成一个建筑群体，意在与位于太行山脉的井陉发生形态上的关联，彰显场所的自然属性。

设计采用山石这一当地特征意向，以连廊联系各功能体块，形成连续的城市界面，同时提供人流集散空间。项目东北侧面向城市人群布置缓坡，公共平台中心设计内部庭院，打造积极开放的城市公共客厅。

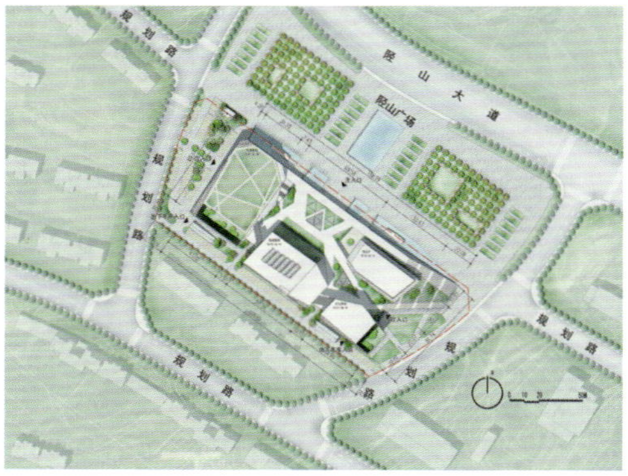

石家庄卓越中学新校区

Shijiazhuang Zhuoyue Middle School New Campus

项目业主：石家庄卓越中学
建设地点：河北 石家庄
建筑功能：教育建筑
用地面积：85 403 平方米
建筑面积：78 053 平方米
设计时间：2021 年—2022 年
项目状态：部分建成
设计单位：九易庄宸科技（集团）股份有限公司
主创设计：王恒、李良
参与设计：高彦玲、何立波、何从贤

设计理念从《论语》“不学礼无以立”中汲取灵感，以“礼序 + 书院”的空间模式，延续传统都城规划形态，形成有秩序的建筑空间，营造具有礼仪感的校园文化环境。项目通过建筑形体的变化以及建筑组团的围合，形成多重庭院空间；同时以书院的核心精神为出发点，因地制宜，将教育模式扩展到自由的景观环境中。

项目追求校园文化和时尚特性的交融，采用现代建筑风格。建筑风格与区域周边建筑相协调，符合现代建筑的发展趋势。建筑色彩以校园文化气息浓厚的砖红色为基础，辅以清新的米白色，并在细节上通过浅灰色和灰色进行调和，形成现代时尚、清新明快、细节丰富的建筑立面表情。

朱晓宇

职务：中建八局科技建设有限公司建筑所总工程师
职称：高级工程
执业资格：国家一级注册建筑师

教育背景
1999 年—2002 年　上海大学建筑工程学士
2007 年—2013 年　同济大学建筑工程硕士

工作经历
2002 年—2007 年　上海市第七建筑有限公司
2007 年—2009 年　大地建筑事务所（国际）上海分公司
2009 年—2022 年　上海瀚联建筑设计咨询有限公司
2022 年至今　中建八局科技建设有限公司

主要设计作品
台江县人民医院
荣获：2022 年河南省优秀工程勘察设计方案一等奖
上海交通大学致远游泳健身馆
和昌·运河东郡公馆
上海市青浦区华新中学
上海市青浦区实验中学新建游泳馆、综合楼
太康县党群综合服务中心
辽宁省中小企业创业园 50 万平方米标准化厂房
贵安新区高端装备制造产业园标准厂房
台江县民族中医院
东虹国际商城
上海 LED 芯片研究生产基地
上海东鼎名人府邸
安通房地产千岛湖珍珠半岛 C-04-02/03/04 地块

学术研究成果
《上海市中小学校游泳馆设计研究》发表于《中外建筑》

施忠凯

职务：中建八局上海工程设计研究院建筑所总工程师
职称：工程师

教育背景
2006 年—2011 年　扬州大学建筑学学士

工作经历
2011 年—2015 年　上海联创建筑设计有限公司
2015 年—2018 年　上海易城工程设计有限公司
2018 年—2020 年　上海翰创建筑设计事务所
2020 年至今　中建八局上海工程设计研究院

个人荣誉
2022 年中建八局上海公司抗击新冠肺炎疫情优秀共产党员
2022 年中建八局“三讲三比”红色先锋党员

主要设计作品
南昌物联网产业园一期
南昌高新未来科技城项目 B 区
江西针织服装创意产业园
青岛海洋活力区北区
中建八局临港建设者小镇
上海锐成芯微 IP 全球创新中心
无锡软件园五期
上海繁锦路美丽街区改造

学术研究成果
《集装箱式应急医学隔离观察临时设施项目快速建造手册》
《临建工程标准化设计手册》

地址：上海市浦东新区高科西路 899 号
中建广场 A 座 5 楼
电话：021-38911200
电子邮箱：cscec8b@cscec.com

中建八局上海工程设计研究院是中建八局上海公司下属的具备建筑行业（建筑工程专业）甲级资质的专业设计院，依托于中建八局的优质平台，力求打造业内领先、具备差异化核心竞争力和建筑全产业链设计实力的一流设计品牌。工程设计研究院业务范围包含设计管理、设计生产、技术服务、高端咨询、科技研发五大板块，包含建筑、结构、机电、市政、景观、平面、造价等专业，下设“四所、四中心、一部、一室”，同时负责城市更新技术研究中心、双碳应用技术研究中心两个公司级技术研究中心的管理。

自成立以来，工程设计研究院业务已覆盖华东、华南等多个省市，业务涵盖总部办公建筑、学校、商

王绪峰

职务：中建八局上海工程设计研究院主任设计师
职称：高级工程师
执业资格：国家一级注册建筑师

教育背景

2010 年—2014 年　同济大学建筑学硕士

个人荣誉

2021 年“上海市家门口的蝶变——社区秀设计大赛”人气奖

工作经历

2014 年—2018 年　同济大学建筑设计研究院（集团）有限公司
2018 年—2021 年　上海柏涛建筑设计有限公司
2021 年至今　中建八局上海工程设计研究院

主要设计作品

三亚当代艺术馆暨世界手工艺理事会国际交流中心
荣获：2017 年上海市建筑学会第七届建筑创作佳作奖
扬州广陵公共文化中心
慧剑社区复兴改造工程
上海实验小学
绿地富阳潮悦江山城商业综合体
宁波金隅珑耀华庭
烟台恒达时代广场商业综合体
上海梦饷集团临港综合体
上海徐汇建设者之家

学术研究成果

《当代城市设计中的公共空间——法国南特岛城市设计案例研究》
《城市景观座椅（带充气遮阳棚）》

胡潇

职务：中建八局上海工程设计研究院副主任建筑师
职称：高级工程师
执业资格：国家一级注册建筑师

教育背景

2012 年—2015 年　同济大学建筑学硕士

工作经历

2015 年—2018 年　华建集团都市总院
2018 年—2020 年　华东建筑设计研究总院
2021 年至今　中建八局上海工程设计研究院

个人荣誉

2022 年“长三角青年乡村振兴设计大赛”一等奖
2021 年“上海市家门口的蝶变——社区秀设计大赛”一等奖
2022 年“上海市青年保障性住房设计大赛”空间设计奖
2023 年美国缪斯设计大奖银奖
2023 年 BLT 国际建筑设计奖荣誉奖

主要参与项目

上海北外滩世界会客厅
武汉光谷金融中心

学术研究成果

《基于分形理论的交通枢纽区步行系统组织模式初探——以峨眉山市新客站片区概念规划为例》

微信公众号

业综合体、医疗建筑、住宅、城市更新、景观绿化等多种业态的设计和管理工作。其参与设计的项目先后荣获鲁班奖、詹天佑奖、白玉兰奖、龙图杯全国 BIM 大赛一等奖等多项国家级、省部级奖项。

设计创造价值，创新成就未来。工程设计研究院将始终坚持“融合、拓新、引领、共赢”的核心价值观，为客户提供全过程、全专业的技术服务以及高价值、高品质的解决方案，以持续为客户创造最大价值、交付最优产品为使命，致力于成为国内领先的工程总承包企业及设计咨询机构，为建设人类美好城市空间贡献力量。

上海交通大学致远游泳健身馆

Shanghai Jiao Tong University Zhiyuan Recreational Center

项目业主：上海交通大学
建设地点：上海
建筑功能：体育建筑
用地面积：8 753 平方米
建筑面积：10 002 平方米
设计时间：2011 年—2013 年
项目状态：建成
设计单位：上海瀚联建筑设计咨询有限公司
主创设计：朱晓宇、赵磊
参与设计：杨晓春、张珩

项目位于上海市闵行区剑川路 800 号，在上海交通大学闵行校区内。建筑地上 2 层、地下 1 层，主要功能为游泳馆（50 米、25 米长泳池各一个）、乒乓球房、跳操及舞蹈房等体育活动用房。建筑为框架结构，设计使用年限 50 年。方案设计的概念为“冰棱”，取意于水的另一种形态，呼应游泳馆的功能以及上海交通大学“饮水思源”校训中的水元素。通过立体主义手法处理的立面母题，使整栋建筑外形犹如一座悬浮的冰山，兼具力量与动感，并自然地融入校园的总体规划。折线的幕墙形态与远处流线形的体育馆遥相呼应，塑造了上海交通大学闵行校区多样化的校园建筑风貌。

武汉光谷金融中心

Wuhan Optics Valley Financial Center

项目业主：武汉生物城文化旅游投资开发有限公司
建设地点：湖北 武汉
建筑功能：酒店、商业综合体
用地面积：30 414 平方米
建筑面积：167 603 平方米
设计时间：2015 年—2017 年
项目状态：建成
设计单位：华建集团都市总院
参与设计：胡潇

武汉光谷生物城综合服务中心项目作为标志性的门户，屹立于武汉国家生物产业九峰创新区的东缘。项目选址在明朝龙脉所在地——二妃山下，建筑设计考虑了湖光山色和历史积淀，提取“龙脊梯田”这一民族元素，体现了人文与商业的融合。“龙脊梯田”呈现双子塔均衡整体布局和“U”字形的外部建筑形态。设计充分利用基地的周边条件，在武汉的湖光山色中引入“耕种的梯田”这一元素并使其自然地融合在总体设计中，通过打造一个特色鲜明、构图完美的城市商务中心，提升该地块的城市空间品质。

慧剑社区复兴改造工程

Huijian Community Revitalization and Renovation Project

项目业主：什邡市回澜镇人民政府
建设地点：四川 什邡
建筑功能：社区活动中心
用地面积：8 758 平方米
建筑面积：4 663 平方米
设计时间：2017 年
项目状态：建成
设计单位：同济大学建筑设计研究院（集团）有限公司
主创设计：王绪峰

项目原建筑功能为钻采厂电影院及其附属用房，改造后成为社区活动中心。设计致力于在一个近乎废墟的“容器”里，注入活力元素，使之焕发新的生命力。改造方案采用“人工挖空灌注桩 + 钢结构托换”的加固方式将原电影院砖砌外墙由承重系统转换为维护系统，既保留建筑原有的肌理和记忆，又使改造后建筑符合当下建筑抗震规范要求。社区中心正面入口的 5 个贯通的楔形钢筒，作为历史展示空间；在原有窗洞外加装的彩色像素墙，作为社区发布宣传公告的窗口。建筑内部通过 4 个独立于原有建筑的钢结构筒体支撑起新建建筑功能空间，避免对原有结构的破坏，实现新与旧的和谐对话。原舞台台口被完整保留了下来，并新增了一座圆形旋转开闭舞台，通过开闭舞台的变化，形成室内舞台表演空间、室外戏台市集空间、室内外连通表演空间等多种灵活的使用空间。

中建八局临港建设者小镇

Lingang Builders' Town of China Construction Eighth Bureau

项目业主：中建八局科技建设有限公司
建设地点：上海
建筑功能：居住社区
用地面积：40 000 平方米
建筑面积：26 000 平方米
设计时间：2021 年
项目状态：建成
设计单位：中建八局上海工程设计研究院
主创设计：施忠凯
参与设计：陈阳、邓纳川

项目是中建八局上海公司打造的第三代集人文关怀、交流共享、智慧运营于一体的建设者小镇，也是临港新片区首个创新试点的建筑工人集中临时居住社区。它将引领临港新片区工友村物业化管理新模式，功能包含工人居住组团、食堂、电影院、公共服务中心等。

项目以“砼心筑梦”的设计理念，运用清水混凝土这一最为常见的建筑材料，结合上海海派文化中红砖元素进行设计，以让建设者获得最大的人文关怀，并以此回应建设者对家乡的思念之情和对社交与实际生活的需求。

重构 主题院落

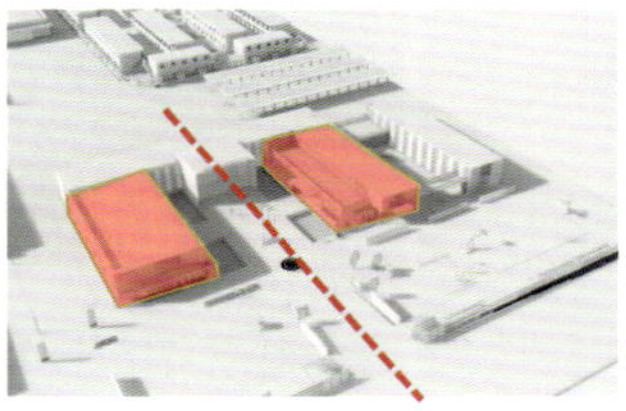

界定主体：
根据现状建筑的位置组合界定主体建筑，形成入口轴线对称。

营造 社交场所

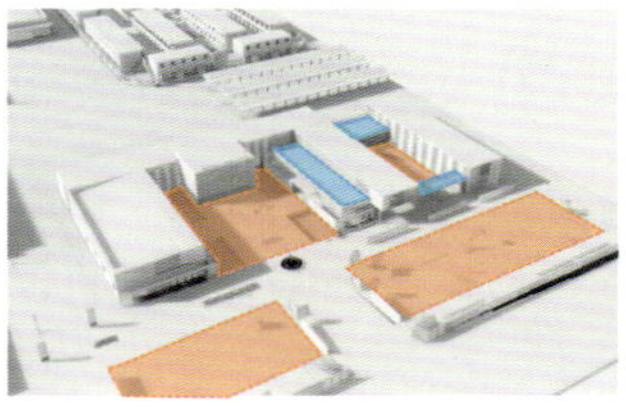

围合院落：
通过建筑、连廊、挡墙等限定空间，围合出四个院子，屋顶局部设置露台。

体现 文化特色

力量再现：
通过材料、景观、铺装、水池等元素，再现乡土文脉，体现中建八局特色。

朱乃伟

职　　务：广州市设计院集团有限公司
　　　　　南沙分院副院长
职　　称：高级工程师
执业资格：国家一级注册建筑师
　　　　　国家注册城乡规划师
　　　　　一级注册造价工程师
　　　　　注册咨询工程师（投资）

教育背景
2006 年—2011 年　清华大学建筑学学士
　　　　　　　　　法学学士
2015 年—2020 年　华南理工大学土木工程硕士

工作经历
2012 年至今　广州市设计院集团有限公司

主要设计作品
中国科学院强流重离子加速器
中国散裂中子源二期工程
广州国家实验室基础研究大楼
中国科学院稀土研究院规划设计
妈祖重离子医院
东莞市人民医院 BNCT 治疗中心
浙江省肿瘤医院重离子医学中心
上海六院福建医院先进粒子治疗示范中心
南沙图书馆
广州粤剧院
南沙区特殊教育学校
华南农业大学农业工程实验楼
华南国际港航服务中心二期

袁作春
职　　务：广州市设计院集团有限公司
　　　　　南沙分院院长
职　　称：高级工程师

高迎春
职　　务：广州市设计院集团有限公司
　　　　　所总工程师
职　　称：正高级工程师
执业资格：国家一级注册建筑师

谭莉
职　　务：广州市设计院集团有限公司
　　　　　所总工程师
职　　称：高级工程师
执业资格：国家一级注册建筑师
　　　　　注册城乡规划师

陈素茵
职　　务：广州市设计院集团有限公司
　　　　　南沙分院院长助理
职　　称：工程师
执业资格：国家一级注册建筑师

王瑾
职　　务：广州市设计院集团有限公司
　　　　　所总工程师
职　　称：高级工程师
执业资格：国家一级注册建筑师

张灿辉
职　　务：广州市设计院集团有限公司
　　　　　建筑部部长、主创建筑师
职　　称：工程师

周茁
职　　务：广州市设计院集团有限公司
　　　　　建筑部部长、主创建筑师
职　　称：工程师

陈仁杰
职　　务：广州市设计院集团有限公司
　　　　　建筑部部长、主创建筑师
职　　称：工程师

萧智豪
职　　务：广州市设计院集团有限公司
　　　　　建筑部部长、主创建筑师
职　　称：工程师

许晓
职　　务：广州市设计院集团有限公司
　　　　　主创建筑师
职　　称：工程师

钟泽彩
职　　务：广州市设计院集团有限公司
　　　　　主创建筑师
职　　称：工程师

赖姻如
职　　务：广州市设计院集团有限公司
　　　　　主创建筑师
职　　称：工程师

陈灿桦
职　　务：广州市设计院集团有限公司
　　　　　主创建筑师
职　　称：工程师

黄琳
职　　务：广州市设计院集团有限公司
　　　　　主创建筑师
职　　称：工程师

曾卓正
职　　务：广州市设计院集团有限公司
　　　　　主创建筑师
职　　称：工程师

广州市设计院集团有限公司成立于 1952 年，是国内首批甲级勘察设计单位、全球低碳城市和建筑发展（中国）倡议单位、国家高新技术企业、全国优秀勘察设计企业、当代中国建筑设计百家名院、全国勘察设计行业创新型优秀企业、全国“诚信兴商典型案例”企业、广东省自主创新标杆企业、广州市“百年·百品”品牌企业、工程勘察设计行业质量管理体系升级版 AAA+ 级认证单位。

公司主要业务有工程勘察设计和工程总承包，其中工程勘察设计包括建筑设计、规划设计、市政工程、风景园林、岩土工程、室内装计、工程咨询、BIM 设计、施工图审查等。经过多年的发展积累，公司的建筑设计业务稳步发展，在国内已具有一定的品牌实力和技术优势，形成大型城市综合体、超高层建筑、主题游乐建筑和既有建筑节能改造等设计方向。

地址：广州市体育东路体育东横街 3 号设计大厦　　电话：020-87544608　　电子邮箱：bgs@gzdi.com
传真：020-87544798　　网址：www.gzdi.com

中国科学院强流重离子加速器

Chinese Academy of Sciences High Current Heavy Ion Accelerator

项目业主：中国科学院近代物理研究所
建设地点：广东 惠州
建筑功能：科研建筑
用地面积：593 500 平方米
建筑面积：81 123 平方米
设计时间：2019 年
项目状态：在建
设计单位：广州市设计院集团有限公司
设计团队：朱乃伟、周茁、陈素茵、袁作春、雷江帆、谭莉、高迎春、张灿辉、王瑾、陈仁杰、萧智豪、许晓、赖姻如、钟泽彩、许祥威、曾卓正、黄琳、林瀚頔、陈灿桦、何远、曾纯亮、赵健、熊学祥、陈舒婷、余莹莹、杨甜、魏泽、黎仕国、薛锦儿、唐海洋、穆绮琪

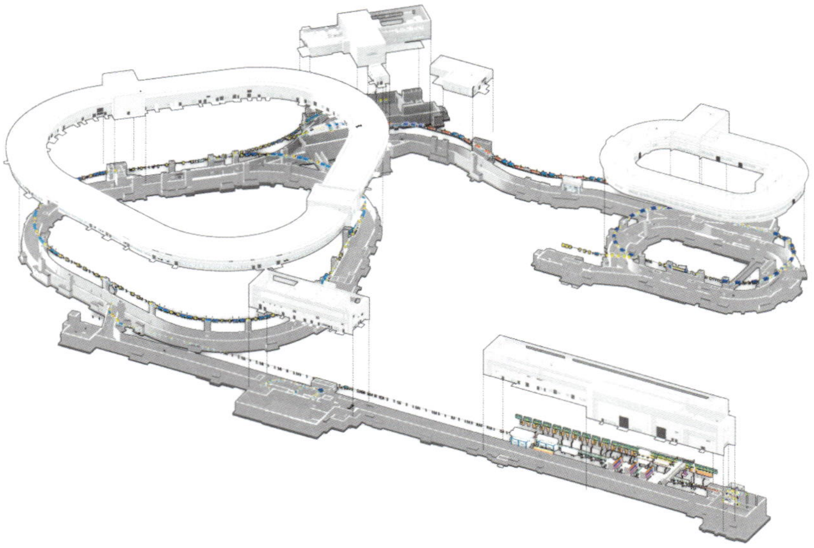

项目建筑按区域分为 HIAF 装置区建筑、CiADS 装置区建筑和后勤服务区建筑，按功能分为在线设备间、离线设备间、后勤服务和对外服务建筑。

中国散裂中子源二期工程

China Spallation Neutron Source Phase II

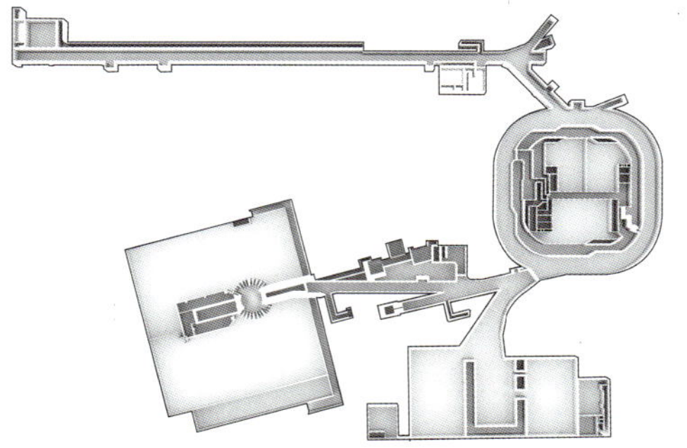

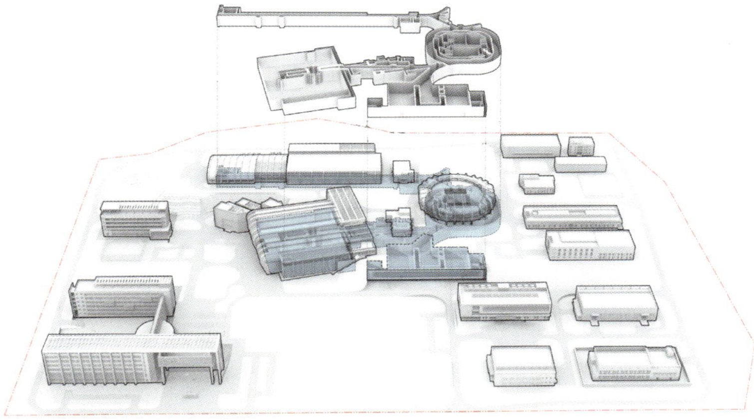

项目业主：中国科学院高能物理研究所
建设地点：广东 东莞
建筑功能：科研建筑
新建建筑面积： 19 423 平方米
设计时间：2023 年
项目状态：在建
设计单位：广州市设计院集团有限公司
设计团队：朱乃伟、黎仕国、高迎春、周茁、陈仁杰、袁作春、谭莉、王瑾、陈素茵、萧智豪、钟泽彩、张灿辉、许晓、许祥威、曾卓正、陈灿桦、赖姻如、林瀚頔、林昊衡、何远、曾纯亮、熊学祥、杨甜、廖锶禾、王兵、薛锦儿、罗卓汉、郭兆宇、陈晓枫、唐海洋、史杰媛、陆雅为、王荣、陈冠名

项目新建建筑包括直线设备楼、低温厅、实验支撑设备楼、背散射谱仪实验站、低放存储厅、高能质子束及缪子源实验厅和设备楼，还包括室外低温罐区和直埋管道等。

妈祖重离子医院

Mazu Heavy Ion Hospital

项目业主：福建中科核医学科技有限公司
建设地点：福建 莆田
建筑功能：医疗建筑
用地面积：33 466 平方米
建筑面积：105 000 平方米
设计时间：2020 年
项目状态：在建
设计单位：广州市设计院集团有限公司
设计团队：朱乃伟、陈素茵、高迎春、袁作春、张灿辉、周茁、钟泽彩、陈仁杰、黄琳、谭莉、王瑾、萧智豪、许晓、赖姻如、林瀚頔、林昊衡、曾卓正、陈灿桦、许祥威、何远、陵昱成、曾纯亮、熊学祥、余莹莹、陈舒婷、杨甜、王兵、薛锦儿、罗卓汉、郭兆宇、李溉、黎仕国、穆绮琪、陆雅为、王荣

项目定位为国际水准的高端肿瘤治疗中心，创新性地将重离子装置、硼中子装置、质子装置和常规放疗装置整合在一起，并配套影像中心、医护中心、会议中心、研究中心和高端病房等功能建筑。

浙江省肿瘤医院重离子医学中心

Heavy Ion Medical Center of Zhejiang Tumor Hospital

项目业主：浙江省肿瘤医院
建设地点：浙江 杭州
建筑功能：医疗建筑
用地面积：5 800 平方米
建筑面积：32 000 平方米
设计时间：2021 年
项目状态：在建
设计单位：广州市设计院集团有限公司
设计团队：朱乃伟、高迎春、周茁、陈素茵、萧智豪、许晓、张灿辉、王瑾、谭莉、钟泽彩、陈仁杰、许祥威、林瀚頔、曾卓正、陈灿桦、赖姻如、林昊衡、何远、熊学祥、杨甜、余莹莹、廖锶禾、曾纯亮、王兵、黎仕国、史杰媛、穆绮琪、陆雅为 、王荣、薛锦儿、罗卓汉、郭兆宇、李溉、陈冠名

项目主要功能包括 1 个重离子加速器大厅及其工艺配套、4 间治疗室、影像区、医护区、等候区、咨询室等，还有其他医护及后勤的配套用房。

东莞市人民医院 BNCT 治疗中心

BNCT Treatment Center of Dongguan People's Hospital

国内首个加速器硼中子俘获治疗装置落地项目

项目业主：东莞市人民医院
建设地点：广东 东莞
建筑功能：医疗建筑
用地面积：5 760 平方米
建筑面积：18 422 平方米
设计时间：2021 年
项目状态：在建
设计单位：广州市设计院集团有限公司
设计团队：朱乃伟、谭莉、陈仁杰、袁作春、黄琳、高迎春、钟泽彩、曾卓正、赖姻如、萧智豪、张灿辉、王瑾、周茁、许祥威、林昊衡、何远、杨甜、廖锶禾、曾纯亮、王兵、薛锦儿、罗卓汉、郭兆宇、李溉、陈晓枫、朱卓尔、黎仕国、史杰媛、穆绮琪、陆雅为 、王荣、陈冠名

项目是中国科学院高能物理研究所自主研发加速器硼中子俘获治疗装置的首个落地项目，作为大科学装置中国散裂中子源的科技成果转化项目之一，建成后将为肿瘤患者提供全新的治疗手段。

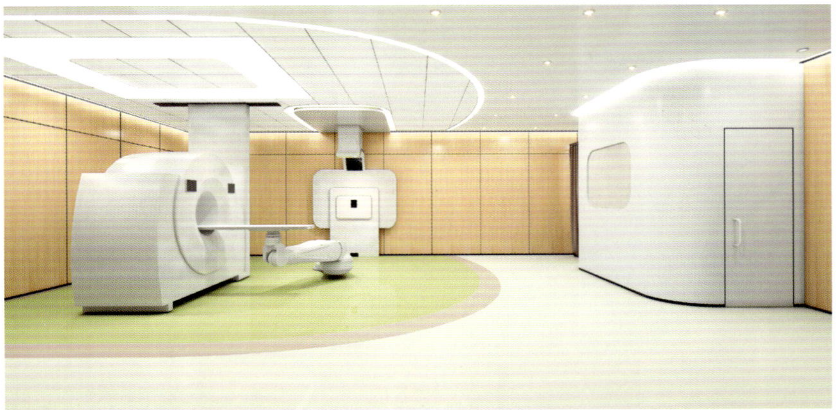

赵文斌

职务：中国城市建设研究院有限公司副总经理、总工程师
中国建筑设计研究院有限公司副总工程师
曾任中国建筑设计研究院有限公司生态景观院院长
职称：教授级高级工程师

教育背景

1996 年—2001 年　北京林业大学园林设计学士
2007 年—2010 年　北京林业大学城市规划设计硕士
2010 年—2012 年　北京林业大学风景园林博士

工作经历

2001 年—2023 年　中国建筑设计研究院有限公司
2023 年至今　中国城市建设研究院有限公司

个人荣誉

中国设计业十大杰出青年
中国建筑学会建筑设计奖青年工程师奖
国际院士大会创富奖
园冶杯杰出设计师

社会职务

中国风景园林学会理事
中国风景园林学会规划设计分会副理事长
中国工程建设标准化协会生态景观与风景园林专业委员会执行主任委员
中国建筑学会园林景观分会理事
北京水生态与水土保持学会副理事长
科学技术部评审专家
国家文物局评审专家
北京市评标专家
北京市规划和自然资源委员会专家
《景观设计》杂志编委
《城市住宅》杂志编委
《华中建筑》杂志编委
中央美术学院硕士生导师
东南大学硕士生导师

主要设计作品

一、国家重点项目
重庆广阳岛生态修复项目工程总承包（EPC）
中国（南宁）国际园林博览会园博园设计总承包
北京世界园艺博览会园区总体概念规划设计
北京世界园艺博览会公共绿化景观项目（二标段）
北京雁栖湖 APEC 国际会议中心广场及入口设计
通州北京市政府及委办局景观设计
江门人才岛开发建设项目
上海南汇新城星空之境海绵公园 DBO 项目
兴安盟大乌兰浩特地区改造提升项目景观设计
玉树结古镇康巴风情商业街滨水商业区景观设计
北川新县城灾后重建温泉片区与红旗片区景观设计
国管局西山服务局 2-62 号院景观设计

二、申遗重点项目
汉长安城未央宫国家考古遗址公园规划设计
嘉峪关世界文化遗产保护一期工程详细规划设计
湖南永顺老司城遗址博物馆周边景观设计

三、遗址保护重点项目
南昌汉代海昏侯国考古遗址公园概念规划
湖州毘山考古遗址公园规划设计
武汉盘龙城国家考古遗址公园规划设计
渤海国上京龙泉府遗址考古遗址公园规划设计
无锡阖闾城遗址公园规划设计
大地湾考古遗址公园规划设计
山东临淄齐国故城遗址公园规划设计
安吉古城考古遗址公园规划设计
青海乐都城市中轴线及南梁遗址公园景观规划设计

四、省市重点项目
厦门市马銮湾湿地公园规划设计
潮白河森林生态景观带建设工程一期
西藏阿里狮泉河城区段河道景观设计
青岛李村河中下游景观工程景观设计
北京丽泽金融商务区景观规划
北京延庆世界葡萄博览园景观规划
海南黎族风情小镇景观规划设计
吕梁广场景观设计
武当山植物园景观设计
襄阳中华紫薇园景观规划设计

CCTC 中国建科　中国城市建设研究院有限公司
CHINA URBAN CONSTRUCTION DESIGN & RESEARCH INSTITUTE CO.,LTD.

中国城市建设研究院有限公司（简称中国城建院）隶属于中国建设科技集团，是城乡建设行业综合性创新型科研设计企业。中国城建院在城乡规划、市政工程、风景园林工程、建筑工程、人防工程、环境工程、工程咨询和工程监理等领域拥有十几项甲级资质，具有较强的自主知识产权开发能力和科技成果转化能力。

中国城建院作为国有大型综合科技型服务机构，以“生态文明建设全产业链优质服务的提供者，国家重大战略的深度参与者，行业技术和标准的引领者，央企责任的重要践行者”为使命，以“研究城市、规划城市、建设城市、运营城市、乡村振兴”为核心价值。中国城建院是以生态环境、风景园林领域的优势专业为基础，多专业融合，以设计为根基、科技创新为驱动、工程总承包为核心的城乡生态文明建设综合服务商。

地址：北京市西城区德胜门外大街 36 号
电话：010-57365736
传真：010-57365736
网址：www.cucd.cn

上海南汇新城星空之境海绵公园 DBO 项目

DBO Project of Starry Sky Sponge Park, Nanhui New City, Shanghai

项目业主：上海市临港新片区城市建设交通运输事务中心
建设地点：上海
项目规模：547 600 平方米
设计时间：2017 年—2022 年
项目状态：建成
设计单位：中国建筑设计研究院有限公司
设计团队：赵文斌、杨陈、杨钰、董荔冰、周亦白、高晓宇、孙平天、袁泽、沈楠、王亚迪、焦英泽、彭蕾、黄鹏、于凡迪、陆柳
获奖情况：2018 年中国建筑设计研究院有限公司科学进步优秀奖
2021 年上海市海绵城市建设示范性样板工程
2021 年园冶杯专业奖市政园林公园类金奖

南汇新城星空之境海绵公园位于上海临港新片区滴水湖二环城市公园带核心位置，是上海市最大的海绵公园。公园设计以星空之境为主题，以海绵技术为内核，以艺术地形为特色，将浩瀚星空融入场地，形成休闲观星区、湿地科普区、律动星球区和天文体验区四个不同功能区域，实现了"平地起风景、海绵筑胜境"的景观和海绵双示范的设计目标。

设计师采用设计、建设、运维一体化的"DBO（Design，Build，Operate）"新模式，发挥设计的统筹引领作用，为项目提供一站式全生命周期的专业服务。公园是一个整体连续的、弹性可生长的，并能协调"自然""城市""建筑""人"的关系且使之和谐共生的有机系统，最终呈现出一幅"生境、意境、人境"共融的美好风景画卷。

北京龙潭中湖公园改造

Longtan Zhonghu Park Renovation, Beijing

项目业主：北京市东城区园林绿化局
建设地点：北京
项目规模：399 600 平方米
设计时间：2019 年—2021 年
项目状态：建成
设计单位：中国建筑设计研究院有限公司
设计团队：赵文斌、孙文浩、王洪涛、路璐、谭喆、潘文、盛金龙、徐瑞、齐石茗月、李旸、熊杰、刘卓君、冯凌志、王丹琦、李文婕、王振杰、张晋、刘丹宁
获奖情况：2022 年国际风景园林师联合会 (IFLA) 亚太地区荣誉奖
2022 年园冶杯专业奖市政园林公园类大奖
2022 年中国建筑设计研究院有限公司科学进步优秀奖

北京龙潭中湖公园位于首都核心区域，在 20 世纪八十年代，其是中国较早的一处大型现代游乐场——北京游乐园。2010 年结束运营后，政府组织多次民意征集，将其改造为城市综合公园。

改造后的北京龙潭中湖公园落实生态修复理念，实现了东、中、西三湖及护城河的连通，并与整个环护城河绿带融为一体；注重历史文脉的传承，将广大人民群众的美好回忆物体化、空间化，增强认同感和归属感；贯彻全龄友好化建设，将各类活动场地与现状条件巧妙地结合，辐射周边近 50 平方千米的区域，惠及数百万市民。通过改造，北京龙潭中湖公园与城市形成了相融共生的和谐关系，在切实满足民生需求的同时向人们讲述着新时代生态文明的新内涵。

江门人才岛开发建设项目

Rencai Island Development and Construction Project, Jiangmen

项目业主：江门市滨江建设投资管理有限公司
建设地点：广东 江门
项目规模：12 680 000 平方米
设计时间：2018 年—2021 年
项目状态：建成
设计单位：中国建筑设计研究院有限公司
设计团队：赵文斌、杨陈、董荔冰、袁泽、孙平天、王亚迪、沈楠、于凡迪、杨钰、周亦白、焦英哲、黄鹏、彭蕾、刘子渝、范思思、高晓宇、王晓、李舟雅、陆柳
获奖情况：2019 年中国建筑设计研究院有限公司优秀工程设计奖
2021 年中国风景园林学会科学技术奖三等奖
2021 年园冶杯专业奖市政园林公园类银奖
2021 年广东省科学技术奖施工类金奖
2021 年江门市建筑业协会建设工程优质奖
2021 年江门市风景园林协会园林工程奖金奖
2022 年国际风景园林师联合会（IFLA）荣誉奖

江门市人才岛位于珠三角洲的西南，毗邻江门市城市中心区，拥有优越的生态风貌、丰富的景观资源以及悠久的文化脉络，是粤港澳大湾区的重点建设项目。

设计充分发挥景观对城市的统筹、引领、串联和渗透作用，通过“传承肌理、串联水脉、连通成环、有机生长、组团布局”的五大策略，形成“一带、两环、五园、八廊、三十三景”的特色景观结构；打造三条特色景观游线，包括健康活力线、文化体验线和自然科普线，重塑江门人才岛山环水抱、蜿蜒曲折、花海烂漫、林荫漫城的新桃花源公园城市意象，实现江门独特的“绿水青山、景城合一”景观格局。

赵园生

职务：中国建筑设计研究院有限公司
第三建筑专业设计研究院副院长、四所所长
职称：高级建筑师
执业资格：国家一级注册建筑师

教育背景

2004 年—2007 年　北京建筑大学建筑学硕士

工作经历

2007 年至今　中国建筑设计研究院有限公司

社会职务

中国民族建筑研究会专家

主要设计作品

唐大明宫遗址公园国宾馆
荣获：2009 年中国威海国际建筑设计大奖赛优秀奖
入围"2010 年最建筑——建筑师评议中国建筑"最历史感的方案
伊金霍洛旗大剧院
荣获：2015 年中国威海国际建筑设计大奖赛优秀奖
赤峰体育中心
荣获：2017 年中国威海国际建筑设计大奖赛优秀奖
吴江中学新校区
荣获：2013 年中国威海国际建筑设计大奖赛优秀奖
2017 年全国优秀工程勘察设计三等奖
2017 年北京优秀工程勘察设计一等奖
北京沮沟村美丽乡村
荣获：2019 年北京市优秀城乡规划三等奖
雄安设计竞赛
荣获：2021 年高等院校与科研类三等奖
奥运国家文化中心城市设计
漯河市城市展示馆
赣州姚衙前历史文化街区修缮整治规划
北京焦庄户传统村落保护发展规划
亳州谯城区人民医院
北京大兴区文博综合馆
雄安高铁站站体配套综合商业项目
雄安金湖未来城
北京顺义区李桥镇国土空间规划
丽江古城区荣华片区养老服务设施

地址：北京市西城区车公庄大街
19 号院
电话：010-88328075
网址：cadg.com.cn
电子邮箱：2007047@cadg.cn

CCTC 中国建设科技集团　中国建筑设计研究院有限公司 CHINA ARCHITECTURE DESIGN & RESEARCH GROUP

中国建筑设计研究院有限公司（CADG）创建于 1952 年，前身为中央直属设计公司。70 余年来，CADG 秉承优良传统，始终致力于推进国内勘察设计产业的创新发展，以"建筑美好世界"为己任，将成就客户、专业诚信、协作创新作为企业发展的核心价值观，为中国建筑的现代化、标准化、产业化、国际化提供最为专业的综合技术咨询服务。目前 CADG 已成为国内建筑设计行业中影响力较大、技术能力较强、人才汇聚较多、市场占有率较高的领军型设计企业。

雄安高铁站站体配套综合商业项目

Xiong'an High Speed Railway Station Supporting Comprehensive Commercial Project

项目业主：中国雄安集团基础建设有限公司
建设地点：河北 保定
建筑功能：商业建筑
用地面积：26 850 平方米
建筑面积：60 852 平方米
设计时间：2019 年—2020 年
项目状态：建成
设计单位：中国建筑设计研究院有限公司
主创设计：赵园生
参与设计：第三建筑专业设计研究院四所

项目位于雄安新区昝岗组团，雄安高铁站南入口两侧，为高铁站附属多层商业建筑。作为高铁站“站城一体化”的重要组成部分，其附属功能与站厅融为一体，成为高铁站主体的延伸，形成空间和功能上的高度复合，与主体共同构成雄安高铁站的建筑形象，形成标志性的城市名片。方案延续了高铁站“露珠”的设计理念，建筑形态发挥主站房形态向城市延展的作用，“露珠”激起的波纹“涟漪”，由中心向四周发散，在空间上呈渐进升起态势；以高铁站为背景，借下沉庭院景观，有机联系各组室内外空间及绿地，使建筑与景观连为一体，既增强室外空间的连续性，又使地下功能空间与下沉庭院形成由室内空间、灰空间、室外空间共同构成的一体化、多样性的公共空间体系。

吴江中学新校区

Wujiang Middle School New Campus

项目业主：苏州市吴江区人民政府
建设地点：江苏 苏州
建筑功能：教育建筑
用地面积：173 000 平方米
建筑面积：93 000 平方米
设计时间：2012 年—2013 年
项目状态：建成
设计单位：中国建筑设计研究院有限公司
设计团队：第三建筑专业设计研究院

在吴江中学建校 100 周年之际，吴江中学迎来了位于滨湖新城新校区的设计建设。从“运河时代”到“滨湖时代”，滨湖新城的建设延续了江南园林城市的文脉，使吴江这座历史文化名城一跃成为现代与传统共生的太湖明珠，将百年老校（吴江中学）迁入新城不仅为学校拓展了发展空间，而且为新城增添了文化底蕴。校园建设在满足现代教育模式对功能和空间要求的基础上充分尊重百年老校的历史传承，挖掘深层文化资源。吴江中学新校区的总体布局借鉴了岳麓书院中轴对称、纵深多进的院落形式，通过一系列的空间组合，营造起承转合的空间序列，形成“一轴、一带、三纵并行”的空间布局结构，以打造一座江南园林式的学校，创造更具公共性和开放性的学习空间，提高学生自主学习与交流的能力，满足该校现代化、 特色化教学模式的要求。

赤峰体育中心

Chifeng Sports Center

项目业主：赤峰市人民政府
建设地点：内蒙古 赤峰
建筑功能：体育建筑
用地面积：223 000 平方米
建筑面积：87 000 平方米
设计时间：2010 年—2013 年
项目状态：建成
设计单位：中国建筑设计研究院有限公司
主创设计：赵园生
参与设计：第三建筑专业设计研究院

项目位于赤峰市新老市区交界的城市主干道上，项目用地为三角形。场地内共有三大功能主体——北侧 3 万人体育场、南侧 7 000 人体育馆、配套商业及地下车库。赤峰体育中心是赤峰市承办 2014 年第十三届内蒙古自治区运动会的主会场，运动会的开、闭幕式及各大型赛事均在这里举行。其场馆上面连续的蓝色屋顶设计源自吉祥哈达，钢结构交叉的杆件与蒙古包哈那结构同构，主体结构采用了钢筋、钢骨混凝土、管桁架、球形网架空间结构。

雄安金湖未来城

Xiong'an Jinhu Future City

项目业主：河北建投雄安建设开发有限公司
建设地点：河北 保定
建筑功能：居住、商业、办公建筑
用地面积：232 332 平方米
建筑面积：603 588 平方米
设计时间：2021 年—2022 年
项目状态：建成
设计单位：中国建筑设计研究院有限公司
主创设计：赵园生
参与设计：第三建筑专业设计研究院

项目位于雄安新区容东片区，北侧紧邻金湖公园，南侧紧邻雄安启动区起步区，是容东片区的南大门，起到城市客厅的形象展示作用。设计以小街区密路网的架构营造丰富亲人的街巷尺度空间；以综合发展用地混合商业、居住、办公等功能的方式创造城市风貌多样性和便利性；以统一的建筑高度控制和街巷建筑贴线控制来引导街区风貌的连续性和完整性；以中央商业街区为南北轴串接文化板块和商业板块，形成丰富的城市生活界面；以公交专用道、自行车专用道和步行街道组织起城市慢行交通便捷、宜人的出行系统。建筑布局严格按照上位规划要求的贴线率形成围合式街墙，打造“井”字形城市界面，在丰富、多样、连续的城市界面的基础上融入中式元素，形成高低错落的城市天际线。建筑立面设计力求打破单元拼接造成的重复性，采用跨单元划分手法，通过材质和色彩的变化形成连续多变的组合关系。

张翼鹏

职务：广东省建筑设计研究院有限公司
第五建筑设计研究所所长助理
职称：高级工程师
执业资格：国家一级注册建筑师

教育背景

2006 年—2011 年　华东交通大学建筑学学士

工作经历

2011 年至今　广东省建筑设计研究院有限公司

主要设计作品

番禺区市桥街盛泰路东郊地块
荣获：2017 年中国土木工程詹天佑奖优秀住宅小区金奖
金融街广钢新城 AF040405 地块
荣获：2019 年广东省优秀工程勘察设计三等奖
哈密市民服务中心
荣获：2021 年广东省工程勘察设计行业协会科学技术奖一等奖
国家儿童区域医疗中心重庆儿童医院二期
荣获：2023 年广东省优秀工程勘察设计一等奖
广东美术馆、广东非物质文化遗产展示中心、广东文学馆“三馆合一”项目
广东财经大学广东现代服务业产教融合综合实验实训中心
中国科学院 CIADS 及 HAIF 项目惠东县黄埠镇装置区总体设计
广东电子信息职业技术学院（筹）首期
仲恺农业工程学院白云校区二期
广州市白云区大源小学
江门市疾病预防控制中心
南航新机场机组出勤保障楼

研究成果

1. 参编《保障性住房建筑规程》(DBJ/T15-80-2021)
2. 参编《医院大型医用设备的建设与管理》。

广东省建筑设计研究院有限公司
GuangDong Architectural Design & Research Institute Co., Ltd.

广东省建筑设计研究院有限公司（GDAD）创建于 1952 年，是中华人民共和国第一批大型综合勘察设计单位之一，改革开放后第一批推行工程总承包业务的现代科技服务型企业，全球低碳城市和建筑发展倡议单位、国家高新技术企业、全国科技先进集体、全国优秀勘察设计企业、当代中国建筑设计百家名院、全国企业文化建设示范单位、广东省文明单位、广东省抗震救灾先进集体、广东省重点项目建设先进集体、广东省守合同重信用企业、广东省勘察设计行业领军企业、广州市总部企业、综合性城市建设技术服务企业。

GDAD 现有全国工程勘察设计大师 2 名、广东省工程勘察设计大师 13 名、享受国务院政府津贴专家 13 名、教授级高级工程师逾 100 名，具有素质优良、结构合理、专业齐备、效能显著的人才梯队。

GDAD 具有建筑工程设计、市政行业设计、工程勘察（综合甲级）、工程咨询、城乡规划编制、建筑智能化系统工程设计、风景园林工程设计、建筑装饰设计、工程建设监理、招标代理、工程承包、施工图审查等甲级资质，以及人防设计资质和测绘资质，立足广东、面向国内外开展设计、规划、勘察、测绘、咨询、总承包、审图、监理、科技研发等技术服务。

地址：广州市荔湾区流花路 97 号
电话：020-86681575
传真：020-86677463
网址：www.gdadri.com
电子邮箱：gdadri@gdadri.com

国家儿童区域医疗中心重庆儿童医院二期

National Children's Regional Medical Center Chongqing Children's Hospital Phase II

项目业主：重庆医科大学附属儿童医院
建设地点：重庆
建筑功能：医疗建筑
用地面积：1 333 173 平方米
建筑面积：380 000 平方米
设计时间：2012 年—2016 年
项目状态：建成
设计单位：广东省建筑设计研究院有限公司
设计团队：黄佳、罗赤宇、张翼鹏、陶涛、苏恒强、张嘉伟、方虎生、黎洁、容晓辉、刘燕黎、梁玉、邓南鸿、褚源、张皓凌、苏泽、李乾锐、胡建、龙国盛、袁存林、李培鑫

这是一个建设周期为十余载的医疗综合体，历经风雨，喜见颜开。每天来这里的儿童患者，不再感到疏远与冷漠，而是能看到一个以温暖、挺拔的城市形象，积极拥抱重庆这个热情似火的城市的建筑。这份热情得益于设计师对建筑材质的反复甄选。项目采用耐候性强、适应重庆酸雨气候的陶板及软瓷作为饰面材料，陶板天然的“红岩”色感，既是对重庆城市记忆的历史传承，也是对重庆儿童医院（国家儿童区域医疗中心）的品牌文化的体现。

面对大时间跨度的全生命周期医疗建筑规划设计，设计师对总图布局、空间结构都做了模块化的弹性把控，让医院成为一个可以自由扩展的活体，使其在面对分期建设和改扩建的时候，显得游刃有余。“空港式立体交通”概念的引入，让地铁、公交、私家车可以和重庆儿童医院无缝衔接，以“无间隔”的思维方式化解医疗建筑复杂的人车交会的矛盾，模糊了医院与城市的边界，实现了城市与医院的共生。

广州市白云区大源小学

Dayuan Primary School in Baiyun District, Guangzhou City

项目业主：广州市白云城市建设投资有限公司
建设地点：广东 广州
建筑功能：教育建筑
用地面积：26 202 平方米
建筑面积：19 086 平方米
设计时间：2018 年—2021 年
项目状态：建成
设计单位：广东省建筑设计研究院有限公司
设计团队：张翼鹏、秦莹、甄小昀、杨轮祥、吴中友、黄元堃

白云山森林公园山麓之南，天鹿湖森林公园以西，淳朴的大源村民以宗情为纽带，与山为伴，与友为邻。他们虽然见证了广州这座城市改革开放以来的巨变，却因地缘偏僻而与城市发展列车渐行渐远。而今，大源小学的整体迁建项目或许为村里带来一丝希望、一缕曙光。项目设计聚焦城市新旧建筑的融合与更新，重视宗族文化与教育文化的情感对话，从儿童的视角思考建筑的穿插组合、色彩搭配，努力在有限的场地，创造更多属于孩子的童年场所。或许多年以后，这所村里不起眼的小学，能孕育出一大批栋梁之才，而等被他们回忆起时，它依然是春天里最绚烂的色彩。

广东美术馆、广东非物质文化遗产展示中心、广东文学馆“三馆合一”项目

Guangdong Art Museum, Guangdong Intangible Cultural Heritage Exhibition Center and Guangdong Literature Museum's "Three in One" Project

项目业主：广东省代建项目管理局　　建设地点：广东 广州
建筑功能：文化建筑　　用地面积：75 788 平方米
建筑面积：143 816 平方米　　设计时间：2020 年—2023 年
项目状态：在建　　方案初设单位：华南理工大学建筑设计研究院有限公司
施工图设计单位：广东省建筑设计研究院有限公司
主创设计：何镜堂、郑少鹏、倪阳、韦宏、黄瑜、何正强、孙阳、陈晓虹、黄鹏、郑旭光、孙孝明、黎奋辉、刘庆辉、曹源、黄勇、莫理莉、范细妹、岑洪金、陈燕桃、张镇钦、徐淦锋、梁剑、吴晨晨
深化设计：黄佳、张翼鹏、江刚、苏恒强、罗赤宇、黎洁、廖满英、赖文彬、叶苑青、吴泉霖、梁超群、王珅、管海鸿、陈伟忠、梁玉、卢萧、黄元堃、廖斌、何军、应勍翔、区铭恒、陈嘉俊、唐煜

“三馆合一”项目为广东省委省政府建设“文化强省”目标的重要组成部分，项目定位为“国际知名、亚洲一流、国内领先”的现代化文化博览场馆。

项目采用现代建筑语言抽象写意，表达“文化巨轮、鹅潭飞虹”的设计概念。在云山江畔，以滨水、开放为主题营造多层次的户外公共艺术空间，以多元并存激发不同文化艺术门类的交流互动，以叠加融合创造了丰富的观景、观展空间体验，以现代材料和建构技术适应岭南地域气候，以地域性、文化性和时代性的有机融合打造具有丰富文化意象和典雅艺术品位的南粤新地标。

江门市疾病预防控制中心

Jiangmen Disease Prevention and Control Center

项目业主：江门市交通投资有限公司
建设地点：广东 江门
建筑功能：医疗建筑
用地面积：34 152 平方米
建筑面积：38 738 平方米
设计时间：2021 年—2022 年
项目状态：在建
设计单位：广东省建筑设计研究院有限公司
设计团队：黄佳、张翼鹏、甄小昀、刘伟新、张文图、陈志华、黄元堃、廖斌、何佳琦、朱霈佳

在新冠肺炎疫情后，社会各界聚焦突发疾病的预防和控制。各地原有的预防控制中心存在基础设施老旧，不能满足新的防控技术要求等情况。项目拆解疾控中心功能，将功能需求划分为对外业务服务及内部实验研究两大功能板块，两大功能板块可在平时及突发疫情情况下独立运行，是可靠的指战中心。

立面设计结合内部功能选择不同设计语言组合：对外业务服务功能区以落地玻璃和铝板的虚实对比，强调室内与周边景观的对话；内部实验区以横向长窗及百叶的组合，兼顾实验用房对自然光线及遮阳节能的要求。通过地景建筑、绿化连廊、屋顶平台的设计，为各个平台面的公共活动构建互相融合的立体化公共活动体系，为工作人员打造花园式高品质的工作环境。

珠江街安置区二期设计施工总承包项目

The Pearl River Street Resettlement Area Phase II Design and Construction EPC Project

项目业主：广州南沙开发区土地开发中心
广州南沙经济技术开发区建设中心
建设地点：广东 广州
建筑功能：居住及其公建配套
用地面积：104 200 平方米
建筑面积：449 936 平方米
设计时间：2018 年—2021 年
项目状态：在建
设计单位：广东省建筑设计研究院有限公司
设计团队：黄佳、张翼鹏、刘伟新、张文图、卢霄、陈志华、黄志校、施晓敏、甄小昀、杨轮祥、龙国盛、李嘉仪、杨睿丰

项目位于广州市南沙区珠江街四涌旁，容积率 3.2。规划设计 23 栋高层住宅塔楼及幼儿园、星光老人之家、社区卫生服务中心、居委会、社区服务站等配套公共服务设施及商铺等。设计理念如下。

①整体性：立足城市的开放式社区设计；②延续性：合理的规划布局，让村民原有的风俗文化、生活方式得到延续；③均好性：合理配置四个地块的建设规模及户型配比，体现公平性与均好性；④共享性：开放式布局的公建配套，使服务设施集约高效，促进村民之间的沟通交流。

张万龙

职务：中建海峡建筑规划设计研究院党总支书记、院长，兼任 EPC 管理部总经理、中建海峡设计原创中心主任
中建海峡建设发展有限公司设计总监
职称：高级工程师

教育背景
1995 年—2000 年　吉林建筑工程学院建筑学学士

工作经历
2015 年至今　中建海峡建筑规划设计研究院

个人荣誉
2019 年中建海峡建设发展有限公司“海峡之星”
2022 年中建海峡第二季度党员榜样

主要设计作品
福州科技新馆
福州滨海新城综合医院
福州市群众艺术馆
福州新区三江大厦
福州群众路小学滨海校区
福州中建元亨府
中建海峡商务广场
福建师范大学附属滨海小学
福星安精密电子光圈产业化项目
福州中建岳前雅居
福建赤港服务区双开放资源综合开发项目
连江五馆五中心

林雄

职务：中建海峡建筑规划设计研究院方案中心总工程师
职称：工程师

教育背景
1995 年—2000 年　重庆大学建筑学学士

工作经历
2018 年至今　中建海峡建筑规划设计研究院

主要设计作品
福州科技新馆
福州滨海新城综合医院
福州市群众艺术馆
福州新区三江大厦
福州群众路小学滨海校区
福州中建元亨府
中建海峡商务广场
福建师范大学附属滨海小学
福星安精密电子光圈产业化项目
福州中建岳前雅居
福建赤港服务区双开放资源综合开发项目
连江五馆五中心

赵飞

职务：中建海峡建筑规划设计研究院方案中心副主任
职称：工程师

教育背景
2010 年—2015 年　墨尔本皇家理工大学建筑学学士

工作经历
2020 年至今　中建海峡建筑规划设计研究院

个人荣誉
2015 年获爱沙尼亚塔林建筑双年展参展作品奖项
2021 年被评为中建海峡建设发展有限公司“十大工匠”

主要设计作品
福州科技新馆
福州滨海新城滨海综合医院
福州市群众艺术馆
福州新区三江大厦
福州群众路小学滨海校区
福州中建元亨府
中建海峡商务广场
福建师范大学附属滨海小学
福星安精密电子光圈产业化项目
福州中建岳前雅居
福建赤港服务区双开放资源综合开发项目

地址：福建省福州市马尾区儒江西路60 号 A 座
电话：0591-88023222
网址：scdc.cscec.com
电子邮箱：zjhxzb@cscec.com

中建海峡建筑规划设计研究院设有建筑、结构、给排水、暖通、电气和自动化控制、技术经济、概预算和岩土勘察等专业方向。业务涵盖工业与民用建筑设计、绿色建筑设计、BIM 设计、建筑工业化设计、人防工程设计、园林景观设计、工程咨询、工程勘察等。中建海峡建筑规划设计研究院自始至终秉承“诚信、创新、超越、共赢”的企业精神，坚持科技创新，严格质量管理，以拓展幸福空间为使命，持续加强全员质量意识和服务意识。自成立以来，中建海峡建筑规划设计研究院坚持“精心设计、诚信服务”的经营理念，全员凭借扎实的专业素质和强大的团队协作能力，严格执行国家的建筑方针政策和建设标准规范，以高标准、高要求、高品质完成了一批大中型公共建筑、工业厂房及中高层住宅的设计。

福州新区三江大厦

Sanjiang Building in Fuzhou New Area

项目业主：福州三江口建设发展有限责任公司
建设地点：福建 福州
建筑功能：办公建筑
用地面积：11 653 平方米
建筑面积：46 922 平方米
设计时间：2020 年
项目状态：建成
设计单位：中建海峡建筑规划设计研究院
主创设计：张万龙、林雄、赵飞

项目位于福州市仓山区南江滨东大道南侧，彭岐三巷东侧。其中地上主要为办公、商业建筑，地下主要为人防工程、设备用房、停车库等。绿地面积 4078.55 平方米，绿地率为 35%。机动车停车位地上 37 个、地下 382 个，非机动车停车位地下 679 个。建筑以“看山、看水、看城市未来”为设计理念。场地北临闽江，南临城门山，东西毗邻滨江生态公园，闽江对面则是鼓山风景区，周边景观资源极佳。三面极佳的自然景观形成“远一中一近”三个室外空间层次，建筑单体也设计了“北一东一西”三个中庭院子，分别对应“水一城一山”的主题，并取名为水院、城院、山院。

福州市群众艺术馆

Fuzhou Mass Art Museum

项目业主：福州市群众艺术馆
建设地点：福建 福州
建筑功能：公共建筑
用地面积：11 566 平方米
建筑面积：27 415 平方米
设计时间：2020 年
项目状态：建成
设计单位：中建海峡建筑规划设计研究院
主创设计：张万龙、林雄、赵飞

前瞻性——利用科技发展的特点，建筑技术、建筑智能适度超前，体现先进性。

开放性——项目坐落于晋安湖之滨，作为城市客厅，从城市到建筑，从室外到室内，体现开放的网络系统，为市民提供休闲交流的场所。

休闲性——注重体验，置入休闲服务设施，打造儿童休息空间，使不同年龄段的人群都能乐在其间。

人性化——以人为本，场所充满人文关怀，注重便民性。

共享性——功能共享，资源共享，集文化、艺术、休闲于一体，打造全民共享的精神家园。

福州科技新馆

Fuzhou Science and Technology New Museum

项目业主：福州市科学技术协会
建设地点：福建 福州
建筑功能：展览建筑
用地面积：18 177 平方米
建筑面积：40 242 平方米
设计时间：2021 年
项目状态：在建
设计单位：中建海峡建筑规划设计研究院
主创设计：张万龙、林雄、赵飞

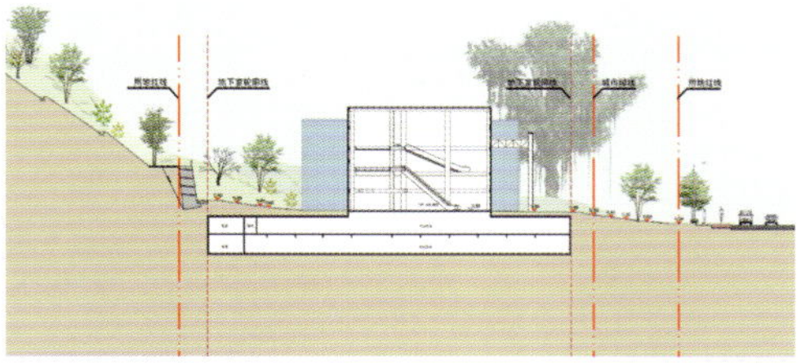

项目作为福州市重要的教育文化建筑，业主对建筑的标志性提出了要求，希望其成为地区发展可参照的对象，可代表这一区域的形象。这种标志性的重要特征是在某些方面具有唯一性，有清晰的形式，并与背景形成强烈的对比。在本项目中，这种唯一性是作为一种文化、意识的延续而存在的，集中体现了现代本土建筑的特点，以现代、简约又蕴含传统美学的风格展现清新而鲜明的个性，给人以强烈的感染力。在形体处理上注重韵律变化，突出体现建筑的体量感及科技建筑的特性，材料以涂料、钢材、玻璃为主。设计利用有限的造型元素进行组合，使建筑立面形成流畅的音乐般的韵律美。

福州群众路小学滨海校区

Fuzhou Qunzhong Road Primary School Binhai Campus

项目业主：福州市长乐区教育局
建设地点：福建 福州
建筑功能：教育建筑
用地面积：35 860 平方米
建筑面积：39 986 平方米
设计时间：2021 年—2022 年
项目状态：在建
设计单位：中建海峡建筑规划设计研究院
主创设计：张万龙、林雄、赵飞

整体设计遵循“以人为本”的指导思想。从细处着手处理，合理布局校内建筑、交通、绿化等，创造轻松、舒适、有秩序的建筑空间。校园作为学生生活、学习的重要场所，要营造典雅的环境和提供适合小学生使用的功能，并形成自身特有的氛围。单体设计力求根据当代教育发展趋势与教育内涵，充分考虑空间收放与环境的关系，注重校园建筑的使用性质，为不断发展的校园空间提供清晰的发展肌理。以模数单元或方法进行建筑空间设计是现代校园教育与发展的要求，有助于确定建筑物的基本尺寸，形成较大的建筑空间和具有统一的柱网层高、承载能力、平面布局，组成不同的功能空间，以满足不同的发展需要。

中建海峡商务广场

China Construction Strait Business Plaza

项目业主：中建海峡建设发展有限公司
建设地点：福建 福州
建筑功能：办公建筑
用地面积：15 765 平方米
建筑面积：97 404 平方米
设计时间：2014 年
项目状态：建成
设计单位：中建海峡建筑规划设计研究院
主创设计：张万龙、林雄、赵飞

项目位于福州市马尾综合体育馆东侧，儒江大道北侧，世纪大道西侧，鼓山山脉南侧。场地平坦，地块呈长方形，西侧与马尾综合体育馆相望。设计将两幢 25 层的研发大楼南北交错布置于地块内，四周均有良好的景观视野，形成局部围合的建筑空间。建筑内部自身的集散空间及院落绿化空间，既能满足景观绿化的需求，也能协调自身场地的小气候。在建筑立面设计上，着重考虑当地的气候特征和节能采光要求，建筑主墙面以白色花岗实板和白色线条为主，穿插玻璃幕墙体块。“白”源自《易经》中“白贲”的审美境界，“水墨”的意境体现了建筑独特的艺术魅力。

中建元亨府

China Construction Yuanheng Mansion

项目业主：福州经济技术开发区建发置业有限公司
建设地点：福建 福州
建筑功能：商业、居住建筑
用地面积：24 262 平方米
建筑面积：104 443 平方米
设计时间：2021 年—2022 年
项目状态：在建
设计单位：中建海峡建筑规划设计研究院
主创设计：张万龙、林雄、赵飞

设计师充分考虑项目所在地块独有的区位优势和景观资源，结合规划设计理念，实现设计定位。项目通过建筑围合，在创造独立居住空间的同时，营造高品质的居住环境和居住产品。设计注重小区内自身关系的协调及创新，在形成一个相对围合空间的同时，实现人与自然的良性互动，探索住区设计的新概念。

以"诗意栖居"与"和谐共生"的哲学理念，向世界传递源自东方底蕴的精神文化与现代技术相融合的设计思考与实践。

张国威

职务：GWP 建筑事务所总建筑师
广州源尚建筑设计有限公司董事长
广州源尚投资发展有限公司董事长

教育背景

2008 年—2012 年　加州大学建筑学学士
2013 年—2015 年　哈佛大学建筑学硕士

工作经历

2016 年至今　广州源尚建筑设计有限公司

社会职务

哈佛大学华南校友会会长
梅州市侨联第八届委员会常务委员
东莞市东华高级中学校友会副会长
广东省客属海外联谊会副会长
广东省客家青年企业家联合会轮值会长
广东省青年企业家联合会理事
深圳与佛山产业联盟常务副会长
广东省海外留学青年联谊会常务理事
2023 年任世界客青大会筹备组副主任及推广大使

个人荣誉

2018 年十大华人设计精英
2019 年香港杰出青年建筑师
2020 年美国建筑大师奖
2021 年美国建筑金块奖
2021 年香港 A&D 40 UNDER 40 杰出青年建筑师奖
2021 年 REARD 全球地产设计之星

主要设计作品

广州三七互娱全球总部大厦
荣获：2022 年意大利 A' 设计大奖金奖
2021 年美国 MUSE 建筑设计奖
2021 年法国巴黎 DNA 设计大奖
2021 年布里斯班设计奖
2021 年墨尔本设计奖
2021 年美国 BLT 建筑设计奖
2021 年德国标志性设计奖
2021 年意大利 THE PLAN 设计奖
2021 年英国 SBID 国际设计大奖
2021 年 REARD 全球地产设计大奖
2021 年园冶杯奖
2021 年全球未来设计奖
2021 年美国 IDA 国际设计奖
广州丰盛 101 超高层综合体
荣获：2022 年意大利 A' 设计大奖金奖
2021 年美国 MUSE 建筑设计奖
2021 年巴黎 DNA 设计大奖
2021 年布里斯班设计奖
2021 年墨尔本设计奖
2021 年美国 BLT 建筑设计奖
2021 年德国标志性设计奖（德国）
2021 年意大利 THE PLAN 设计奖
2021 年英国 SBID 国际设计大奖
2021 年 REARD 全球地产设计大奖
2021 年园冶杯奖
2021 年全球未来设计奖
2021 年美国 IDA 国际设计奖
东莞 CBD 示范性停车楼
荣获：2022 年广东省土木工程詹天佑故乡杯奖
2022 年意大利 A' 设计大奖银奖
2022 年东莞市土木工程詹天佑故乡杯奖
2021 年美国建筑金块奖
2020 年东莞市优秀建筑工程设计方案一等奖
2021 年美国 MUSE 建筑设计奖
2021 年巴黎 DNA 设计大奖
2021 年布里斯班设计奖
2021 年墨尔本设计奖
2020 年香港 A&D 设计大奖
2020 年伦敦杰出地产奖
2021 年德国标志性设计奖
2021 年意大利 THE PLAN 设计奖
2021 年美国 BLT 建筑设计奖
2021 年英国 SBID 国际设计大奖
2021 年园冶杯奖

GWP

张国威，GWP 建筑事务所联合创始人，以"城市针灸"理论结合中国本土文化的深刻思考在世界多个城市开展城市规划与建筑设计实践。在城乡规划领域，他主持参与的汤湖宋园规划项目将东京梦华录的文化场景运用于江西赣南的一片温泉小镇中，将温泉、建筑技艺、文化场景等巧妙结合，最终中标并实施建设。他联合意大利米兰理工大学教授联合设计的丽水城市设计项目将有机建筑机理融入乡镇的基础文脉，让乡村城镇与自然生态融合，形成崭新的面貌，荣获最美规划设计优胜奖。在建筑设计领域，他主持设计了多个超高层总部地标项目，例如广州三七互娱全球总部大厦、广东能源产业链总部项目、大参林医药集团运营中心、广州城投增城总部二期、杭州城投滨水文化商业街、东莞 CBD 示范性停车楼、泰国苏梅岛度假酒店、日本北海道度假酒店、曾宪梓纪念馆等项目。他先后斩获了包括美国建筑金块奖、意大利 A' 设计奖、德国标志性设计奖，以及广东省土木工程詹天佑故乡杯、东莞市优秀工程设计方案一等奖、广东省优秀公共建筑二等奖等在内的 200 余项国内外奖项，2018 年被评为十大华人设计精英，2021 年荣获 40 UNDER 40 AWARDS 以及 REARD 全球地产设计之星。GWP 建筑事务所在城市规划与建筑设计中秉持创新与实用平衡的理念，坚持从创意到建成的全过程跟进策略，以及在实践中践行的"设计、质量、效率、成本、服务"的五优原则，创作和落地了很多标杆性作品，为高质量发展做出了积极的响应。

地址：广州市天河区花城大道 68 号
3201 房、3202 房
电话：020-23339010
网址：www.gwp-architects.com
商务合作邮箱：
gwzhang@gwp-architects.com
品牌媒体邮箱：
media@gwp-architects.com

广州三七互娱全球总部大厦

Guangzhou Sanqi Mutual Entertainment Global Headquarters Building

项目业主：广州三七文创科技有限公司
建设地点：广东 广州
建筑功能：办公、商业综合体
用地面积：6 427 平方米
建筑面积：94 967 平方米
设计时间：2021 年—2024 年
项目状态：在建
设计单位：GWP 建筑事务所
主创设计：张国威、王平

设计师深度解读琶洲西区城市设计导则与三七互娱企业文化，以及企业对于未来美好生活与工作环境发展愿景的需求，以“玩心创造世界”为设计起源，通过创造同时具有标识性与功能性的设计，传递一种有趣和谐、开放创新、凝聚共享的企业文化。该项目的建成，不仅会提升三七互娱企业员工工作的幸福感和归属感，其开放性的首层大堂设计也会成为促进建筑与周边城市对话的标志性场所，为总设计师制度在琶洲片区的实践提供新的思路。

广州城投增城总部二期

Guangzhou Urban Investment Zengcheng Headquarters Phase II

项目业主：广州城投
建设地点：广东 广州
建筑功能：商业综合体
用地面积：8 844 平方米
建筑面积：141 294 平方米
设计时间：2022 年
项目状态：方案
设计单位：GWP 建筑事务所
主创设计：张国威、王平

项目处于广州市城市空间发展战略“东进”轴的重要节点，位于“十轨汇聚”的广州东部（新塘）交通枢纽中心区域内，是增城未来发展的中心区域。基于项目处在城市高度密集环境下，GWP 团队希望将之打造成为更具人文关怀的柔化空间，在广州东部枢纽中心开辟出一道充满生机的“绿色缝隙”，让生态与自然渗透进来，拉近人与城市的距离，打造极具特色的城市记忆点。GWP 团队从自然生态中提取元素，以生态建筑为轴心，通过打开局部的建筑立面，形成与行人相互沟通的空间，让登高望远的诗意和绿意盎然的生机通过建筑注入城市的核心，纵向延展成一片“光之森林”绿轴，生态活力跃然于城市之中，成为极具特色的城市生态新地标，打破了沉闷的城市界面。GWP 团队希望通过空间组合的创新，使使用者在生活和工作活动中创造更多可能性。建筑立面线条宛如登天云梯直抒胸臆。GWP 团队希望此建筑能成为城市中心一个激励人向上的标志。

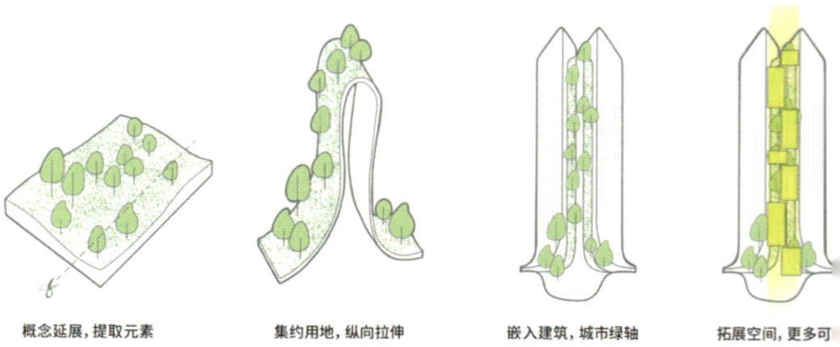

光之森林——城市的呼吸

广州丰盛 101 超高层综合体

Guangzhou Fengsheng 101 Super High-rise Complex

项目业主：广州丰盛能源科技发展有限公司
建筑功能：办公、酒店建筑
建筑面积：81 000 平方米
项目状态：在建
主创设计：张国威、王平

建设地点：广东 广州
用地面积：7 000 平方米
设计时间：2019 年—2023 年
设计单位：GWP 建筑事务所

设计师以扬帆起航的画面为灵感，希望用凝固的建筑描述动态的趋势，以更亲近的尺度拉近市民与社区、自然的距离，使之成为融入城市的场所。设计师在丰盛 101 超高层综合体的设计中本着以人为本的原则，注重采光、通风、与自然生态景观相融合，引入多层次的交互开放空间，在实现建筑形式与结构美学相得益彰的同时，赋予项目丰富的个性和独特的魅力。

曾宪梓纪念馆

Zeng Xianzi Memorial Hall

项目业主：金利来集团有限公司
建设地点：广东 梅州
建筑功能：文化建筑
用地面积：2 857 平方米
建筑面积：4 000 平方米
设计时间：2021 年
项目状态：在建
设计单位：GWP 建筑事务所
主创设计：张国威、王平

项目坐落于梅州市梅江区月影塘 12-9 号，原建筑银利来大厦见证了曾宪梓先生的拳拳报国之心。项目周边是典型的由老街和握手楼组成的传统生活街区，密集甚至有些局促的空间里充满了朴实而鲜活的烟火气，其中客家传统围屋、街边的商铺与民居共同刻画着场地的历史与城市记忆。因此，在现有场地基础上，设计师如何通过空间及建筑氛围的营造，实现纪念馆应有的纪念性，同时使其所具有的精神文化属性对城市产生持续影响显得尤为重要。设计师通过重构新的空间体系，让街区更新与再生，既“锚固” 城市肌理，让建筑适宜地改善周围社区环境，又有相应的时代活力且兼收并蓄地承载多种功能。同时设计师将人物的爱国精神和谐地融入设计，营造极具地域特色的社区文化空间，为空间赋能的同时，更为建筑赋予无穷的生命力和教育意义。

设计师希望曾宪梓纪念馆的整体氛围可以带给观览者一种瞬间的感触，一种可亲近可深读、蕴含着乡情的文化，具有深厚爱国精神传播的意义。同时曾宪梓纪念馆不局限于传统形式的展示，是一个充满沉浸体验和多元感受的场景。

东莞 CBD 示范性停车楼

Dongguan CBD Demonstration Parking Building

项目业主：东莞市莞城建筑工程有限公司
建设地点：广东 东莞
建筑功能：公共建筑
用地面积：4 844 平方米
建筑面积：20 000 平方米
设计时间：2019 年—2020 年
项目状态：建成
设计单位：GWP 建筑事务所
主创设计：张国威、王平

设计师从项目的实际功能需求出发，以“无限流动”为设计思路，把停车区域、人车动线和商业布局巧妙地匹配，使建筑功能和优美的建筑形态完美融合，将创新型的设计理念与城市新地标的整体形象相结合，力图在解决该区域停车困难问题的同时为都市通勤者带来一种便捷舒适的交通体验，创建一个可令人驻足停留的城市新场所。

张艳

职务：上海现代建筑装饰环境设计研究院有限公司建筑所所长
职称：高级工程师
执业资格：国家一级注册建筑师

教育背景
1998 年—2002 年　哈尔滨工业大学工学学士

工作经历
2008 年—2017 年　上海建筑设计研究院有限公司
2018 年至今　上海现代建筑装饰环境设计研究院有限公司

主要设计作品
义乌开元万豪酒店
三亚亿隆温德姆至尊酒店
开封铂尔曼酒店
海航文昌迎宾馆及公寓式酒店
义乌三鼎总部大楼
世博会民营企业联合馆
崇明堡镇新能源公共交通配套场站
射阳韩风国际城
西咸新区国际文旅创意产业园
宁国市港口生态工业园区幼儿园
文昌体育中心
宁波海关洪塘文体中心
海南文昌汪洋新农村建设示范区排球馆、青少年及老年活动中心

华建集团
ARCPLUS

上海现代建筑装饰环境设计研究院有限公司隶属于华东建筑集团股份有限公司（简称华建集团），成立于 1999 年，是上海首家以“环境设计”命名的从事室内外环境设计的专业化企业。公司下设现代建筑室内设计院、现代园林景观设计院、机电照明工程设计事业部、既有建筑设计事业部和现代工程建设管理中心五大板块，以专业化、专项化、一体化的发展战略模式，实现了室内外环境设计及产业链上下游业务的全覆盖，并凭借强大的综合实力和专项优势不断提升在市场上的行业地位，成为华东乃至全国公共空间和园林景观设计行业的龙头企业。

公司坚持“以设计为先导，以创意为竞争力，设计成就和谐”的经营战略，按照“诚信服务、团结进取、锐意创新、追求卓越”的 16 字方针统领企业运营全过程，围绕“全过程、全国化”这一核心服务理念，时刻以社会与市场需求为己任，走原创设计及设计施工一体化道路。通过聚集人才、强化服务、树立品牌，实现业务广角度、深层次的拓展，为广大客户提供原创、新颖、优质的高品位设计以及整体式、集成化、高附加值的服务。成立至今，公司完成了国内外各类大型、高端、具有重大影响力的公共建筑项目 1 000 余项，标志性的设计作品遍布国内十多个省市，获得全国及上海市的各类设计奖 300 多项。创意成就梦想，设计成就和谐！公司将牢牢把握历史所赋予的每一次机遇和挑战，以专业的设计、开阔的视野、昂扬的精神，不断推进及完善发展战略，服务全国的经济及社会发展，全力打造具有先进水平的行业龙头企业。

地址：上海市龙吴路 888 号
电话：021-33566888
传真：021-62464011
网址：www.arcplus.com.cn
电子邮箱：yan_zhang@arcplus.com.cn

临港科技城 A08-01B 地块

Lingang Science and Technology City A08-01B Plot

项目业主：上海英众信息科技有限公司
建设地点：上海
建筑功能：办公建筑
用地面积：10 022 平方米
建筑面积：46 100 平方米
设计时间：2021 年至今
项目状态：方案设计
设计单位：上海现代建筑装饰环境设计院有限公司
主创设计：张艳、王婕

项目位于上海市东南沿海区域，中国（上海）自由贸易试验区临港新片区。上海英众信息科技有限公司是国家高新技术企业。项目设计从项目区位、企业特征入手，以海浪（科技浪潮）中屹立不倒的礁石为设计意向及出发点，通过体块的层叠、穿插，丰富了空间感受及立面形象。

义乌开元万豪酒店

Yiwu Kaiyuan Marriott Hotel

项目业主：三鼎控股集团　　建设地点：浙江 义乌
建筑功能：酒店建筑　　用地面积：16 062 平方米
建筑面积：147 599 平方米　　设计时间：2010 年—2011 年
项目状态：建成
设计单位：上海建筑设计研究院有限公司
合作单位：美国 BBG-BBGM 设计公司
主创设计：郑兆雁、张艳、宗晓海、刘威、李鸿昌

项目位于浙江省义乌市国际商贸城金融商务区，包括四层裙房和两栋塔楼。塔楼分别为两家五星级酒店：层数 38 层、高度 150 米的万豪酒店；层数 23 层、高度 99 米的开元酒店。

项目用地东西宽、南北窄，呈梯形占据道路转角，并由 50 米宽城市绿地与北侧主干道隔开，规划结构分区简单清晰。建筑占据地块南侧，东西向一字排开，充分考虑了不同的使用功能及建筑与城市的和谐关系，注意与周边建筑空间的层次过渡及体量的协调。裙房平面呈梯形以契合地形，由于裙房长度达 170 多米，将两栋塔楼中间部分的裙房用 2 层高的过街楼断开，形成南北贯通的半室外空间，亦成为地块的中轴线，景观绿化、出入口、内部道路均对称设计，两边布置。

文昌体育中心

Wenchang Sports Center

项目业主：海南航空控股股份有限公司
建设地点：海南 文昌
建筑功能：体育建筑
用地面积：387 000 平方米
建筑面积：92 200 平方米
设计时间：2011 年
项目状态：中标方案
设计单位：上海建筑设计研究院有限公司
主创设计：魏敦山、宗晓海、张艳、潘俊

项目位于海南省文昌市八门湾西岸，其中八门湾新城区集中了海湾、红树林、东郊椰林等独具特色的景观资源，是集行政、文体、居住、旅游、休闲等多种功能于一体的现代化、高品质的综合性滨水新城区。

设计理念源自文昌椰风海韵的热带滨海特色。一场一馆在飞扬的大屋顶下和谐共处，它们之间的灰空间，也是联系场馆的核心交通空间。设计在有效整合了两部分功能的同时，塑造了特殊的建筑造型。犹如海洋生物般的巨型屋盖，气势宏大，造型起伏如大海的波涛，充分体现了体育运动的精神气质，也隐喻了海洋的博大。

在细部处理上，体育场馆的外墙设计成圆弧形，配上小尺度的木材纹理和木檩饰面材料，打造出椰壳般的肌理；入口处钢结构雨棚犹如巨大的棕榈叶子自然垂落，树状的钢结构构件形成抽象的椰树林，行走其中给人带来椰风文化的联想。

崇明堡镇新能源公共交通配套场站

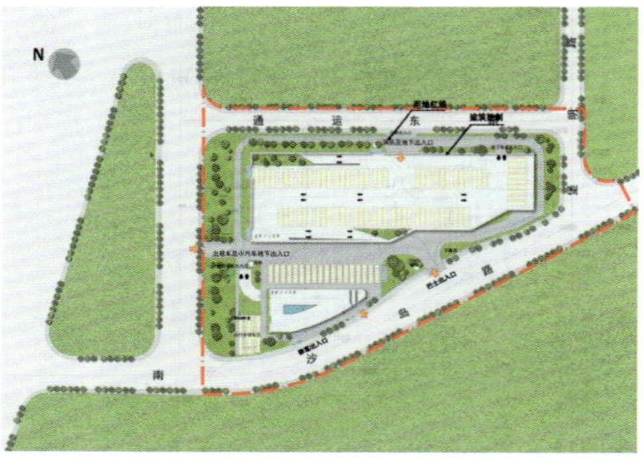

Chongmingbu Town New Energy Public Transport Supporting Station

项目业主：上海崇明公共交通设施管理有限公司
建设地点：上海
建筑功能：交通建筑
用地面积：36 091 平方米
建筑面积：37 012 平方米
设计时间：2017 年—2018 年
项目状态：建成
设计单位：上海建筑设计研究院有限公司
主创设计：张艳、莫军飞、邓熠、陈力超

该项目位于上海市崇明区堡镇，旨在满足 2017 年推广使用纯电动公交车需求。该项目分为三大功能区：停车楼区域、收发车区域和指挥中心。其中停车楼区域包含停车、充电、洗车、小修和司机休息等功能。收发车区域主要为车辆行驶区域，满足堡镇地区现有 2 条申崇线及 15 条区域内公交线路的始发功能。指挥中心包含客运枢纽站、调度指挥中心、后勤办公等配套功能设施。

建筑立面设计充分体现中国元素、江南韵味、海岛特色，提取江南建筑中青瓦、白墙、格栅等元素及崇明岛湿地特色芦苇荡意向，同时运用多种绿色节能手段，如声屏障、垂直绿化、光导采光、太阳能光伏板等，打造崇明生态级公交配套场站新名片。

三普医疗养老中心

Sanpu Medical and Elderly Care Center

项目业主：上海三普实业有限公司
建设地点：上海
建筑功能：养老建筑
用地面积：7 906 平方米
建筑面积：27 175 平方米
设计时间：2018 年—2022 年
项目状态：建成
设计单位：上海现代建筑装饰环境设计院有限公司
主创设计：张艳、王婕

项目位于上海市静安区灵石社区，上海市交通大动脉中环线以南。设计结合基地地形条件，以自然环境为中心，充分利用河道资源，将两栋塔楼沿地块北侧布置，目的是开放南侧日照充足区域形成活动交流场所。政府及开发单位均希望将项目打造成静安区富有新城市人文活力的养老服务社区标杆。设计采用简约古典风格，通过形体的组合、简约明快的色彩、创新的材料和构造体现项目的高品质。

张红

职务：清华大学建筑设计研究院有限公司建筑策划与设计分院副院长
职称：正高级工程师
执业资格：国家一级注册建筑师

教育背景
1986年—1992年　清华大学建筑学学士

工作经历
1992年至今　清华大学建筑设计研究院有限公司

主要设计作品
2022年北京冬季奥运会冬季两项比赛中心
石家庄国际会展中心
清华大学光华路校区大楼
山东省博物馆新馆
台州博物馆
渭南博物馆
中国第一历史档案馆
奥运会北京射击馆
北京联合大学旅游学院综合实训楼

姚虹

职务：清华大学建筑设计研究院有限公司第一分院院长
职称：高级工程师
执业资格：国家一级注册建筑师

教育背景
1993年—1996年　清华大学建筑学硕士

工作经历
1996年至今　清华大学建筑设计研究院有限公司

主要设计作品
清华大学出土文献研究与保护中心
清华大学新土木馆
清华大学百年会堂（音乐厅及校史馆）
2022年北京冬奥会北欧中心跳台滑雪场（看台）
北京宋庄文化创意产业集聚区A1地块项目
清华长三角研究院创业大厦
乔波冰雪世界滑雪馆及配套会议中心
山东庆云文化中心
平顶山文化中心

地址：北京市海淀区清华大学建筑设计中心楼
网址：www.thad.com.cn

经营计划部
电话：010-62788579
电子邮箱：jzsjy@tsinghua.edu.cn

人力资源部
电话：010-62782687
电子邮箱：hr@thad.com.cn

清华大学建筑设计研究院有限公司
ARCHITECTURAL DESIGN & RESEARCH INSTITUTE OF TSINGHUA UNIVERSITY CO., LTD.

清华大学建筑设计研究院成立于1958年，为国内知名建筑设计机构，2011年1月改制为清华大学建筑设计研究院有限公司（THAD），2011年11月，被认定为北京市“高新技术企业”。

THAD 2011年被中国勘察设计协会审定为“全国建筑设计行业诚信单位”，2012年被中国建筑学会评为“当代中国建筑设计百家名院”，2013年被中国勘察设计协会评为“全国勘察设计行业创新型优秀企业”。

成立至今，THAD始终严把质量关，秉承“精心设计、创作精品、超越自我、创建一流”的奋斗目标，热诚地为国内外社会各界提供优质的设计和服务。THAD的队伍是年轻和充满活力的，如果说建筑是一座城市的文化标签，那么THAD的建筑师将用流畅的线条勾勒它，用灵魂的笔触描绘它，用迸发的激情演绎它，目的只有一个——让世界更加美好。

石家庄国际会展中心

Shijiazhuang International Convention and Exhibition Center

项目业主：中建浩运有限公司
建设地点：河北 石家庄
建筑功能：展览、会议建筑
用地面积：644 361 平方米
建筑面积：359 213 平方米
设计时间：2015 年—2017 年
项目状态：建成
设计单位：清华大学建筑设计研究院有限公司
获奖情况：2009 年—2019 年中国建筑学会建筑创作大奖
2019 年教育部优秀工程勘察设计一等奖
2019 年全国优秀工程勘察设计一等奖
2020 年全国绿色建筑创新设计二等奖

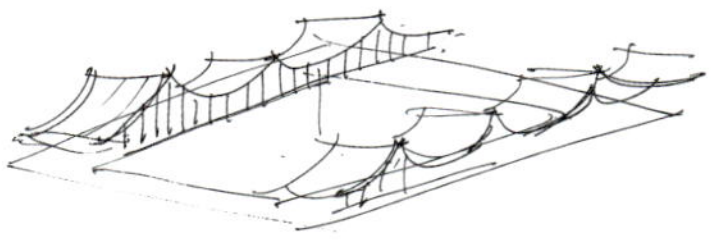

项目紧邻石家庄正定国际机场、机场高铁站等重要交通枢纽，建筑功能主要包括展览、会议两部分。场地形状呈不规则的五边形，规划布局由中央枢纽区串联会议和展览各个部分，呈鱼骨式展开。中央枢纽区作为主要的中央大厅和会议中心，承载着人流集散、服务等公共性功能。展览部分包含 7 个面积为 11 000 平方米的标准展厅和一个面积为 26 000 平方米的大型多功能展厅，总体展览建筑面积达 103 000 平方米。展厅采用悬索结构，是目前建成的世界上最大的悬索结构展厅。

A4

华山游客中心

Huashan Tourist Center

项目业主：华山风景名胜区管理委员会
建设地点：陕西 华阴
建筑功能：旅游服务
用地面积：408 008 平方米
建筑面积：8 667 平方米
设计时间：2008 年—2009 年
项目状态：建成
设计单位：清华大学建筑设计研究院有限公司
获奖情况：2012 年中国建筑学会建筑创作金奖
2013 年教育部优秀工程勘察设计一等奖
2013 年全国优秀工程勘察设计一等奖
2014 年亚洲建协建筑奖提名奖
2009 年—2019 年中国建筑学会建筑创作大奖

项目位于陕西省华阴市城南、华山的北麓。设计采用尊重自然、尊重华山的设计理念，遵循宜小不宜大、宜藏不宜露的原则，使整座建筑匍匐在华山脚下，融入原有的自然环境之中。

游客中心是集游客集散、咨询服务、导游服务、旅游购物、餐饮及配套办公管理等功能于一体的综合性小型建筑。主体建筑共两层，地下局部一层。建筑采用简洁合理的几何形体，山形的折板屋顶自地面升起，侧面灰绿色的玻璃幕墙掩映在青山绿树中，与环境融为一体。屋顶及台地上散落的透光立方体将自然光引入室内。室外广场及层层台地均设有无障碍坡道。屋顶及广场台地均使用当地石材。

清华大学光华路校区大楼

Tsinghua University Guanghua Road Campus Building

项目业主：清华大学
建设地点：北京
建筑功能：科研、办公建筑
用地面积：8 876 平方米
建筑面积：149 974 平方米
设计时间：2013 年—2015 年
项目状态：建成
设计单位：清华大学建筑设计研究院有限公司

项目位于北京市 CBD 核心区，建筑高 231 米，主要功能为科研和办公，毗邻中国尊和中央电视台两座地标性建筑，是 CBD 核心区唯一全过程由中方设计团队完成的超高层项目。

设计以功能需求为切入点进行建筑策划分析并引导设计：从工程设计层面进行精细化挖掘，使标准层达到较高的使用系数；采取适宜的技术策略，如选定筒中筒方案，外立面选用石材幕墙而非玻璃幕墙，以降低能耗、节约成本。夜景照明、景观设计、室内装修设计，不追求豪华和新奇。

乔波冰雪世界滑雪馆及配套会议中心

Qiaobo Ice and Snow World Ski Resort and Supporting Conference Center

项目业主：北京乔波冰雪世界体育发展有限公司
建设地点：北京
建筑功能：体育建筑
用地面积：48 048 平方米
建筑面积：52 728 平方米
设计时间：2003 年—2006 年
项目状态：建成
设计单位：清华大学建筑设计研究院有限公司
获奖情况：第十一届首都城市规划建筑设计方案二等奖
第十三届北京市优秀工程设计二等奖
2008 年全国建筑设计行业优秀工程设计一等奖
2008 年全国优秀工程勘察设计银奖
2009 年中国建筑学会建筑创作大奖

项目位于北京市顺义区牛栏山镇，其中滑雪馆建筑面积为 28 691 平方米、配套会议中心面积为 24 037 平方米，建筑高度为 54.36 米。滑雪馆主体由滑雪大厅及服务区组成。滑雪大厅位于会议中心和管理用房之上；滑道终点部分深入地下，滑道长 261 米，滑道坡度为 6° ~18°，总落差为 49.5 米，分初级与专业两个滑道区，各滑道区平面呈起点窄、终点宽的梯形，滑道顶部结构跨度为 24~40 米。配套会议中心设有 176 套客房及辅助用房。

滑雪馆落差为 49.5 米的滑雪坡道凌空架起，在高耸的滑雪坡道下利用结构架空空间配套建设会议中心，充分实现了对特定结构空间的合理利用。

乔波冰雪世界

张力

职务： 同济大学建筑设计研究院（集团）有限公司城市与规划设计研究中心主任（院长）
职称： 高级工程师
执业资格： 国家注册城市规划师

教育背景

1989 年—1993 年　同济大学城市规划学士
1994 年—1996 年　同济大学建筑学硕士
2005 年—2010 年　同济大学城市规划博士

工作经历

1996 年—2014 年　同济大学建筑与城市规划学院
2014 年至今　同济大学建筑设计研究院（集团）有限公司

个人荣誉

上海市城市规划学会城市设计专业委员会委员

主要设计作品

上海工程技术大学新校区规划
荣获：2005 年教育部优秀规划设计二等奖
华东政法学院新校区规划
荣获：2005 年教育部优秀规划设计三等奖
上海市重大工程配套商品房基地规划
荣获：2006 年上海市优秀规划设计三等奖
同济大学嘉定校区总体规划
荣获：2007 年教育部优秀规划设计三等奖
　　　2008 年上海市建筑学会建筑创作奖佳作奖
南开大学津南校区总体规划
荣获：2017 年教育部优秀规划设计一等奖
　　　2019 年上海市建筑学会建筑创作奖优秀奖
　　　2019 年上海市优秀城乡规划设计三等奖
荆门市中央商务区城市设计
荣获：2017 年湖北省优秀城乡规划设计三等奖
荆门市爱飞客镇城市设计
荣获：2017 年湖北省优秀城乡规划设计三等奖
郑州市中原区总体城市设计
荣获：2018 年河南省优秀工程咨询成果二等奖
奉贤新城“上海之鱼”周边区块城市设计
荣获：2019 年上海市建筑学会建筑创作奖提名奖
　　　2020 年中国建筑学会建筑设计奖城市设计三等奖
遵义市新蒲新区美丽乡村及古村落改造规划
荣获：2019 年上海市建筑学会建筑创作奖佳作奖
　　　2019 年上海市优秀城乡规划设计三等奖
山西师范大学整体搬迁建设项目
荣获：2019 年教育部优秀规划设计三等奖
中国地质大学（武汉）未来城校区规划
荣获：2021 年教育部优秀规划设计二等奖
　　　2021 年上海市建筑学会建筑创作奖佳作奖
兴义市文化艺术城城市设计及控制性详细规划
荣获：2021 年上海市建筑学会建筑创作奖优秀奖
武侯区摩尔仓储 TOD 项目暨重点地段详细城市设计
荣获：2021 年上海市建筑学会建筑创作奖佳作奖
青岛城阳亚洲杯足球小镇项目规划
荣获：2021 年上海市建筑学会建筑创作奖佳作奖
宜宾高县新城滨水地块及核心商业地块城市设计
荣获：2021 年上海市建筑学会建筑创作奖佳作奖

同济大学建筑设计研究院（集团）有限公司
TONGJI ARCHITECTURAL DESIGN (GROUP) CO., LTD.

同济大学建筑设计研究院（集团）有限公司（以下简称 TJAD）成立于 1958 年，总部设于上海。依托同济大学在规划建筑领域的深厚底蕴，TJAD 拥有从项目立项、规划、建筑、市政、交通、景观、环境到室内设计的完整设计咨询产业链，持有建筑行业甲级、市政行业专业甲级、公路行业（公路、特大桥梁）专业甲级、环境工程专项甲级、风景园林工程设计专项甲级、工程勘察专业类甲级、文物保护勘察设计甲级等多项设计资质及国家计委颁发的工程咨询证书，是目前国内设计资质涵盖面较广的设计单位之一，现有员工 105 000 多人。

TJAD 的使命：用创造性的劳动让人们生活和工作在更美好的环境中。

TJAD 的愿景：成为受人尊敬的具有全球影响力的设计咨询企业。

TJAD 的核心价值观：以顾客为中心，与员工共同成长。

TJAD 的企业精神：同舟共济，追求卓越。

同济大学建筑设计研究院（集团）有限公司城市与规划设计研究中心（以下简称城规中心）是 TJAD 唯一直属规划机构，以“树产品、创品牌、建团队”为经营理念，重点围绕规划设计开展业务，以“服务配合、开拓市场、赢取口碑”为核心工作，从规划层面全力拓展市场，为集团其他部门提供全方位的规划咨询服务，延伸与完善 TJAD 设计产业链，全力配合和推进 TJAD 规划设计事业的发展。

城规中心秉持“特色化、专业化、精品化”的发展思路，依托同济大学在规划设计领域强大的综合实力，以灵活创新的工作机制，主要承接从总规到详规各个层面的规划设计业务。

城规中心以同济大学强大的科研团队为后盾，借助同济大学规划建筑学科在国内外的领先地位和影响力，集合规划领域内不同技术专长的专业人员组成精英团队，致力于城市设计、校园规划、存量更新、特色文旅、城市重点片区规划、居住区规划等的研究，在业内具有较好的口碑，并已经具有一定的声誉和竞争优势。

地址：上海市杨浦区四平路 1230 号
同济建筑集团大楼 535 室
电话：021-35377670
传真：021-35377105
网址：www.tjad.cn
电子邮箱：65988655@163.com
cg-11-zhang-l@tjad.cn

奉贤新城“上海之鱼”周边区块城市设计

Urban Design of the Surrounding Blocks of Shanghai Zhiyu Fengxian New City

项目业主：上海奉贤新城建设发展有限公司
建设地点：上海
建筑功能：城市设计
用地面积：9 581 000 平方米
设计时间：2017 年—2018 年
项目状态：在建
设计单位：同济大学建筑设计研究院（集团）有限公司
主创设计：张力、王一、徐政、张嵩崴、潘婉君、马丽君、王萌晓、莫唐筠、潘佳

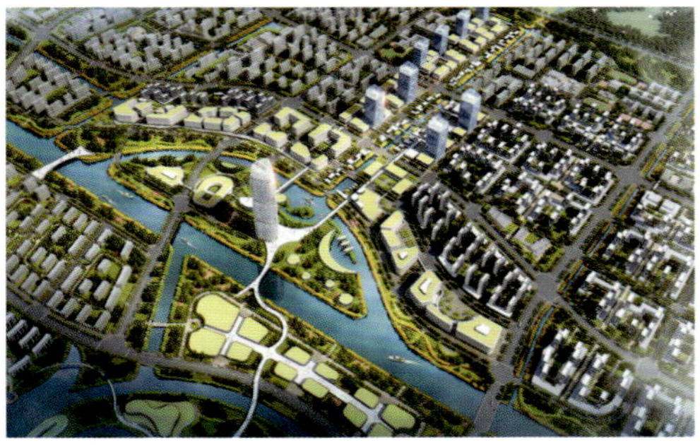

项目位于上海市奉贤新城东南侧。按照设计要求的差异性项目从西至东依次为西部居住区、上海之鱼区、活力街区和国际社区。上海之鱼区为杭州湾北岸协同战略实施的重要板块、上海南部城市发展的重心，承载着奉贤未来腾飞的希望。

奉贤新城以“上海之鱼、中央公园”为核心，全力推进“十字水街、田字绿廊、九田宫字”的建设。项目结合奉贤新城的资源禀赋、发展脉络、城市意象、后发优势和上海市 2035 年总体规划对奉贤新城的定位要求，确立奉贤新城发展新理念，明晰奉贤新城发展的特色方向和城市发展模式的特色内涵，提出总体城市设计策略。

南开大学津南校区总体规划

Overall Planning of Nankai University Jinnan Campus

项目业主：南开大学
建设地点：天津
建筑功能：教育建筑
用地面积：2 458 900 平方米
建筑面积：1 443 500 平方米
设计时间：2011 年—2014 年
项目状态：一期建成
设计单位：同济大学建筑设计研究院（集团）有限公司
主创设计：王文胜、张力、黄宏智、李兵、滕希、张嵩崴、祝军祥

项目位于天津市津南海河教育园区内，规划设计首先将公共教学楼、公共实验楼、图书馆、体育馆等核心公共资源集中设置，遵循教学、生活就近原则，利于师生交流共享；将文理组团、南北分区，做到产学研一体化。

建筑单体设计从平面布局到立面造型，均符合生态校园的宗旨和天津文化的历史特色。天津文化讲究中西结合，西方建筑注重对称庄重的礼仪性空间，在空间轴线的对称中寻求建筑丰富灵动的变化；而东方的建筑空间则注重园林和院落的组合关系，追求空间层次的丰富。校园的建筑以现代红砖风格为主，既充满个性，又满足整体环境的秩序要求。建筑立面简洁实用，并通过对比例关系的推敲，使其优雅宜人。

遵义市新蒲新区美丽乡村及古村落改造规划

Renovation Plan for Beautiful Countryside and Ancient Village in Xinpu New Area, Zunyi City

项目业主：遵义洛安生态开发投资有限责任公司
建设地点：贵州 遵义
建筑功能：村落改造
用地面积：2 260 000 平方米
设计时间：2016 年—2017 年
项目状态：建成
设计单位：同济大学建筑设计研究院（集团）有限公司
主创设计：张力、黄宏智、张嵩崴、马丽君、朱宁、景敏、莫唐筠

项目位于遵义市东部的洛安江西岸，是遵义市洛安江流域生态文明先行示范区内的重要启动项目和示范项目之一。设计顺应原有地形，探索有鲜明文化特征、可复制的村庄改造建设模式，打造具有示范意义的“美丽乡村”。

规划依据市场需求，利用场地自身的资源和环境条件，调整现有传统农业的产业结构，培育现代农业的产业增长点，串联花卉种植、农业体验、乡村旅游、文化休闲等活动，形成绿色产业、文化产业、旅游产业三条产业发展方向，塑造具有文脉和地域特色的空间节点与完整的公共空间体系，形成完善而醒目的“十里荷塘、百年古村”印象，实现景观效益、生态效益、经济效益的统一。

兴义市文化艺术城城市设计及控制性详细规划

Urban Design and Regulatory Detailed Planning of Xingyi Cultural and Art City

项目业主：黔西南州兴义市自然资源局
建设地点：贵州兴义
建筑功能：城市设计
用地面积：2 372 000 平方米
建筑面积：3 744 800 平方米
设计时间：2020 年—2021 年
项目状态：在建
设计单位：同济大学建筑设计研究院（集团）有限公司
主创设计：张力、黄宏智、李兵、张大园、熊丽、尹响、周莹、田圆、郭蓉、季桐、俞清琳、许丹丹

兴义市文化艺术城是黔西南州委州政府秉承国家战略，实施“文旅兴州”之举。项目选址兴义空铁融合门户区，处于万峰林马岭河旅游大走廊的核心枢纽区。

兴义市文化艺术城围绕“永兴湖”而建，以“三馆两院”打造文化建筑群。建成后的兴义市文化艺术城将成为国内影视剧取景地、文化综艺节目打卡地，是构筑艺术国际交往的西南窗口。

兴义市文化艺术城，用音符让世界听到兴义的声音，“让兴义律动世界、让世界聆听兴义”。

规划借势成湖，取“琴”之形，达“音”之意，打造“两心两轴，两片一廊”的空间结构，形成大文化、强旅游、轻康养的生态新城。

让兴义律动世界
让世界聆听兴义
琴音路
琴音湖
规划理念图

周红雷

职务： 江苏省建筑设计研究院股份有限公司副总建筑师
职称： 研究员级高级建筑师
执业资格： 国家一级注册建筑师

教育背景

1987 年—1991 年　苏州城建环保学院建筑学学士

工作经历

1991 年至今　江苏省建筑设计研究院股份有限公司

个人荣誉

1997 年中国建筑学会青年建筑师奖
2008 年江苏省优秀青年建筑师称号
2017 年江苏省优秀勘察设计师称号

主要设计作品

泰州医药城教育教学区图书馆
荣获：2015 年全国民营优秀工程设计华彩奖金奖
　　　2016 年江苏省优秀工程勘察设计二等奖
　　　2017 年全国优秀工程勘察设计一等奖
南京博物院二期工程
荣获：2017 年全国优秀工程勘察设计一等奖
南京医科大学新基础医学教学楼
荣获：2017 年全国优秀工程勘察设计一等奖
　　　2018 年江苏省优秀工程勘察设计一等奖

蔡蕾

职务： 江苏省建筑设计研究院股份有限公司副总建筑师
职称： 高级建筑师
执业资格： 国家一级注册建筑师

教育背景

1996 年—2001 年　西安建筑科技大学建筑学学士
2001 年—2004 年　西安建筑科技大学城市规划硕士

工作经历

2004 年—2006 年　上海现代建筑设计（集团）有限公司
2007 年至今　江苏省建筑设计研究院股份有限公司

主要设计作品

华泰证券广场
荣获：2015 年全国优秀工程勘察设计一等奖
泰州医药城教育教学区图书馆
荣获：2015 年全国民营优秀工程设计华彩奖金奖
　　　2016 年江苏省优秀工程勘察设计二等奖
　　　2017 年全国优秀工程勘察设计一等奖
骋望・骊都华庭
荣获：2017 年全国优秀住宅与住宅小区一等奖
麒麟人工智能产业园首期启动区 A 区
荣获：2019 年南京市优秀工程勘察设计一等奖

JIANGSU PROVINCE
ARCHITECTURAL D&R INSTITUTE CO., LTD.
江苏省建筑设计研究院股份有限公司

江苏省建筑设计研究院股份有限公司（JSAD，以下简称公司）是由江苏省建筑设计研究院改制而来的，具有国家建筑行业（建筑工程、人防工程）甲级、城乡规划编制甲级、风景园林工程甲级、工程监理（房屋建筑）甲级、市政行业乙级、工程造价咨询乙级等资质，2013 年被评定为“高新技术企业”，2015 年被授予江苏省“重点企业研发机构”称号。

公司现有职工 1 000 余人，各类高级职称以上技术人员和各类注册人员近 400 人，承接各类民用及工业建筑设计、人防工程设计、市政工程、城乡规划编制、项目可行性研究、技术咨询、工程项目管理、风景园林、建筑装饰装修、建筑幕墙、送变电、光环境等专项设计业务以及建筑工程总承包、建筑工程监理业务。公司在上海、陕西、山东、安徽、海南、新疆等地设有分公司。公司为江苏省建筑工程总承包、全过程咨询首批试点单位，2019 年被江苏省建筑产业化示范基地（科研设计类）顺利通过验收，并被住房城乡建设部评为“国家装配式建筑产业基地”。

公司坚持“精心设计、科学管理、优质服务、持续改进”的质量方针，秉承“质量第一、顾客至上、服务社会、互利共赢”的经营理念，服务客户，回报社会。

地址：南京市建邺区创意路 86 号
电话：025-86383109
传真：025-86383109
网址：www.jsarchi.com
电子邮箱：JSAD@jsarchi.com

泰州医药城教育教学区图书馆

Taizhou Pharmaceutical City Education and Teaching Area Library

项目业主：泰州华诚医学投资集团有限公司
建设地点：江苏 泰州
建筑功能：文化建筑
用地面积：20 656 平方米
建筑面积：33 000 平方米
设计时间：2011 年—2012 年
项目状态：建成
设计单位：江苏省建筑设计研究院股份有限公司
主创设计：周红雷、颜军、蔡蕾、章景云、顾苒

泰州医药城教育教学区图书馆位于泰州国家医药高新技术产业开发区，“滨水而生，混沌正开；虽为人作，宛若天成；如璞玉静卧池畔，似智慧滋润懵懂”。设计既利用东侧面向中心景观区的人工湖，使景观特征得以充分展现；又通过建筑一层架空层形成视觉通廊，连接东面水体和西面的学生活动中心，使校园空间更具层次感。

设计利用现代科技手段，采用全智能办公、控制系统。在造型上，设计将环保理念与立面设计、功能使用相结合，南北开架阅览室设宽大通透面，东西则通过密排大进深竖向百叶遮挡过多的日照，创造技术与情感、节能与艺术相融合的现代化人性空间。

南京医科大学新基础医学教学楼

New Basic Medicine Teaching Building of Nanjing Medical University

项目业主：南京医科大学
建设地点：江苏 南京
建筑功能：教学、科研、办公建筑
用地面积：44 600 平方米
建筑面积：103 000 平方米
设计时间：2010 年—2012 年
项目状态：建成
设计单位：江苏省建筑设计研究院股份有限公司
主创设计：周红雷、章景云、陈运、蔡蕾、江文婷、雍远

南京医科大学新基础医学教学楼打破常规教育建筑的布局模式，自然地融入环境。它既充分利用南侧面向校园中心景观区的人工湖，使景观与建筑充分呼应；又通过合理布局，强化用地西侧校园主轴线的视觉通廊，使校园空间更具层次感。

建筑整合多组团教学空间，将 3 栋多功能的教学单元功能围合成中庭，主要交通空间通过中庭连接校园主轴线，形成校园空间到教学公共空间，再到教学使用空间的合理过渡。行政办公楼的布局延续围合统一的设计理念，建筑中庭向校园轴线及南侧湖面打开，提升室内公共空间在视觉上的开放性。建筑在临湖一侧，通过大跨度的悬挑处理，使新基础医学教学楼与科研楼成为校园景观的重要标志。

仙林金鹰购物中心

Xianlin Golden Eagle Shopping Center

项目业主：金鹰国际房地产集团有限公司
建设地点：江苏 南京
建筑功能：商业建筑
用地面积：58 539 平方米
建筑面积：167 726 平方米
设计时间：2016 年
项目状态：建成
设计单位：江苏省建筑设计研究院股份有限公司
设计团队：池程、江敏、周舟

仙林金鹰购物中心位于南京市仙林大学城，在学津路以东、杉湖西路以北，东北面向自然湖体。地上建筑为 4 层商业空间，地下 2 层为商业空间及停车场。该项目是一个以商业为主，购物与度假、游乐相结合的一站式家庭化全生活中心。建筑层层退台与周边的公共广场、景观湖面、大型绿地共同创造出优美的商业休闲景观，为市民提供了一个休闲式花园空间和聚会场所，为仙林地区塑造了更美的城市轮廓线。